「体育・スポーツ・健康科学テキストブックシリーズ」

新・スポーツ生理学

編集 村岡 功

市村出版

【編著者】

村岡　功　　むらおか いさお　　早稲田大学 名誉教授

【著　者】（50音順）

伊藤　静夫　　いとう しずお　　元日本体育協会スポーツ科学研究室
内田　直　　うちだ すなお　　元早稲田大学スポーツ科学学術院 教授
内丸　仁　　うちまる じん　　仙台大学体育学部 教授
大築　立志　　おおつき たつゆき　　東京大学 名誉教授
大森　一伸　　おおもり かずのぶ　　駿河台大学現代文化学部 教授
奥津　光晴　　おくつ みつはる　　名古屋市立大学大学院理学研究科 准教授
彼末　一之　　かのすえ かずゆき　　早稲田大学スポーツ科学学術院 教授
川上　泰雄　　かわかみ やすお　　早稲田大学スポーツ科学学術院 教授
杉浦　克己　　すぎうら かつみ　　立教大学コミュニティ福祉学部スポーツウェルネス学科 教授
髙橋　英幸　　たかはし ひでゆき　　筑波大学体育系 教授
田口　素子　　たぐち もとこ　　早稲田大学スポーツ科学学術院 教授
鳥居　俊　　とりい すぐる　　早稲田大学スポーツ科学学術院 教授
長澤　純一　　ながさわ じゅんいち　　日本大学文理学部 教授
難波　聡　　なんば あきら　　埼玉医科大学医学部 准教授
能勢　博　　のせ ひろし　　信州大学大学院医学系研究科 特任教授
八田　秀雄　　はった ひでお　　東京大学大学院総合文化研究科身体運動科学研究室 教授
林　直亨　　はやし なおゆき　　早稲田大学スポーツ科学学術院 教授
福　典之　　ふく のりゆき　　順天堂大学大学院スポーツ健康科学研究科 准教授
山中　亮　　やまなか りょう　　新潟食料農業大学 講師

はじめに

　この度，新・スポーツ生理学を刊行する運びとなりました．親学問である生理学と異なるのは，スポーツ生理学や運動生理学は，おもに動的（スポーツや運動）状態での生命現象を対象としていることです．つまり，一過性のスポーツや運動に対する生体の応答と，規則的なスポーツ活動や身体活動による生体の適応を明らかにする学問であると言えます．それでは，スポーツ生理学と運動生理学に違いはあるのでしょうか．このことは以前からもしばしば問われてきた問題ですが，取り扱う内容が運動なのか競技スポーツなのかにあるとも言われています．しかし，健康スポーツが一般化している現在，この区分は必ずしも明瞭ではありません．

　編著者は，運動生理学では骨格筋や心臓と言ったように臓器を軸として論を展開するのに対して，スポーツ生理学では，短距離種目や長距離種目と言ったようにスポーツ（競技）種目を軸に論を展開することにあると考えています．2001年に刊行されたスポーツ生理学（青木純一郎・佐藤　佑・村岡　功編著，市村出版）の「はじめに」にも，「スポーツ生理学では，運動生理学の知識を活用して，競技者をトレーニングし，いかに競技力を向上させるかが中心的課題となること，そして，呼吸循環系の働きはエネルギー出力能として，神経系や筋系の働きは神経筋協調能として捉え，これらに心理的要因が加わって，競技力を決定する三つの要因が構成されること，したがって，スポーツ生理学の講義では，競技種目別にそれぞれの競技特性の運動生理学的理解が深められなければならない」と述べられています．

　本書でもこの考えを踏襲しながら，内容の刷新とともに最新の知見に基づいてほぼ全面的に書き改め，新しい視点に立ってスポーツ生理学を展開しようとしたものです．新たに取り上げた項目には，スポーツと体力，スポーツと遺伝子，スポーツと環境，生体リズムとスポーツ，スポーツと減量および体重調節，スポーツとディトレーニング，スポーツと酸化ストレス，女性アスリートにおけるスポーツ医学的諸問題，スポーツとドーピングがあり，一方，スポーツとスキル，スポーツとエネルギー代謝，スポーツと栄養およびサプリメント，スポーツと水分摂取，スポーツと体力トレーニング，スポーツとウオームアップおよびクールダウン，スポーツと疲労，スポーツとオーバートレーニングについては引き続き取り上げることにしました．また，スポーツと骨格筋機能・脳機能・呼吸循環機能を新たに加え，競技種目別によるトレーニングの効果を中心にまとめています．

　このように，本書はスポーツ生理学を学習する上で重要な項目をできるだけ網羅するように努めるとともに，スポーツ科学を学ぼうとする学生やスポーツ選手およびスポーツ指導者にとって有益なものとなるように，それぞれの分野で活躍している第一人者に執筆をお願いしました．読者の皆さんには，スポーツ生理学に関する最新の情

報を得るために，本書を積極的に活用して戴くことを願っています．
　前書「スポーツ生理学」の出版を手がけられた恩師の故・青木純一郎先生に，感謝を申し上げますとともに本書を捧げます．

　　2015年4月

編著者　村岡　　功

目 次

はじめに……………………………………………………………［村岡　功］…… *i*

1章　スポーツとスキル………………………………………［大築　立志］…… *1*

|1| 強さと巧みさ……………………………… *1*
|2| スキルと運動制御………………………… *1*
|3| スキルと体力の関係……………………… *3*
|4| 技術・技能・体力の関係………………… *4*
|5| スキルの生理学的メカニズム…………… *4*
　1. 運動と神経系……………………………… *4*
　2. 巧みな動作の神経調節：
　　　上手な動作と下手な動作の違い………… *6*
　3. 上達の脳・神経メカニズム：
　　　からだで覚えるとは脳で覚えること…… *8*

2章　スポーツと体力…………………………………………［長澤　純一］…… *12*

|1| 体力とはなにか…………………………… *12*
　1. 体力を定義する試み……………………… *12*
|2| スポーツにおける体力…………………… *13*
|3| 行動体力を構成する要素………………… *14*
　1. 行動を起こす能力
　　　（筋力のカテゴリー）…………………… *15*
　（1）筋力（strength, muscle strength,
　　　muscular strength）………………… *15*
　（2）筋パワー（power, muscle power）…… *15*
　2. 行動を持続する能力
　　　（持久性のカテゴリー）………………… *17*
　（1）筋持久力（muscular endurance）…… *18*
　（2）全身持久力（endurance）…………… *18*
|4| 行動を調整する能力
　　　（神経機能のカテゴリー）……………… *20*
　（1）平衡性（balance）…………………… *20*
　（2）敏捷性（agility）…………………… *20*
　（3）巧緻性（skill）……………………… *22*
　（4）柔軟性………………………………… *22*
|5| スポーツにおける基礎体力と
　　　健康関連体力の関係…………………… *22*

3章　スポーツと遺伝…………………………………………［福　　典之］…… *25*

|1| 遺伝の基礎………………………………… *25*
　1. 遺伝とゲノム・遺伝子・DNA…………… *25*
　2. 遺伝子多型………………………………… *27*
|2| 運動能力の遺伝率………………………… *28*
　1. 力・筋パワーの遺伝率…………………… *29*
　2. 最大酸素摂取量の遺伝率………………… *30*
　3. 筋線維組成の遺伝率……………………… *30*
　4. 競技力の遺伝率…………………………… *31*
|3| 運動能力に関連する遺伝子多型………… *31*
　1. ACTN3遺伝子R577X多型と運動能力… *31*
　2. ACE遺伝子I/D多型と運動能力 ………… *34*
　3. ミトコンドリア遺伝子多型と
　　　運動能力………………………………… *35*
おわりに……………………………………… *36*

4章　スポーツと環境…………………………………………［能勢　　博］…… *39*

|1| 高地環境…………………………………… *39*
　1. 体力への影響……………………………… *39*
　2. 高地トレーニング………………………… *39*
|2| 暑熱環境…………………………………… *40*
　1. 運動時の放熱機構………………………… *40*
　2. 熱中症とは………………………………… *41*
　3. 暑熱馴化トレーニング…………………… *43*
|3| 寒冷環境…………………………………… *44*

1.	寒冷反応……44	1.	息こらえ潜水……47
2.	低体温症……46	2.	スキューバ・ダイビング……48
3.	寒冷適応……47	3.	高圧ガス呼吸による障害……49
4	水中環境……47		

5章　生体リズムとスポーツ ………………………………[内田　直]…… 52

1	背　　景……52	3.	メラトニンによる位相シフト……57
2	生体リズムに関連する基本的な知識……53	4	ジェットラグ症候群の克服……58
1.	サーカディアンリズム……53	1.	西向き飛行と東向き飛行……58
2.	スポーツパフォーマンスの サーカディアンリズム……53	2.	ジェットラグ症候群克服のための 位相シフト……58
3.	ジェットラグ症候群について……55	3.	移動時の過ごし方など……60
3	生体リズムの位相をシフトさせる方法……56	4.	その他の要因……60
1.	位相シフトの方向……56	5	今後の課題……60
2.	光による位相シフト……56		

6章　スポーツとエネルギー代謝 ……………………………[八田　秀雄]…… 62

1	3種類のATP産生機構……62	2	エネルギー源としての糖と脂肪……66
1.	3つのATPの作られ方が 対等にあると考えない……62	1.	糖と脂肪の観点……66
2.	無酸素運動はあり得ない……62	2.	糖の特徴……67
3.	クレアチンリン酸＝無酸素と 単純に考えない……63	3.	脂肪の特徴……67
4.	球技ではクレアチンリン酸を使い， 再合成する……63	4.	運動強度による糖と脂肪の 利用比率変化……68
5.	体内に酸素がそれなりにあり， なくなったら疲労困憊……64	5.	LT（乳酸性作業閾値）……69
6.	400m走で3つのエネルギー供給を 考えてみる……64	6.	運動開始時にも少し糖の利用が高まる……69
7.	短距離選手にマラソンのトレーニング をしろということではない……65	7.	マラソンでは糖の量の低下が 大きく影響する……70
		8.	球技でも起こる……71
		9.	過剰に糖を貯蔵したらよく動けるのか……71
		10.	マラソンの最後まで糖を持たせるには……71
		11.	酸素摂取だけでなく，糖からの視点も……72

7章　スポーツと栄養およびサプリメント ……………………[杉浦　克己]…… 74

1	スポーツと5大栄養素……75	3.	コンディショニング……76
1.	エネルギー……75	（1）	ビタミン……76
（1）	糖質……75	2	食事の基本は「栄養フルコース型」……77
（2）	脂質……75	3	スポーツのシーズンと食事内容……78
2.	カラダづくり……76	4	ジュニアアスリートと女性アスリート……78
（1）	タンパク質……76	1.	ジュニアアスリートの栄養……78
（2）	ミネラル……76	2.	女性アスリートの栄養……79

| 5 | サプリメント······79
1. サプリメントとは何か······79
2. サプリメントの種別······80
(1) プロテイン······80
(2) ミネラル類······80
(3) ビタミン類······80
(4) 分岐鎖アミノ酸······81
(5) コラーゲン······81
(6) クレアチン······81
(7) 糖質(ブドウ糖, マルトデキストリン)···81
3. サプリメントの有効性・安全性······81
おわりに······82

8章　スポーツと減量および体重調節······[田口　素子]　84

| 1 | スポーツにおける減量の実態と問題点···84
1. 持久系競技および記録系競技の減量の実態と問題点······84
2. 審美系競技の減量の実態と問題点······84
3. 体重階級制競技の試合前の減量の実態···85
4. よくある間違った減量方法と共通する問題点······85
| 2 | 減量がパフォーマンスおよびコンディションに及ぼす影響······86
1. 減量が体力・パフォーマンスに及ぼす影響······86
2. 減量がコンディションに及ぼす影響······86
3. 減量が内分泌に及ぼす影響······87
| 3 | 減量に伴う身体組成の変化とエネルギー・栄養摂取······89
| 4 | スポーツ現場での適切な減量実践と今後の課題······91
1. 現実的な目標設定と減量のマネジメント······91
2. エネルギー密度を考慮した具体的エネルギー調整方法······91
3. 三大栄養素の摂取とエネルギー比率······92
4. 食事の摂取パターン······93
まとめ······93

9章　スポーツ活動中の水分補給：喉の渇きに応じて······[伊藤　静夫]······95

| 1 | スポーツ活動中の水分補給をめぐって···95
1. 水分補給は是か非か？······95
2. 水の飲み過ぎによる弊害＝水中毒······97
3. 水分補給ガイドラインの変遷······98
| 2 | 脱水とパフォーマンス······99
1. 2％の脱水＝自発的脱水······99
2. 自発的脱水はパフォーマンスを低下させるか？······99
| 3 | スポーツ現場での水分補給の実態······100
1. エリートランナーの水分補給······100
2. 子どもの水分補給······101
| 4 | 水分補給と中枢機能······103
おわりに······104

10章　スポーツと体力トレーニング······[村岡　功]······106

| 1 | パフォーマンス向上とトレーニング······106
| 2 | トレーニングの原理・原則······106
1. トレーニングの原理······106
(1) 過負荷（オーバーロード）の原理······106
(2) 可逆性の原理······107
(3) 特異性の原理······107
2. トレーニングの原則······107
(1) 全面性の原則······107
(2) 意識性の原則······108
(3) 漸進性の原則······108
(4) 反復性の原則······108
(5) 個別性の原則······108
| 3 | トレーニング効果の得られやすさに影響する要因······108
| 4 | 体力トレーニングの方法······110
1. 骨格筋機能（筋力・筋パワー・筋持久力）を高めるための方法······110
(1) レジスタンス・トレーニング······110

(2) レペティション・トレーニング ……… 111
(3) プライオメトリック・トレーニング … 112
2. 全身持久力を高めるための方法 ……… 112
(1) インターバル・トレーニング ………… 112
(2) 定速（持続）トレーニング …………… 112
(3) ファルトレク・トレーニング ………… 113
(4) 高地トレーニング ……………………… 113
3. オールラウンドな体力向上を
目的とした方法 …………………………… 113
⑤ トレーニングと栄養・休養 ……………… 114

11章　スポーツとウオームアップおよびクールダウン …………［内丸　仁］…… 116

① ウオームアップの必要性 ………………… 116
1. ウオームアップの生理学的効果 ……… 116
(1) 体温や筋温の上昇とそれに伴う
生理的・代謝的機能の亢進 ………… 116
(2) 運動に対する呼吸循環応答の改善 … 117
(3) 運動時の神経機能の亢進，
神経筋協調能の改善 ………………… 118
(4) 柔軟性の向上 ………………………… 118
(5) 傷害予防 ……………………………… 118
2. ウオームアップの種類と効果 ………… 119
(1) 一般的 W-up ………………………… 120
(2) 専門的 W-up ………………………… 120
② クールダウンの必要性 …………………… 120
1. クールダウンの生理学的効果 ………… 120
(1) 筋ポンプ作用による静脈帰還血液量の
確保 …………………………………… 120
(2) 疲労物質としての乳酸の除去 ……… 121
(3) 運動後の過剰換気の防止 …………… 121
2. クールダウンの種類と効果 …………… 122
(1) C-dn の強度や時間 ………………… 122
(2) C-dn としてのストレッチおよび
マッサージ …………………………… 123

12章　スポーツと骨格筋機能 …………………………………………［川上　泰雄］…… 125

① 骨格筋の形態的・機能的特性と
トレーナビリティ ………………………… 125
② 筋線維組成と競技特性の関係 …………… 131
③ 筋収縮と関節パフォーマンスとの関係 … 132
④ 筋腱複合体の形状と機能 ………………… 134

13章　スポーツと脳機能 …………………………………………………［彼末　一之］…… 137

① 伸張反射 …………………………………… 137
② 姿勢調節 …………………………………… 139
③ 運動イメージ ……………………………… 142
まとめ ………………………………………… 146

14章　スポーツと呼吸循環機能 ……………………………………………［林　直亨］…… 148

① 呼吸循環系による酸素運搬とその調節 … 148
1. Fick の原理 ……………………………… 149
2. 呼吸の調節 ……………………………… 149
3. 循環系の調節 …………………………… 150
(1) 心臓の調節 …………………………… 151
(2) 血管の調節 …………………………… 151
(3) 静脈と筋ポンプ ……………………… 151
② 動的運動時の呼吸循環系の応答 ………… 152
1. 換気の応答 ……………………………… 152
2. 心拍数の応答 …………………………… 153
3. 一回拍出量の応答 ……………………… 153
4. 心拍出量 ………………………………… 155
5. 末梢血流量 ……………………………… 155
6. 動静脈酸素較差 ………………………… 156
7. 血圧の応答 ……………………………… 156
③ レジスタンス運動時の循環系の応答 …… 156
④ 運動トレーニングに伴う適応 …………… 157
1. 肺と換気応答の適応 …………………… 157
2. 心臓の適応 ……………………………… 159
3. 血管の適応 ……………………………… 160

15章　スポーツとディトレーニング　　　　　　　　　　　　　　　　　　　[大森　一伸]……162

- ① ディトレーニングの定義……162
- ② 身体組成への影響……163
- ③ 筋機能の応答……164
  1. 筋力の変化……164
  2. 筋線維の応答……165
  3. 筋線維タイプの移行……166
- 4. 筋力トレーニング後のディトレーニングの積極的効果……167
- ④ 持久能力の応答……168
  1. 持久パフォーマンスの応答……168
  2. 最大酸素摂取量の応答……169
  3. 骨格筋代謝機能の応答……171
- ⑤ ディトレーニングに影響する要因……173

16章　スポーツと疲労　　　　　　　　　　　　　　　　　　　　[髙橋　英幸・山中　亮]……176

- ① 疲労の原因……176
  1. 中枢性疲労の原因……176
  (1) 中枢から活動筋への指令の低下……176
  (2) 末梢からの求心性情報伝達の増加……178
  (3) 意識・動機付けや精神疲労の影響……178
  2. 末梢性疲労の要因……178
- (1) 興奮―収縮連関機能低下……178
- (2) 代謝的変化……178
- ② 短時間・高強度運動における疲労……181
- ③ 持久性運動における疲労……182
- ④ 疲労を抑制するために……184

17章　スポーツと酸化ストレス　　　　　　　　　　　　　　　　　　　　　[奥津　光晴]……187

- ① 酸化ストレスの種類……187
- ② 酸化ストレスの除去……188
- ③ 抗酸化酵素の生理学的な重要性……190
- ④ 運動と酸化ストレス……191
- ⑤ スポーツと酸化ストレス……192
- ⑥ 運動による抗酸化機能改善の分子メカニズム……193
- まとめ……194

18章　スポーツとオーバートレーニング　　　　　　　　　　　　　　　　　　[鳥居　俊]……197

- ① オーバートレーニング症候群の概念と症状……197
- ② オーバートレーニング症候群の発生メカニズム……198
  1. Fosterのmonotony仮説……198
  2. 自律神経不均衡……199
  3. Central fatigue hypothesis……199
- 4. サイトカイン仮説……201
- ③ オーバートレーニングと循環器……202
- ④ オーバートレーニングと運動器……202
  1. オーバートレーニングと内分泌……204
  2. オーバートレーニングと免疫……205
  3. オーバートレーニングと心理……205
- ⑤ オーバートレーニングの治療と予防……206

19章　女性アスリートにおけるスポーツ医学的諸問題　　　　　　　　　　　　[難波　聡]……208

- ① 女性アスリートと月経……208
  1. 月経とは……208
  2. 月経周期とコンディション……209
  3. 月経移動によるコンディショニング……210
  4. 月経困難症への対応……211
  (1) 概要……211
- (2) 症状と診断……211
- (3) 治療方法……211
- ② 女性アスリートの無月経……211
  1. 女性アスリートの成長段階と月経……211
  (1) 少女期～思春期（9～18歳ころ）……212
  (2) 性成熟期（18～45歳ころ）……212

- 2. 女性アスリートの月経状況 ………… 213
- 3. 女性アスリートの三主徴 ………… 213
- 4. 無月経の診断と骨密度 ………… 213
- 5. 低エストロゲン状態に対する治療 ……… 214
  - （1）ホルモン補充療法 ………… 214
  - （2）低用量ピル（OC）を用いる場合 ……… 214
- 6. 無月経の要因と予防 ………… 214
  - （1）精神的ストレス，トレーニング強度，体脂肪率 ………… 214
  - （2）Low energy availability ………… 215
  - （3）思春期のアスリートへの対策 ……… 215
- 7. 無月経アスリートのその後の妊娠 ……… 216
- 3 女性アスリートと性別問題 ………… 217
  - 1. 性別検査の歴史 ………… 217
  - 2. 「高アンドロゲン女性競技者」の概念の登場 ………… 217
  - 3. 日本国内で今後留意すべきこと ……… 218

20章　スポーツとドーピング　［村岡　功］…… 220

- 1 ドーピングとアンチ・ドーピング運動の歴史 ………… 221
- 2 ドーピングの定義 ………… 222
- 3 ドーピングを禁止する理由 ………… 223
- 4 薬物を使用する背景 ………… 224
- 5 ドーピング禁止物質と禁止方法 ……… 225
- 6 ドーピング検査の手順 ………… 226
- 7 アンチ・ドーピングに向けて ……… 227

索引 ………… 229

1章 スポーツとスキル

1 強さと巧みさ

　スポーツでも日常生活でも，われわれが身体を動かして何かを行うと，その結果には必ず個人差が生じる．その個人差を，われわれは「強さ」と「巧みさ」という2種類の尺度で評価している．投げつける，叩きつける，跳ね飛ばす，断然速い，など，圧倒的な物理的出力の差を感じさせる動作は「強さ」を感じさせ（つまり強いと評価される）る．一方，観察者自身の能力から判断して困難であろうという予想に反して目的が正確に達成され，かつ観察者に美しさを感じさせる動作は「巧みだ（＝じょうずだ・うまい）」と評価される．

　図1-1は，その動作が成功すると巧みだ（じょうずだ・うまい）と評価される動作をまとめたものである[1]．キャッチとはボールや人などの標的を手や足やその代わりをする道具で捕捉する動作，的当ては物体を身体から放して限定された空間領域（的）に到達させる動作，フェイントは自分の動作を相手に予測させてそれを裏切り自分を優位に導く動作，かわす（躱す）は衝撃をまともに受け止めないように衝突を回避する動作である．また，複雑な動作は複数の関節を同時に制御する表現的動作であり，繊細な動作は筋活動強度の微妙な調節を要する動作である．姿勢の安定とはぐらつく姿勢を立て直し，結果的に姿勢が動揺していないように見せるための補償的動作である．

　このように，強さや巧みさ（うまさ）は，ある動きの結果として目的が達成された時にそれを外見から見た印象を表している．

2 スキルと運動制御

　動きの結果を見る人に，強い，巧みだ（じょうずだ・うまい）という印象を与えるためには，身体各部の動きを目的に応じて適切にコントロールする能力が必要である．この能力をスキルという．身体が目的にかなった動きをするように身体諸機能を調節することを運動制御（motor control）といい，強弱・巧拙の評価は，動作者の意志によって実行される動き，すなわち随意運動（voluntary movement）に対して与えられるものであるから，スキルとは，身体が目的にかなった動きをするように身体諸機能を調節する随意的能力，すなわち「随意的運動制御能力」ということができる．身体諸機能には運動指令（motor command）を伝達する神経系やそれを受けて運動

キャッチ
移動または停止している標的を，手または手の代わりをするもの（足，道具など）で捕捉する．

的当て
物体を身体から放して，限定された空間領域に到達させる．

フェイント
自分の動きを相手に予想させてそれを裏切り，自分に有利な状況をつくる．

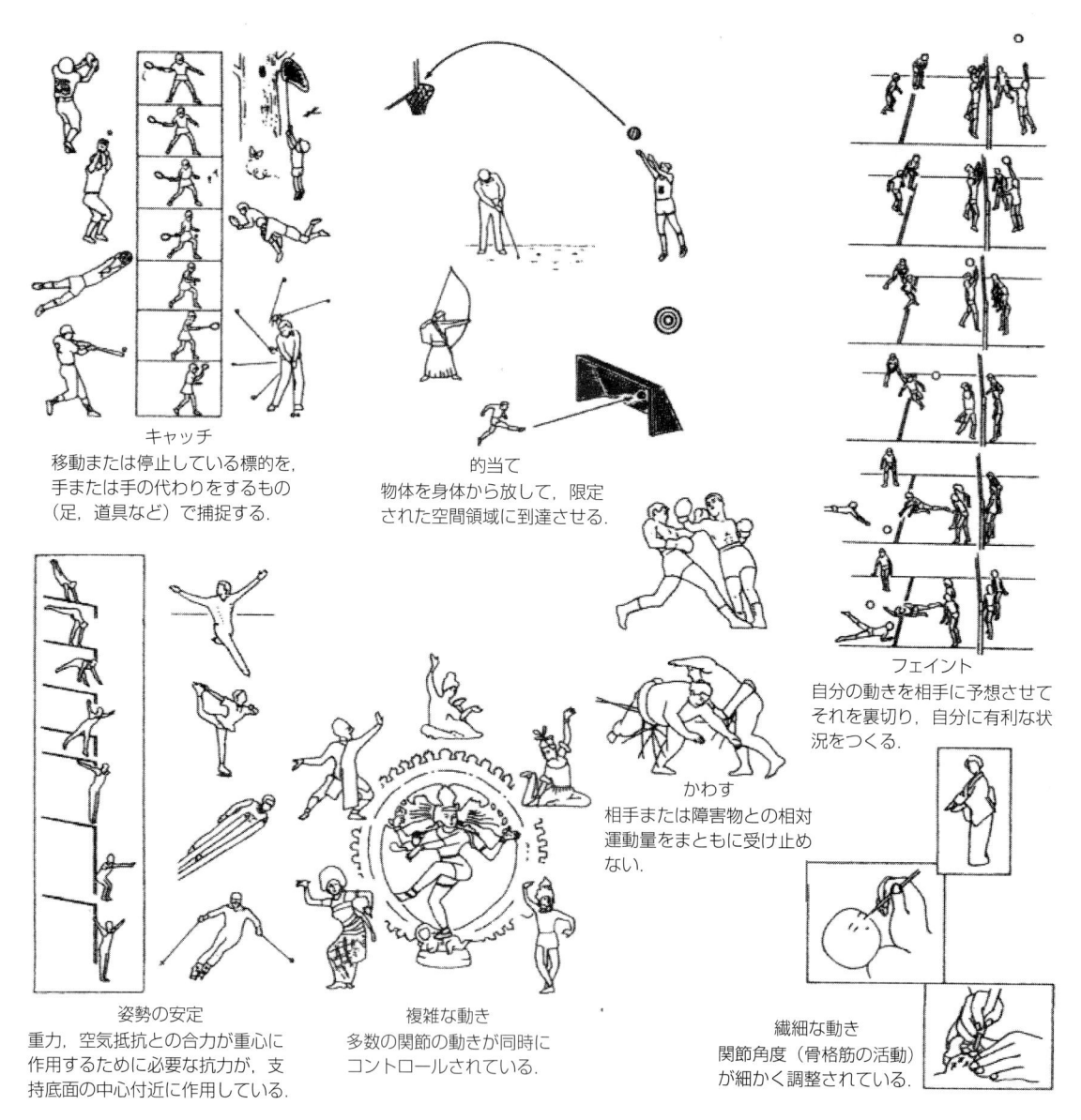

かわす
相手または障害物との相対運動量をまともに受け止めない．

姿勢の安定
重力，空気抵抗との合力が重心に作用するために必要な抗力が，支持底面の中心付近に作用している．

複雑な動き
多数の関節の動きが同時にコントロールされている．

繊細な動き
関節角度（骨格筋の活動）が細かく調整されている．

図1-1 「巧拙」で評価される動作
（大築立志：「たくみ」の科学．朝倉書店，1988）

を発現させる骨格筋といった運動機能と，運動に不可欠な状況判断のための知覚判断機能が含まれる．

　反射のような不随意運動は，随意運動とは違って意志によって実行されるものではなく，練習によって上達することもないので，厳密には随意的運動制御能力とはいえないが，現実問題として随意運動中でも常時働いていて運動の上手下手を決める重要な先天的要素なので，スキルという能力には潜在的に含まれていると考えてよい．

　図1-2はスキルの構成要素を示したものである．スキルには状況把握能力という

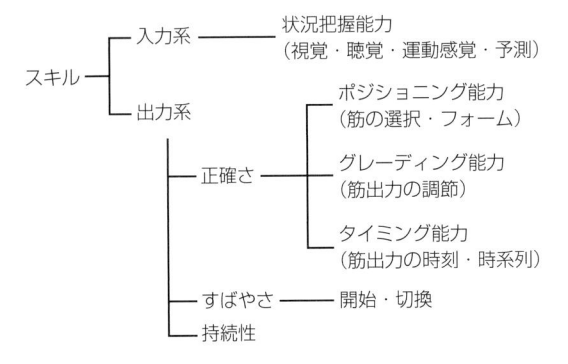

```
スキル ─┬─ 入力系 ──── 状況把握能力
        │              （視覚・聴覚・運動感覚・予測）
        └─ 出力系 ─┬─ ポジショニング能力
                    │     （筋の選択・フォーム）
                    ├─ 正確さ ─┬─ グレーディング能力
                    │           │     （筋出力の調節）
                    │           └─ タイミング能力
                    │                 （筋出力の時刻・時系列）
                    ├─ すばやさ ──── 開始・切換
                    └─ 持続性
```

図1-2 スキルの構成要素

入力系の能力，動作を正確に行う能力，動作をすばやく行う能力，正確さやすばやさを持続する能力という出力系の能力が含まれる．スポーツにおいては視覚や運動感覚がもっともよく使われる状況把握能力であるが，現在の状況に関する感覚情報をもとに近未来の状況に関する情報を獲得する予測（prediction）という能力もまた極めて重要である．動作を正確に行う能力には，ポジショニング（positioning：positionつまり姿勢・フォームを決める能力），グレーディング（grading：出力の速さや力の強さの調節能力），タイミング（timing：出力時刻の調節能力）が含まれる．どの筋をどのくらいの強さでいつ働かせるかが正確さを決める．

　スキルという言葉は，このほかにもさまざまな意味で使われることがあるので，注意が必要である．スキルトレーニング，スキルアップ，スキルの獲得などという場合のスキルは「技能」または「サイバネティックス的体力のひとつである調整力」という「能力」を意味し，オープンスキル（open skills）・クローズドスキル（closed skills）などという場合のスキルは，能力ではなく「動作」または「技術」という意味で使われる．また，バッティングスキル，ランニングスキルなどというように，動作の名称と一緒に使うと，打球や走行という動作の仕方である技術という意味にも，打球や走行という技術を実施する能力である技能という意味にもなる．よく使われる運動スキル（motor skill）という言葉のスキルも，状況によって技術，技能，随意的運動制御能力を表す．

3　スキルと体力の関係

　猪飼[2]は，体力（physical fitness）を，生存のために最小限必要な生存力である防衛体力（身体の組織や器官の性能，体温調節機能，免疫力など）と，環境に働きかけて積極的に生きてゆくために必要な行動体力とに分け，さらに行動体力を，筋活動によって発揮されるエネルギーの量を決めるエネルギー的体力と，エネルギーの使い方を調整するサイバネティックス的体力とに分類した[1]．

　エネルギー的体力は，筋力，スピード，パワー（筋力×スピード），持久力，体格などの身体的要素と意欲や気力という精神的要素から成り，サイバネティックス的体力は，調整力や柔軟性などの身体的要素と知覚判断能力という精神的要素から成る．エネルギー的体力の身体的要素は骨格筋や腱や骨などの筋・骨格系の性能，肺や心臓・血管などの呼吸循環系の性能を表しており，サイバネティックス的体力の身体的要素の調整力は脳を中心とする神経系の運動制御機能を表している．柔軟性は，筋や関節の伸張性すなわち関節可動域を大きくする能力である．柔軟性が高ければ動きの幅が広がって動きのコントロールが容易になるという意味で運動制御能力に属すると考えられるが，動きが大きくなるということは物理学的仕事（＝発揮エネルギー量）を大

きくすることができるということでもあるから，エネルギー的体力に属する性質もあるとも考えられる．

本章でいうスキルとは，「知覚判断機能を含めたサイバネティックス的体力（とくに調整力）」に相当する能力であり，猪飼の定義する体力の一要素であるということになる．

4 技術・技能・体力の関係

それぞれのスポーツ種目でよい成績をあげるために考案された，合理的な体の動かし方を技術といい，技術を練習（practice）することによって身に付いた，技術実施能力を技能という．技能を身につけることを「習得」または「獲得」（acquisition）といい，その過程を「運動学習」（motor learning）という．また，競技における技術の選択と適用の方法を戦術といい，その戦術の実施能力を戦術能という．

技能とは，上述のさまざまな体力要素を，実施したい技術に応じた割合で組み合わせることによって作り上げられた，その技術の実施能力である．たとえば，長距離競走の技能は，「左右の足を交互に前に出すと同時に足と反対側の腕を交互に前に出す」という走行技術と，持久力というエネルギー的体力要素，そして足の使い方や腕の振り方などの上手下手を決めるコントロール能力（調整力）というサイバネティックス的体力要素が組み合わさったものであり，体操競技の技能は，各種目ごとに考案されている技術，筋力というエネルギー的体力要素，正確さやすばやさを生み出すコントロール能力というサイバネティックス的体力要素が組み合わさったものである．

5 スキルの生理学的メカニズム

1. 運動と神経系

身体運動は，脳をはじめとする中枢神経系の運動中枢から発令される運動指令が運動経路から運動神経を経て骨格筋に伝達され，それを受けた骨格筋が収縮することによって発現する．したがって，動きの質は指令を出す脳の性能に依存する．すなわち，スキルとは脳の能力であり，巧みな動作はよい脳によってはじめて可能になるのである．

図1-3にスキルにかかわる脳の部位と主要な機能を示す．脳は，大脳半球，小脳，脳幹という3つの部分から成る．大脳半球は前頭葉，頭頂葉，後頭葉，側頭葉，辺縁葉（脳底の脳幹との境界部）の5葉から成る．脳幹は間脳（視床，視床下部），中脳，橋，延髄の総称で大脳半球を支える幹のような構造である．脳幹背部に小脳が隆起している．延髄は脊髄へと続く．脳と脊髄を中枢神経（系）といい，ここから出て全身に分布する神経を末梢神経（系）という．末梢神経は機能的に体性神経（運動神経と感覚神経），自律神経（交感神経と副交感神経），腸管神経に分かれ，構造的には脳幹から出る脳神経，脊髄から出る脊髄神経に分かれる．

神経系のもっとも重要な構成要素が神経細胞（ニューロン）である．ニューロンは，細胞体と樹状突起および軸索から成る．上記の運動神経とは運動ニューロンの軸索部

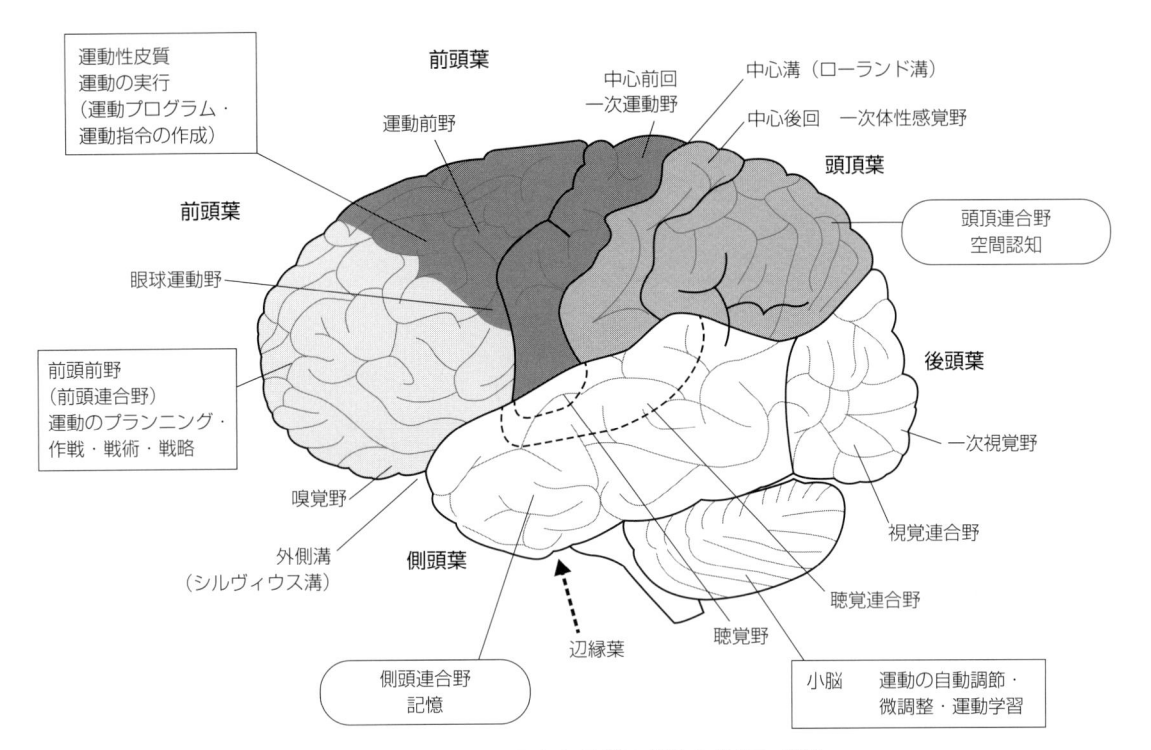

図1-3 スキルにかかわる脳の部位と主要な機能

分に相当する．中枢神経系内の細胞体と樹状突起の集合部を灰白質（大脳皮質，小脳皮質，脳脊髄内部の核）といい，軸索の集合部（脳の髄質と脊髄の索）を白質という．灰白質は部位により機能が決まっており（機能局在という），その部位をその機能の中枢という．運動機能を司る部位を運動中枢，感覚を司る部位を感覚中枢などという．

大脳皮質はニューロン構成の差異によって野（や）という部位に細分されており，ブロドマンによる分類がもっとも有名である．前頭葉後半部の大脳皮質には，一次運動野（BA4＝ブロドマンの4野），運動前野（BA6外側），補足運動野（BA6内側），眼球運動野（BA8），などの重要な運動中枢がある．一次運動野には個々の筋と一対一に対応したニューロンが，頭頂部から外側下方へ，尻，腹，胸，上肢，顔，舌の順に整然と並んでいる（図1-4）[3]．下肢は大脳縦裂内壁面にある．運動前野は外部刺激に応じた複数関節の複合動作における実施プログラムの作成を司り，補足運動野は自発動作の時間系列指定などに働く．

前頭葉前半部皮質は前頭前野（前頭連合野）とよばれ，創造的思考の最高次中枢として知られているが，人間の生活における思考の大半は次の行動に関するものであるから，ここもまた運動企画の立案を行う最高次の運動中枢といえる．

大脳皮質以外では，大脳半球内部にある大脳基底核，小脳などが重要な運動中枢である．大脳基底核は筋力の増強，時間間隔の制御，不要な動作の抑制を司り，小脳は動作の繊細さと正確さ，姿勢の安定などにかかわる．

脳の運動中枢から運動神経までのニューロン連鎖を運動経路といい，脳幹・脊髄の

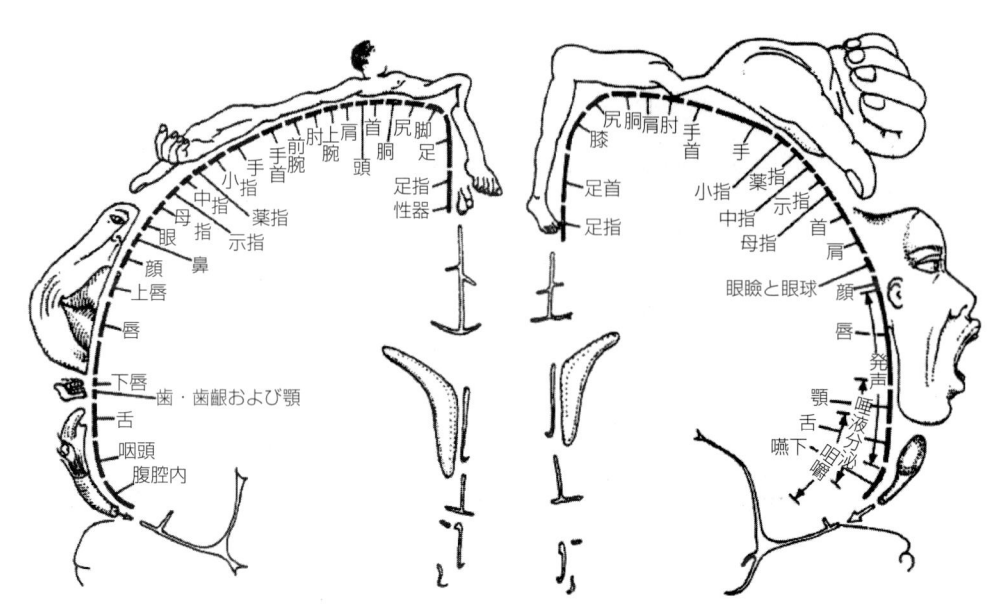

図1-4 ヒトの新皮質の運動野（右半分）と皮膚感覚野（左半分）の機能局在
大脳半球を中心溝に沿って縦に切った前頭断面図．
(Penfield W, Rasmussen T: The Cerebral Cortex of Man. Macmillan, 1950)

外側部を通って頭部・体肢の遠位筋を支配し，顔面や体肢などの精緻な運動を制御する外側運動系と，脳幹・脊髄の内側部を通って頭部・体幹・体肢の近位筋を支配し，主として姿勢や歩行を自動的に制御する内側運動系がある．前者には手指の分離動作を司る錐体路（延髄錐体を通る経路），後者には，網様体脊髄路，前庭脊髄路など，多くの種類がある．錐体路以外を錐体外路と総称する．

2．巧みな動作の神経調節：上手な動作と下手な動作の違い

運動は，脳の運動指令によって骨格筋が活動することによって発現するものであるから，筋の活動を記録することによって，脳の運動制御方略をある程度推測することができる．図1-5はバドミントン熟練者と初心者（未熟練者）が的を狙ってスマッシュ動作を行った時の筋電図である[4]．打球時刻付近の筋電図をみると，初心者は上腕三頭筋（肘関節伸展），尺側手根屈筋（手首屈曲），橈側手根伸筋（手首伸展）の活動が打球後も消えずに持続しており（a，b，c），無駄な力が入っていることがわかる．また，熟練者では打球の0.25秒前頃に上腕二頭筋と橈側手根伸筋が強く働いて急停止し，ただちに打球の主働筋である上腕三頭筋と尺側手根屈筋が働いているが，初心者では上腕二頭筋と橈側手根伸筋の活動が弱く，しかもその活動が減少してから打球の主働筋（上腕三頭筋と尺側手根屈筋）の活動開始までの時間も長い．これは，熟練者は打球前にいったん肘を曲げ手首を背屈させてラケットを振りかぶる反動動作を利用して一気にラケットを振り切っているのに対して，初心者では，熟練者のようにうまく反動動作が使えていないことを示している．その結果，初心者ではラケットシャフトの歪みを示すストレインゲージシグナルが小さく，ラケットに大きな加速度が与えられ

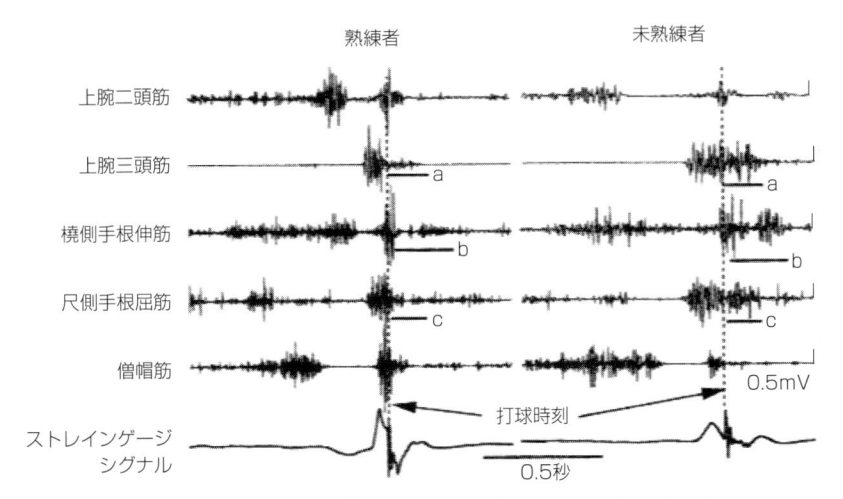

図1-5 バドミントン熟練者と初心者（未熟練者）が的を狙ってスマッシュ動作を行った時の筋電図
(Sakurai S, Ohtsuki T: Muscle activity and accuracy of performance of the smash stroke in badminton with reference to skill and practice. J Sports Sci, 18: 901-914, 2000)

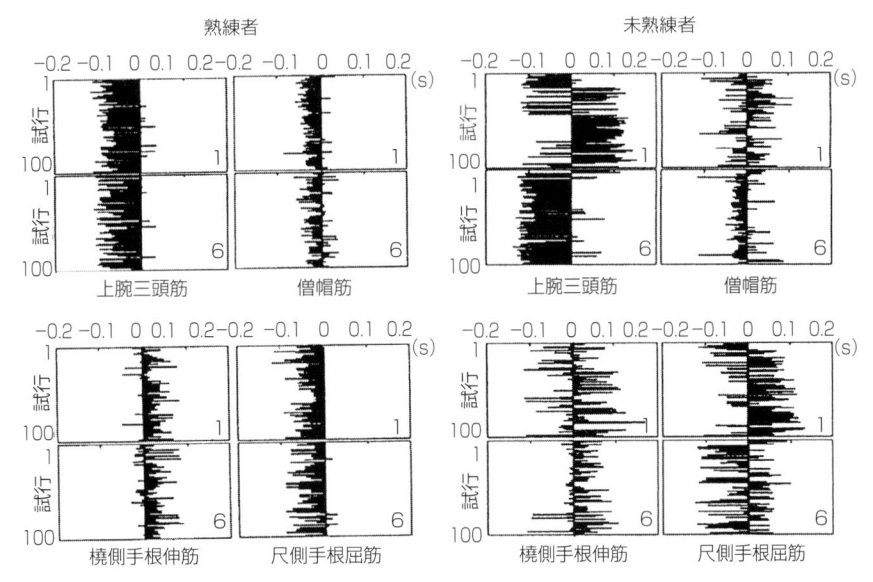

図1-6 インパクトにかかわる筋電図の最大振幅発現時刻からインパクトまでの時間
負の値は筋電図最大振幅発現がインパクトに先行していることを示す．
(Sakurai S, Ohtsuki T: Muscle activity and accuracy of performance of the smash stroke in badminton with reference to skill and practice. J Sports Sci, 18: 901-914, 2000)

ていないことがわかる．

　図1-6は1名の被験者について，これらの主要な筋における打球から筋電図最大振幅出現時刻までの時間をバーグラフで示したものである．1日100球ずつ，6日間連

続して練習させると初心者でもかなり的に当たるようになり，それにつれて筋電図のピーク出現時刻も熟練者に近づいてくる．しかし，手首の屈曲をつかさどる尺側手根屈筋だけは十分に熟練者パターンになりきっていない．このことは，随意動作の熟練は近位の筋から遠位の筋へと進むことを意味している．これは，前述の神経系の進化を反映する構造特性として遠位筋支配経路が外側かつ最表層部にあることに対応しており，きわめて興味深い．

3．上達の脳・神経メカニズム：からだで覚えるとは脳で覚えること

　日常生活動作やスポーツ動作は，自分の意志で開始される身体運動，すなわち随意運動である．練習によって上達するのは随意運動だけであり，上手下手の評価が与えられるのも随意運動のみである．無意識に開始される身体運動を不随意運動といい，反射（伸張反射，緊張性頚反射，屈曲反射など多数），自動運動（心拍，呼吸），情動運動（感情に伴う動作や表情），病的動作（振戦，けいれんなど）が含まれる．不随意運動は生得的に身体に備わっているもので，その性能も個人内では成長初期を除けば一定不変である．

　よく運動に熟達することを「体で覚える」というが，その場合の体とは骨格や筋ではなく，脳にほかならない．体で覚えるとは「脳で覚える」ことなのである．

　運動は筋の活動によって骨格が動き身体外部へ発現するものであるが，どの筋をいつどのくらいの強さで活動させるかを決めるのは脳であるから，練習による随意運動の上達にもっとも重要な役割を果たすのは脳である．筋力トレーニングによって骨格筋が強化され，持久力トレーニングによって心筋と酸素摂取能力が強化されるように，スキルトレーニングを行えば脳の運動機能が改善される．

　随意運動の上達にかかわる脳のメカニズムとしては，長期増強（long-term potentiation: LTP），長期抑圧（long-term depression: LTD），機能的再組織化（functional reorganization）が知られている．なかでももっとも古典的に有名なものがLTD[5]である．図1-7に示すように，大脳皮質の運動中枢を出た運動指令は，脳幹・脊髄の運動経路を通って運動神経（α運動ニューロン）に伝達されると同時に，脳幹の延髄にある下オリーブ核に伝達され，さらにまた，脳幹から側路を通って小脳に入り，苔状線維，顆粒細胞，平行線維（顆粒細胞の軸索）を経由して小脳皮質のプルキンエ細胞の樹状突起先端部にシナプス伝達される．

　一方，動作の結果生じる感覚情報は下オリーブ核で脳からの運動指令と照合され，両者に誤差があると，その誤差に応じた信号が登上線維を通ってプルキンエ細胞樹状突起基幹部にシナプス伝達される．この誤差信号は非常に強力で，プルキンエ細胞全体に激しいショックを与えるため，ちょうどその時刻に平行線維からプルキンエ細胞への運動指令が通過していたシナプスが不活性化し，数時間使えなくなる．この数時間継続するシナプス不活性化を長期抑圧という．こうして不適切な経路が遮断され，正しい回路が形成されてゆくと考えられている．

　LTDとは違って，よく使うニューロン経路が強化されるメカニズムがLTPである．LTPは記憶中枢である海馬で発見された現象で，図1-8[6]に示すように，海馬のニューロンにシナプスを介して高頻度の刺激を与えると，単発刺激に対する応答が次第に増

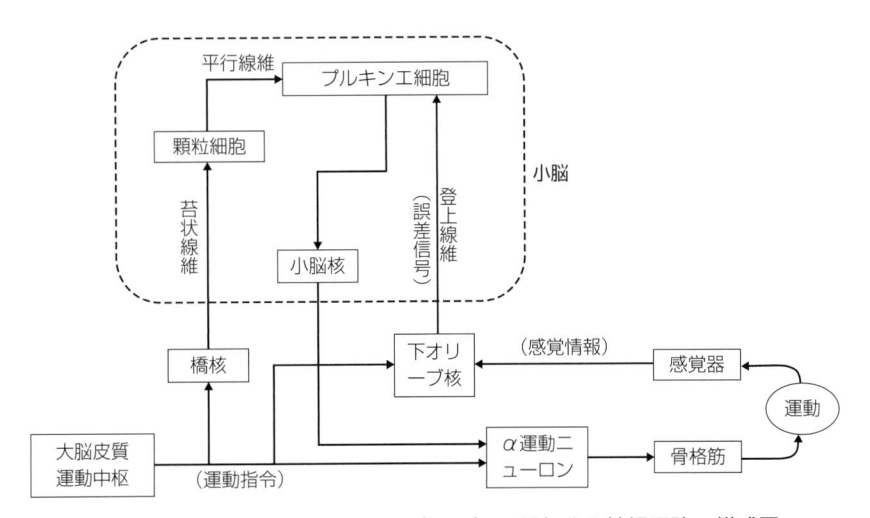

図1-7 小脳における長期抑圧（LTD）に関与する神経回路の模式図
意図した動作と異なる動作が生じると，登上（とじょう）線維に誤差に応じた応答が生じて平行線維・プルキンエ細胞間のシナプスを長期間不活性化する．これによって，不適切な回路が遮断され，正しい回路のみが残存する．

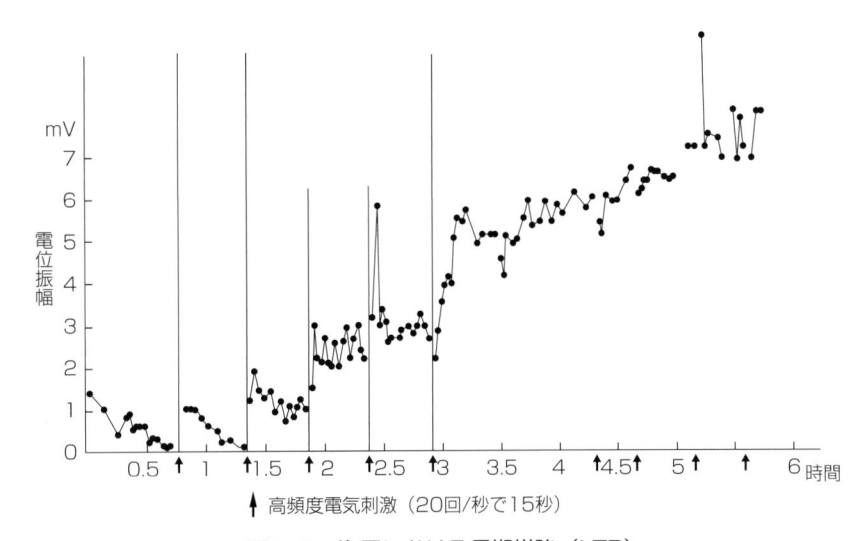

図1-8 海馬における長期増強（LTP）
海馬顆粒細胞の細胞外電極による集合スパイク電位（活動している細胞数を反映する）．↑の時刻に高頻度刺激を加えると，一定強度の単発テスト刺激に対する応答電位振幅が次第に増大し，長時間持続する．
(Eccles JC: The Understanding of the Brain. 2nd ed, McGraw-Hill, 1977)

強され，その増強が数時間の長期にわたって持続することから，長期増強と呼ばれている．LTPは学習の基礎メカニズムと考えられている．近年，動物実験ではあるが，これと同様のLTPが一次運動野においても生じることがわかってきている．たとえばRioult-Pedottiら[7]はラットに餌を手で掴みとる訓練を毎日1時間，3〜5日間にわたって行わせたところ，訓練に使用した手を支配する一次運動野にLTPが生じたことを報告している．

また，ラットの餌の掴み取り訓練によって，前肢対応皮質領域の面積と厚さが増大し，皮質ニューロン1個あたりのシナプス数が増加したという研究[8, 9]や，ヒトのピアノ打鍵動作の実地練習およびイメージ練習によって一次運動野手指支配領域が拡大し，同領域のニューロンの活動閾値が低下するといった研究[10]，バレーボール選手は陸上競技競走種目選手に比べて三角筋前部の支配皮質領域が広いという研究[8, 11]などが報告されるようになっている．Taubertら[12]は毎週1日30秒×15試行のバランスボードトレーニングを6週間行うと，パフォーマンスの向上に比例して前頭前野皮質の体積が増加したことを報告している．LTPやLTDは既存のシナプスの伝達効率の変化を示すものであるが，これらの研究はシナプスの新生を含むニューロン接続パターンの変化を示すものであることから，機能的再組織化（functional reorganization）と呼ばれている．

　練習効果が長く持続するためには，これらの脳内の構造的変化が一過性でなく長期的に持続するいわゆる可塑的変化にならねばならない．Brashers-Krugら[13]は，外力の抵抗を克服しつつ直線的に手を動かす課題を練習させた直後に逆方向の力を加えて同じ回数の練習を行わせると，24時間後の練習効果保持テストにおいて，最初に練習した課題の保持成績が悪くなってしまうが，4時間の時間をおいてから逆方向の力での課題を行わせた場合には最初の課題の保持成績が悪くならないことを報告し，練習効果の定着（consolidation）には4時間前後の休息期間が必要であると述べている．また，Muellbacherら[14]は，親指と人差し指によるつまみ動作を繰り返し練習させ，練習終了後に大脳皮質一次運動野に反復磁気刺激（rTMS）を持続的に加えて一次運動野の活動を乱すと，練習中に獲得した練習効果が消失してしまうが，練習終了から6時間経過してから同じ磁気刺激を加えても練習効果は低下しないことを見出し，練習効果の定着には6時間前後の時間経過が必要であり，そのためには練習直後に一次運動野が重要な役割を果たすことを示唆している．さらにまた近年，運動学習成立後に睡眠をとることによって練習効果の定着が促進され，断眠によって練習効果の保持が阻害されるという研究も報告されるようになっている[15-17]．

　以上のことから，練習による運動技能の向上には，脳のニューロン回路におけるシナプス伝達効率の変容とシナプス新生によるニューロン回路のつなぎ換え（rewiring）が必要であり，そのためには筋力や持久力のトレーニングと同様，休憩時間に生じる超回復（super-compensation）が重要な役割を果たしていると考えられるのである．

［大築　立志］

文献

1) 大築立志：「たくみ」の科学．朝倉書店，1988．
2) 猪飼道夫：運動生理学入門．第4版，杏林書院，1967．
3) Penfield W, Rasmussen T: The Cerebral Cortex of Man. Macmillan, 1950.
4) Sakurai S, Ohtsuki T: Muscle activity and accuracy of performance of the smash stroke in badminton with reference to skill and practice. J Sports Sci, 18: 901-914, 2000.
5) Ito M: Long-term depression. Annu Rev Neurosci, 12: 85-102, 1989.
6) Eccles JC: The Understanding of the Brain. 2nd ed, McGraw-Hill, 1977.
7) Rioult-Pedotti MS, et al.: Strengthening of horizontal cortical connections following skill learning. Nat Neurosci, 1: 230-234, 1998.

8) Adkins DL, et al.: Motor training induces experience-specific patterns of plasticity across motor cortex and spinal cord. J Appl Physiol, 101: 1776–1782, 2006.
9) Kleim JA, et al.: Motor learning-dependent synaptogenesis is localized to functionally reorganized motor cortex. Neurobiol Learn Mem, 77: 63–77, 2002.
10) Pascual-Leone A, et al.: Modulation of muscle responses evoked by transcranial magnetic stimulation during the acquisition of new fine motor skills. J Neurophysiol, 74: 1037–1045, 1995.
11) Tyč F, et al.: Motor cortex plasticity induced by extensive training revealed by transcranial magnetic stimulation in human. Eur J Neurosci, 21: 259–266, 2005.
12) Taubert M, et al.: Dynamic properties of human brain structure: learning-related changes in cortical areas and associated fiber connections. J Neurosci, 30: 11670–11677, 2010.
13) Brashers-Krug T, et al.: Consolidation in human motor memory. Nature, 382: 252–255, 1996.
14) Muellbacher W, et al.: Early consolidation in human primary motor cortex. Nature, 415: 640–644, 2002.
15) Maquet P, et al.: Sleep-related consolidation of a visuomotor skill: brain mechanisms as assessed by functional magnetic resonance imaging. J Neurosci, 23: 1432–1440, 2003.
16) Tamaki M, et al.: Efficacy of overnight sleep for a newly acquired visuomotor skill. Sleep and Biological Rhythms, 5: 111–116, 2007.
17) Walker MP, et al.: Practice with sleep makes perfect: sleep-dependent motor skill learning. Neuron, 35: 205–211, 2002.

2章 スポーツと体力

1 体力とはなにか

「体力」という語は，その人の「身体が持っている総合的な力」を意味する語として，広く知られている．他方，誰もが知っている語であるために，その人の知識やスポーツの経験などによって，いろいろな観点からとらえられてしまい，認識がかみ合わないということになりかねない．さて，その人の体力は，具体的に何をみればわかるだろうか．言い換えると，体力を科学として取り扱うためには，その人のどのような数値を収集し，何を評価すればいいだろうか．

1. 体力を定義する試み

昭和初期，福田邦三は，総合的な性格を持つ体力を定義するために，評価対象となるひとつひとつの能力を「体力の要素」ととらえ，それらの要素を総合したものを体力ととらえる考え方を提案した[1]．福田は，とくに，自分の外に働きかける「作業能力」と，外部の環境に対して身体の恒常性を保つ，いわゆる「抵抗力」を類別して，それぞれ「行動体力（身体が行動に駆り立てられた場面で体技として発揮される能力で，通例，能動的な運動器官の働きが目立つ．オリンピック競技などの場合に云々される体力はこれである）」と「防衛体力（この表現は必ずしも適切でないかも知れないが，身体が生存および健康をおびやかす自然界の侵襲に対し，種々な意味の生理学的防衛作用がいかに発揮されるかを問題にする．"患者は老人だから体力がなくて手術を受けるのに不適"などというときの体力は，この類の体力である）」とした[2]．表2-1に，防衛体力の内容を示した．防衛体力は，免疫系，内分泌系および自律神経系が調整の主体になり，行動体力を支える土台となる「体力」であるものの，スポーツ・パフォーマンスとの連関を明確に表現することがとくに困難なカテゴリーの体力でもある．たとえば，中くらいの強さの運動をした後で，上気道感染症（風邪）に対して防御の役割を持つ唾液中のIgA（免疫グロブリン）は，増えるという報告も低下するという報告もあり[3]，防衛体力に対して，身体運動がプラスの効果をもたらすのか，よくわからないことも多い．

他方，体力を測定するとき，がんばったかどうかで値は異なってしまうということもある．つまり，体力は，意欲，精神力の裏打ちがあってはじめて表現される性質のもので，意欲がなければ測定値が悪く，体力が高いことにはならない．猪飼[4]は，体力の表出にかかわるこの表裏一体性を重視し，図2-1のような，総合的パフォーマ

表2-1 防衛体力とは

防衛体力に関し，身体が生存および健康をおびやかす自然界からの侵襲を「ストレッサー（ストレスを与える要因）」という．ストレッサーには以下のものなどがある．

①物理・化学的なもの
- ケガ，出血，傷など
- 気圧，温度，湿度，酸素濃度などの高低，あるいは変化
- 毒物，化学物質

②生理・生物的なもの
- 時差，睡眠不足など
- 疲労
- 水分，栄養などの不足
- ウイルス，細菌など

③心理的なもの
- 不安，緊張，怒りなどの感情

④社会的なもの
- 情報過多や不足，人間関係，自尊心などへの攻撃

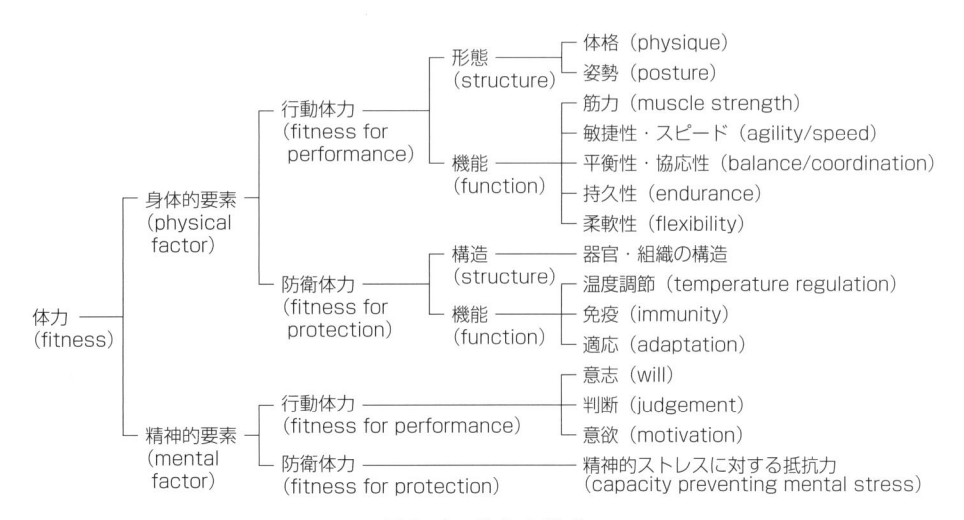

図2-1 体力の構成
(猪飼道夫：運動生理学入門. 杏林書院, 1998)

体力(fitness)
- 身体的要素(physical factor)
  - 行動体力(fitness for performance)
    - 形態(structure)
      - 体格(physique)
      - 姿勢(posture)
    - 機能(function)
      - 筋力(muscle strength)
      - 敏捷性・スピード(agility/speed)
      - 平衡性・協応性(balance/coordination)
      - 持久性(endurance)
      - 柔軟性(flexibility)
  - 防衛体力(fitness for protection)
    - 構造(structure)
      - 器官・組織の構造
    - 機能(function)
      - 温度調節(temperature regulation)
      - 免疫(immunity)
      - 適応(adaptation)
- 精神的要素(mental factor)
  - 行動体力(fitness for performance)
    - 意志(will)
    - 判断(judgement)
    - 意欲(motivation)
  - 防衛体力(fitness for protection)
    - 精神的ストレスに対する抵抗力(capacity preventing mental stress)

ンス力とでもいうべき包括的な定義を提案した．他方，医学領域の研究者には，精神的な要素は体力の一部とは考えないという見解も多く，いわゆる「精神の力」を「体力（体の力）」に含めるのかについては必ずしも合意が得られていない．

2 スポーツにおける体力

スポーツの能力という観点からとらえると，体力はもう少し限定したとらえ方が可能になる．身体の力について，図2-2のような階層性を考えてみよう．バレーボールやバスケットボールでは，身長が高いことがよい競技成績に有利になり，力士では，体重の重いことも成績にかかわってくる．身長，体重のような身体の「構造（body

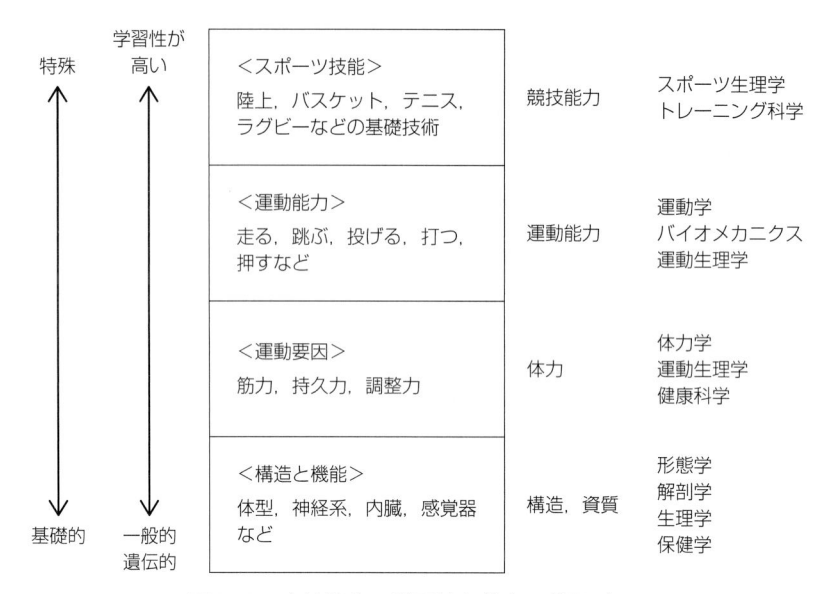

図2-2 身体能力の階層性と体力の位置づけ

structure)」（近年では，サイズとよばれることが多い）ならびに神経活動や代謝といった生理学的な機能は，スポーツの強さの前提となる身体の力である．

「体力（physical fitness）」は，身体という構造をベースに，身体を働かせる能力の大きさである．すなわち，ここでいう体力は，福田，猪飼のいう行動体力と同義になる．

「体力」を利用して，走る，投げる，跳ぶなどといった運動を行うことができるが，この運動する能力の大きさを「運動能力（motor ability）」という．運動能力は，スポーツの基本となる力を評価したものであり，50m走やボール投げのような測定項目で評価されている．さらに，スポーツは，足が速い（運動能力がある）だけで勝てるということはない．運動能力を基礎として，スポーツの成果を直接左右する専門性・学習性の高い技術・技能を含めた身体能力を「競技能力（athletic ability）」という．競技能力は，陸上競技のハードリング，バスケットボールで1分間に何回シュートできるかといった，各スポーツ競技の基礎的な技能を指す概念である．

以上すべて「体の力」ではあるものの，「体力」といえば，身体運動を行う基礎的な能力ということになり，とくに，「よりよく運動するのに適した（fitした）身体の（physical）状態」を意味している．

3 行動体力を構成する要素

体力テストで評価される測定項目と体力要素との関係を表2-2に示した[5]．行動体力は，身体の作業能力，すなわち，自分の身体の外側に働きかける身体の力のことで，実際には体力テストや競技など身体活動の結果として（数値として表されて）評価される．スポーツ活動に必要となる基礎的な力が行動体力であり，次の要素から成り立っ

表2-2 体力要素と体力テストの測定項目の対応

テスト項目	運動能力評価	体力評価		運動特性	
50m走	走能力	スピード	すばやく移動する能力	すばやさ	力強さ
持久走	走能力	全身持久力	運動を持続する能力	ねばり強さ	
20mシャトルラン	走能力	全身持久力	運動を持続する能力	ねばり強さ	
立ち幅跳び	跳躍能力	瞬発力	すばやく動き出す能力	力強さ	タイミングの良さ
ボール投げ	投球能力	巧緻性 瞬発力	運動を調整する能力 すばやく動き出す能力	力強さ	タイミングの良さ
握力		筋力	大きな力を出す能力	力強さ	
上体起こし		筋力 筋持久力	大きな力を出す能力 筋力を持続する能力	力強さ	ねばり強さ
長座体前屈		柔軟性	大きく関節を動かす能力	体の柔らかさ	
反復横とび		敏捷性	すばやく動作を繰り返す能力	すばやさ	タイミングの良さ

ねばり強さ：動きを持続する能力
小学生では20mシャトルラン，中学生では持久走と20mシャトルランのどちらかを選択．
(文部科学省：子どもの体力向上のための取組ハンドブック．p.151, 2012)

ている．

1. 行動を起こす能力（筋力のカテゴリー）

(1) 筋力 (strength, muscle strength, muscular strength)

　筋収縮力の最大値である．筋力のような「力」は，公式には国際単位系（SI単位）ではN（ニュートン）で表すことになっているが，慣用的にキログラム（kg）やポンド（p）が用いられている（1kg = 1kp = 9.80665N）．実際には，筋の収縮力（真の筋力）が骨に伝えられることによって，骨が外部に働きかける力（見かけの筋力）を測定したものになる．体力テストでは，筋力は握力で評価されているが，握力の測定は，身体のさまざまな部位の筋力を代表してたまたま握力で評価しているのであって，握る力の良し悪しを問題にしているわけではないということを実施者に理解してもらうことが重要である．

　2014年現在，ギネスブックによれば，握力の世界最高記録は，マグナス・サミュエルソン（Magnus Samuelsson, 1969年12月21日～）の192kgとされている[6]．日本人では，ハンマー投げの室伏広治選手の記録が120kg，正確な学術データではないが，力士では100～120kgの水準にある者も多くみられるようである．プロ野球選手は，50～60kg程度だが，高い測定値を示す選手では80～90kgと報告されている．

(2) 筋パワー (power, muscle power)

　筋力は，単にその人の最大値を評価するのに対し，筋パワーは，筋力の発揮にたとえば「何秒間で」という時間の要素が加わったもので，筋力に筋力を発揮する時のスピードをかけ合わせた指標（筋力×筋収縮の速度），すなわち「単位時間」当たりの筋の仕事量（＝仕事率）である．ベンチプレスで100kgのバーベルを持ち上げるとして，すばやい動作で一気に持ち上げた人と，なんとかゆっくりとしか持ち上げられな

かった人では，物理的には同じ仕事をしたことになり，発揮された筋力は同じだが，パワーは前者の方が高いと評価される．大きな筋力を短時間に発揮できる能力は，サッカーで力強いシュートを打つ，テニスでサービスの威力を高めるといった実際のスポーツ場面において，非常に重要な価値を持っている．

筋パワーの評価は，測定の時間をどのように設定するかで，評価される内容が異なってくる．きわめて短時間の最大筋出力は，ハイ・パワー，10秒から1分程度で測定される最大筋力発揮をミドル・パワーといい，これらをあわせてアネロビック・パワー（無酸素性パワー）という．後述の全身持久力も，最大酸素摂取量（1分間あたりのエネルギー消費量）のように単位時間あたりの量（筋の代謝量）として評価されるのでパワーである（ロー・パワーともいわれる）が，通常「筋パワー」というときには，アネロビック・パワーのことをいう．

1）きわめて短時間の筋パワー（ハイ・パワー）

瞬発力ともいう．新体力テストでは，立ち幅跳び，ソフトボールあるいはハンドボール投げで評価され，旧来の体力テストでは，垂直跳びによって評価されていた．図2-3（a-d）は，それぞれの距離で最大運動をしたときのエネルギー供給（ATP合成）機構の割合を示している[7]．「一瞬から数秒間」のエネルギー供給系は，非乳酸性エネルギー供給機構とよばれ，筋に含まれるクレアチンリン酸（CP）の分解によってATPが再供給される機構が中心となっている（alactic system：図2-3aのATP-CP系とくに10m程度の範囲）．非乳酸性機構によるパワー発揮は，筋のATPとCPの含有量に依存して短時間しか持続できない．一方，エネルギー供給の機序がシンプルで，エネルギーの供給スピードも速くパワーも大きいことから，ハイ・パワーともよばれる．

ハイ・パワー測定の代表例に，Margariaの階段駆け上がりテスト（Margaria Staircase Test）がある[8]．このテストに必要な機器は，175mm／段の高さの階段，感圧マットおよび0.01秒の分解能を持つ記録器で，階段前2mの地点から1段おきに一気に12段以上を駆け上がる．感圧マットは8段目と12段目に置き（4歩目と6歩目にあたる），その間の時間を測定する．パワーは，

$$\text{パワー} = \frac{W \times 9.8 \times D}{T}$$

9.8：重力加速度（m・sec^{-2}）　　　W：被験者の体重
D：2つのマットの垂直距離（m）　　T：2つのマット間の時間（秒）

として計算される．

より簡便な方法として（ストップウォッチでの測定では精度がかなり落ちるとされている），たとえば，体重60kgの人が，合計1mの高さの階段を，全力で駆け上がりその時間が0.6秒だった場合，速度＝距離／時間であることから，垂直方向の距離（上った高さの合計）と所要時間から，このときのパワーは，

60kg×1m（高さ）／0.6秒（所要時間）＝100kg・m／秒

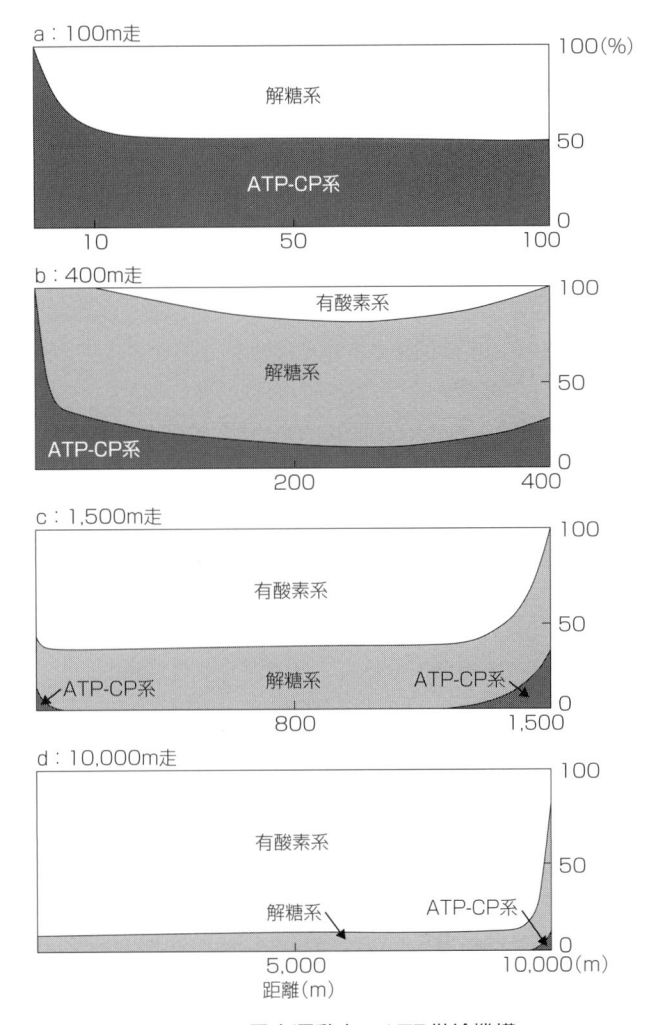

図2-3 最大運動中のATP供給機構
(Newsholme E, et al.: Keep on running. Wiley (England), 1994より引用改変)

のように評価することもできる．

2) 数十秒間で発揮される筋パワー

もう少し長い時間における最大筋パワーは，解糖系（乳酸系）がエネルギー産生の中心になることから，乳酸性最大無酸素パワーあるいはミドル・パワーとよばれる（図2-3b, c）．ミドル・パワーの測定には，旧来よりウインゲート・テストが用いられる例が多い[9]．ウインゲート・テストは，一定負荷（通常，体重の7.5%の負荷）で一定時間（30秒間）を最大努力でペダリングするもので，負荷×重力加速度×1回転の距離×回転速度，でパワーが評価される．

2. 行動を持続する能力（持久性のカテゴリー）

長時間の運動に耐える能力を持久力といい，部分的な筋力発揮か全身を使うものか

```
                    ┌─ 空気から体内へ酸素を取り込む能力
                    │  （換気能力，呼吸器系）
                    │
  [全身持久力] ←総合力┼─ 循環によって筋へ酸素を送る能力
                    │  （血液，心臓血管系，循環系）
                    │
                    └─ ATP再合成のために筋で酸素を消費する能力
                       （代謝系）
```

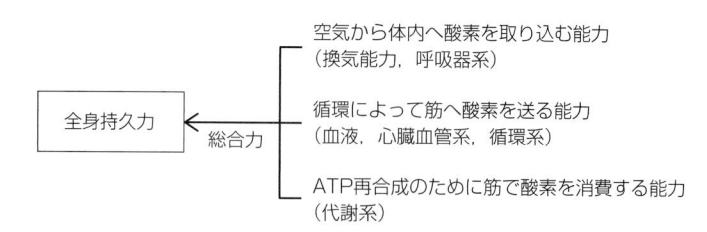

図2-4　全身持久力を高めることが健康と密接にかかわる理由

で，2つに分けられている．

（1）筋持久力（muscular endurance）

　身体の一部を使い，比較的大きな力を長時間にわたって発揮する能力で，局所（的な）持久力である．筋持久力は，動きをともなわないで同じ筋力を発揮し続けるもの，たとえば水平に伸ばした腕で水の入ったバケツを何分間持ち続けられるかといった能力は「静的筋持久力」，筋の動作反復回数が多いもの，たとえばダンベルを何十回持ち上げられるかなどの能力は「動的筋持久力」として評価される．体力テストにおいて，筋持久力は，上体起こしで測定されている．

（2）全身持久力（endurance）

　全身の筋肉を使って動作を長時間繰り返す能力であり，有酸素代謝がエネルギー産生の中心になる運動になるので，有酸素パワー（エアロビック・パワー）ともいう（図2-3d）．スタミナ（stamina：根気，粘り強さあるいは精力の意）も全身持久力を示す語である．スタミナの語源は，ラテン語の「縦糸（stamen；複数形stamina）」で，「運命の女神が紡ぐ人間の寿命の糸」から転義して，現在では「活力の根源的な要素」という意味で利用されている．全身持久力は，長時間にわたって，筋収縮に必要なエネルギー（アデノシン3リン酸：ATP）を供給し続けられるように，筋へ酸素や栄養素（主として糖と脂肪）を持続的に高水準で供給できる有酸素代謝系の能力が高いことが必要になる．逆にいえば，全身持久力が高いということは，運動に対してより多くの酸素やエネルギーを供給できることを意味するので，息苦しくならず長時間運動を続ける能力が高い人ということになる．

　有酸素代謝を高めるには，①外気から体内に酸素を取り込む能力（肺の機能など），②循環によって筋に酸素を送る能力（心臓血管系，毛細血管密度など）という呼吸循環系の能力に加え，③筋において，ATP再合成のために酸素を受け取り利用する能力（代謝酵素活性）などすべての機能向上が欠かせない（図2-4）．全身持久力を高めるトレーニングは，いずれも生命維持の根幹部分の能力を強化することを意味するわけで，このことが「運動は健康によい」とされる直接の理由である．

　体力テストでは，男子1,500m，女子1,000m走の記録あるいはシャトルランの往復回数によって評価される．ちなみに，2014年現在の陸上競技の世界記録は男子1,500mで3分26秒00，女子1,000mで2分28秒98になっている．体力テストにおいて，1,500mならびに1,000m持久走の記録は，中学から大学の年齢層で全体としても低下傾向に

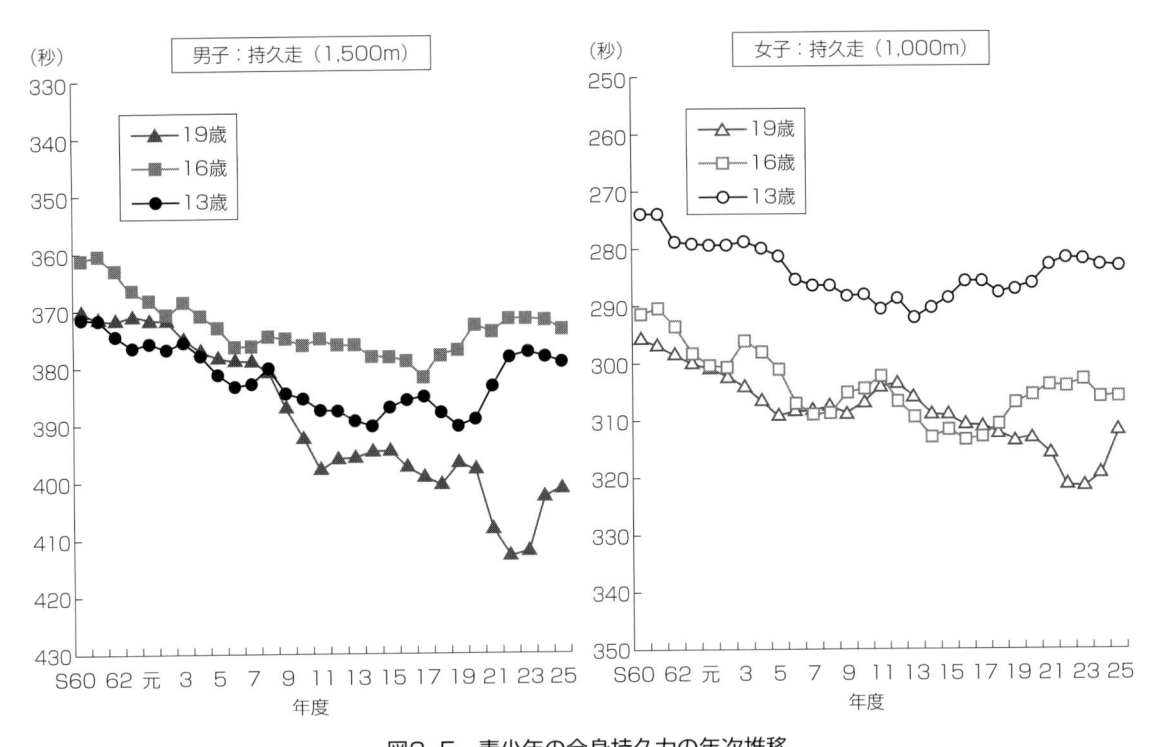

図2-5 青少年の全身持久力の年次推移
(文部科学省スポーツ・青少年局スポーツ振興課：平成25年度体力・運動能力調査結果の概要及び報告書について)

あり，近年とくに大学生年代の結果が顕著に悪くなっている（図2-5）[10]．前述のように，全身持久力は，とくに成人以降の健康にもっとも重要な体力要素であることには疑いがなく，この能力を向上させるための教育・啓もうが必要とされているといえる．

最大酸素摂取量の測定値は，その人の持久的能力の直接的・具体的な指標になる．箱根駅伝出場レベルの選手の最大酸素摂取量[11]は，総じて80mL/kg/min前後である．トレーニングされていない同年代男性の最大酸素摂取量は，40〜45mL/kg/min程度であり，一線級の選手は一般人のおよそ倍程度の酸素摂取能力を有していることになる（14章参照）．

全身持久力の測定法として，12分間走法では，
　　最大酸素摂取量＝走行距離(m)×0.021－7.233………（クーパーの式）[12]
　例）2,000m…34.8mL/kg/min
　　　3,000m…55.8mL/kg/min

によって，最大酸素摂取量が推定できる．クーパーの設定した式は，ほかにもいくつか存在し，走行距離(m)×0.02351－11.288も提示されている[13]．また，走行距離(m)－504.9)／44.73 あるいは走行距離(m)×0.019－年齢×0.56＋17.93など，最大酸素摂取量の推定式には多くのバリエーションがあるので，比較の際には注意が必要である．

ほかに，ノモグラム法[14]あるいは踏み台昇降，シャトルランなどで，間接的に最大酸素摂取量を推定する方法が示されてきている．65〜79歳では，6分間歩行テスト

として，歩行距離が評価されている．同様のテストに，アメリカ胸部疾患学会（ATS）で標準化している6分間歩行試験（6 minutes walk test: 6MWT）があり[15]，より安全性に配慮する必要のある対象者には，6MWT測定時のチェック項目が参考になる．

4 行動を調整する能力（神経機能のカテゴリー）

平衡性，敏捷性および巧緻性は，運動中の筋力発揮を目的に合わせて適切にコントロールする能力で，神経系の機能が重要な役割を担っている．通常は柔軟性を加えて，調整力と総称される．スポーツ場面において，調整力は，筋パワーの正確な発揮，適切な力配分・身のこなしやすばやいきりかえしなどといった部分の基礎的能力を測定評価するものである．バランスボール，クレイジーボール（図2-6），ラダーなどを用いたトレーニングが考案されている．

図2-6 クレイジーボール

(1) 平衡性（balance）

いわゆる「バランス感覚」で，身体が空間を認知する力，および認知された情報に基づき姿勢を制御する能力である．平衡性の中枢は小脳で，運動神経と連関して反射的に調整が行われる．

平衡性は，重心移動をともなうか否かで，さらに2つに分類できる．
・静的バランス：自然立位や動きをともなわない状態における姿勢の制御
・動的バランス：重心移動をともなう動作の制御

これらの能力は，すべてのスポーツに関与するが，ダンス，体操，スキー，フィギュアスケートなどの競技には非常に重要な意味を持っている．

「閉眼片足立ち」は，片足を上げ，目を閉じて何秒立っていられるかを測定する平衡性の評価項目のひとつであり，図2-7に示されるように，年齢とともに大きく低下し，70歳では20歳のときの20％程度にまで能力が低下するとされる[16]．65～79歳対象の新体力テストでは，「開眼片足立ち」で評価されている．安全な日常生活を送る上で，年齢とともに積極的なトレーニングが必要とされる体力の要素である．

(2) 敏捷性（agility）

動作の速度のことで，その運動にたいして「適切に速い」こと（コントロールされた速さ）が必要になる．スポーツ場面では，加・減速，切り返しや方向転換が，スムースにすばやく行える能力に相当するもので，体力テストでは，反復横跳びで評価される．

ボールが飛んできてそれを蹴る動作にあたっては，視覚によるボールの認知後，大脳皮質連合野（前頭前野），大脳皮質運動野，脊髄および運動神経の順に信号が送られ，足の筋肉の収縮を起こす．このように，敏捷性は，情報を感知・判断する入力系（感覚神経），次いで動作を起こす速さ（運動神経と筋）という出力系をあわせた，神経

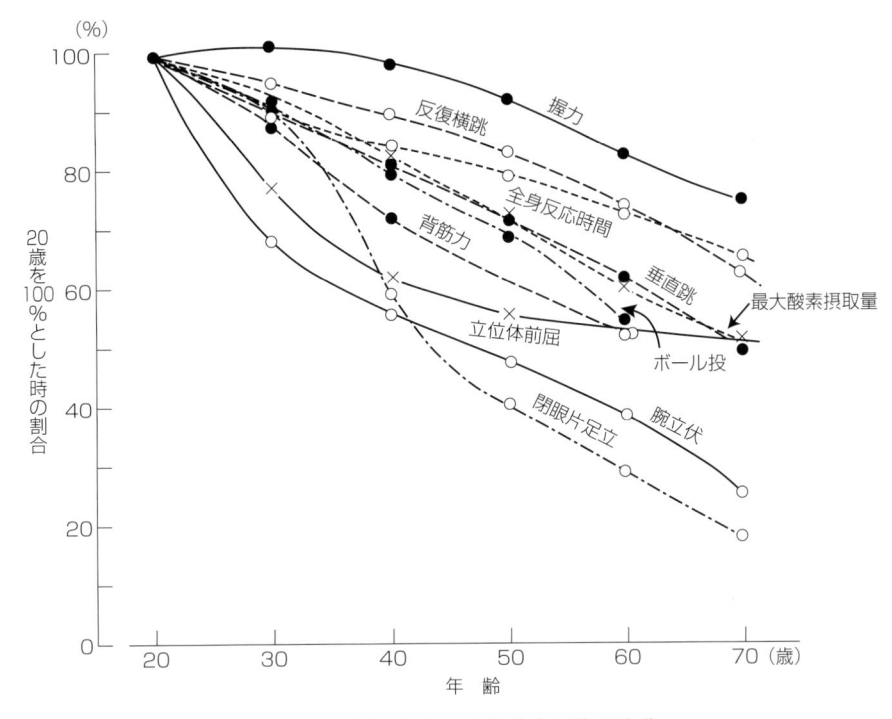

図2-7 加齢にともなう各体力要素の変化
(池上晴夫:新版 運動処方,朝倉書店,p.219,1990)

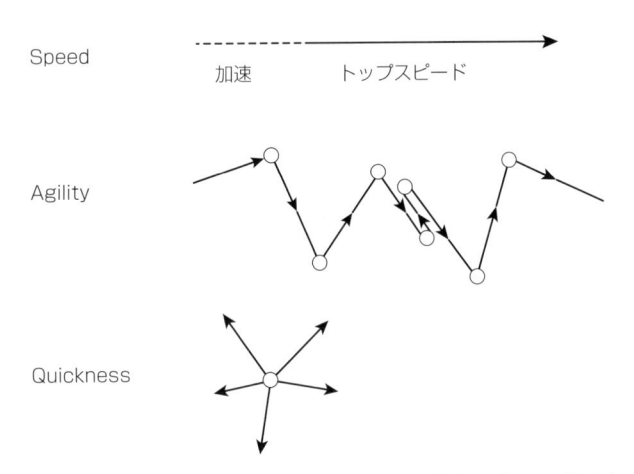

図2-8 敏捷性の細分化(SAQ:NPO法人日本SAQ協会)
(日本SAQ協会:SAQトレーニング.ベースボールマガジン社,2007)

系と筋の総合的な能力である．速い動作が必要な運動に共通に関与する．

敏捷性はさらに，バスケットボールやアメリカンフットボールの動きの解析から，具体的な運動内容に即して，①直線的な速さおよび加速(Speed)，②方向転換を含むいわゆる俊敏性(Agility)，および③反応のすばやさ(Quickness)のように細分化し，「SAQトレーニング」[17]として体系化されている(図2-8)．

(3) 巧緻性 (skill)

身体操作の「技術」,「動きの巧みさ」あるいは「器用さ」を意味し,障害物を避けながら正確で速いドリブルを行うような,身体を目的に合わせて統合的に巧みに動かす能力を指す.巧緻性も敏捷性と同様に,視覚,身体感覚,経験あるいは予測という外部の情報を把握する入力系の能力と,その情報に基づいて的確な動作(運動)をおこなう出力系の総合力である.

新体力テストにおいて,巧緻性は,ボール投げで評価されている.また,旧壮年体力テストで,巧緻性の測定項目にジグザグドリブルが設定されていたが,65歳以上の高齢者を対象に,ADL(activities of daily living:日常生活動作)の観点から,「10m障害物歩行」に換えられた.

(4) 柔軟性

身体の柔らかさである.運動動作の大きさやしなやかさに直接関連する体力要素で,障害の予防に有効だとされている.具体的には,関節の可動域の大きさを評価するもので,これに関節周囲の組織(関節嚢,靱帯など)および筋の伸展性をあわせたものである.したがって,原理的には,関節の可動域を「角度」として計測する方が正しいが,測定の煩雑さから,一般的な体力テストでは伸展された「距離」として評価している.旧来は,立位体前屈で測定が行われてきたが,反動をつけた測定になりやすいこと,体格上,胴長短足の方が有利になること,ならびに測定時にとくに高齢者でバランスを崩して危険なことなどから,新体力テストでは「長座体前屈」として,座位の測定に代わった.

スポーツ活動において,柔軟性を高めるトレーニングは,ストレッチングによって行われる.ストレッチングは,静的ストレッチ(スタティスティック・ストレッチ:筋をゆっくり進展させ,20秒程度保持する)および動的ストレッチ(ダイナミック・ストレッチ:動きをともなうストレッチ)に大別できる.球技では,動きの中での柔軟性が重視され,たとえば「ブラジル体操」として,ジョギングのなかで全身を進展させるストレッチが,ケガの予防や動作のしなやかさをつくるものとして紹介されてきた.ほかに,バリスティックストレッチ(反動を使うストレッチ)およびPNF (proprioceptive neuromuscular facilitating) ストレッチ(抵抗を使ったストレッチ)などがある.

5 スポーツにおける基礎体力と健康関連体力の関係

「基礎体力」という語は,「日常生活や学校生活で元気に行動するための体力」(平成22年東京都教育庁指導部 子供の体力向上東京大作戦)[18]のように,生活上の身体の丈夫な基盤といった意味で用いられることが多く,一般語として広く利用されているが,スポーツ科学としては必ずしも明確な定義はみられない.

「基礎」について,たとえば,筋力に関しては,対象者の目標や水準に応じて,図2-9のような,パフォーマンス・ピラミッドが考えられている.すなわち,「筋パワー」の土台に「筋力」が必要とされ,さらに,安全で十分なトレーニングを可能にするた

めに，関節の安定と柔軟性が必要であることが示されている．このほか，多くのスポーツにおいてトレーニングを長時間行うことのできる高い心肺機能および代謝機能が必要になる（全身持久力）．このように，体力の各要素をスポーツ競技に対するトレーニングの観点からとらえると，基礎（的な）体力（要素）として，①筋力，②柔軟性および③全身持久力がまず重要で，その他の体力要素は，どちらかといえば競技能力に近い応用的なもの（競技関連体力または機能関連体力といわれる）になる．

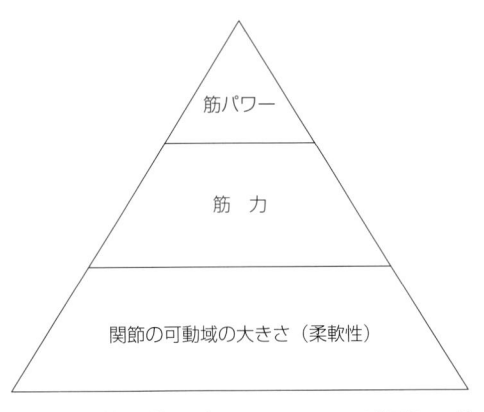

図2-9 筋運動のパフォーマンス・ピラミッド

1978年以来，アメリカスポーツ医学会（ACSM）は，成人の健康を維持するために必要な体力を，「健康関連体力（health-related fitness）」として扱ってきた[19]．健康関連体力には，体力の要素の中から，①筋力および筋持久力，②心肺持久力，③柔軟性および④身体組成が挙げられており，実際，これらが優れた人の方が，病気の罹患率が低く，または自立度が高いことが多くの研究で示されてきている．

このようにみると，競技スポーツのための基礎的な身体づくり（基礎体力のトレーニング）と，一般の競技者でない人々が健康・QOL（quality of life：生活の質）を高めるための身体づくり（健康関連体力の向上）は，「しっかりした土台づくり」という点では，同じ意味を持っている．したがって競技スポーツのトレーニングに際しては，筋力，全身持久力，柔軟性のトレーニングによって，トレーニングに耐えられる身体的なベース（基礎体力）を整えることを先行させ，その上で，ほかの要素の体力（筋パワー，筋持久力，平衡性，敏捷性，巧緻性）を競技特性に合わせて構築していくことが必要であると考えられる．

[長澤 純一]

文 献

1) 福田邦三，長島長節：体育学通論：体育と体力．大明堂書店，1949．
2) 福田邦三編：日本人の体力：体力の国際比較．杏林書院，1968．
3) Papacosta E, Nassis GP: Saliva as a tool for monitoring steroid, peptide and immune markers in sport and exercise science. J Sci Med Sport, 14: 424-434, 2011.
4) 猪飼道夫：運動生理学入門．杏林書院，1998．
5) 文部科学省：子どもの体力向上のための取組ハンドブック http://www.mext.go.jp/a_menu/sports/kodomo/zencyo/1321132.htm（2015年3月19日現在）
6) Guinness World Records 2014.
7) Newsholme E, et al.: Keep on running. Wiley (England), 1994.
8) Margaria R, et al.: Measurement of muscular power (anaerobic) in man. J Appl Physiol, 21: 1662-1664, 1966.
9) Bar-Or O, et al.: A 30-sec all-out ergometric test: its reliability and validity for anaerobic capacity. Israel J Medical Sci, 13: 326, 1977.
10) 文部科学省：平成25年度体力・運動能力調査結果の概要及び報告書について http://www.mext.go.jp/b_menu/toukei/chousa04/tairyoku/kekka/k_detail/1352496.htm（2015年3月19日

現在)
11) 順天堂大学医学部編：健康とスポーツ．学生社, p.35, 2005.
12) Cooper KH著，広田公一・石川　旦訳：エアロビクス：新しい健康づくりのプログラム．ベースボール・マガジン社，1972.
13) Cooper KH: A means of assessing maximal oxygen intake. Correlation between field and treadmill testing. JAMA, 203: 201-204, 1968.
14) Åstrand P-O, Rodahl K: Textbook of work physiology. 3rd ed, McGraw-Hill, p.365, 1986.
15) ATS Committee on Proficiency Standards for Clinical Pulmonary Function Laboratories: ATS statement: guidelines for the six-minute walk test. Am J Respir Crit Care Med, 166: 111-117, 2002.
16) 池上晴夫：新版　運動処方．朝倉書店, p.219, 1990.
17) Brown LE, Ferrigno VA: Training for Speed, Agility, and Quickness. Human Kinetics Publishers, 2005.
18) 子供の体力向上推進本部：総合的な子供の基礎体力向上方策　第1次推進計画．東京都教育委員会，平成22年7月．
19) American College of Sports Medicine編，日本体力医学会体力科学編集委員会監訳：運動処方の指針：運動負荷試験と運動プログラム．南江堂, 2006.
20) Hill AV: The heat of shortening and the dynamic constants of muscle. Proc R Soc Lond B, 126: 136-195, 1938.
21) 中村好男, 武藤芳照, 宮下充正：最大無酸素パワーの自転車エルゴメーターによる測定法．Jap J Sports Sci, 3: 834-839, 1984.

3章 スポーツと遺伝

　天才を生むのは「氏か育ちか」という議論がある．ある類まれな能力を発揮するのに遺伝（氏）と環境（育ち）のどちらが重要なのかという問いであるが，これは，スポーツの場面でもしばしば問題となる．多くの疫学研究により競技力に遺伝要因が関与することは，周知の事実となっている．たとえば，競技力に大きく影響すると考えられる筋線維組成を決める要因として，遺伝要因が強く関与することが知られている．また，体格が親と似ることは経験的に知られている．身長はほとんどが遺伝で決まるといわれているように，身長の高さが勝負を左右するバスケットボールやバレーボールでは，個人の競技力を決定するのに遺伝が大きく影響するといえるだろう．このように，スポーツの競技力を決める要因としてトレーニング，食事（栄養），休養といった環境要因だけでなく遺伝要因が関与する．では実際に，競技力に遺伝がどの程度関与しているのだろうか．また，遺伝要因の何が競技力を規定しているのだろうか．本章では，スポーツと遺伝について，とくに遺伝とスポーツパフォーマンスとの関係について概説する．

1 遺伝の基礎

1. 遺伝とゲノム・遺伝子・DNA

　「蛙の子は蛙」や「親子鷹」という言葉は，「子は親に似る」ということの例えであるが，これは遺伝情報が親から子へ確実に伝わる現象を表している．このように，親の形質（特徴）が子へ伝えられる現象を遺伝という．

　生物の遺伝形質を特徴づける因子が遺伝子である．つまり，遺伝の本質は，細胞の核染色体およびミトコンドリアゲノムに含まれるある特定のDNA配列（遺伝子情報）が親から子へ伝わることである．ゲノム（genome）とは，遺伝子（ジーン）「gene」＋総体（オーム）「-ome」からなる造語である．すなわち，ゲノムは，ある生物種の個体全体を完全な状態に保つために必要な遺伝子情報を示す．ヒトのゲノムは約2万3,000個の遺伝子から構成されていることがヒトの全ゲノム塩基配列決定により明らかにされた．細胞内小器官であるミトコンドリアにもゲノムは存在し，それをミトコンドリアゲノムという．つまり，ヒトのゲノムは，核に存在する22対の常染色体と1対の性染色体（女性はXX，男性はXY）の核ゲノムとミトコンドリアに存在するミトコンドリアゲノムからなる．

　ほとんどのゲノムは，デオキシリボ核酸(deoxyribonucleic acid：DNA)からなっている．DNAはデオキシリボース(五炭糖)，リン酸，および塩基から構成される核酸

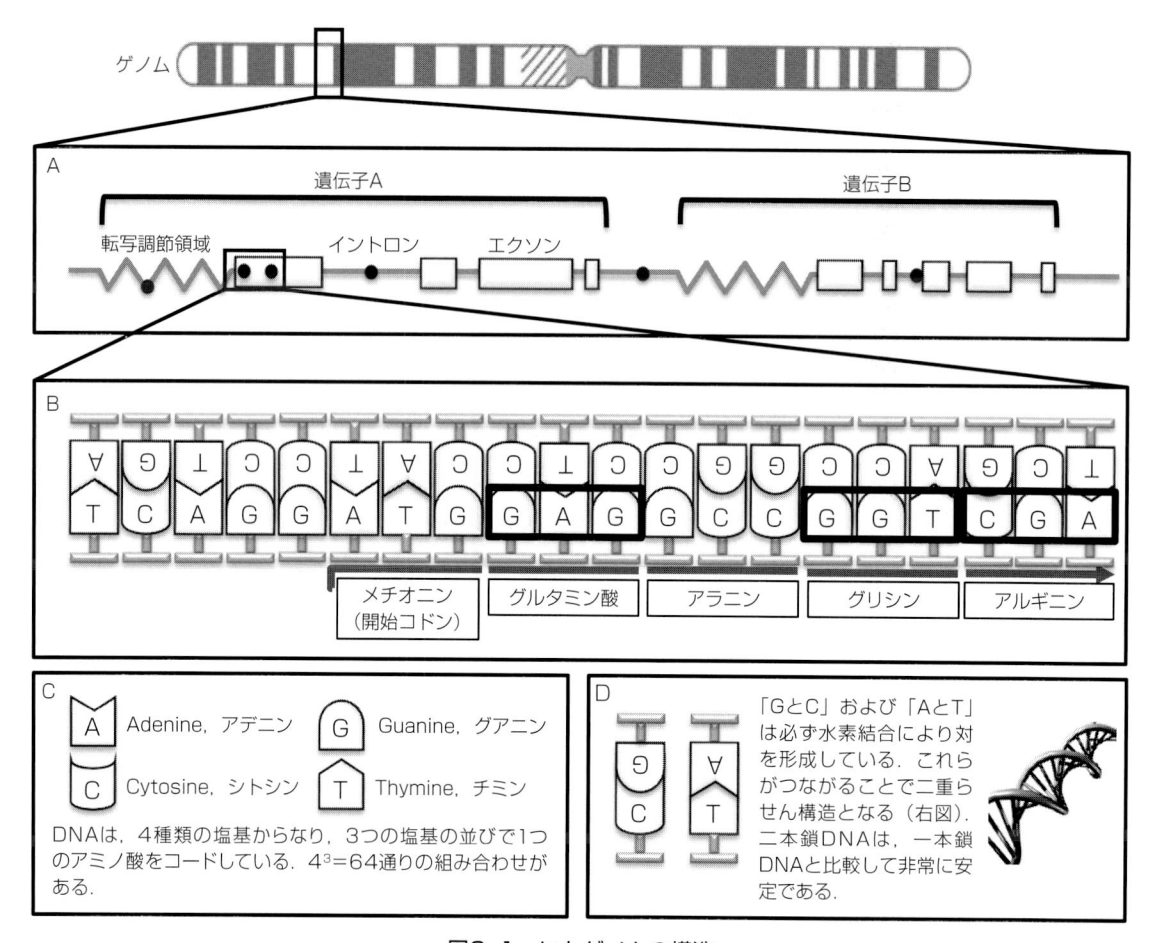

図3-1 ヒトゲノムの構造

であり，塩基はアデニン(adenine: A)，グアニン(guanine: G)，シトシン(cytosine: C)，チミン(thymine: T)の4種類がある（図3-1のC）．デオキシリボースとリン酸はどのヌクレオチドでも共通なので，塩基の違いがそれぞれ4種類のDNAの違いとなる．DNAは通常二本鎖を形成している．すなわち2本のポリヌクレオチド（DNAが多数並んでいるもの）が水素結合によって互いに巻き合って二重らせんをつくっている(http://en.wikipedia.org/wiki/DNA)．二重らせんにおける塩基対形成には法則があり，GとCならびにAとTが対を形成している（図3-1のD）．したがって，二本鎖を形成するDNA分子は互いに相補的な配列となっている（図3-1のB）．DNAの塩基配列のなかでも遺伝子領域内のエクソン（図3-1のA）は，タンパク質のアミノ酸配列に対応している部分である．生命現象の大部分はタンパク質が担っているため，「DNAの塩基配列」＝「タンパク質の設計図」＝「生命の設計図」ということになる．DNA塩基配列の中で3文字ずつの組み合わせとなり，アミノ酸を表す暗号（コドン）として用いられている．生体のアミノ酸は20種類あるので，開始・終止コドンを含めてA，G，CおよびTの4種類の塩基でアミノ酸などをコードするには，3つの塩基の並び（コドン）で十分である（$4^3 = 64$通り）．図3-1のBにおいて，6番目の塩基

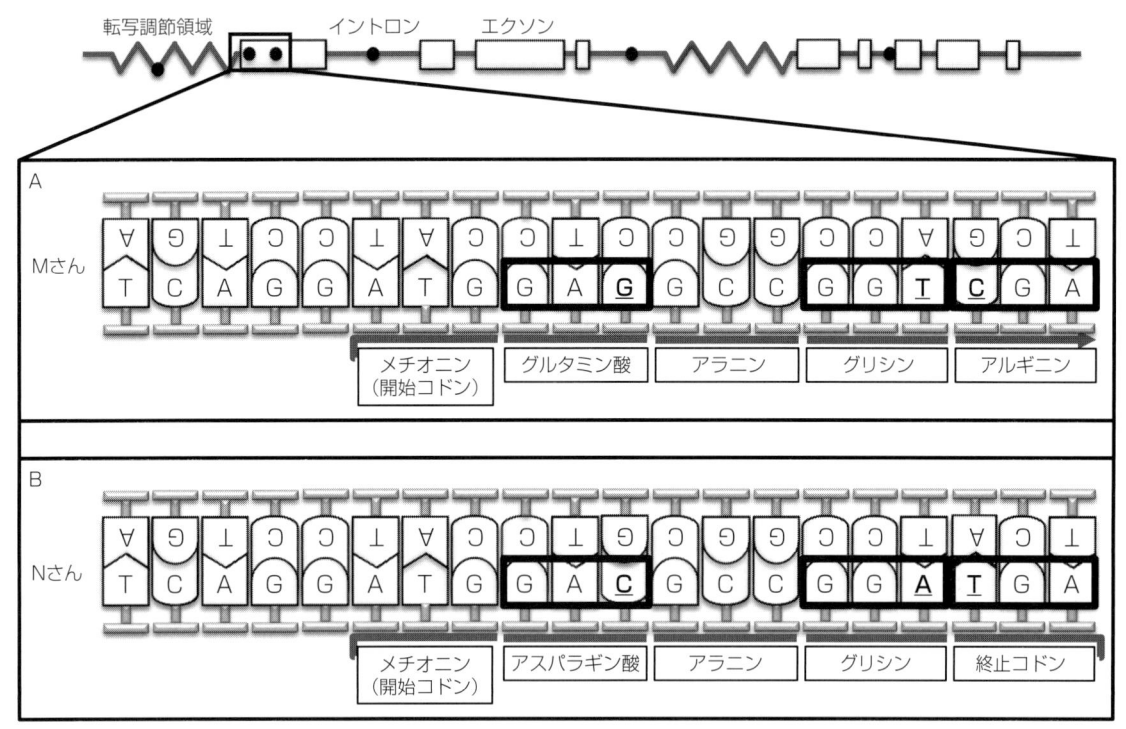

- 多型1：G>C (Glu2Asp)→G>Cの塩基置換によりコドン2番目のアミノ酸がグルタミン酸からアスパラギン酸に変化＝**非同義置換**
- 多型2：T>A (Gly4Gly)→T>Aの塩基置換が生じてもコドン4番目のアミノ酸の変化なし＝**同義置換**
- 多型3：C>T (Arg5Ter)→C>Tの塩基置換によりコドン5番目のアミノ酸（アルギニン）が終止コドンに変化＝**ナンセンス塩基置換**

図3-2　ゲノムとDNAおよびDNAとアミノ酸

からのATG，GAG，GCC，GGT，CGAは，それぞれ，メチオニン（ここでは開始コドンでもある），グルタミン酸，アラニン，グリシン，およびアルギニンに対応している．

2．遺伝子多型

　二本鎖のDNAは，一本鎖RNA（たとえばウィルスの遺伝物質）に比べ非常に安定しており塩基置換が生じにくいが，それでもある一定の頻度で塩基置換が生じる．したがって，個人間の塩基配列には多様性があり，DNAの塩基配列上の同じ場所でも，個人ごとに異なる配列となっている部位がある（**図3-2**）．この異なる塩基配列を塩基置換という．一般的にこの違いを多型と呼んでいるが，これは母集団において1％以上の頻度で生じた場合を指し，1％未満のまれなものは変異と定義されている．多型には，一塩基多型，挿入／欠失多型，およびコピー数多型などがある．一塩基多型が転写調節領域やエクソンに存在するとmRNAの発現やタンパク質の機能に影響を及ぼす場合がある．一塩基多型の詳細を以下に示す．

1）同義置換

　塩基置換が生じてもアミノ酸置換が生じない多型をいう．つまり機能的には変化のない多型である．たとえば，**図3-2**のように，エクソンのタンパク質コード領域に

おいても，Mさんの第4コドン配列（開始コドンから4番目のアミノ酸をコードする配列）はGGTでグリシンとなっており，Nさんの同じ部位の配列はGGAとコドン配列が異なるにもかかわらず同じグリシンである．グリシンをコードするコドンは，GGA，GGG，GGCおよびGGTであり，それぞれのコドンの第3位置において塩基置換が生じてもすべてが同義置換であり，アミノ酸置換が生じない．

2）非同義置換

塩基の置換前と置換後で異なるアミノ酸へ変化する多型をいう．図3-2のように，エクソンのタンパク質コード領域において，Mさんの第2コドン配列はGAGでグルタミン酸となっているが，Nさんの第2コドン配列はGACでアスパラギン酸となっている．このようにG＞C多型によりグルタミン酸からアスパラギン酸へのアミノ酸置換が生じる．つまりタンパク質の構造に変化が生じる．

3）ナンセンス塩基置換

アミノ酸を指定していたコドンが，塩基置換によって終止コドンに変わる多型をいう．図3-2のように，エクソンのタンパク質コード領域において，Mさんの第5コドン配列はCGAでアルギニンであるが，Nさんの第5コドン配列はTGAで終止コドンとなっている．そのため，本来は続くはずであるタンパク質の合成をそこで終えてしまうために，大きく異なるタンパク質が発現されたり，欠損したりする．

このように，たった1つの塩基置換でタンパク質の発現や構造の変化を引き起こすことが多々ある．DNAが転写されてメッセンジャーRNA（mRNA）となり，mRNAが翻訳されてタンパク質となることから，たとえば，あるペプチドホルモンに非同義置換（アミノ酸置換）が生じるとタンパク質の構造が変化する．このことにより，受容体への感受性が低下し，結果として情報伝達に差異を生じさせ効果器において異なる影響を示す（図3-3）．これは，多型の影響の一例である．そのほかに，転写調節領域の多型であればmRNAの発現に影響を及ぼしたり，エクソンの非翻訳領域（untranslated region: UTR）の多型ではmRNAの安定性に影響を及ぼしたりする可能性がある．これらの影響の大小については，それぞれの多型により異なり，それらが複雑に絡み合って個体差を生じさせていると考えられる．

2 運動能力の遺伝率

瞬発的運動能力の指標である筋力・筋パワーといった表現型，あるいは持久的運動能力の指標である最大酸素摂取量といった表現型は，複数の遺伝要因と環境要因によって決まる多因子遺伝形質（複数の遺伝子と環境因子の影響を受けて決まる形質）であると考えられている．では，具体的に最大酸素摂取量や筋力・筋パワーといった表現型に個体が持つ先天的な体質，すなわち遺伝要因がどの程度関与しているのだろうか．これを調べる方法として，親子や兄弟（一卵性双生児・二卵性双生児）を対象として，ある表現型に対する遺伝率を算出する手法がある．図3-4にさまざまな運動能力関連表現型の遺伝率を示す．遺伝率は，ある集団における形質のばらつきに遺伝が寄与する割合を示した尺度である．

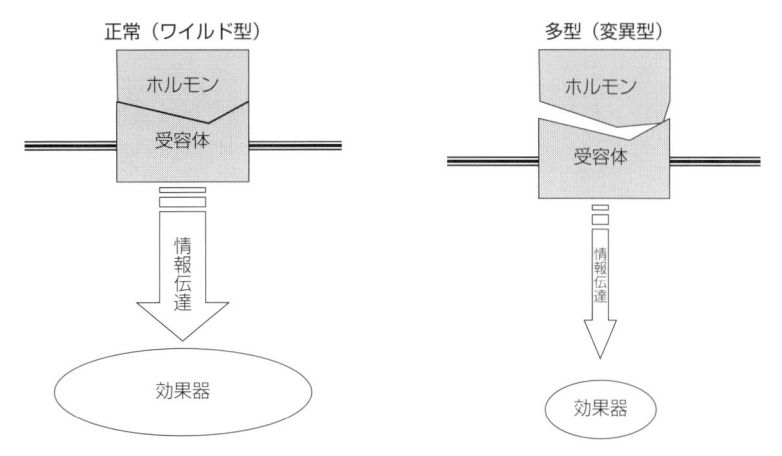

図3-3　多型によるホルモン構造の変化が効果器に及ぼす影響のモデル

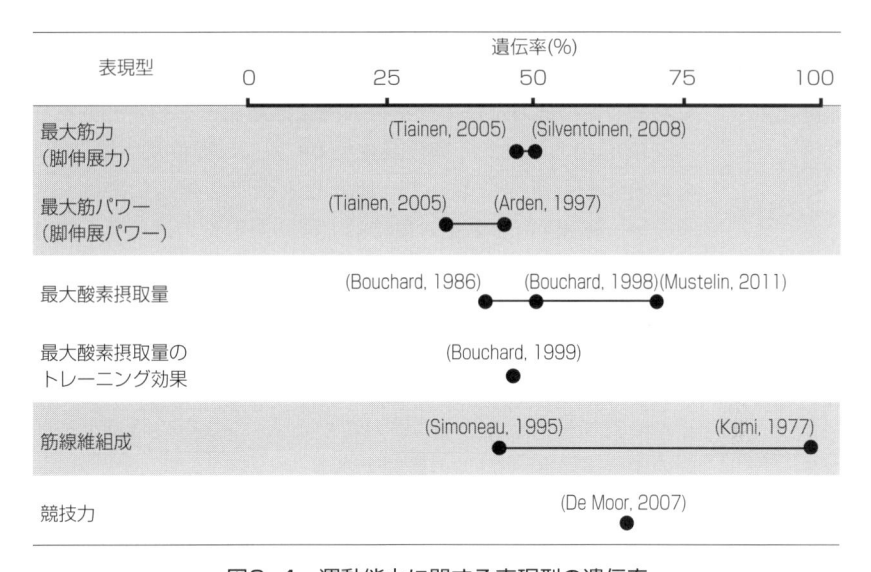

図3-4　運動能力に関する表現型の遺伝率

1. 力・筋パワーの遺伝率

　筋力・筋パワーは，短距離走や柔道・重量挙げといった瞬発系・パワー系の競技能力と密接な関係がある．また，加齢性筋肉減弱症（サルコペニア）の観点からも，この能力は重要視されている．筋力・筋パワーには個人差があり，それに対する遺伝率を算出した疫学研究は多い．これらの研究の中で比較的規模が大きい研究を紹介する（図3-4）．Tiainenら[1]は，97組の一卵性双生児および102組の二卵性双生児の高齢女性を対象に筋力と筋パワーの遺伝率を検討し，等尺性膝伸展力は48％，脚伸展パワーは32％と見積もった．また，Silventoinenら[2]は，15万4,970組の兄弟，1,582組の一卵性双生児，および1,864組の二卵性双生児の男性を対象とした大規模研究において，若年期の等尺性膝伸展力の遺伝率は，それぞれ，50％と報告した．さらに，Ardenら[3]は，227組の一卵性双生児および126組の二卵性双生児の成人女性を対象とした研究

において，脚伸展パワーの遺伝率は46％であると報告している．このように，脚の筋力・筋パワーについてまとめると，30〜60％の範囲の遺伝率が報告されている．日本人を対象とした運動能力関連表現型に関する研究では，握力の遺伝率についての報告がある．Okudaら[4]は，90組の一卵性双生児と68組の二卵性双生児の子どもを対象に検討し，握力の遺伝率は77％と高い遺伝率を示した．このような値の違いはヨーロッパ人やアジア人といった民族の差や測定部位（上肢と下肢）の違いが影響している可能性がある．いずれにせよ，筋力や筋パワーには遺伝が半分程度関与していることは間違いない．

2. 最大酸素摂取量の遺伝率

最大酸素摂取量は，長距離走やクロスカントリースキーといった持久的な競技能力と密接な関係がある．また，持久系の能力は，すべてのアスリートにおいて，過酷なトレーニングを行うための基礎的な能力である．たとえば，競泳の短距離種目（50m自由形）において，競技特性は瞬発系であるが，トレーニングでは1日で10km以上を泳ぐことがある．このような種目においては，競技能力に影響を及ぼす要因として瞬発系の運動能力だけでなく持久的な運動能力も必要とされるだろう．

Bouchardら[5]は，一卵性双生児106名，二卵性双生児66名，兄弟42名の成人男性を対象にした研究において，最大酸素摂取量の遺伝率は40％であったと報告した．その後，86家族429名を対象に最大酸素摂取量の遺伝率も検討し，50％であることを報告している[6]．興味深いことに，この研究において，父子間より母子間における最大酸素摂取量との強い相関を認めており，ミトコンドリアDNAの関与を示唆している．さらに最近では，新しい手法を用いた遺伝率の計算方法で，23〜27歳の一卵性双生児118名，二卵性双生児186名を対象に最大酸素摂取量の遺伝率を算出したところ，それは71％であったと報告されている[7]．これらの報告をまとめると，最大酸素摂取量の遺伝率は40〜71％の範囲である．

さらに，Bouchardら[8]は，最大酸素摂取量のトレーニング効果の遺伝率についても検討した．98家族481名を対象に20週間の持久的トレーニングを実施し，トレーニングによる最大酸素摂取量の変化に対する遺伝の影響を検討し，遺伝率は47％であると報告した．また，47％のうち，半分以上の28％が母性伝達を伴っており，最大酸素摂取量のトレーニング効果についてもミトコンドリアDNAの重要性を示唆している．

3. 筋線維組成の遺伝率

世界トップレベルの選手を対象として筋線維組成を解析すると，短距離系競技で優れた成績を収めた選手は速筋線維の割合が，長距離系競技で優れた成績を収めた選手は遅筋線維の占める割合が高いことはよく知られている．筋線維組成は遺伝によって決定され，運動トレーニングによる筋線維組成の変化は小さいと考えられている．このような考え方は，15組の一卵性双生児と16組の二卵性双生児の筋線維組成を決定した結果，その遺伝率は男性で99.5％，女性で93％であったという研究に基づいている[9]．この研究は，筋線維組成はほぼ遺伝によって決定され，トレーニングといった

環境で筋線維組成は変えられないことを意味する．その後，32組の兄弟，35組の一卵性双生児および26組の二卵性双生児を対象とした研究において，筋線維組成の遺伝率は45％と見積もられた[10]．すなわち，この研究では，筋線維組成を決める要因として遺伝要因より環境要因が強いことを示唆している．この研究間による相違は，サンプルサイズや民族差の違いによる可能性があるが，現段階で筋線維組成が遺伝でほとんど決まるのか，環境要因も比較的影響するのかは結論づけられない．

4. 競技力の遺伝率

双子が同じ種目で同じように高い競技力を発揮する場面をよく目にする．一方で，双子の片方は短距離系の種目でもう片方が長距離系の種目で活躍することはまれである．遺伝要因は，どのくらい競技力に関与しているのであろうか．DeMoorら[11]は，2,695組の姉妹，793組の一卵性双生児，および1,000例の二卵性双生児の女性競技者を対象にした研究において，スポーツにおける競技力の遺伝率は66％であると報告した．このように，競技力の決定要因として遺伝要因が強く影響していることは確かなようである．

③ 運動能力に関連する遺伝子多型

上述したように，瞬発系や持久系の運動能力やそれらに関連する筋線維組成に環境要因だけでなく遺伝要因が関与していることが疫学研究から明らかになっている．したがって，この遺伝要因の何がこれらの表現型に関与しているのかを具体的に明らかにする必要がある．1998年にMontgomeryら[12]がACE遺伝子多型（後述）の運動能力に及ぼす影響をNature誌に報告したのをきっかけに世界中で多くの研究者がこの種の研究を開始した．スポーツ遺伝子に関する研究の歴史は浅いが，これまでに54遺伝子座において運動能力との関連性が報告されている（図3-5）．これらの遺伝子の中でとくに運動能力との関連性が報告されているのがACTN3遺伝子のR577X多型，ACE遺伝子のI/D多型，およびミトコンドリア遺伝子多型である．

1. ACTN3遺伝子R577X多型と運動能力

αアクチニン3（Actinin, Alpha-3, ACTN3）は，筋節を区切るZ膜の主要な構成成分である．αアクチニンは，αアクチニン2（ACTN2）とACTN3の2種類が骨格筋において発現していることが知られており，筋収縮や骨格筋の構造維持に重要な役割を果たしている．ACTN2はすべての骨格筋線維（Type I, IIA, IIB, IIX）に発現するが，ACTN3はType II線維，すなわち速筋線維にのみ発現している．ACTN3遺伝子は染色体11番に位置し，この遺伝子領域におけるナンセンス塩基置換（R577X, rs1815739）は，第16エクソンのC＞Tの塩基置換により，577番目のアミノ酸がR（アルギニン）からX（終止コドン）に変化するため，ナンセンスmRNA分解（nonsense-mediated mRNA decay）を受けて，翻訳される前に分解されると考えられる．したがって，この多型のXX型を有する者は速筋線維においてACTN3を発現しておらず，ACTN2が代償的に発現している（図3-6）．

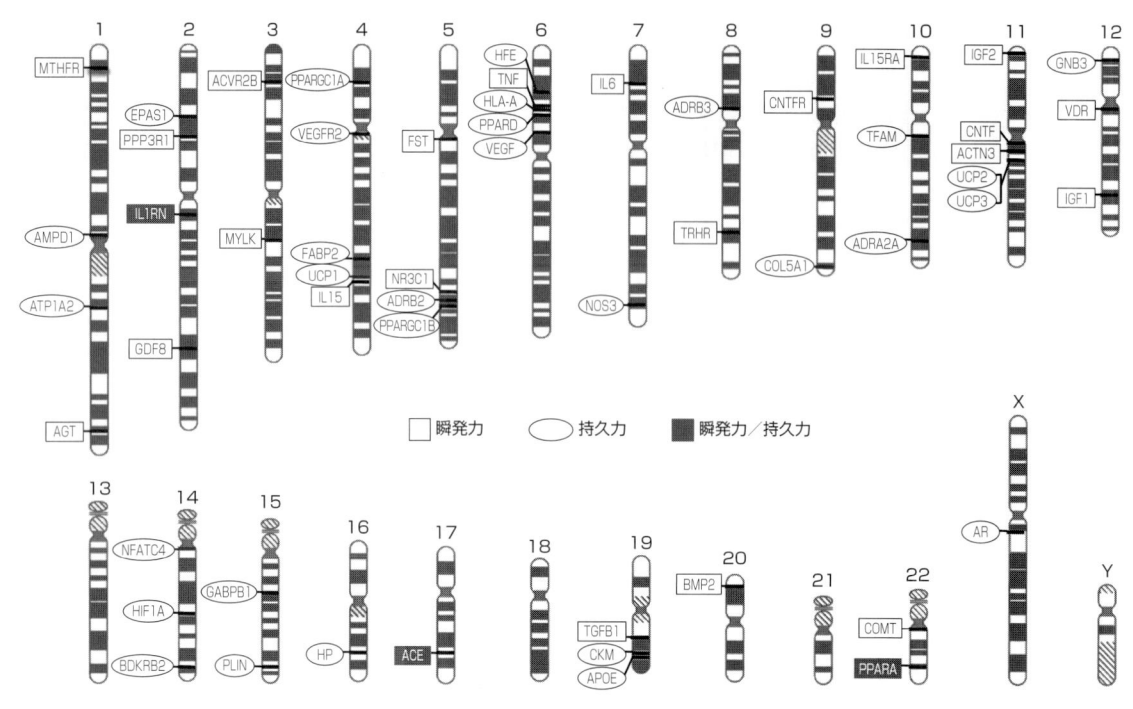

図3-5　先行研究において報告された運動能力に関連する遺伝子多型が存在する遺伝子座

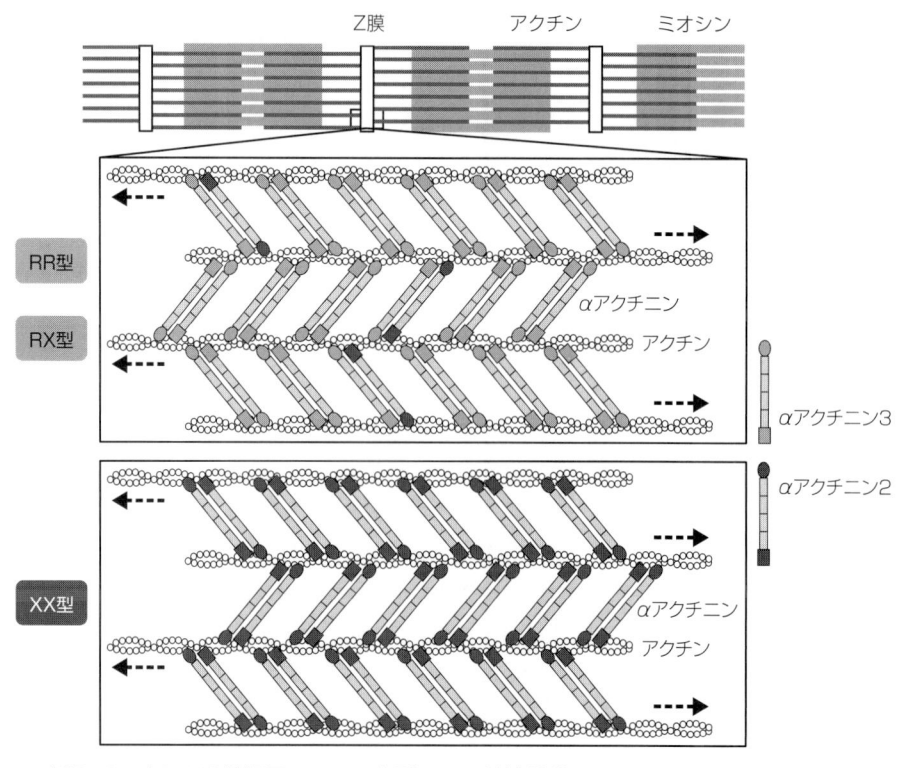

図3-6　ACTN3遺伝子R577X多型による速筋線維におけるαアクチニンの局在

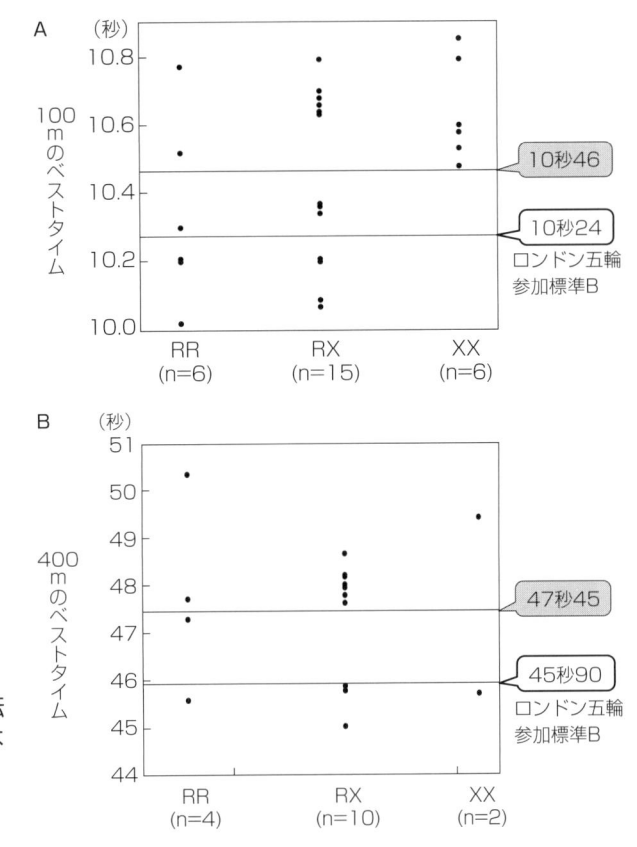

図3-7 ACTN3遺伝子R577X多型による遺伝子ごとの男子100mベストタイム（A）および男子400mベストタイム（B）

　Yangら[13]は，オリンピック出場経験者を含むオーストラリア人トップアスリートを対象とした研究において，XX型は持久系トップアスリートや健常一般人で多数検出されるのに対し，パワー系トップアスリートでは1例も検出されないことを報告した．つまり，瞬発系のトップアスリートの多くは，RR型およびRX型を有する選手が多い．その後，フィンランド人を対象とした研究においても，同様の結果が報告された[14]．著者ら[15]も日本人陸上競技選手を対象に競技力に及ぼすR577X多型の影響を検討すると，彼らの研究と同じように瞬発系の競技者ではRR型およびRX型の頻度が高かった．興味深いことに，トップレベルの男子100m走選手の自己記録をR577X多型との関連性で観察すると，XX型の選手全員が平均のタイムより遅く，また，2012年ロンドン五輪の参加標準記録を切っている選手は存在しなかった（図3-7のA）．一方，男子400m走選手では，どの遺伝子型でもロンドン五輪の参加標準記録を切っている選手が存在し，遺伝子型間での記録の違いは認められなかった（図3-7のB）．

　このように，R577X多型は，瞬発系の競技でもとくに速い筋収縮が求められる競技において影響する可能性がある．実際に，Vincentら[16]が，低速（毎秒100度），中速（毎秒200度）および高速（毎秒300度）での膝伸展トルクに及ぼすR577X多型の関連を検討したところ，高速の膝伸展トルク値のみでRR型がXX型より高かった．また，RR型やRX型を有する者では，XX型を有する者より外側広筋のType IIX線

維（速筋線維）の割合がわずかに高いことが報告されている[17]．このほかにも，RR型およびRX型が瞬発的な運動能力や筋力・筋パワーといった表現型と関連するとの報告が多い．

一方，Yangら[13]の研究において，持久系競技者におけるXX型の頻度が高い傾向にあることを認めている．そこで，同じ研究グループのMacArthurら[18]は，ヒトにおけるR577X多型のXX型をモデルとした，骨格筋にACTN3を発現していないノックアウトマウスを作製した．このノックアウトマウスの骨格筋では，ミトコンドリア内の酸化系酵素の活性上昇と乳酸脱水素酵素の活性低下を示した．また，このマウスではトレッドミル走で疲労困憊に至るまでの走行時間が正常のマウスと比較して長かった．これらの動物実験のデータから，ACTN3の欠損は，速筋線維を遅筋化することで，持久系の運動能力に影響を及ぼしていると考えられる．さらに，R577X多型と持久系競技能力との関連性を検討したヒトを対象とした研究において，Shangら[19]は，XX型が持久的運動能力に関連していると報告した．しかしながら，持久系競技能力とR577X多型の関連性は認められないとする報告も数多く存在する．著者らの研究でも，国際級の長距離ランナーでは，RR型やRX型の頻度が高い傾向を示した[15]．また，同様の傾向はロシア人持久系アスリートを対象にしたAhmetovら[20]の研究からも得られており，XX型がヒトの持久系パフォーマンスに及ぼす影響については一致した見解が得られていない．

2．ACE遺伝子I/D多型と運動能力

アンジオテンシン変換酵素（Angiotensin-converting enzyme: ACE）は，アンジオテンシンIを，血管収縮作用を有する活性型のアンジオテンシンIIに変換する酵素であり，循環調節に重要な役割を担っている．第17染色体に存在するACE遺伝子は26のエクソンから構成されており，第16イントロンに287bpの挿入／欠失（I/D）多型（rs4340）が認められる．野生型をI(Insertion)型，欠失しているものをD(Deletion)型と呼ぶ．このI/D多型において，II型＜ID型＜DD型の順に，血中ACE濃度や活性が高いことが知られている．すなわち，DD型を有するヒトではII型を有するヒトよりACE活性が高いため血管収縮作用が強い．したがって，この多型は酸素運搬能に影響する可能性がある．

Montgomeryら[12]は，ACE遺伝子のI/D多型が持久系運動能力に関連することを報告した．この研究は，運動能力と遺伝子多型との関連について世界で初めて報告した論文として注目を浴び，これまでにもっとも多く研究されている運動能力に関連する多型である．Montgomeryらの報告に続いて，Myersonら[21]は，オリンピックレベルのランナーを対象としてI/D多型を解析し，3,000m以下のランナーと比較して5,000m以上を専門とするランナーにおいてII型またはID型の頻度が高く，Iアリルが持久性運動能力を規定する遺伝子型であることを示した．一方で，一流の瞬発系競技者ではDD型の頻度が高いことが報告されている[21]．DD型は，ACE活性と関連しており，血管収縮作用以外にも筋肥大をもたらす成長因子であることが知られている．そこで，I/D多型とレジスタンストレーニングに対する骨格筋量および筋力の応答の関連性を検討した研究では，DD型はII型と比較してより運動トレーニングで筋力が

向上するという知見が得られている[22]．

　これまでのACE遺伝子のI/D多型に関する検討は，ヨーロッパ人を対象とした研究である．アジア人を対象とした研究では，逆にII型が瞬発系競技に関連し，DD型が持久系の競技に関連するという報告が著者らの報告も含めいくつか存在する[23, 24]．このヨーロッパ人とアジア人で逆の遺伝子型が表現型に関連しているという知見は非常に興味深い．しかしながら，そのメカニズムは解明されておらず，今後の更なる研究の発展が望まれる．

　これまでに追試された結果のなかでは，この多型の運動能力に与える意義について疑問視する声も多い．このI/D多型の検出には，I/D多型を含むDNA領域をPCR法によって増幅し，その増幅DNA断片のサイズの違いを電気泳動法によって確認するという方法が一般的に用いられている．しかしながら，この方法は高い確率でミスタイピングが生じるために，ACE遺伝子I/D多型と運動能力については今後検討し直す必要があるだろう．I/D多型を解析する代替法として，このI/D多型と欧米人ならびにアジア人で100％連鎖している一塩基多型であるG/C多型（rs4341）を解析する方法が提案されている[25]．

3. ミトコンドリア遺伝子多型と運動能力

　ミトコンドリアは，ほとんどすべての真核細胞が持つ細胞内小器官であり，核とは別に独自の遺伝情報（ミトコンドリアDNA: mtDNA）を持っている．ミトコンドリアは多様な機能を有するが，その主要な役割は筋収縮のための直接のエネルギー源であるATP（アデノシン三リン酸）を有酸素的に合成することである．たとえば，マラソン競技は休みなく2時間以上も筋収縮を継続しなければならず，そのためには，ミトコンドリアにおいて脂質や糖質に含まれている水素を抜き出し，それを酸素に受け渡すことでATPを休みなく生成する必要がある．したがって，いかに効率的にATPを生成するかがその勝敗を分けると考えられる．このATPの生成にはミトコンドリアが必要不可欠であり，mtDNAにコードされたミトコンドリアタンパクもATPの生成能力や効率に大きな影響を及ぼす．したがって，mtDNAの個人差，すなわち個体間におけるmtDNA塩基配列の相違は，持久系の運動能力に影響を及ぼすと推察される．実際，前述したように，Bouchardら[8]は，最大酸素摂取量のトレーニング効果の遺伝率は47％であること，そのうち半分以上の28％が母性伝達を伴っており，mtDNAの重要性を示唆している．

　表3-1は，これまでmtDNA多型と運動能力との関連性を検討した報告を示したものである．Murakamiら[26]によるmtDNAの制御領域における多型が若年健常者の最大酸素摂取量や骨格筋のmtDNA含量（＝ミトコンドリアの量）を規定しているという先駆的な報告がある．mtDNAの制御領域は，mtDNAの転写や複製を制御する領域なので，この領域における多型は，ミトコンドリアの量を変化させ持久的運動能力に関連する可能性がある．そこで著者ら[27]は，日本人トップアスリートにおけるmtDNA制御領域の塩基配列を検討し，152T＞C，514（CA）n，および568Cn多型は持久系／ミドルパワー系運動能力に，204T＞Cおよび16278C＞T多型は瞬発系／パワー系運動能力に関連する可能性を示唆した（表3-1）．

表3-1 mtDNA多型と運動能力

著者（発行年）	表現型	関連性	関連のあった多型	人種
Dionneら（1991）	最大酸素摂取量	あり	ScaI, BamHI, NciI, およびMspI制限酵素切断多型	不明
Riveraら（1997）	持久系運動能力	なし	−	ヨーロッパ人
Brearlyら（2001）	最大酸素摂取量	なし	−	オーストラリア人
Murakamiら（2002）	最大酸素摂取量 骨格筋mtDNA含量	あり	199T>C, 16298T>C, 16325T>C, 514delCA	日本人
Mikamiら（2011）	持久系・瞬発系運動能力	あり	152T>C, 204T>C, 16278C>T, 514(CA)n, 568Cn	日本人

表3-2 ミトコンドリアハプログループと運動能力

著者（発行年）	表現型	関連性	関連のあったハプログループ	人種
Scottら（2005）	持久系運動能力	なし	−	エチオピア人
Niemiら（2005）	持久系運動能力	あり	K, J2	フィンランド人
Castroら（2007）	持久系運動能力	あり	T	スペイン人
Scottら（2009）	持久系運動能力	あり	L0, L3	ケニア人
Marcuelloら（2009）	最大酸素摂取量	あり	J	スペイン人
Mikamiら（2011）	持久系・瞬発系運動能力	あり	F, G1	日本人
Nogales-Gadeaら（2011）	持久系運動能力	あり	V	スペイン人
Deasonら（2011）	瞬発系運動能力	あり	Non-L	アフリカ系アメリカ人 ジャマイカ人
Kimら（2011）	持久系運動能力	あり	M*, N9, B	韓国人
Fukuら（2012）	筋パワー	あり	N	日本人
Mikamiら（2013）	持久系・瞬発系運動能力	あり	G	日本人

　各個体がもつ多型の多くは，互いに連鎖しているのがmtDNAの特徴である．したがって，それぞれの多型を単独で検討するよりも互いに連鎖した多型の総称であるミトコンドリアハプログループとして解析することも重要である．表3-2は，これまでミトコンドリアハプログループと運動能力との関連性を検討した報告をまとめたものである．著者ら[28]は，運動能力とミトコンドリアハプログループを検討し，ハプログループFが瞬発系／パワー系の運動能力に，ハプログループG1が持久系／ミドルパワー系の運動能力に関連することを報告した．さらに，日本人一般成人を対象として，ミトコンドリアハプログループと筋力との関連性を検討し，マクロハプログループNが脚伸展パワーや垂直跳びの能力と関連することを報告した[29]．このように，有酸素的なATP産生を担うミトコンドリア内にあるmtDNA多型は，持久的運動能力だけでなく瞬発系の運動能力にも関連している可能性がある．

おわりに

　トレーニングや食事といった環境要因がスポーツパフォーマンスに大きく関与していることはいうまでもない．本章では，スポーツと遺伝についての現在までの知見について，とくに重要な部分に的を絞り解説した．個々の遺伝子多型がスポーツパフォー

マンスに与える影響はわずかであると考えられるため，多くの遺伝子多型の影響を検討する必要がある．実際，瞬発系運動能力との関連性について十分なエビデンスが得られているACTN3遺伝子のR577X多型でさえ表現型に対する寄与率は3〜5％程度である．ヨーロッパを中心に，複数の遺子多型の複合的な影響の検討が行われているが，スポーツパフォーマンスの遺伝要因を十分に説明できるまでには至っていない．

著者ら[30]は，イギリス，アメリカ，オーストラリア，スペイン，ドイツ，ロシアなどの研究者とスポーツパフォーマンスを規定する運動能力解明のために2013年から国際共同研究を行っている．ヒトゲノム上に点在する約"75万〜500万の遺伝子多型"を網羅的に分析する方法［ゲノムワイド関連解析（Genome-wide association studies: GWAS）］が考案されており，この方法を用いてスポーツパフォーマンスに関連した遺伝子多型が同定されている．今後，このゲノムワイド関連解析や次世代シークエンサーを用いた全ゲノム塩基配列決定によって，パフォーマンスに関連する遺伝子多型の全貌を明らかにし，その多型とパフォーマンスとをつなぐメカニズムを解明することが必要である．生まれながらに向いている競技種目（持久力系や瞬発力系など）やトレーニングに対する適応メカニズムを科学的に解明することで，「適性種目の選択」や「個人対応型のトレーニング方法の確立」に役立つことが期待される．

［福　典之］

文　献

1) Tiainen K, et al.: Shared genetic and environmental effects on strength and power in older female twins. Med Sci Sports Exerc, 37: 72-78, 2005.
2) Silventoinen K, et al.: Heritability of body size and muscle strength in young adulthood: a study of one million Swedish men. Genet Epidemiol, 32: 341-349, 2008.
3) Arden NK, Spector TD: Genetic influences on muscle strength, lean body mass, and bone mineral density: a twin study. J Bone Miner Res, 12: 2076-2081, 1997.
4) Okuda E, et al.: Genetic and environmental effects on physical fitness and motor performance. Int J Sport Health Sci, 3: 1-9, 2005.
5) Bouchard C, et al.: Aerobic performance in brothers, dizygotic and monozygotic twins. Med Sci Sports Exerc, 18: 639-646, 1986.
6) Bouchard C, et al.: Familial resemblance for VO-2max in the sedentary state: the HERITAGE family study. Med Sci Sports Exerc, 30: 252-258, 1998.
7) Mustelin L, et al.: Associations between sports participation, cardiorespiratory fitness, and adiposity in young adult twins. J Appl Physiol, 110: 681-686, 2011.
8) Bouchard C, et al.: Familial aggregation of VO(2max) response to exercise training: results from the HERITAGE Family Study. J Appl Physiol, 87: 1003-1008, 1999.
9) Komi PV, et al.: Skeletal muscle fibres and muscle enzyme activities in monozygous and dizygous twins of both sexes. Acta Physiol Scand, 100: 385-392, 1977.
10) Simoneau JA, Bouchard C: Genetic determinism of fiber type proportion in human skeletal muscle. FASEB J, 9: 1091-1095, 1995.
11) De Moor MH, et al.: Genome-wide linkage scan for athlete status in 700 British female DZ twin pairs. Twin Res Hum Genet, 10: 812-820, 2007.
12) Montgomery HE, et al.: Human gene for physical performance. Nature, 393: 221-222, 1998.
13) Yang N, et al.: ACTN3 genotype is associated with human elite athletic performance. Am J Hum Genet, 73: 627-631, 2003.
14) Niemi AK, Majamaa K: Mitochondrial DNA and ACTN3 genotypes in Finnish elite endurance and sprint athletes. Eur J Hum Genet, 13: 965-969, 2005.
15) Mikami E, et al.: ACTN3 R577X genotype is as-

sociated with sprinting in elite Japanese athletes. Int J Sports Med, 35: 172-177, 2014.
16) Vincent B, et al.: ACTN3 (R577X) genotype is associated with fiber type distribution. Physiol Genomics, 32: 58-63, 2007.
17) Zempo H, et al.: ACTN3 polymorphism affects thigh muscle area. Int J Sports Med, 31: 138-142, 2010.
18) MacArthur DG, et al.: Loss of ACTN3 gene function alters mouse muscle metabolism and shows evidence of positive selection in humans. Nat Genet, 39: 1261-1265, 2007.
19) Shang X, et al.: Association between the ACTN3 R577X polymorphism and female endurance athletes in China. Int J Sports Med, 31: 913-916, 2010.
20) Ahmetov II, et al.: The ACTN3 R577X polymorphism in Russian endurance athletes. Br J Sports Med, 44: 649-652, 2010.
21) Myerson S, et al.: Human angiotensin I-converting enzyme gene and endurance performance. J Appl Physiol, 87: 1313-1316, 1999.
22) Giaccaglia V, et al.: Interaction between angiotensin converting enzyme insertion/deletion genotype and exercise training on knee extensor strength in older individuals. Int J Sports Med, 29: 40-44, 2008.
23) Tobina T, et al.: Association between the angiotensin I-converting enzyme gene insertion/deletion polymorphism and endurance running speed in Japanese runners. J Physiol Sci, 60: 325-330, 2010.
24) Wang G, et al.: Association analysis of ACE and ACTN3 in elite Caucasian and East Asian swimmers. Med Sci Sports Exerc, 45: 892-900, 2013.
25) Tanaka C, et al.: An alternative fast and convenient genotyping method for the screening of angiotensin converting enzyme gene polymorphisms. Hypertens Res, 26: 301-306, 2003.
26) Murakami H, et al.: Polymorphisms in control region of mtDNA relates to individual differences in endurance capacity or trainability. Jpn J Physiol, 52: 47-256, 2002.
27) Mikami E, et al.: Polymorphisms in the control region of mitochondrial DNA associated with elite Japanese athlete status. Scand J Med Sci Sports, 23: 593-599, 2013.
28) Mikami E, et al.: Mitochondrial haplogroups associated with elite Japanese athlete status. Br J Sports Med, 45: 1179-1183, 2011.
29) Fuku N, et al.: Mitochondrial macrohaplogroup associated with muscle power. Int J Sports Med, 33: 410-414, 2012.
30) Pitsiladis Y, et al.: Genomics of elite sporting performance: what little we know and necessary advances. Br J Sports Med, 47: 550-555, 2013.
31) Klissouras V: Heritability of adaptive variation. J Appl Physiol, 31: 338-344, 1971.
32) Klissouras V, et al.: Adaptation to maximal effort: genetics and age. J Appl Physiol, 35: 288-293, 1973.
33) Andersen JL, et al.: Myosin heavy chain isoforms in single fibres from m. vastus lateralis of sprinters: influence of training. Acta Physiol Scand, 151: 135-142, 1994.
34) Ricoy JR, et al.: Histochemical study of the vastus lateralis muscle fibre types of athletes. J Physiol Biochem, 54: 41-47, 1998.

4章 スポーツと環境

1 高地環境

1. 体力への影響

　高地環境における運動の制限因子は低酸素である．最大酸素摂取量は，高度が3,000mまではあまり変化しないが，それ以上の高度では1,000m上昇するごとに5～6mL/kg/minずつ低下する（図4-1）[1-3]．たとえば，海抜0mで60mL/kg/minであったものが富士山頂（3,776m）では50mL/kg/min, さらにエベレスト頂上（8,848m）では20mL/kg/minとなる．高度によって最大酸素摂取量が低下するのは，主として低酸素によって動脈血酸素飽和度が減少するためである．さらに，高地では乳酸閾値の低下がおきる．たとえば，海抜0mで酸素消費量にして50mL/kg/minの乳酸閾値は，海抜3,200mでは35mL/kg/minとなる．しかし，相対強度で表すと，それぞれの高度の最大酸素摂取量の60%と高度に関係なくほぼ一定である．この乳酸閾値の低下の直接的原因は，一定の運動強度におけるアドレナリン濃度が上昇し，そのβ作用によって活動筋内のグリコーゲン分解が促進されるためとされる．また，海抜3,000m以上の高度では，平地と異なり低酸素性刺激によって呼吸が増加するので，安静時でさえ呼吸性アルカローシスとなり，代償性に血漿の重炭酸イオンの量が減少している．この状態から運動によって血液中乳酸濃度が上昇すると，代謝性アシドーシスに陥りやすくなる．

2. 高地トレーニング

　高地における持久性トレーニングが，平地よりも有酸素的運動能を増加させるということから，古くからトップアスリートを対象に実施されてきた．その生理学的根拠としては，赤血球量の増大によって動脈血酸素含有量が増加すること，さらに骨格筋組織における毛細血管密度と酸化酵素活性の増加による末梢での酸素抽出速度が増大することがあげられる．その結果，

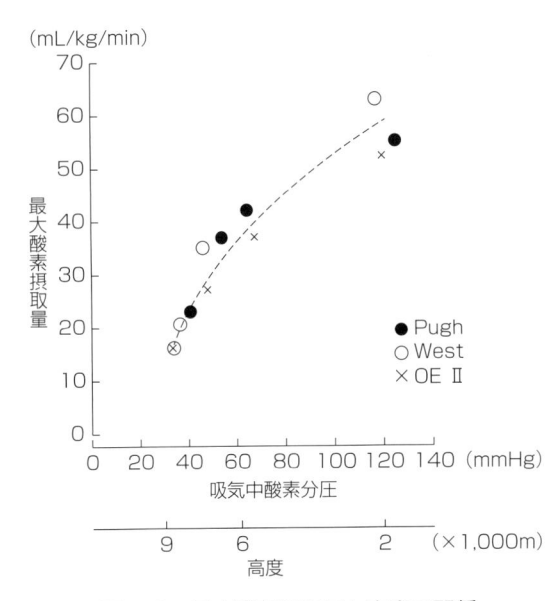

図4-1　最大酸素摂取量と高度の関係
その高度に馴化した被験者で示す．
（Pughは文献1，Westは文献2，OE IIは文献3のデータを流用）

乳酸閾値の上昇，最大下負荷での運動持続時間の延長が得られる．

　これらの効果は低酸素暴露後数週間で現れるが，そのメカニズムのひとつに細胞膜上に存在する酸素受容器およびその下流に存在する細胞内情報伝達機構がある．たとえば，腎臓から分泌されるエリスロポエチン（erythropoietin: EPO）は，低酸素暴露時の赤血球増殖因子であるが，遺伝子のエンハンサー（enhancer）部位に低酸素誘導因子1（hypoxic inducible factor 1: HIF-1）が結合してEPOの合成が開始される．HIF-1は細胞内の酸素分圧が上昇すると分解され，EPO合成が停止する．さらにHIF-1は，血管内皮増殖因子（vascular endothelial growth factor: VEGF）の合成も刺激し，VEGFは組織での血管新生を促進する．

　このように高地トレーニングは，有酸素的運動能を改善するのに効果があるが，最大酸素摂取量に関していえば，平地でのトレーニング以上の効果は期待できない，という考えが有力である．そのおもな原因は，最大心拍出量が増加しないからである．すなわち，高地トレーニングでは平地でのトレーニングと異なり血漿量が低下し，たとえ赤血球量が増加しても血液量としては，むしろ低下する傾向がある．また，高地では平地に比べ，運動強度を低下させてトレーニングを行わなければならないが，それがトレーニングの効果を減弱させる可能性もある．そこで，通常の生活は高地で行い，トレーニングは平地で行うliving high training lowというトレーニング方法が提唱されている（10章参照）．しかし，高地トレーニングの効果についてはEPOの反応性だけからみても個人差が著しく，誰にでも効果があるわけではない．むしろ有害になる場合もある．

2　暑熱環境

1．運動時の放熱機構

　ここでいう体温とは中枢温（具体的には脳温であるが，現場では測定が困難なので食道温，直腸温を代用する）のことで，運動中の中枢温が40.3℃に達すると，脳機能が障害を受け運動の継続が困難になる（図4-2）[4]．運動時の体温は，活動筋における産熱量と皮膚表面からの放熱量のバランスによって決定される．したがって，運動の絶対強度が高く産熱量が多いほど，あるいは皮膚表面からの放熱が低いほど，体温

図4-2　気温40℃の環境下で最大酸素摂取量の50%で10日間連続運動した際の食道温（中枢温）変化
図中の番号は運動を開始してからの日数で示す．日数がたつにつれて食道温の上昇が抑制されるが，どの場合も食道温が40.5℃に到達したときに疲労困憊になって運動を停止する．
(Nielsen B, et al.: Human circulatory and thermoregulatory adaptations with heat acclimation and exercise in a hot, dry environment. J Physiol, 460: 467-485, 1993)

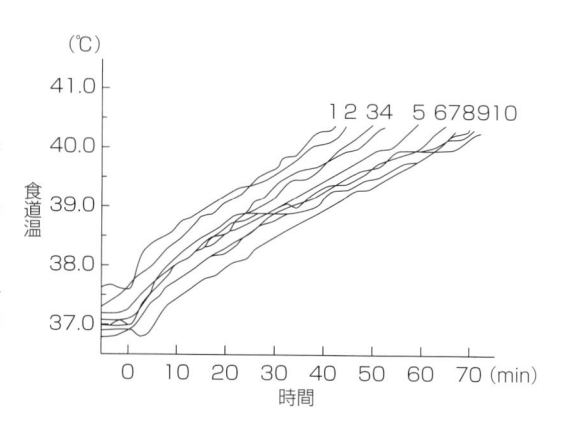

は急激に上昇し，一定強度での運動の継続時間が短くなる．

　暑熱環境での体温調節反応は，中枢温の上昇に比例して神経性に熱放散反応をひき起こすのが基本である．皮膚表面からの熱放散反応には，伝導（対流）と蒸散がある．伝導とは媒体を介して熱を放散するもので，たとえば，木製の机に手を当てて冷たいと感じるのは，熱が皮膚から木へ温度勾配にしたがって伝導していくからである．木のような固体ではなく，空気の場合，伝導速度が風の影響をうけるので，とくに対流と呼ぶ．体温が上昇して皮膚の血管が拡張すると皮膚血流が増え皮膚の温度が高くなる．そうすれば，皮膚温と気温との温度差が高くなり熱が放散される．

　一方，汗を分泌する汗腺は，体全体で300万個あり，個々の重量が40μgなので，総重量120gと片方の腎臓に匹敵する大きい臓器である．この汗腺から分泌される汗の量は暑熱に馴化したヒトでは1.5～2.0L/hに達する．汗1mLが皮膚表面から蒸発すれば，0.58kcalの熱量を奪うので，もし1.5L/hの速度で汗をかき，それが全部皮膚表面から蒸発するとすれば，14.5kcal/minの熱が放散されることになる．この熱量は体重70kgの人が50mL/kg/minの酸素消費量で運動したときに産生される量に匹敵する．平均的な体育系大学生の最大酸素摂取量が50mL/kg/min程度であることを考慮すれば，この発汗容量は十分大きく，この速度で発汗している限り，理論上，体温は上昇することはない．

2．熱中症とは

　日本の真夏で経験するように，気温が皮膚温（通常33℃）以上になることが多く，そうなれば対流による熱放散は期待できなくなるし，むしろ，逆に熱が体内に流入して体温の上昇を加速してしまう．あるいは相対湿度が70％になることもあるが，そのような環境ではせっかく大量の汗をかいてもその30％しか有効に蒸発せず，残りは無効発汗になってしまう．

　1日の最高気温が33℃を超えるような日は急に熱中症の救急搬送の頻度が増加するが（図4-3），朝，夕の気温はそれよりも8℃程度低いことを考慮すれば，現場の気温が25℃以上になれば，基本的に熱中症になる危険性を考慮すべきである．その際，湿度も考慮することを忘れてはならない．たとえば，気温が25℃でも湿度が80％を超えると熱中症の危険が高い．逆に，気温が33℃でも湿度が40％以下なら危険性は低くなる．湿度が5％上昇することは，気温が1℃上昇することに相当すると考えればよい．

　熱中症は，夏場など気温湿度の高い環境にいたときにおこる病気の総称である．その重症度と原因によって次の4つに分ける．

1）熱失神

　暑熱環境にさらされると，体温の上昇にともなって皮膚の血管が拡張し，体の熱を体外に逃がそうとする．そのため心臓はそれまで以上により多くの血液を送り出して補おうとするが，それが十分でないと血圧が維持できず，脳血流が少なくなってめまいをおこし失神してしまう．とくに立位（座位）姿勢でいると，重力の関係で皮膚の血管に血液が溜まって心臓に血液が還りにくくなるので，ますます心臓は脳に行く血流を維持することができなくなる．この場合は，体温はさほど上昇していない場合が

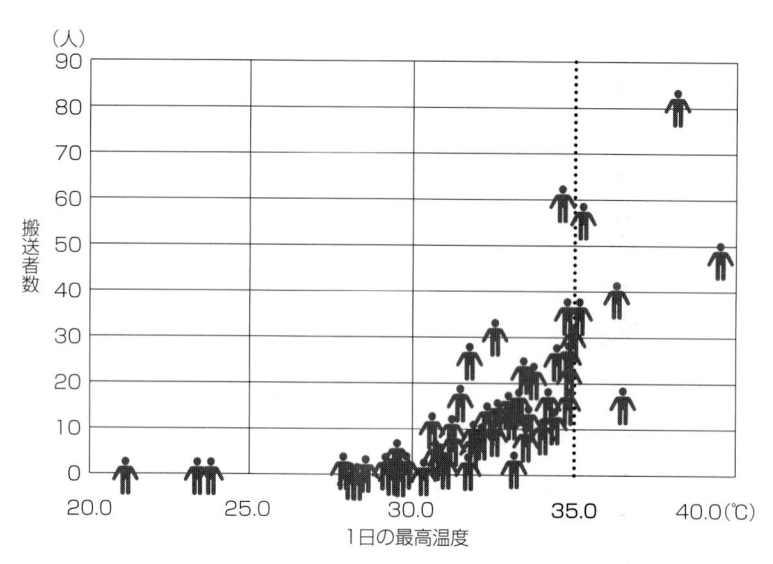

図4-3　2004年7〜9月での東京における熱中症による搬送件数
1日の最高気温が33℃を超えると，急激に搬送者数が増加する
（東京消防庁資料「熱中症にご用心」）

多い．治療は木陰など風通しがよく涼しいところで，衣服を緩め，頭をやや低く，下肢を高くして，横になっていれば大抵の場合は治る．吐き気を催している場合は吐しゃ物を誤嚥してしまう危険があるので顔を横にする．

2) 熱疲労

暑熱環境下で長時間運動をしていると，発汗がおこって脱水状態になる．脱水状態になると血液量が減って，心臓に還る血液量が少なくなり，血圧，脳血流の維持が困難になる．治療は，熱失神の場合と同様だが，脱水を回復する目的で，水分・塩分の補給を行う．吐き気，嘔吐で経口補給できないときは，病院で点滴をうける必要がある．また，脱水のため腎臓に障害をおこしている場合があるので，一時的に症状が改善しても，数時間は尿が出ているかどうかをチェックする．1時間に20mL以上の尿が出ていなければ病院にいく必要がある．

3) 熱けいれん

大量に発汗したときに，塩分を含まない水分だけを摂取し，血液中のナトリウム濃度が低下した場合に生じる．現場では，通常のスポーツドリンクよりも塩分（NaCl）濃度の高い飲料を摂取させるか，病院で体液より濃い食塩水を点滴すれば回復する．

4) 熱射病

高体温のために脳の機能に障害がおこり，運動障害，意識障害のほか，発汗などの体温調節反応も麻痺している状態である．体を冷やしながら集中治療のできる病院へ一刻も早く運ぶ必要がある．いかに早く体温を下げて意識を回復させるかが予後を左右するので，搬送を待つ間，現場での処置が重要である．水をかけたり，ぬれタオルを当てて団扇で扇ぐ．足の付け根など太い血管のある部分に氷やアイスバッグを当てる方法が有効である．

3. 暑熱馴化トレーニング

　暑熱環境でも運動パフォーマンスを維持し競技に勝つことはスポーツを実施するものなら誰でも考えることである．そのための戦略を述べる．

　ヒトは立位姿勢で2本足で運動し，大量の皮膚血流，発汗によって体熱の放散を行う点でほかの四足動物よりも高い運動能を持っている．しかし，立位で運動することにはマイナス面もある．四足動物では，心臓の位置が体の下部に位置し70％の血液が心臓より上にあるため，努力しなくても重力に従って自然に末梢から心臓に血液が戻ってくる．一方，ヒトでは心臓が体の上部に位置し，70％の血液がそれより下に位置するため，血液が心臓に戻りにくい（図4-4）[5]．熱環境下ではこのことが熱中症の危険性を高くする．すなわち，もし暑い環境で運動中に皮膚血管が広がって，そこに重力によって血液が溜まったり，発汗によって脱水がおこって血液量が低下したりすると，心臓に戻ってくる血液が少なくなってしまう．そのため，心臓は筋肉，皮膚ばかりか，脳にも十分な血液が送れなくなる．その結果，運動の継続が困難になるだけでなく，最悪，熱中症になる．それを防ぐにはどうすればよいのか．ひとつの方法は，血液量を増加させればよい．実際，マラソンのような持久性競技のトップアスリートでは運動習慣のない人の倍の血液量を持っている．

　われわれは，血液量を簡単に増加させる方法を開発する目的で，若年男性9名（平均年齢23歳）を対象に，運動トレーニング中の糖質・タンパク質補助食品摂取が体温調節能に与える効果を検証した．「やや暑い環境（気温30℃，相対湿度50％）」で，最大酸素摂取量の65％の「ややきつい運動」を，30分/日，5日間，繰り返し，この運動後30分以内に糖質（70g）と乳タンパク質（20g）を含む補助食品を摂取させ，トレーニング前後の運動時の体温調節反応の変化を対照群9名と比較した．この際の補助食品による糖質・タンパク質摂取量は1日の食事による摂取量のそれぞれ10％，

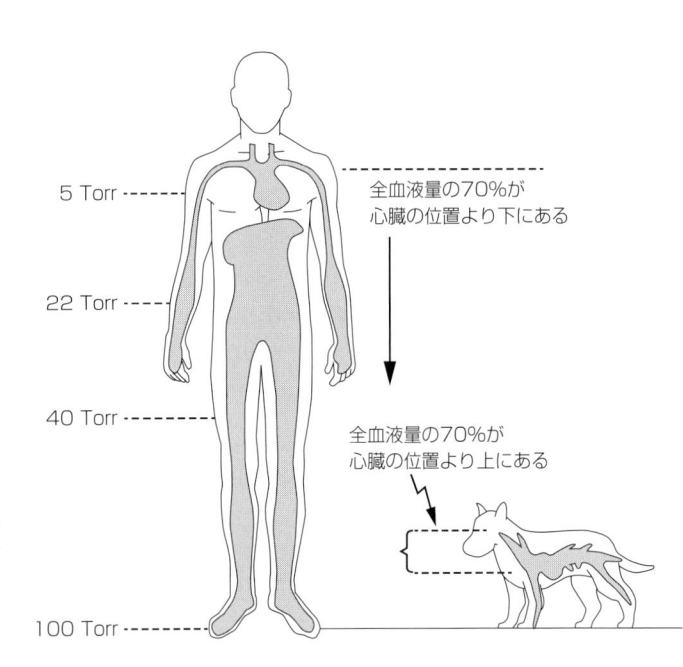

図4-4　血液量分布のヒトとイヌの違い
(Rowell LB: Human circulation: Regulation during Physical Stress. Oxford University Press, pp.137-212, 1986)

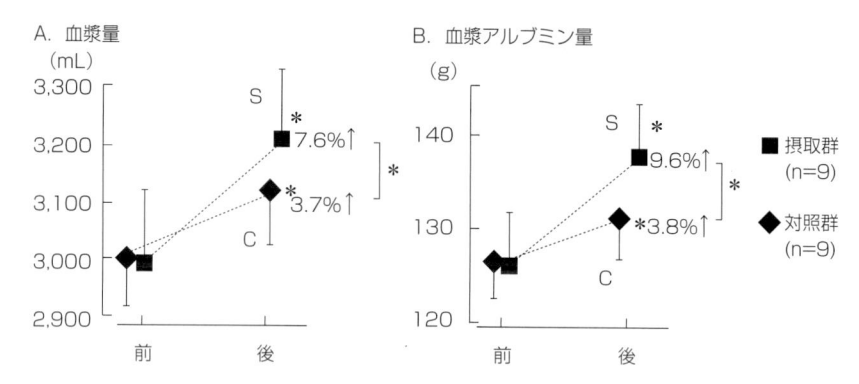

図4-5　5日間の自転車運動トレーニング中の糖質・タンパク質補助食品摂取が血漿量と血漿タンパク質量に与える影響
トレーニング前後の平均値と標準誤差のバーで示す．
(Goto M, et al.: Protein and carbohydrate supplementation during 5-day aerobic training enhanced plasma volume expansion and thermoregulatory adaptation in young men. J Appl Physiol, 109: 1247-1255, 2010)

20%であった．

図4-5[6]にトレーニング後の血漿量，血漿アルブミン量の変化を示す．トレーニング後には糖質・タンパク質摂取群では対照群に比べ，それぞれの増加が亢進した．

図4-6[6]に，運動時の食道温と発汗速度，皮膚血管コンダクタンス（拡張度）との関係を表す．発汗と皮膚血管拡張反応は，中枢温上昇にともなって全身性に起こる．いずれの群でも，運動開始後，食道温が上昇し，それがある「閾値」に達すると，急激に発汗，皮膚血管拡張反応がおこる．その後，食道温が上がるのに比例して発汗，皮膚血管コンダクタンス（拡張度）が上昇していく．両群でトレーニング後には前に比べ，体温調節反応の食道温閾値が低下し感度が上昇するが，その程度は，糖質・タンパク質摂取群で，対照群に比べ3倍向上した．

では，なぜ運動直後の糖質・タンパク質摂取が有効なのだろうか．理由は，運動終了後30分以内には，筋肉と肝臓でタンパク質合成が盛んになっていて，このタイミングで糖質・タンパク質補助食品を摂取すると，肝臓でアルブミンというタンパク質の合成が高まって血漿量が増加するからである．アルブミンは高分子量タンパク質なので肝臓から血液中に放出されたときに血管内に留まり，浸透圧勾配にしたがって血管外から水を引きこむ．実験で用いた補助食品の摂取量は，牛乳ではコップ3杯分に相当するが，牛乳の苦手な人は，乳タンパク質を多く含むヨーグルト，チーズでもよい．ただ，これらの食品は牛乳に比べ糖質の含有量が少ないので，一緒に，ジャム，はちみつ，クッキー，パンなどと食べるのがよい．最近，常温保存可能な低脂肪，高タンパク質の加工乳が販売されているので利用するとよい．

3 寒冷環境

1. 寒冷反応

寒さに対する反応は，ヒトでは暑熱適応ほど優れているわけではない．ヒトが寒冷

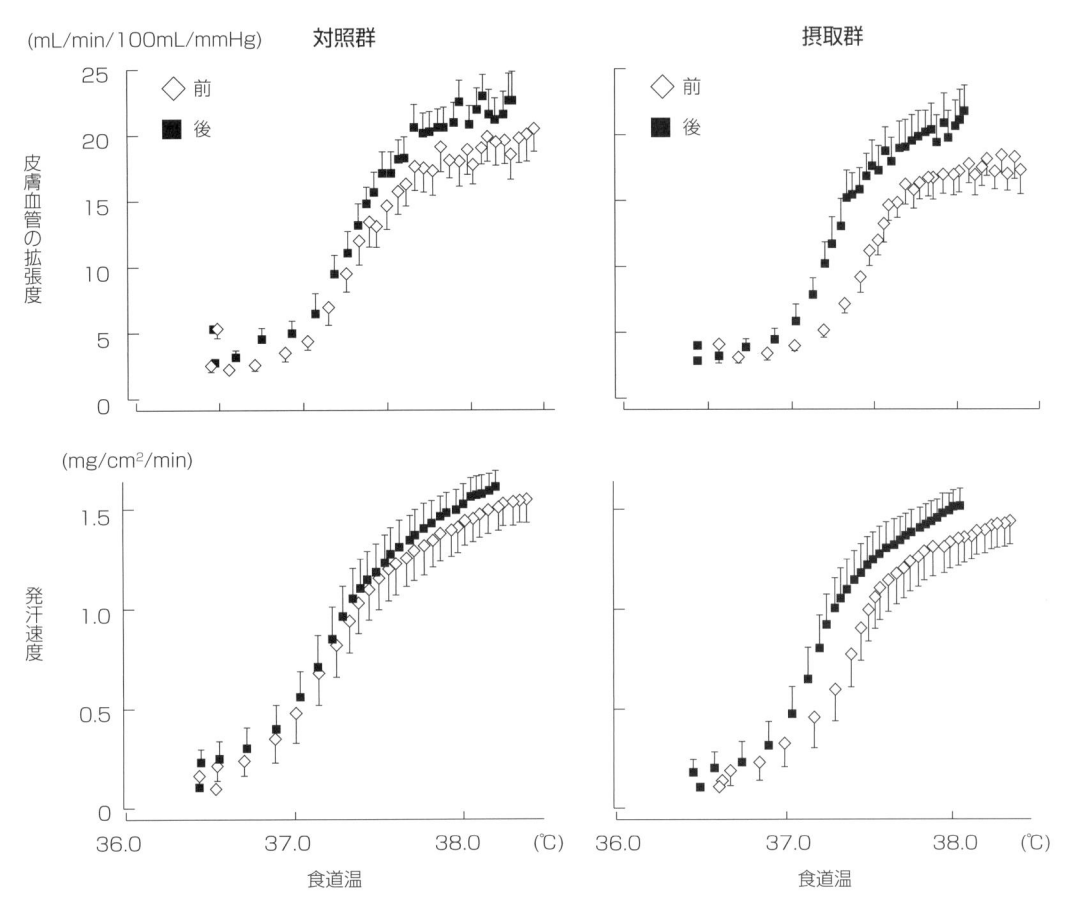

図4-6 5日間の自転車トレーニング中の糖質・タンパク質補助食品摂取が皮膚血管拡張と発汗反応に与える影響について
トレーニング前（◇）後（■）の対照群，摂取群それぞれ9例の平均値と標準誤差のバーで示す．
(Goto M, et al.: Protein and carbohydrate supplementation during 5-day aerobic training enhanced plasma volume expansion and thermoregulatory adaptation in young men. J Appl Physiol, 109: 1247-1255, 2010)

環境に暴露され，中枢温が基準温度より低くなれば，皮膚血流を低下させ放熱を抑制し，筋肉に「ふるえ」を引き起こし，熱産生を増やし体温の低下を防ぐ．「ふるえ」の特徴は，最初に口の周囲の咬筋でおこり歯がガチガチ音を立て，それが徐々に全身に拡大していき，最後に四肢に及ぶことである．「ふるえ」も通常の運動による筋収縮もともに運動神経の興奮によるが，その違いは作動筋と拮抗筋が同時に収縮することである．すなわち，肘関節を屈曲する場合，上腕に二頭筋（作動筋）が収縮し，上腕三頭筋（拮抗筋）が弛緩する．ところが「ふるえ」の場合は，あらゆる関節の作動筋と拮抗筋が同時に律動的に収縮する．すなわち「ふるえ」による筋収縮は，外に対して仕事をしないので，消費されるエネルギーのすべては熱となり体温上昇のためだけに使われる．この「ふるえ」で産生される熱量は，筋肉量にも依存するが，せいぜい3kcal/minである．図4-7[7]で示すように，運動時の「ふるえ」は，運動による熱産生が増加し（体温が高くなると）徐々に抑制され，いずれ消滅する．このことは寒

図4-7 快適環境と寒冷環境における仕事量とエネルギー消費量との関係
斜線部は「ふるえ」または「非ふるえ」熱産生による寒冷環境での余分なエネルギー消費量で，最大で3kcal/min程度である．寒冷環境でも仕事量の増加に伴って産熱量が増えて，体が温まってくれば「ふるえ」による余分なエネルギー消費量も消滅する．
(Young AJ, et al.: Homeostatic responses to prolonged cold exposure: human cold acclimatization. In: Fregly MJ, Blatteis CM, Eds: Handbook of physiology sect 4. Oxford University Press, pp.419-438, 1996)

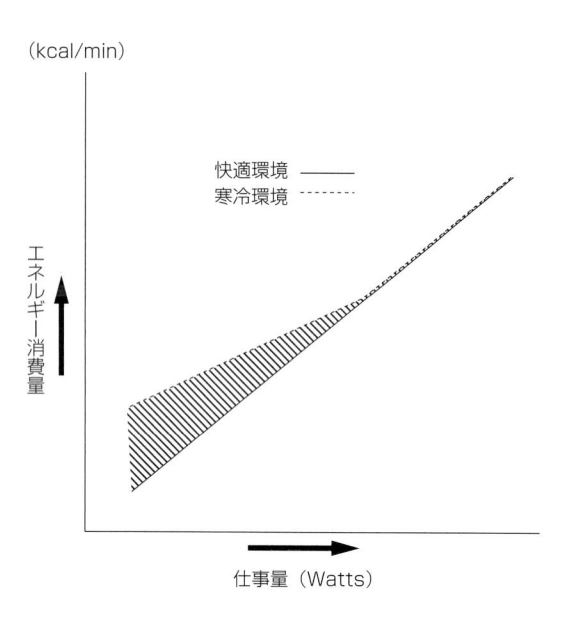

冷環境での体温維持に運動にまさることがないことを意味する．

2．低体温症

　前述したように体温は，産熱量と放熱量のバランスで決定される．とくに，寒冷環境の場合，放熱量が産熱量を上回り，体温が低下し低体温症になる危険が高まる．体温が35℃以下になると意識障害などの低体温症の症状が現れてくる．

　ヒトが安静または運動している時の皮膚表面からの対流によって大気中への体熱の1時間（h）あたりの放散熱量は，$Q = hc \times A \times a \times (T_{skin} - T_a)$で表される．ここで，Qは放散熱量（kcal/h），hcは対流熱伝導率（kcal/m²/h/℃），Aは体表面積（m²），aは衣服に覆われない皮膚表面の割合，T_{skin}は平均皮膚温（℃），T_aは大気温（℃）である．

　さらに，$hc = 12\sqrt{V}$（kcal/m²/h/℃），$A = W^{0.444} \times H^{0.663} \times 88.83/10,000$（m²）で表される．ここで，Vは風速（m/sec），Wは体重（kg），Hは身長（cm）である．

　さて，体重を70kg，身長170cm，最大酸素摂取量50mL/kg/min（体重）の人が，Tシャツ，短パンの格好で，T_aが10℃，無風状態の環境で，マラソン競技に参加した場合，走行中の体温はどのようになるのだろうか．大気に暴露された正味の皮膚表面の面積を裸体の表面積の50％，T_{skin}が33℃と仮定すると，走行速度10km/hの場合，体に受ける相対的な風速は3m/secとなり，伝導熱放散率（hc）＝21kcal/m²/h/℃，有効熱放散体表面積（A）＝0.88m²，対流による放散熱量＝7kcal/minとなる．走行時の酸素消費量が1,900mL/minとすると，産熱量は9kcal/minになるので，産熱量から放熱量を差し引くと＋2kcal/minとなって，少し汗をかけば体温は一定に保たれる．いわゆるベストコンディションとなる．

　しかし，雨が降って体表が濡れると状況は一変する．対流熱伝導率が100kcal/m²/h/℃以上になるからである．その場合，熱放散速度は34kcal/minとなり，産熱量か

ら放熱量を差し引くと−25kcal/minとなる．この値を，体比熱を0.83cal/℃・gとして体の熱容量70kg体重×0.83＝56kcal/℃で割ると，体温の変化は−0.4℃/minとなり，わずか5分間で35℃まで低下し低体温症の症状が出てくることになる．

　以上のようにスポーツ現場では，気温のほか，風速，雨が低体温症の危険因子となる．それを防ぐためには，マラソン競技などでは，雨が降るような状況になれば即競技を中止することも必要となる．登山中にこのような状況に遭遇すれば，風雨を避ける場所に避難すること，大気に暴露する面積をできるだけ小さくすること，体を濡らさないこと，などが必要である．

3. 寒冷適応

　寒さ対策に有効なのは筋容量の増加である．筋肉は収縮していない安静時でも細胞内でATPを消費しエネルギーを絶えず消費している．すなわち，筋肉は必要な時にいつでも動けるように「アイドリング」(ウォーミングアップ)している．したがって，もし筋肉量が増加すれば，安静時の代謝量が上昇するので体が温まって寒さに強い体になる．それに加えて，筋肉量の増加は「ふるえ」で発生する熱量を増加させるし，さらにその筋肉を使って運動をすれば，その強度と継続時間に応じて，多くの熱量が産生される．その分，体が温まって寒さに強くなる．

　寒冷環境に馴化した人はしていない人に比べ，寒冷環境に暴露されてもなかなか「ふるえ」が起こらないようになる．これは「非ふるえ熱産生」のためである．すなわち，寒冷環境に暴露されると交感神経活動が亢進することによって脂肪が燃え，熱が産生されるが，そのメカニズムが寒冷環境に幾度となく暴露されていると発達するようになる．ただし，「非ふるえ熱産生」はラットなど小動物では大きいが，ヒトでは安静時代謝のせいぜい10％程度（0.1kcal/min）だといわれている．このように，寒さに強い体になるには，全身の筋肉量を増加させて基礎代謝量を上昇させること，非ふるえ熱産生量を増加させることが有効である．

4 水中環境

1. 息こらえ潜水

　息こらえ潜水で注意すべき点は，肺の容量が水圧によって圧縮されることである．たとえば，水上で6Lであった肺容量は，10m深度で3L，30m深度で1.5Lになる（図4-8)[8]．水上での肺の残気量が1.5Lなので肺容量がこれ以下になると肺胞の虚脱を起こして肺組織が傷害される．したがって，30mが安全な息こらえ潜水の最大深度と考えられている．

　通常の人で最大の潜水時間は30秒〜1分とされるが，それは動脈血中の二酸化炭素分圧が50mmHgに上昇し，酸素分圧が60mmHgまで低下すると非常に強い「息苦しさ（呼吸困難）」を感じるからである．したがって，潜水する前に過呼吸を行い動脈血中の二酸化炭素分圧を基準値の40mmHgから20〜15mmHgまで下げてから潜水すれば「息苦しさ」を感じる時間を遅らせることができる．しかし，これには危険が伴う．たしかに，過呼吸の後，潜水を開始すれば息苦しさを感じる時間を遅らすことが

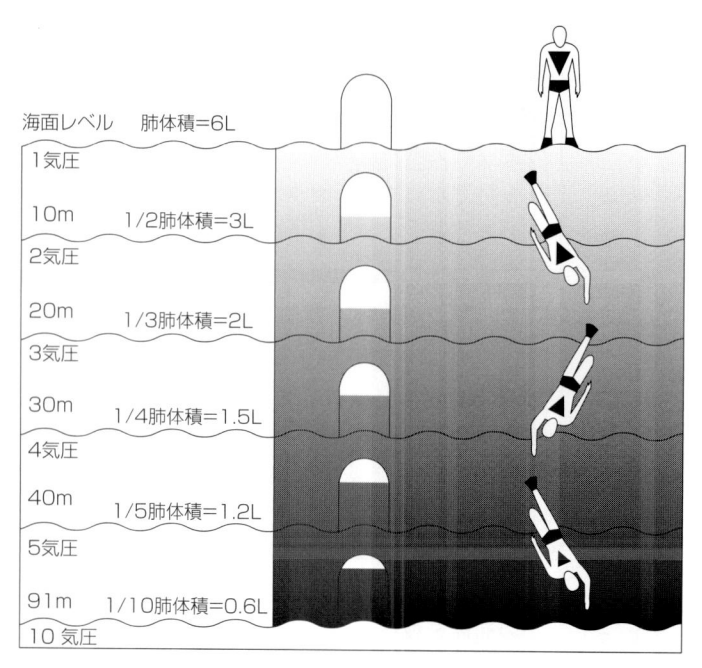

```
海面レベル　肺体積=6L
1気圧
10m   1/2肺体積=3L
2気圧
20m   1/3肺体積=2L
3気圧
30m   1/4肺体積=1.5L
4気圧
40m   1/5肺体積=1.2L
5気圧
91m   1/10肺体積=0.6L
10気圧
```

図4-8　水深と肺体積の関係
ボイルの法則に従い水圧が増加すればそれに反比例して肺の気体容積が低下する.
(McArdle WD, et al.: Exercise Physiology. 3rd ed, Lea and Febiger, pp.580-595, 1991)

できて深く潜れるが，水深に比例して肺胞内の酸素分圧が上昇して組織に多くの酸素が溶け込んでいく．その結果，体内の総酸素含有量が低下しているにもかかわらず息苦しさも感じなくなる．したがって，潜水者はより深く潜ることになる．さて，いよいよ息が苦しくなって浮かび上がろうとして水面に近づいていくと，今度は肺が膨張して肺胞内の酸素分圧が急激に低下し組織から酸素が肺の方に移動するので，体組織，とくに脳が低酸素状態に陥って意識を失う．これをブラックアウトと呼び非常に危険な状態である．したがって，基本的には過呼吸による潜水時間の延長は避けるべきである．

2. スキューバ・ダイビング

　息こらえ潜水で障害になるのは水圧による肺容量の減少であった．もし，水圧と同じ空気を肺に送り込んでやれば，肺はその容量を回復し，陸上と同様の呼吸ができるようになる．それがスキューバ・ダイビング（scuba diving）である．通常は1気圧で1,000〜2,000Lの容量の空気を21気圧で圧縮して詰め込んだ金属製のボンベを用いる．ボンベの使用可能時間は水深に比例して短くなる（**図4-9**）[8]．水深10mでは海面に上がる時間も入れて38分，40mで16分である．その理由は，水深に比例して空気が圧縮されているので多くの質量（モル数）を消費するからである．

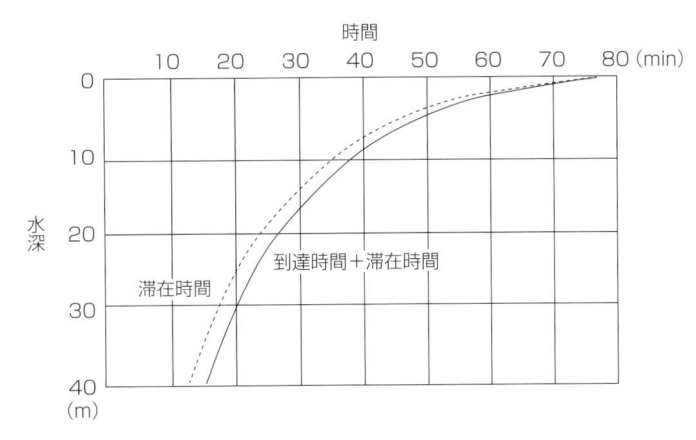

図4-9 水深と「滞在時間」と「到達時間＋滞在時間」
水深が高くなるに従い，消費空気の「質量（モル数）」が高くなり，滞在期間が短くなる．
(McArdle WD, et al.: Exercise Physiology. 3rd ed, Lea and Febiger, pp.580-595, 1991)

3. 高圧ガス呼吸による障害

1) 空気塞栓

スキューバ・ダイビングの場合，水圧に負けない圧力の気体を呼吸しているので，血液（体液）に溶け込む空気の量もそれに比例して増加する．水深10mで2倍，30mで4倍である．したがって，潜水が終わって水面に向かって上昇していくと，血液に溶け込んでいた空気が肺で気化するので急激に肺が膨張する．その膨張の速度に肺組織が耐えられなくなると肺胞が破損し，空気の一部は胸腔内に出て気胸を起こし，一部は血液中に気泡として流れ込む．血液中に流れ込んだ気泡は心臓の左心房，左心室を経て，心臓の冠状動脈，脳血管で塞栓を引き起こすので非常に危険である．対策は水中から水面に向かうときはできるだけゆっくり普通に呼吸しながら上昇することである．

2) 窒素酔い

個体差が大きいが，スキューバ・ダイビングで，水深30～40mに1時間以上滞在すると酒に酔っ払ったような「ご機嫌な気分」になる．なかにはスキューバの必要を感じなくなって装置をはずしてしまい，おまけに水面に向かって急上昇したり，逆にどんどん深く潜っていってしまう場合もある．この原因は，空気中の窒素によるアルコールによく似た精神性作用による．対策として，水深の浅いレベルでしばらく泳いで肺から窒素を排出すれば回復する．

3) 減圧症

空気塞栓との違いは，スキューバ・ダイビングを，水深20m以上の水深で，予備ボンベを2～3本使用して1時間以上滞在した場合に，潜水終了後4～6時間たっても発症することである．原因は，水中では窒素が体の脂肪に長時間かけてゆっくり溶け込むが，それが体外に排出されるための十分な時間を置かないで，急いで水上にあがってしまったときに体内の組織で気泡化するために起こる．ちょうど炭酸水のビンの栓

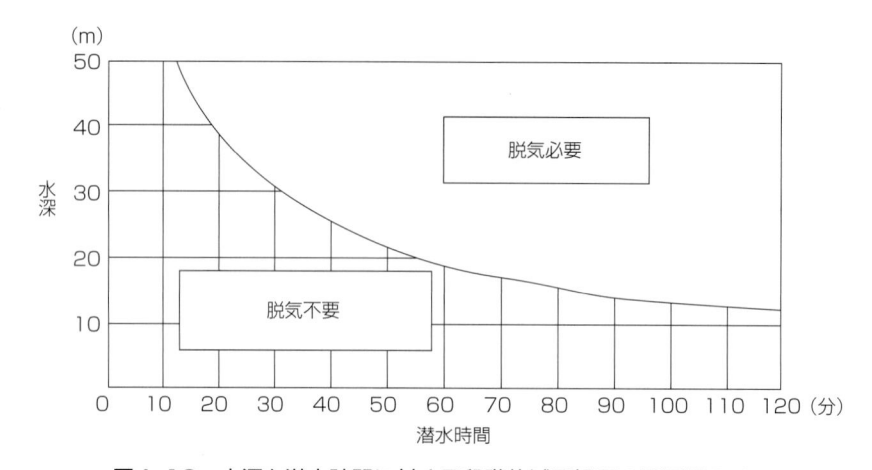

図4-10 水深と潜水時間に対する段階的減圧処置の要不要ライン
(McArdle WD, et al.: Exercise Physiology. 3rd ed, Lea and Febiger, pp.580-595, 1991)

を抜いたときをイメージすればよい．症状は，気泡化が起こった組織に特異的で，平衡器官ならめまい，皮膚ならかゆみ，四肢の筋なら疼痛，肺なら呼吸困難を起こす．とくに重篤なのは心筋と脳の塞栓で死亡することもある．

図4-10[8]に，水深と滞在時間に対する減圧症の予防のための段階的減圧処置の要不要ラインを示す．水深30mなら30分以内，20mなら1時間以内であれば段階的減圧処置の必要はない．段階的減圧処置の例として，たとえば水深30mに50分滞在した場合，1〜2分間水深6mで滞在し，さらに水深3mで24分間滞在するといった具合である．しかし，通常スポーツダイビングの水深は20mより浅いところで実施することが多いので減圧症の危険性は低い．もし，減圧症にかかった場合，組織が壊死に至る前に高圧カプセル（チェインバー）で再加圧して気泡を血液（体液）に再度溶解させ徐々に呼気中に排出する．

4）酸素中毒

高圧で窒素が悪い影響を与えるのなら純酸素を吸えばどうか，ということになるが，これにも難点がある．2気圧以上（水深10m以上で）の純酸素を呼吸し続けると，気道を刺激し気管支肺炎を引き起こすし，脳血管を収縮させ中枢神経機能に異常をきたす．さらに，ヘモグロビンの酸素飽和度を非常に高めるためにヘモグロビンに結合した二酸化炭素の肺における放出を阻害する結果，血中の二酸化炭素分圧が上昇する．したがって，特別な場合を除き，純酸素を長く呼吸することは避けた方がよい．水深3mで240分，7.6mで75分が限度とされる．

［能勢　博］

文　献

1) Pugh LG, et al.: Muscular exercise at great altitudes. J Appl Physiol, 19: 431-440, 1964.
2) West JB, et al.: Maximal exercise at extreme altitudes on Mount Everest. J Appl Physiol Respir Environ Exerc Physiol, 55: 688-698, 1983.
3) Cymerman A, et al.: Operation Everest II: maximal oxygen uptake at extreme altitude. J Appl Physiol, 66: 2446-2453, 1985.

4) Nielsen B, et al.: Human circulatory and thermoregulatory adaptations with heat acclimation and exercise in a hot, dry environment. J Physiol, 460: 467-485, 1993.
5) Rowell LB: Human circulation: Regulation during Physical Stress. Oxford University Press, pp.137-212, 1986.
6) Goto M, et al.: Protein and carbohydrate supplementation during 5-day aerobic training enhanced plasma volume expansion and thermoregulatory adaptation in young men. J Appl Physiol, 109: 1247-1255, 2010.
7) Young AJ, et al: Homeostatic responses to prolonged cold exposure: human cold acclimatization. In: Fregly MJ, Blatteis CM, Eds: Handbook of physiology sect 4. Oxford University Press, pp.419-438, 1996.
8) McArdle WD, et al.: Exercise Physiology. 3rd ed, Lea and Febiger, pp.580-595, 1991.
9) 能勢 博：運動と体力，本間研一ほか編：標準生理学．第8版，医学書院，pp.893-904, 2014.
10) 日本生気象学会・熱中症予防委員会：熱中症予防ガイドブック 防ごう熱中症．pp.14-15, 2009.
11) 西 安信：人体と環境との熱交換，中山昭雄編：温熱生理学．理工学社，pp.33-66, 1981.

5章 生体リズムとスポーツ

1 背　景

　アスリートの国際的な活動の増加にともない，ジェットラグ症候群（時差症候群，時差ぼけ）の問題が取り上げられるようになっている．サッカーなどではヨーロッパで活躍する選手が日本での試合に呼ばれ，帰国後すぐ試合に参加し，終了後すぐにヨーロッパに戻ることなどもある．米国でも，東部と西部の間を行き来して試合を行うプロ競技では，時差の問題が取り上げられている．オリンピックなどの大きな大会の場合は，大会前に十分な期間をおいてその地域に入ることが可能であろうが，予選などでは限られたスケジュールの中で試合時間に最大の競技パフォーマンスを発揮できるようにすることが大切である．

　ジェットラグ症候群は，「4～5時間の時差のある地域にジェット機で移動したときに体内リズムが到着地の明暗リズム（現地時間）とずれるために生ずるさまざまな症状」と定義される．出発前にトレーニングをしているような状況の中では，このようなジェットラグ症候群を何のコンディショニング操作もせずに無くすことは，現在の医学ではできない．しかし，トレーニングを行っている現場においても，さまざまな工夫によってジェットラグ症候群の症状を軽くすることは可能である．また，このようなジェットラグ対策を行うことによって，現地での競技力が向上することは確実にあると考えられる．われわれも少数例ではあるが，すでに実践の場で活躍するアスリートたちにジェットラグ対策を行ってきている．

　このような生体リズムや生物時計にかかわるコンディショニングを，生体リズムコンディショニングと呼ぶことにする．生体リズムコンディショニングはジェットラグ対策だけでなく，早朝の時間帯に行われる競技などにも応用することができる（表5-1）．たとえば，1日の中で予選から決勝までが行われる，レスリング，柔道などの格闘技や，水泳，また駅伝など比較的早朝から競技の始まるものなどである．これらの競技では，朝の8時あるいは9時ごろから競技が始まる．このような時間帯は，必ずしも十分な競技力が発揮できる時間帯ではない．生体リズムコンディショニングによって，生体時計の位相をずらし，早朝の時間帯でも正午近くの時間帯に近い位相に生体リズムをシフトさせれば，よりよいコンディションで競技ができ，競技成績が向上することが期待できる．

　ここでは，生体リズムについての基本的な知識とそのスポーツ科学への応用法，さらに実践例について述べ，今後のスポーツ科学における生体リズムコンディショニン

表5-1 生体リズムコンディショニングの目的

1. ジェットラグ対策
2. 朝早い時間帯に行われる競技へのコンディショニング

グの応用の可能性について考えたい．

2 生体リズムに関連する基本的な知識

1. サーカディアンリズム

　ヒトは24時間周期で生活をしている．これは，地球の自転に伴う1日24時間の環境の中で人類が進化する過程で獲得されたものである．このような24時間のリズムをサーカディアンリズム（概日リズム）と呼んでいる．概日というのは「だいたい24時間」という意味であり，多くの人の固有のリズムは24時間よりも長い．この「だいたい24時間」の周期は，朝浴びる光などによって毎日ちょうど24時間に修正されてわれわれは毎日を24時間で生活できているのである．
　このようなサーカディアンリズムを刻む体内時計の本態は，脳の視交叉上核という部分にある（図5-1）．実際に，時計そのものは体中のあらゆる細胞にあるのだが，これらの細胞の時計はバラバラに動いている訳ではなく，生体時計のセンターである視交叉上核によって体全体が制御されている．
　さて，このような仕組みによって制御されている体内の現象には，体温，循環機能，内分泌機能などさまざまなものがある．これら体内の現象は，夜には眠りやすいように，日中には活動しやすいように体のコンディションを整えるという形で機能している．ここでは，スポーツに関連した2つの事柄について説明したい．ひとつは体温であり，もうひとつは運動能力である．体温のサーカディアンリズムは，明け方に最低点を示し，午後の後半に最高点を示す（図5-2）[1]．
　一方，運動能力については，現在研究が進行中である．スポーツに関連した機能にはさまざまなものがある．最大筋力，持久性能力などのほか，中枢神経系が関連した単純反応時間，これに判断が加わる判別反応時間，そのほか視覚に関連した能力などである．このような能力のサーカディアンリズムを個別的に測定する研究は行われているが，方法的には24時間，たとえば1時間おきに測定すると，筋力であれば疲れによって能力が落ちる，また技能を要する課題であれば学習によってだんだん上手になるなどの繰り返し効果の問題が出る．さらに24時間行うために，朝7時に被験者を起こしてその後24時間の覚醒が続く中で，眠気の影響なども出てくる．

2. スポーツパフォーマンスのサーカディアンリズム

　このような実験上の問題点を回避する研究として，サウスカロライナ大学のYoungstedtらのグループは，スポーツの分野において初めて非常に詳細なサーカディアンリズムに関連した研究を行った[2]．Youngstedtらは，時間生物学の分野で用いられる超短時間睡眠覚醒法を用いて，大学水泳部の選手に200m競泳の日内変動パター

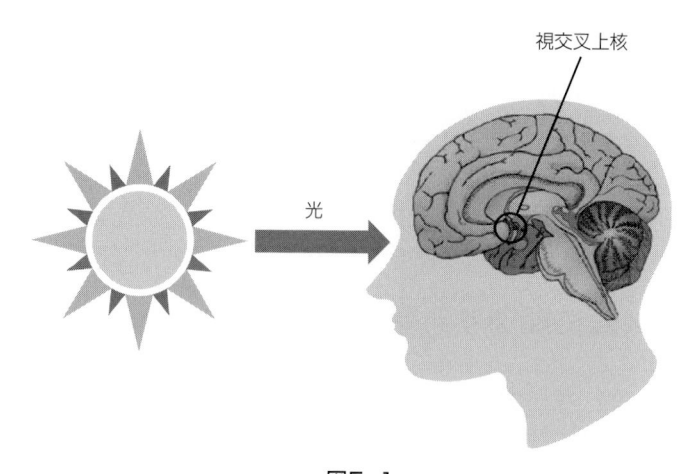

図5-1
生体リズムのセンターは，脳の視交叉上核にあり，これは外部の光によっても調整されている．

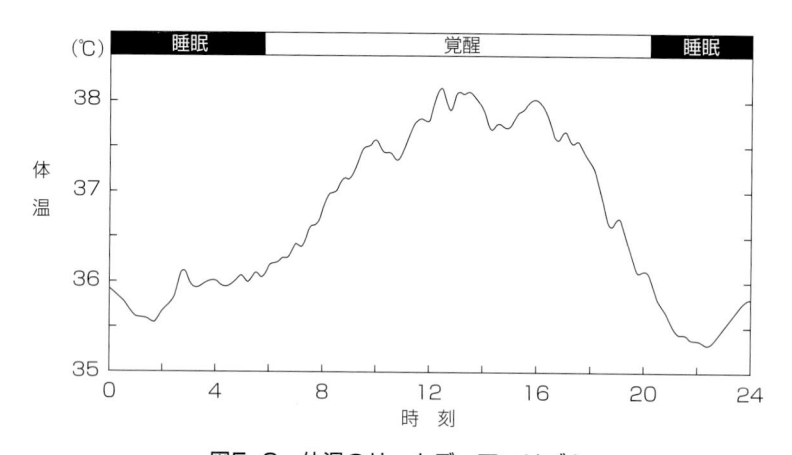

図5-2 体温のサーカディアンリズム
(Refinetti R: The circadian rhythm of body temperature. Front Biosci (Landmark Ed), 15: 564-594, 2010より引用改変)

ンを測定する実験を行った．この実験は，1時間睡眠をとり2時間覚醒するという3時間をひとまとまりとして，これを8回繰り返し，毎回覚醒1時間後に200m競泳を行うというものである．すなわち，1日に8回の測定を行うことになる．この場合，繰り返しにより後半では疲労のためにタイムが落ちる可能性がある．この効果を取り除くため，8つのグループをつくって，スタート時刻を3時間ずつずらした．これによって，どの時刻でも繰り返し回数は，1回から8回が同数含まれており，どれも同じということになる．睡眠のとり方が非常に不自然であるということなどはあるが，この方法ではより純粋に運動能力の概日リズム性を抽出できると考えられる．また，運動指標として200m競泳を選択したことも，よりスポーツ現場に近い能力を評価するという点で興味深い．さらに，深部体温ではないが，耳内温を測定し，体温の概日リズム性と運動能力の変化との関連についても観察している．

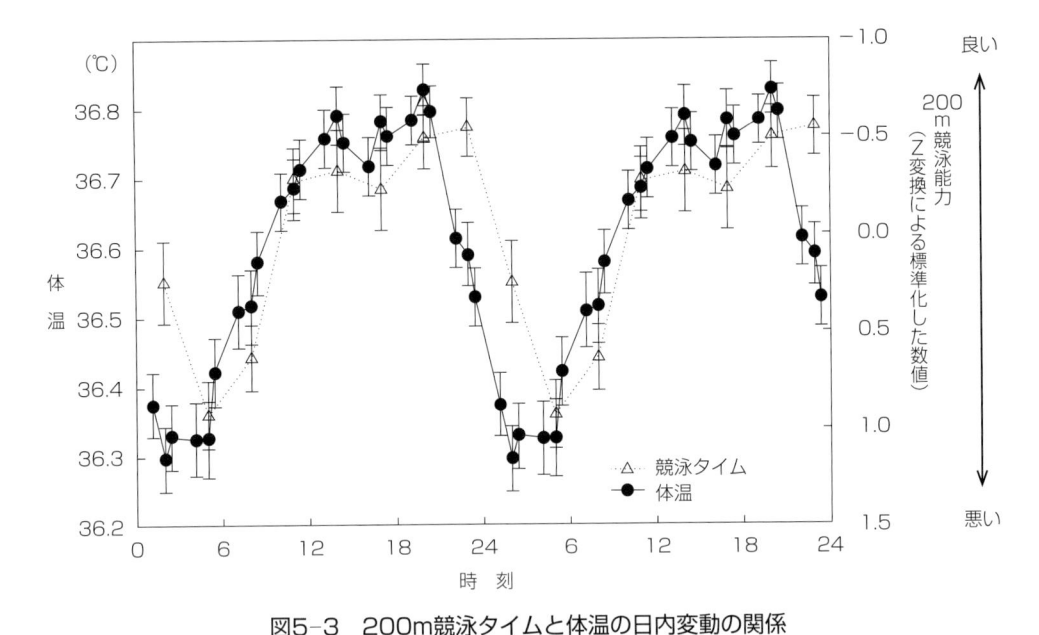

図5-3 200m競泳タイムと体温の日内変動の関係
(Kline CE, et al.: Circadian variation in swim performance. J Appl Physiol, 102: 641-649, 2007より引用改変)

　図5-3に示したのが，Youngstedtらの結果である．200m競泳の能力は，夜11時の測定でもっとも高かった．しかし，グラフを詳細に見ると午前11時から午後11時，すなわち午後の時間帯は概してタイムはよく，この時間帯内では大きな違いはない．さらに体温との位相を見ると，位相がほぼ一致している．体温が高いところで200m競泳のよい成績が出ている．
　図5-3は200mのタイムを標準化した値で示してあるが，測定した実際のタイムに直すと，日内変動の幅は約5.8秒になる（Youngstedt博士との私信）．被験者はオリンピック選手ではなく大学レベルの水泳選手なので同等には扱えないが，この差は，たとえば北京オリンピックの男子200m決勝では，1位のマイケル・フェルプスは1分42秒96の世界新，8位の英国のロビー・レンウィックは1分47秒47で，その差は4.11秒であり，これよりもさらに大きな差である．

3. ジェットラグ症候群について

　ジェットラグ症候群の症状には，表5-2に示したようなものがある．これは，前述したように，サーカディアンリズムにより，体温も下がって眠りやすい夜間の体内コンディションになっているにもかかわらず，外界にはさんさんと輝く太陽があり，周りの騒音の中で人々が活動している状況に体が置かれることから出現する症状である．
　このようなジェットラグの症状は，国内に3時間の時差のあるアメリカ合衆国のプロスポーツ界では重要な問題である．これまで，NFLの西海岸と東海岸のチームを対象とした研究があり，ナイトゲームにおけるチームの勝率には東から西に移動する

表5-2 ジェットラグ症候群の症状

以下のものすべてが常におきるわけではない．
ひとつだけの場合もあるし，多くの症状が出現することもある．
・睡眠の障害（不眠，早朝覚醒，日中の過度の眠気・疲労感 など）
・集中力の低下
・全身倦怠感
・胃腸障害（下痢，便秘，便通時刻の変化）
・筋痛
・女性では月経周期の問題（不順）

適応のしやすさよりも，東から西に移動した場合の体内時計の時間が試合時には夜中近くになってしまい，それによる不利な影響を受けやすいという議論がされている[3]．このような問題が東西に広いスポーツ大国アメリカで問題になっていることがわかる．

3 生体リズムの位相をシフトさせる方法

1. 位相シフトの方向

生体リズムの位相をシフトさせるとは，通常の生体リズムを時間的にずらすということを意味している．一番わかりやすい睡眠時間帯を例にとると，早寝早起きにしていくというずらし方と，夜更し朝寝坊にしていくというずらし方の2つの方向が考えられる．早寝早起き方向へのずれを「前進」，夜更し朝寝坊方向を「後退」と呼んでいる．また，前進は正の数で，後退は負の数であらわしている（図5-4）．

2. 光による位相シフト

生体リズムの位相をシフトさせるもっとも大きな要素は光である．光は，元来進化の過程で生体リズムが作り上げられる要因となった物理的刺激である．したがって，これまで知られている生体リズムに対する操作法としては，もっとも強い影響を持っている．実際に用いられるのは，高照度光で通常2,000ルクス以上の光である．また，生体リズムのシフトには，短波長の青色光がより特異的な強い効果があることも知られている．このような光を1時間ほど浴びることで，効果的な生体リズムのシフトが起こるが，このような照射はどの時刻に行っても同じではない．一般には，外界が明るくなる前の明け方前に照射すればリズムの前進が，暗くなった後の晩の時間帯に照射すればリズムの後退がおこる．大まかに言えば，明け方前であれば，朝が早く来たと，晩であればまだ夜になっていないと生体が勘違いするということである．このような光の生体リズムの効果を，横軸に時刻，縦軸に正の数は前進，負の数は後退としてグラフにあらわしたのが光の位相反応曲線である（図5-5）[4]．

このような操作で用いる高照度光照射装置は，一般に市販もされている（ブライトライトME＋）が，スポーツ実践の場では必ずしも十分なスペースがあるわけではないので，より小型の装置が開発されると現場への応用はしやすくなる．チームスポー

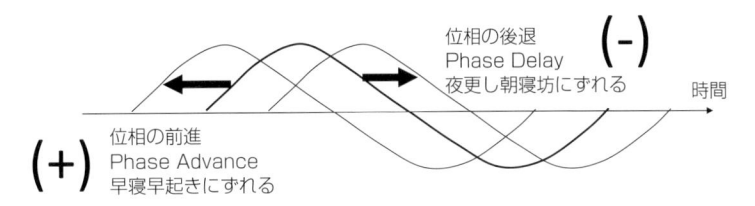

図5-4　位相の前進と後退

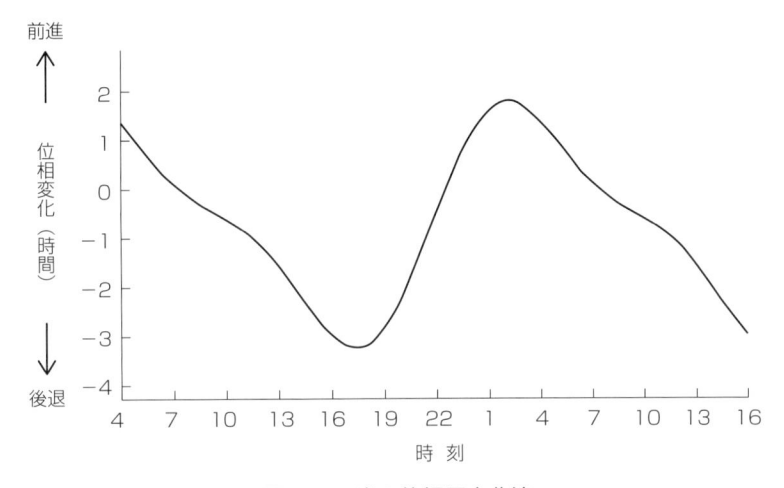

図5-5　光の位相反応曲線

ツなどでは，ミーティング室全体を高照度にして，その時間帯にミーティングを行うという工夫もできるかもしれない．

3．メラトニンによる位相シフト

　位相をシフトさせる大きな効果として，よく使われるものに光のほかにメラトニンがある．メラトニンは，脳の松果体から分泌される，体の中にもともと存在する内因性物質で，植物などにも含まれている．植物などから抽出されたものや合成されたものが，アメリカなどではサプリメントとしてスーパーマーケットで販売されている．日本では，販売されておらず，インターネットなどで個人輸入して手に入れることになる．

　メラトニンは，夜間に分泌される物質である．すなわち，1日の中で出現する時間帯は，光とはほぼ逆位相になっている．したがって位相操作も光とは異なっている．位相を前進させるためには夕方に，後退させるためには明け方に経口服用する．

　位相シフトのためにメラトニンは，0.5mgなど少量を用いるのがよい．売られている製剤には1～3mgなどのものが多いが，これまでの研究で3mgなどの多量投与をしても位相変化に対する効果は必ずしも増大しないことが知られている[5]．また，比較的多い量を服用すると眠気が出るために，その時間帯にトレーニングがあると，トレーニングに支障がでる可能性もあるので注意が必要である．

さらに，メラトニンを実際のスポーツ現場で用いるのには抵抗もある．メラトニンは，世界アンチドーピング機構（WADA）の発表している禁止薬物リストには掲載されていない．しかしながら，選手は薬物服用については非常に慎重であり，禁止薬物でなくとも風邪薬にたまたま含まれていた成分が問題となるというような過去のケースを考えて，服用に関しては精神的なストレスを加える可能性がある．十分な説明や，指導者の理解のもとではそういった精神的ストレスを取り除いて用いることが可能であろうが，この点には十分に配慮しなければならない．さらに前述のようにメラトニンには眠気を催す作用がある．位相前進のためには，夕方に服用させることになるが，これがトレーニングに問題なければ服用が可能である．しかしながら，服用後のトレーニングがある場合にトレーニングの妨げとなる．したがって，服用についてはトレーニングスケジュールについても十分に配慮して行うべきであろう．

4 ジェットラグ症候群の克服

1．西向き飛行と東向き飛行

　実際のジェットラグについて考えてみよう．日本を出発地点として，アメリカで試合がある場合，ヨーロッパで試合がある場合では，飛行方向が逆であり，ジェットラグの性質もまったく異なっている．また，蛇足だがオーストラリアへの飛行など南北の移動には時差は発生せずジェットラグは起こらない．

　東向き飛行のほうは一般にはジェットラグの症状は重い．東方向に8時間の時差のある地域に飛ぶことを考えてみると，現地の夜の10時は，日本では午後2時であり，眠くはない．このまま12時になっても眠くはないが，床に入る．しかし，日本はまだ午後4時なので眠れない状況が続き，やっと明け方になって自然な眠気がでる．しかし，もう起きる時間であり，起きた後の日中は体温の低い眠りやすい体内の状況がほぼ夕方まで続くことになり，昼間のコンディションは決してよくない．

　一方，西向き飛行は東向き飛行よりもジェットラグは軽症である．この理由は，たとえば東西両方向に8時間の時差を考えると，西向き飛行でヨーロッパに行った場合，夜の9時は日本の明け方5時である．この時間まで起きていると，眠くて仕方がない状況になり早寝をする．早寝をすると時差のために現地では3時か4時ころに目がさめてしまう．つまり早寝早起きになってしまうわけである．このような傾向は，現地で昼間活動することには適している．しかし，到着後の日程が少ない中で午後7時ころから試合がある場合には先の研究で示したように生体リズムが午前3時のままではよいパフォーマンスは発揮できない．このための時差調節は必要になろう．

2．ジェットラグ症候群克服のための位相シフト

　ジェットラグ克服のための位相シフト操作のポイントは，出発前と現地到着後に分けられる．また，それぞれにおいて，東向き飛行と，西向き飛行による操作の違いがある．操作法として，光だけを用いるのか，光とメラトニンの両方を用いるのかなどがあげられる．

　出発前の位相シフトの基本は，移動先の時間帯に体のリズムを合わせることである．

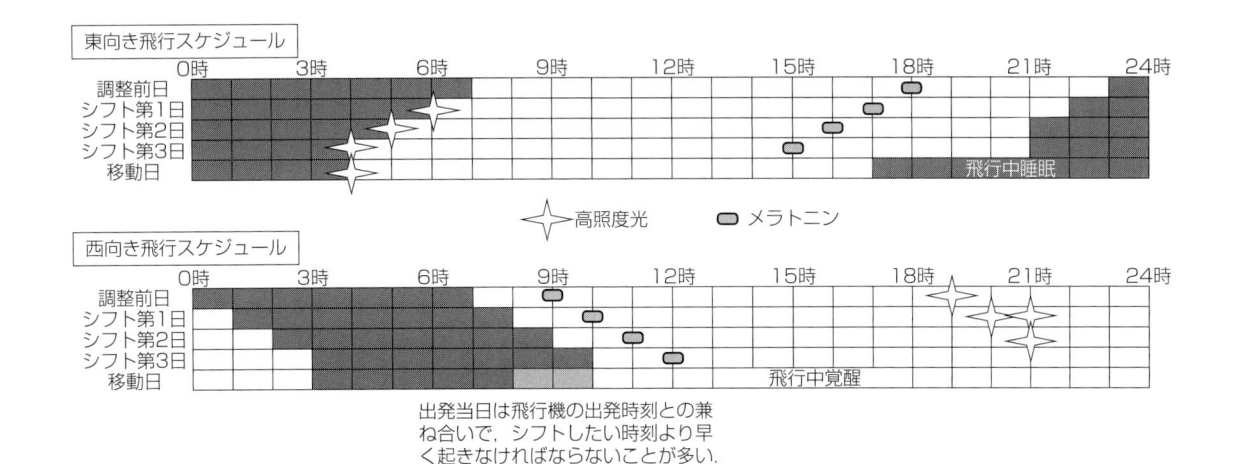

図5-6　時差対策の出発前スケジュール例

　環境隔離室などを用いれば移動先の時間帯にほぼ完全に合わせることは不可能ではないが，アスリートは出発前にもトレーニングを行う必要があるので現実的ではない．そこで，東向きであれば早寝早起き（前進），西向きであれば夜更し朝寝坊（後退）方向に何時間かのシフトを行うことになる．シフトさせる時間は，3時間程度が妥当である．われわれの実験データでは，自然光下でも5〜6時間ずらすことは可能であったが，これまでの経験では，大幅なシフトにはいくつかの問題がある．チームスポーツでは，海外遠征前に合宿を行うことが多いがその場合にも，合宿所の食事などのスケジュールの変更が難しかったり，地元チームとの練習試合時刻の設定が難しくなったりもする．

　シフトの方法には先に述べたように光とメラトニンがある．同時に用いるほうが，相乗的効果があるとの報告はあるが，メラトニンには眠気を起こさせる作用もあるので，慎重に用いたほうがよい．それぞれ，位相反応曲線に合わせて，移動先の時間帯に合う方向に1日30分から1時間程度ずつずらしていく．日程に余裕があれば30分ずつずらした方が，無理なくシフトができる．具体的な方法を東方飛行（位相前進）と西方飛行（位相後退）にわけて3時間の位相シフトするスケジュールを図5-6に示した．

　方法は，比較的シンプルで，毎日1時間ずつずらしながら，光（とメラトニン）を用いるということである．西向き飛行では，飛行機の出発時刻に間にあわせるために，あまり寝坊ができないこともある．もし，日程に余裕が有るのであれば，毎日30分ずつずらすほうが体への負担が少なくスムーズに生体リズムをシフトすることができる．

　到着後の初日の操作は，出発前に比較して複雑である．到着直後の生体リズムは，ほぼ日本にいた時の生体リズムに近いと考えられる．出発前の操作が完全にうまくいっているのであれば，出発前にシフトされたリズムを基本に考える．具体的には，たとえば8時間の時差のある東方飛行の場合，出発前に3時間の位相シフトが成功していたとしよう．その場合は，その位相を持って現地入りすることになる．そうすると，現地時間からは5時間ずれた位相反応曲線を持って現地入りしたことになる．現

地に入ってからは，用いるとしたら光になろう．その場合は，本人の体内時計の朝4時に光を浴びるので，これより5時間進んだ午前9時ころに光を浴びることになる．これは，現地についたら朝外に出て，光を浴びてトレーニングをするということで大まかにはよいということになる．実践的には，現地についてからは日に日に現地の時間帯に適応していくわけなので，現地時間に合わせて生活をし，午前中にはしっかり光を浴びるということでもよいと思われる．

3. 移動時の過ごし方など

機内では，一般的には東方飛行であれば，なるべく眠る．時差克服だけを考えれば，機内での食事はせずに出発前に空港で食事をとって，出発した途端に睡眠の態勢に入ってもよい．東方飛行では現地には通常午前中に到着するので，夜9時くらいまで10時間以上覚醒していなければならない．飛行機の上で眠ることで適応がよくなる．

飛行機に乗る前には，時計を現地時間に合わせる．時計を合わせることは，外的因子として，体内時計に影響を与える．また，飛行機に乗る前や飛行機の上でも水分を多めにとる．アルコールやコーヒーは控える．飛行機の中は乾燥しているので，水分を補給したほうがよいし，時差とは直接関係はないが静脈血栓などの発生を予防する結果にもなろう．

4. その他の要因

ジェット機による長距離の移動に伴うこの症候群は，実際的には時差による体内リズムの位相のズレだけの症状ではない．移動に伴う長時間の拘束や，人によってはその間の大きな不安感，異文化への適応などさまざまな精神面のストレスが相乗的に働いていると考えられる．さらに，競技会に参加するアスリートに関していえば，このような困難な状況の中で大きな競技会への精神的なプレッシャが相乗的にストレスとして働く．一方で，同じプレッシャでも生体のコンディションによって精神的なストレスレベルが異なる．すなわち，睡眠が十分に取れていない状態での精神的ストレスは大きいが，同じ状況でも睡眠が十分に取れていればストレスのマネジメントがしやすくなる．そのような中で，ジェットラグ症候群の克服作業を行うと，それだけでも上記のさまざまな問題点のストレスとしてのレベルが下がる可能性もある．

5 今後の課題

スポーツコンディショニングにおけるジェットラグ克服の実践は，未だに十分に方法が確立しているわけでも，普及しているわけでもない．したがって今後この分野の研究がさらに普及し多くの施設で研究が行われることによって，より効率的な方法が確立され，問題点が抽出され，安全に実践されるようになることが望まれる．このような方法は，単に競技力を向上するだけでなく，ケガなどのスポーツ障害の予防にも効果がある．睡眠や生体リズムは，トレーニングによる疲労を回復させ，より効率的なトレーニング効果を得ることを可能にさせるなど，スポーツの現場にとって非常に有用な意味を持っている．今後，さらにこのような研究者が増え方法的にも改善され

現場に普及してほしいと思っている.

[内田　直]

文　献

1) Refinetti R: The circadian rhythm of body temperature. Front Biosci (Landmark Ed), 15: 564-594, 2010
2) Kline CE, et al.: Circadian variation in swim performance. J Appl Physiol, 102: 641-649, 2007.
3) Jehue R, et al.: Effect of time zone and game time changes on team performance: National Football League. Med Sci Sports Exerc, 25: 127-131, 1993.
4) Khalsa SB, et al.: A phase response curve to single bright light pulses in human subjects. J Physiol, 549: 945-952, 2003.
5) Revell VL, et al.: Advancing human circadian rhythms with afternoon melatonin and morning intermittent bright light. J Clin Endocrinol Metab, 91: 54-59, 2006.

6章 スポーツとエネルギー代謝

運動時のエネルギー代謝というと，酸素摂取量に関する説明がまず出てくるのがこれまでのスポーツ生理学であろう．酸素摂取量を最重視するこれまでの見方がすべて誤りというわけではないが，一方であまりに酸素摂取量のみでエネルギー代謝が説明されてきた弊害もあると著者は考えている．その結果として，運動は「有酸素運動と無酸素運動の2種類に分けられる」といったおかしな説明がまかり通ってしまってきている．文字どおりの無酸素運動というような酸素摂取をまったくしない運動はあり得ない．また酸素はATPを生み出すのに必要だが，あくまでATPを糖や脂肪から生み出す最後の仲立ちをするものであるから，酸素摂取のみではエネルギー代謝は理解できない．エネルギー源である糖や脂肪の観点からも考えるというのが新しいスポーツ生理学である．

1 3種類のATP産生機構

1. 3つのATPの作られ方が対等にあると考えない

エネルギーの産生は，エネルギーの通貨のようなものといえるATPを生み出し利用することで行われる．ATPはどのようにつくりだされるのかというと，筋グリコーゲンを中心とする糖や脂肪を分解し，ミトコンドリアで酸素も使って産生されるのが主である．ただしATPを再合成する方法は，3種類あると説明される[1]．残り2種類のうちひとつは，糖を解糖系と呼ばれる反応系で分解していく途中でできるもので，多くはないATPができる．また，この反応を継続するには乳酸産生が必要なので，乳酸ができることがこの糖分解によるATP産生を示すともみなされる．もうひとつは，クレアチンリン酸をクレアチンとリン酸に分解して得られるエネルギーからできるものである．クレアチンリン酸はATPのいってみれば貯めで，筋にはATPの3～4倍程度はあると考えられる．このように3種類のATP産生機構があるのは事実だが，その3つが対等の役割を果たすのではなく，実態はミトコンドリアでのATP産生が基本である．

2. 無酸素運動はあり得ない

どんなときでも生きている限りは心臓が動き，肺から酸素が取り入れられ，酸素が送られている．酸素を使って糖や脂肪からATPを生み出す反応が運動中でも必ず起きている．文字どおりの無酸素運動といったことはあり得ないのも，誰でも納得できるはずのことである[2,3]．しかし，短距離走のように強度の高い運動では，これまで

酸素摂取が過小評価され，400m走は無酸素運動の極致のようにいわれてきた．実際には100m走であっても，必要ATPの2〜3割は酸素を使ったATPによっていて，400m走になると必要ATP量の半分近くになる[4]．しかもこうした推定は，肺での酸素摂取量からの推定であって，筋での実際の酸素消費量が測られているわけではない．筋での酸素摂取は肺での酸素摂取よりも反応が早いのであるから，著者は短距離走時にも肺での酸素摂取量からの推定よりも，もっと筋での酸素消費量は早くて多いのではないかと予想している．そして運動

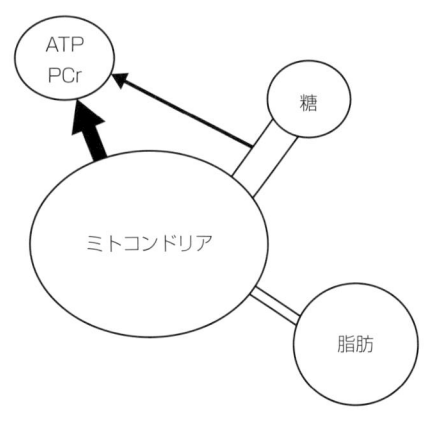

図6-1　エネルギー供給はミトコンドリアを中心として考える

時間が伸びていくほど，酸素を使ったATP供給が主体になっていく．このように3種類のATP再合成が同等にあるのではなくて，柱はミトコンドリアで酸素を使ったATP産生であり，それを補助するような形でほかの2つのATP再合成もあるというのが実態である（図6-1）．

3．クレアチンリン酸＝無酸素と単純に考えない

クレアチンリン酸は，ATPの貯めと考えることができる．ATPの量は運動時には数秒しか持たない程度しか筋肉にはない．その代わりとして貯められていると考えられるのがクレアチンリン酸である．クレアチンリン酸がクレアチンとリン酸になると，その時放出されるエネルギーでADPとリン酸からATPができるので，クレアチンリン酸の分解はATPの再合成につながり，そのATPが運動で使われることになる．ただし，クレアチンリン酸からATPが再合成されるには酸素が不要だからクレアチンリン酸を多く利用した数秒の運動は無酸素運動である，といった単純なことではない．というのも，クレアチンリン酸はどうやってつくられるのかということである．クレアチンリン酸はミトコンドリアでできたATPが形を変えてできたものである[5]．いってみれば，酸素を使ってミトコンドリアでATPができたら，それがクレアチンリン酸に形を変えて貯められているということである（図6-2）．クレアチンリン酸は無酸素のエネルギー源ではなく，酸素を使ってできたものなのであるから，ATPの貯めであるクレアチンリン酸は酸素の貯めともいえる．

4．球技ではクレアチンリン酸を使い，再合成する

多くの球技は，ボールを追ってダッシュする場合と，ボールから離れていてジョグをしている場合との繰り返しであることが多い．そうした球技での数秒ダッシュする際には，クレアチンリン酸を多く使うのは事実である．そしてダッシュをやめて止まったりジョグをしたりすると，ミトコンドリアで酸素も使いながらATPを産生し，そしてATPからクレアチンリン酸が合成される．クレアチンリン酸の量が回復されれば，また次のダッシュができることになる[5]．ただし，全力ダッシュをするとかなり

ミトコンドリア

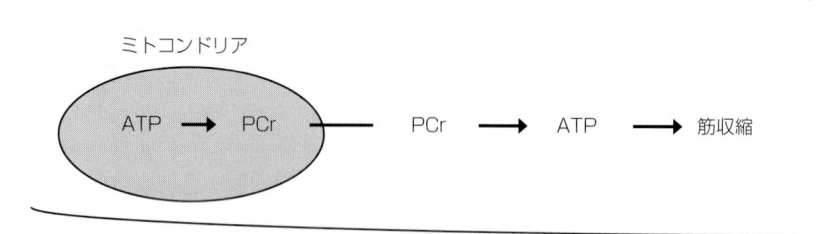

ATP → PCr　　PCr → ATP → 筋収縮

図6-2　クレアチンリン酸（PCr）は糖や脂肪からミトコンドリアで酸素も使ってできたATPからできる
（八田秀雄：乳酸と運動生理・生化学．市村出版，p.20, 2009）

クレアチンリン酸濃度は低下する．その場合には，クレアチンリン酸を元のレベルに再合成するには数分かかる．そこで全力ダッシュは数分に一度しかできないことになる．また，ダッシュからの回復はミトコンドリアが行っているのであるから，球技選手が持久的トレーニングでミトコンドリアを増やすことは，ダッシュからの回復力を高めて試合中にダッシュしやすくすることになる．

5．体内に酸素がそれなりにあり，なくなったら疲労困憊

このように，クレアチンリン酸を酸素の貯めのように考えることができる．さらに体内には酸素がそれなりにある．たとえば，血液中の赤血球にあるヘモグロビンには酸素がくっついて運ばれている．そこで，たとえば心室細動のように心臓が血液を送り出せない状況になっても，数分以内にAED（自動体外式除細動器）で心機能を回復できれば救命できるわけである．では，なぜクレアチンリン酸がATPの3～4倍レベルになっていてもっと増えないのか，というのは明らかではないが，重要なことはこうしてクレアチンリン酸も含めて体内に酸素がある程度あることである．そして，球技のようにダッシュするとその酸素を使い，ダッシュを終えれば体内の酸素量を回復させる．そして高強度運動のように強度の高い運動では酸素の貯めが低下していって疲労困憊するということである（図6-3）．すなわち，酸素レベルがゼロから始まるのではなくて，安静時からある程度の酸素レベルがあり，それが高強度運動で下がっていき，酸素レベルがかなり低下したら動けないというように考えるのが実態に近い．ここでクレアチンリン酸が低下すると動けなくなることには，クレアチンリン酸が分解されるとできるリン酸が疲労のひとつの原因であることも関係している[6,7]．

6．400m走で3つのエネルギー供給を考えてみる

短距離走をスタートすると，最初から酸素は取り入れられているし，筋内にある酸素も使われている．また，もちろんクレアチンリン酸も使われている[8]．さらにスタートからグリコーゲンも分解されている[2,9]．糖の分解というのは，非常にすばやく起こすことのできる機構である．運動を開始すると糖分解はいってみればアバウトに，ミトコンドリアでの反応量に関係なく急に増える（図6-4）．筋収縮しろという信号がくるとカルシウムが筋小胞体から放出されるが，このカルシウムはグリコーゲン分

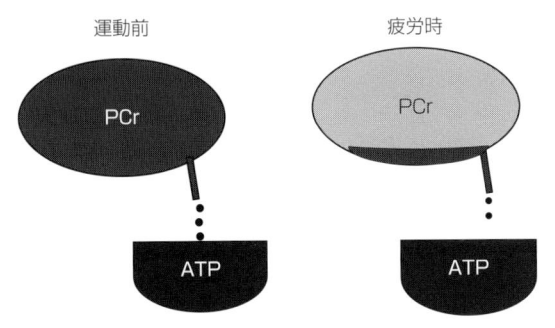

図6-3 高強度運動でクレアチンリン酸がなくなったら疲労
(八田秀雄：乳酸と運動生理・生化学．市村出版, p.115, 2009)

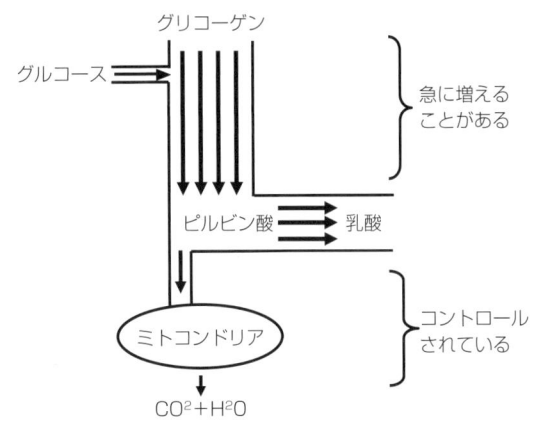

図6-4 糖分解はミトコンドリアの反応ほど精密に調節されておらず急に増えるので，糖の分解と利用の差分が乳酸になる
(八田秀雄：乳酸と運動生理・生化学．市村出版, p.64, 2009)

解を高める因子のひとつである．また，ATPやクレアチンリン酸を分解するとリン酸ができるが，リン酸もグリコーゲン分解を高める因子である．そこで運動を開始すればただちにカルシウムやリン酸濃度が上がり，グリコーゲン分解が活発に行われる．

一方，糖の分解をあまり多くしていると，糖の貯蔵量は多くはないのですぐに減ってしまうことになる．糖の量が低下すれば動けなくなって望ましくない．そこで運動開始で直ちに糖分解が高まるが，それは長続きはせずにすぐ低下する[2]．運動を開始して高まった糖分解は，10秒程度から低下していくと考えられる．また，クレアチンリン酸の量はもともと多くはない．そこで，400m走をスタートすると最初はクレアチンリン酸とグリコーゲン分解によるATP再合成が多く行われるが，どちらも長続きせずにすぐに低下していく．そうなるとATP産生は，酸素を使ったATP産生によるしかなくなる．そこで400m走では徐々に酸素を使ったATP産生に頼るようになり，とくに最後の100mは主として酸素摂取によっている[3]．すなわち，400m走の最後の100mは無酸素運動の極致であるかのような見方がなされているが，実際には完全な有酸素運動になってゴールしている（図6-5）．これは無酸素運動という見方が誤っている一番の例である．もちろん短距離走の速度低下は，エネルギー供給の低下のみでなく，ほかのさまざまな要因が関係している[6,7]．

7. 短距離選手にマラソンのトレーニングをしろということではない

このように短距離走であっても，多くの酸素が利用されており，無酸素運動ではない．ただし，このことは短距離走の選手にマラソンのトレーニングをしてミトコンドリアを増やせといっているのではない．言いたいことは，これまでの酸素摂取量を中心とした考え方が，代謝を有酸素的代謝と無酸素的代謝に分類し，運動を有酸素運動と無酸素運動にはっきり分かれるかのように分類していて，あまりに極端ということである．実際には短距離走のような運動でも，もっと渾然一体として，クレアチンリ

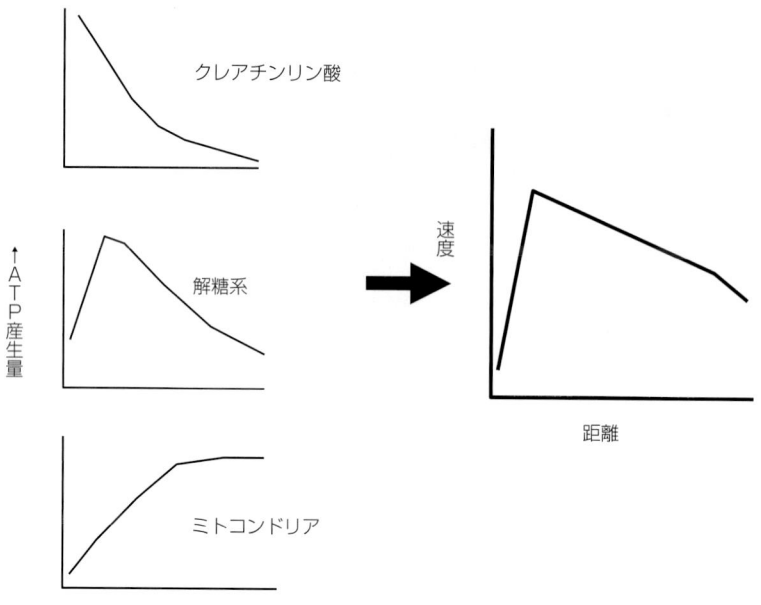

図6-5 短距離走ではミトコンドリアによるATP産生が徐々に増加し，エネルギー供給の主体になっていく
（八田秀雄：乳酸と運動生理・生化学．市村出版, p.117, 2009）

ン酸を使い，糖を分解し，酸素を使ってATPが生み出されているということである．そしてクレアチンリン酸と糖分解のATP産生が距離とともに徐々に減っていき，ミトコンドリアによるATP産生がメインになっていくのである[10]．トレーニングについては本章の範囲を超えるが，短距離走のようなトレーニングをしていても，どのエネルギー代謝経路にも効果の得られる可能性がある[11]．近年は，高強度トレーニングでミトコンドリアが増えるなどの効果が得られることが注目されている[12]．このことも短距離走のような高強度運動で，酸素を多く使っているということを示している．

2 エネルギー源としての糖と脂肪

1. 糖と脂肪の観点

　ミトコンドリアで酸素を使ったATP産生が代謝の中心である．そしてこれまでの見方で足りなかったのが，糖と脂肪を中心とするエネルギー源の視点である．酸素がATPになるわけではなく，糖や脂肪を分解していって，ミトコンドリアでATPを生み出す過程での最終的な仲立ちをするのが酸素である．つまり，糖や脂肪の観点からエネルギー代謝を考えることが必要である．また同様のことは，乳酸に関する説明でもいえる．本来乳酸は糖を分解する途中でできるものであるから，乳酸が多くできることは糖が多く分解されたということであり，乳酸を考える際にも糖からの視点が必要である．ところが乳酸ができるまでの段階は酸素が不要であるから，酸素があるかないかが乳酸ができるかどうか，という見方で乳酸が語られてしまっていて，乳酸ができているのが無酸素運動の証拠のように説明されてしまっている．乳酸は糖からで

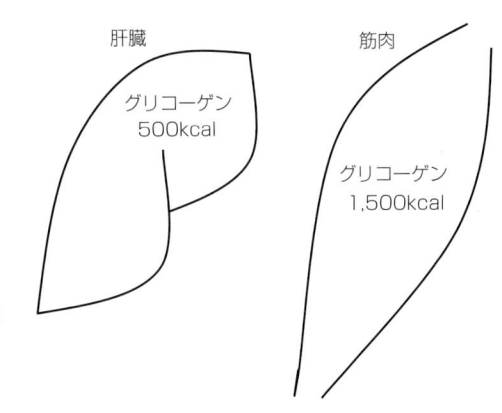

図6-6 グリコーゲンの貯蔵量は多くはない
(八田秀雄:乳酸を使いこなすランニング.大修館書店,2011)

きるのであるから,貯蔵量の少ない糖が運動で大きく減れば,いくら酸素があっても乳酸もできなくなっていくことになる[3,6].

2. 糖の特徴

　糖とは本来は非常に多くの種類があるが,ここでは運動でのエネルギー代謝を考える際には,血液の糖であるグルコース(ブドウ糖)と貯蔵糖であるグリコーゲンを考える.グルコースは血糖とも呼ばれ,この血液中の濃度が血糖値とも呼ばれる.グリコーゲンは貯蔵に適するようにグルコースが集まったもので,通常は筋肉に400g程度,肝臓には100g程度で多くはない(図6-6).糖の特徴としてまず水に溶けることがある.水に溶けるので運びやすく,脂肪のように血管を詰まらすこともない.一方で水に溶けることは問題点もある.体内は0.9% NaClに換算されるように溶けている物の量が一定になるよう調節されているので,水に溶ける糖が増えると余計に水が必要になる.糖の体内貯蔵量が多くはない理由のひとつとして,たくさんあると余計に水が必要になって身体が重くなってしまうことがある.血糖値の通常レベルは1Lあたり1g程度であって,多くはない.グリコーゲンはグルコースが集まって高分子化し,溶けていない状態になっている.このことで,糖を貯めることでさらに多くの水が必要になることを防いでいる.また糖は,タンパク質などにくっついてそのタンパク質を損なってしまう性質がある.血液の糖が多すぎる状態が糖尿病であり,糖尿病の最大の問題は,血液中に多すぎる糖によって血管などが損なわれることである.一方,糖は分解を非常に早く進めることができる.そこで短距離走の開始直後から糖の分解は始められる[9].また脳は,基本的には主として糖を使うので,糖は脳のエネルギーとしても重要であり,血糖値が下がることは身体にとって望ましくない.このように糖は,反応が進めやすく使いやすいが,一方でたくさんあると困ることがあるので,あまり多くはない一定量がいつもあるように調節されている.

3. 脂肪の特徴

　脂肪は,脂肪細胞に中性脂肪という形で貯められている.中性脂肪は炭素が50～60程度あるのが通常で,糖に比べれば大きい.また水に溶けない.そこで血液中を

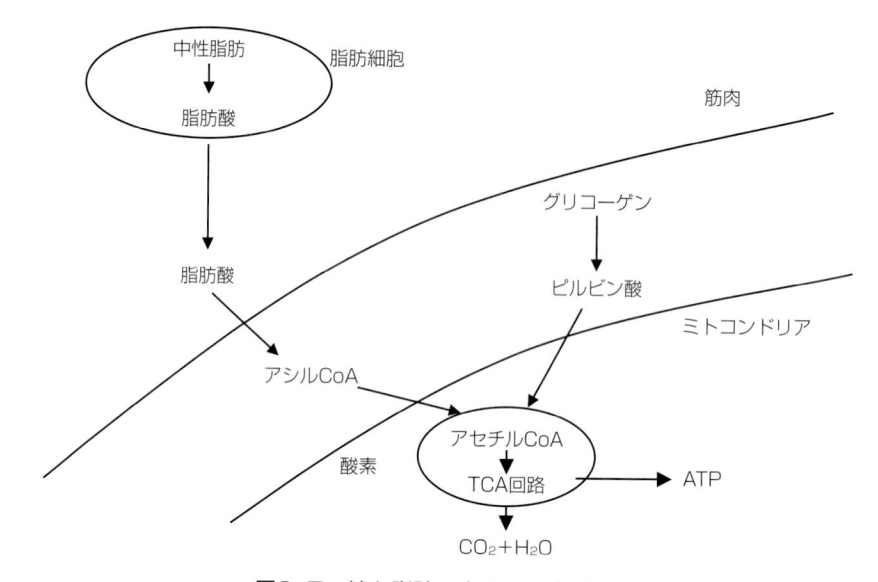

図6-7　糖と脂肪の大まかな代謝経路
(八田秀雄：乳酸を使いこなすランニング．大修館書店，2011)

運ぶのが大変であるし，血管に多く溜まると血管を詰まらせてしまう．一方で水に溶けないことは，たくさんあっても糖のように水が必要にならないことでもある．そこで糖に比較して脂肪は貯めるのに適している．体重の10～30%が体脂肪率というように，脂肪の貯蔵量は糖よりもはるかに多い．脂肪を使おうとすると，まず脂肪細胞で脂肪酸に分解され，脂肪酸が血液に出て，筋肉に届いて筋肉に取り込まれ，筋肉内で移動してミトコンドリアに入り，炭素2つずつが外れて，ようやくミトコンドリアで完全に利用されるというように，糖に比べて手間がかかる（図6-7）．脂肪は安静時にはもっとも使われているエネルギー源であるから，重要な貯蔵エネルギー源であり，運動でも使われるエネルギー源だが，強度の高い運動時のように短時間で多くのATPが必要になるような場合になると，エネルギー源としては不向きである[13]．

4. 運動強度による糖と脂肪の利用比率変化

このように糖と脂肪とを比較すると，糖の方が使いやすいが量は少ない．糖を使っているとすぐになくなってしまうが，脳がいつも使っているので糖がまったく使われないということもない．また脂肪の利用にも糖の分解が少し必要である．そこで安静時には糖と脂肪の利用比率がカロリー比で1：2程度になっている．つまり安静時には脂肪の方がよく使われているが，糖の利用も少なくはない．そして運動するとこの利用比率が変化する．この変化には運動時間と運動強度の2つの要素がある．まず運動強度による変化について説明する．これは運動を開始して1分以上して代謝が安定した状況での糖と脂肪の利用の変化ということである．運動強度を上げていくと，比較的低い運動強度の段階では糖の利用も脂肪の利用も増える．つまり，運動強度を上げると比較的低い運動強度では，強度を上げても脂肪の利用量そのものも増える．それがさらに運動強度が上がると，糖の利用がさらに増えて脂肪の利用が大きく下がり

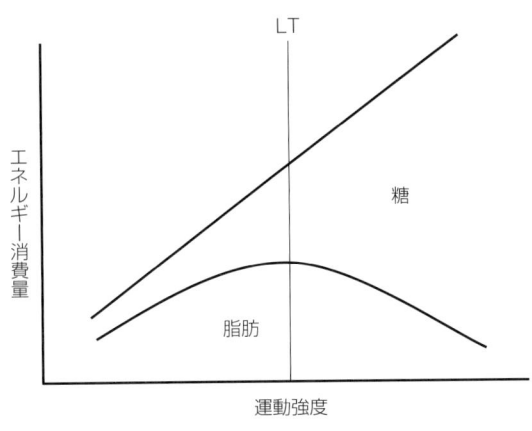

図6-8 運動強度による糖と脂肪の利用変化
(八田秀雄：乳酸と運動生理・生化学. 市村出版, p.58, 2009)

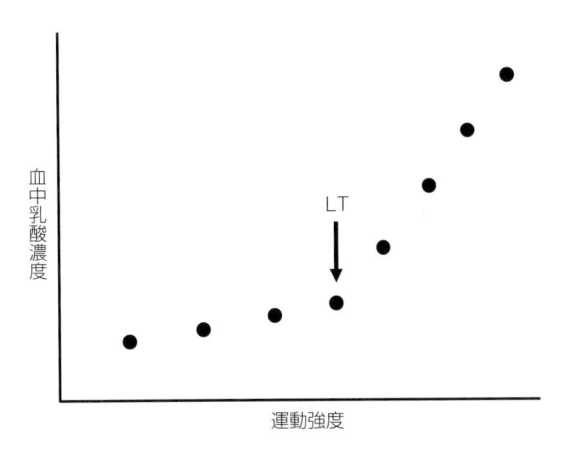

図6-9 LT乳酸性作業閾値
(八田秀雄：乳酸と運動生理・生化学. 市村出版, p.78, 2009)

始める運動強度がある[13,14]（図6-8）．糖の利用が大きく増えるということが，糖を分解して使う際に乳酸ができるということでもあるので，この運動強度あたりから血中乳酸濃度が上がってくる場合が多い．また，ダッシュなどのさらに強度の高い運動は，主として糖をエネルギー源として行われることになる．

5．LT（乳酸性作業閾値）

ある運動強度で数分運動して，代謝が安定した状態での血中乳酸濃度を測りながら強度を上げていくと，低い運動強度では安静レベルとあまり変わりのない血中乳酸濃度だが，さらに運動強度が上がっていくと，急に上昇するようになる．この運動強度のことを乳酸性作業閾値（乳酸閾値，Lactate Threshold: LT）とよく呼ばれる（図6-9）．強度は心拍数で120～160bpm程度が一般的だが個人差もある．そしてこのLTを超えると，「きつさ」が感じられたり，アドレナリンが多く分泌されるようになる．こうしたことからLTは身体の負担が高まる境目として捉えることができる[15]．またLT以上の強度での運動は，それまでの強度では遅筋線維を主としていたのが速筋線維が動員されるようになるとも捉えることができる．ただしLTが誰でもおこる非常にはっきりした境目で，それを超えるとがらりと筋内の代謝が変わるというわけではない．大事なことは身体の負担が強度と比例するように上がるのではなく，LT程度の強度から上がり方が大きくなるということである[16]．負担が急に上がるのがLT程度ということで，LTは長時間にわたり運動を維持するマラソンのペースとも近く，長距離走の成績と大きく関係する[3]．

6．運動開始時にも少し糖の利用が高まる

一方，運動時間でも糖と脂肪の利用比率は変化する．運動開始時にはより使いやすい糖の利用が多く，徐々に脂肪の利用が多くなっていって安定した割合になる[17]．ただしこの変化は，運動開始時にはすべて糖が使われ，いずれすべて脂肪の利用に切り替わるといったような大きな変化ではない．たとえば，代謝が安定した状態で糖：脂

肪が1:1となるような運動強度では，1:1となるのに運動開始から1分程度かかるといった程度である．運動開始から20分経たないと脂肪は使われないかのような健康情報がよく見られたが，これは正しくない．20分というのは脂肪細胞の中性脂肪が脂肪酸になって筋肉に多く供給されて利用されるというのが，20分くらいになると盛んになるという解釈と思われる．しかし脂肪は常に分解されていて，脂肪酸も常に血液にあるし，脂肪は常に利用されている．

7．マラソンでは糖の量の低下が大きく影響する

　糖の貯蔵量は筋肉と肝臓で500g＝2,000kcal程度である．たとえば走る際に消費エネルギーは1kcal/kg/kmと概算できるので，60kgの人がフルマラソン42kmを走ったら2,500kcal程度を消費することになり，糖では足りないことになる．筋グリコーゲンがどのくらいあるのかは，筋収縮と密接に関係していて，筋グリコーゲン濃度が低下すると筋収縮も影響を受ける[6, 18]．これは筋収縮に必須のカルシウムの筋小胞体からの放出にグリコーゲンが利用されていることがひとつの理由と考えられる（図6-10）．そこで30kmの壁と呼ばれるように筋グリコーゲン濃度が低下してくると，単にエネルギー源が枯渇するという意味以上に筋収縮が低下して走速度が低下することになる．脂肪は糖に比べてはるかに多量あるのに，糖の貯蔵量が低下して利用量が低下すると走速度を維持できない．たとえばマクアードル（McArdle）症候群という，グリコーゲンを分解する酵素のない患者では，運動能力が非常に低いことが知られている[19]．このようにグリコーゲンを利用できないと運動能力が低下し，長時間運動でグリコーゲンが減れば，同様に運動能力が低下する．ここで付け加えれば，乳酸は糖からできるのであるから，糖が減ってくると乳酸もよりできなくなってくる．つまりマラソン後半のように糖が減ってくる状況での速度低下は，乳酸ができない状況で起きている（図6-11）．つまりマラソン後半の疲労は乳酸蓄積が原因ではない．

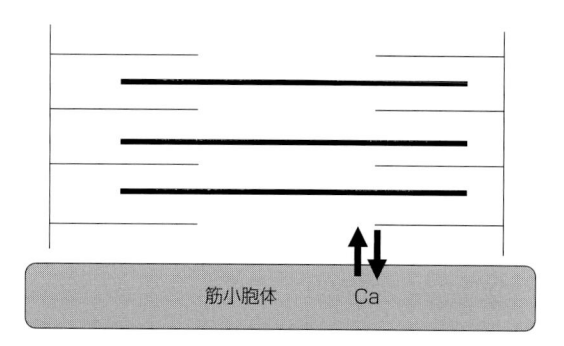

図6-10 筋小胞体からCaが出入りすることが筋収縮に必須で，筋グリコーゲン濃度の低下はこれを妨げ筋収縮を悪くする
（八田秀雄：乳酸を使いこなすランニング．大修館書店，2011）

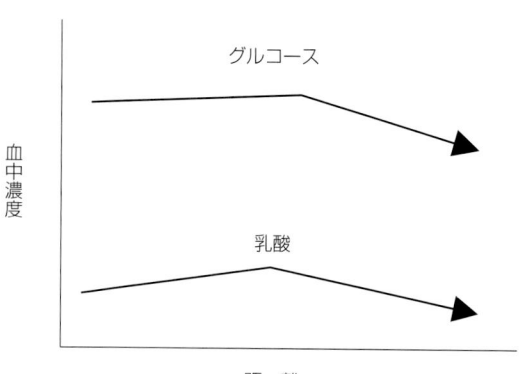

図6-11 マラソンでは終盤に向けて，血中グルコース濃度は血中乳酸濃度が低下していくことが多い
（八田秀雄：乳酸を使いこなすランニング．大修館書店，2011）

8. 球技でも起こる

　糖の貯蔵量は多くはなく，長時間の運動をしていると減ってくることは，マラソンに限らず球技などでも起こる．たとえば，サッカーは1試合90分以上の長時間運動でもある．マラソンのように一定の速度で走り続けるのではなく，ダッシュとジョグを繰り返すような状況での長時間運動なので，1試合の走行距離は10〜12km程度となるようである．前述のように，競技中はクレアチンリン酸を使って再合成して，を繰り返している．またダッシュをすることが多いので，糖の分解量と消費量が多いことになる．そこでマラソンほどではないが，ある程度の筋グリコーゲン量の低下が起こる．さらに糖の低下によって，後半の方が乳酸の産生が低下し，血中乳酸濃度が低下するということも起こる[20]．そこで後半になるほど血中乳酸濃度は低くなりながら，疲労していくことになるので，後半の疲労と乳酸は無関係である．このようにサッカーなどの球技も長時間運動であり，そこで後半になるとグリコーゲンが低下することがひとつの原因で，後半になると足が止まることが多い．もちろんマラソンに比べると糖の低下量は大きなものではなく，サッカー後半で足が止まる原因は糖だけではなく，筋に小さな損傷がたまっていくことなど，ほかの要因も大きく関係している[6]．このように糖の貯蔵量が多くはないということは，運動パフォーマンスに大きく影響を与える大問題である．

9. 過剰に糖を貯蔵したらよく動けるのか

　ならば，糖をより多く貯蔵すれば，長時間運動のパフォーマンスが向上することになるのだろうか．これはイエスでありノーでもある．まず糖をより多く貯蔵することは，不可能ではないが簡単ではない．糖を多く貯めることのマイナス面があるので，身体は糖の貯蔵量を一定に保とうとはしているが，通常レベルよりもあまり増やそうとはしていない．しかしマラソンのように糖の量が大きく低下すると，その運動後において筋グリコーゲン濃度が通常レベルを超えるレベルまで超回復する．そこで試合前にグリコーゲンを大きく減らすような運動をして，高糖食を摂ることによって，筋グリコーゲン濃度を高めようとするのがグリコーゲンローディングである．ただしこれは通常は糖摂取量の少ない西洋人の発想で，もともと糖の摂取量の多い日本人にとっては，必ずしもその通りには当てはまらないこともある．また試合に向けての調整中にグリコーゲンを大きく減らす運動をする必要があり，このことが逆効果につながる可能性もある．また，うまく筋グリコーゲン濃度が増えたとすると，グリコーゲンは水を伴うので，体重が増える．このようにグリコーゲンローディングには問題点も多い．一方，糖が減れば筋収縮が低下するが，逆に糖が過剰に増えても筋収縮が通常よりも高まるということはなさそうである．したがって，マラソン選手にはグリコーゲンローディングはうまくやれれば有効だが，短距離選手には無効であるといえる．ただし短距離選手でも1日に何本も走ったり，競技が数日連続するような場合に糖摂取を心がけることも必要である．

10. マラソンの最後まで糖を持たせるには

　マラソンのような長時間運動で最後まで糖を持たせる方法は，最初の糖貯蔵量を増

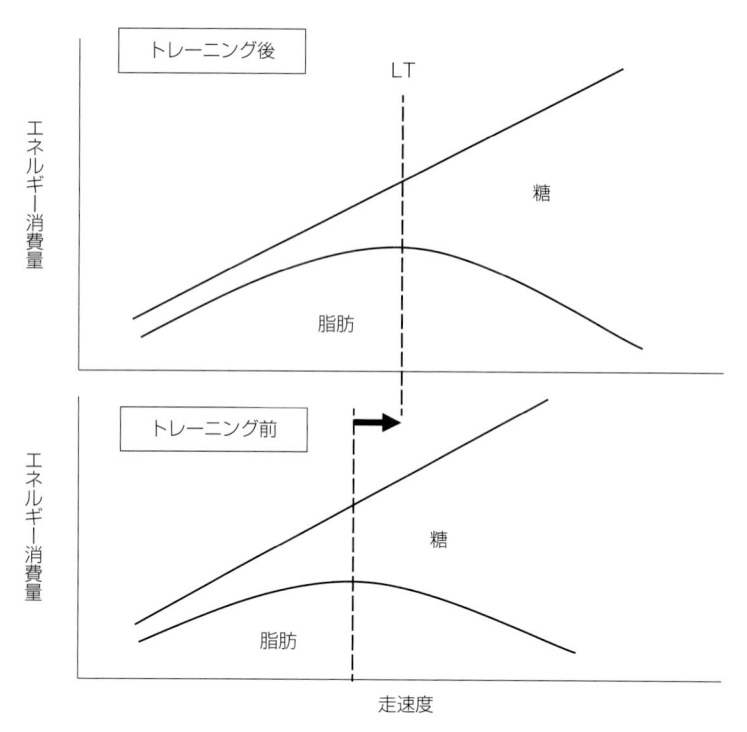

図6-12　持久的トレーニングで脂肪の利用能力が上がってLTが上がる
（八田秀雄：乳酸を使いこなすランニング．大修館書店，2011）

やすか，途中の糖利用量を減らすしかない．競技選手レベルでは，マラソン中の糖補給は可能といっても多量に吸収することは不可能である．そこで考えるべきことは，糖の分解はペース変化によって高まりやすいことである．ペースを急に上げると，カルシウムやリン酸が増え，糖の分解が高まって糖の利用が高まる．そこでできるだけペースを一定にして，上げ下げしないことが重要である．スパートもそれだけペースを上げることで糖の消費を高めてしまうので，「スパートは1回で決めろ」といわれることになる．そして糖を最後まで持たせるのに一番大事なことは，トレーニングで脂肪利用能力を高めることである．持久的運動トレーニングでミトコンドリアを増やし，脂肪利用能力を高めれば，それだけ以前と同じ速度を，より脂肪を使い糖を保存して走行することができるようになるので，最後まで糖を持たせやすくなる（図6-12）．

11. 酸素摂取だけでなく，糖からの視点も

　本章ではスポーツのエネルギー代謝について，短距離走のような短時間高強度運動と，マラソンのような長時間運動，また類似した特徴を持つ球技を中心に説明した．酸素摂取は重要だが，それでエネルギー代謝がすべて説明できるのではない．とくにエネルギー源である糖や脂肪の視点を持つことも必要である．

［八田　秀雄］

文　献

1) 宮下充正,石井喜八編著:運動生理学概論,大修館書店,1983.
2) Christensen PM, et al.: Thigh oxygen uptake at the onset of intense exercise is not affected by a reduction in oxygen delivery caused by hypoxia. Am J Physiol Regul Integr Comp Physiol, 303: R843-R849, 2012.
3) 八田秀雄:乳酸を使いこなすランニング.大修館書店,2011.
4) Spencer MR, Gastin PB: Energy system contribution during 200- to 1500-m running in highly trained athletes. Med Sci Sports Exerc, 33: 157-162, 2001.
5) Paganini AT, et al.: Linear dependence of muscle phosphocreatine kinetics on oxidative capacity. Am J Physiol, 272: C501-C510, 1997.
6) Allen DG, et al.: Skeletal muscle fatigue: cellular mechanisms. Physiol Rev, 88: 287-332, 2008.
7) Allen DG, et al.: Interactions between intracellular calcium and phosphate in intact mouse muscle during fatigue. J Appl Physiol, 111: 358-366, 2011.
8) Greenhaff PL, Timmons JA: Interaction between aerobic and anaerobic metabolism during intense muscle contraction. Exerc Sport Sci Rev, 26: 1-30, 1998.
9) Zhou L, et al.: Regulation of lactate production at the onset of ischaemia is independent of mitochondrial NADH/NAD+: insights from in silico studies. J Physiol, 569: 925-937, 2005.
10) Iaia FM, et al.: Relationship between performance at different exercise intensities and skeletal muscle characteristics. J Appl Physiol, 110: 1555-1563, 2011.
11) Krustrup P, et al.: Intense interval training enhances human skeletal muscle oxygen uptake in the initial phase of dynamic exercise at high but not at low intensities. J Physiol, 559: 335-345, 2004.
12) Hood MS, et al.: Low-volume interval training improves muscle oxidative capacity in sedentary adults. Med Sci Sports Exerc, 43: 1849-1856, 2011.
13) Spriet LL: Regulation of skeletal muscle fat oxidation during exercise in humans. Med Sci Sports Exerc, 34: 1477-1484, 2002.
14) Coyle EF, et al.: Fatty acid oxidation is directly regulated by carbohydrate metabolism during exercise. Am J Physiol, 273: E268-E275, 1997.
15) Podolin DA, et al.: Plasma catecholamine and lactate response during graded exercise with varied glycogen conditions. J Appl Physiol, 71: 1427-1433, 1991.
16) 八田秀雄:乳酸と運動生理・生化学.市村出版,2009.
17) Chasiotis D, et al.: Regulation of glycogenolysis in human muscle at rest and during exercise. J Appl Physiol Respir Environ Exerc Physiol, 53: 708-715, 1982.
18) Ortenblad N, et al.: Role of glycogen availability in sarcoplasmic reticulum Ca2+ kinetics in human skeletal muscle. J Physiol, 589: 711-725, 2011.
19) Vissing J, Haller RG: The effect of oral sucrose on exercise tolerance in patients with McArdle's disease. N Engl J Med, 349: 2503-2509, 2003.
20) Krustrup P, et al.: Muscle and blood metabolites during a soccer game: implications for sprint performance. Med Sci Sports Exerc, 38: 1165-1174, 2006.

7章 スポーツと栄養およびサプリメント

　われわれが，体の外から物質を取り入れ，成長や活動に役立たせることを栄養という．栄養になるのは食品や飲料であるが，サプリメント（栄養補助食品）[1]も栄養であり，病院で行う点滴も栄養である．しかし，点滴によって必要なすべての栄養素を摂ってスポーツをすることはできないし，スポーツで汗をかき，疲れた後は"おいしく楽しく"飲み食いしたいという気持ちになる．そして，「食べる」ということは「噛む」という活動を含んでいるので，顎や歯の発達を促し，胃腸での消化活動や血液循環による組織の構築を通して，内臓なども鍛えられ，筋肉も合成されていく．このように，食べるという行為は，その行為自体が体を発達させることにつながるし，最近では脳をも発達させるとまでいわれているほど重要なものである．

　一方で，スポーツは，体にとってみればエネルギーを枯渇させ，組織を消耗させ，疲労をもたらすものと捉えることもできる．そこで，栄養によって，エネルギー，カラダづくり，そしてコンディショニングを図らないと，試合で勝つどころか，かえって体を壊しかねない．たとえば，サッカーの試合では，得点がラストの15分間で多く生まれており，また，ケガもラストの15分間に多発することが報告されている[2]．つまり，勝つためにもケガをしないためにも，最後まで集中力を切らさず，スタミナを維持しなければならず，それには，栄養が大きな役割を果たしているといえる．

　アスリートの栄養摂取に関する研究は，1964年の東京オリンピックの強化策の一環として，1960年代から行われるようになった[3]．現在のように食べ物が豊富な時代ではなかったが，男子の日本代表選手レベルでは3,500～5,000kcalのエネルギー摂取が認められ，国策として栄養強化策を講じていたことが伺える．しかし，高度経済成長期を迎え国が豊かになると，食べることには困らなくなったが，逆に食べられることに執着しない人やありがたみを感じない人が増え，近年のアスリートでも，運動に見合ったエネルギーと運動からの回復に必要な栄養素の摂取ができていないケースがしばしば認められる[4-6]．

　このことは，実は世界的な課題でもあって，国際サッカー連盟の医学委員会F-MARCの著した『サッカー栄養学：健康とパフォーマンスのための飲食に関する実践ガイド』[7]には，原因として以下の項目が挙げられている．

・食品と飲料の知識が不足しており，料理が下手である
・買物時や外食時に食品を選ぶのが下手である
・スポーツ栄養学の知識に乏しいか，知識が古い
・資金不足
・忙しい生活を送っているために食品の準備や摂取ができない

- 良質の食品と飲料を入手し難い
- 頻繁に遠征する
- 補助食品やスポーツ食品を過度に摂る

　アスリートの栄養は，健康とパフォーマンスの両面にわたって国際的に採り上げられているテーマなのである．

　そこで，栄養学を学んで「いつ・何を・どれくらい食べるか」を認識しておくことは，スポーツで勝つためにも，スポーツを健康的に楽しむためにも，とても重要なことになってきている．

1 スポーツと5大栄養素

　一般にいわれる「バランスのよい食事」を考える前に，まずは各栄養素の働きを知っておく必要がある[8]．

　たとえばトップアスリートの体を想像してみよう．高い競技力を保持する体には，筋，脳，内臓などに十分なエネルギー源を蓄えていることはもちろん，その競技やポジションに見合った筋肉や骨格をつくりあげていることも不可欠であり，毎日のように激しいトレーニングをこなしても試合にはベストコンディションで臨む必要がある．

　このようにエネルギー，カラダづくり，コンディショニングを万全にするためには，関係する5大栄養素をおおむね図7-1のように捉えることができる[9]．

1．エネルギー

　エネルギーになるのは，糖質，脂質，タンパク質の3種類の栄養素である．通常の生活活動においては，糖質と脂質がおよそ1：1の割合でエネルギーを生み出しているが，運動強度が高まるにつれて糖質の消費割合が高くなる．

(1) 糖質

　糖質は，1gが4kcalのエネルギーを持ち，体内ではおもにグリコーゲンとして肝臓と筋肉に蓄積されている．肝グリコーゲンは，脳の唯一のエネルギーであるブドウ糖を供給し，運動中には骨格筋のエネルギーを補填する働きもある．筋グリコーゲンは，骨格筋のエネルギーとして重要であり，これが枯渇すれば運動能力も制限されてしまう．なお，この糖質と食物繊維とを合わせて，炭水化物と呼ぶ．

(2) 脂質

　脂質は，1gが9kcalのエネルギーを持ち，体内では脂肪組織細胞に中性脂肪として貯蔵され，有酸素運動を主体にエネルギー源として消費され

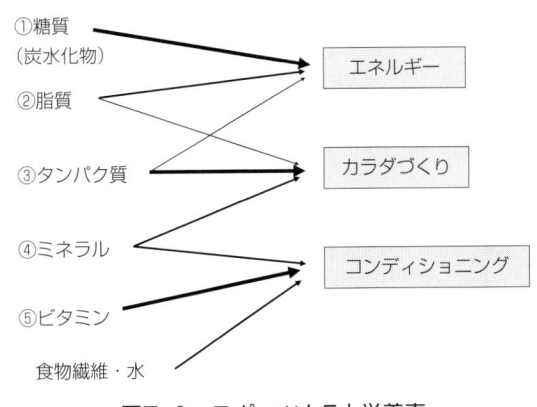

図7-1　スポーツと5大栄養素

る．加えて，ステロイドホルモンの材料になり，水泳では浮力に関係し，コンタクトスポーツの場合には衝撃を和らげるクッションにもなる．このように，体にとって重要な働きを担っているものの，現代の日本の食生活では，過剰摂取の傾向が認められるので，注意しないと体脂肪の増加を招き，逆にパフォーマンスレベルを低下させてしまう．

2. カラダづくり

カラダづくりには，タンパク質がもっとも重要であり，ミネラルがその補助をしているといえる．

(1) タンパク質

タンパク質は，1gが4kcalのエネルギーを持つが，長時間運動時や，減量で食事を制限している時のように糖質不足の状態，いわゆる飢餓状態の時のエネルギー源であり，状況に応じて全体のエネルギーの3～15%を占めるといわれる．タンパク質は，消化管内でタンパク分解酵素によりペプチドやアミノ酸に分解されて吸収され，肝臓で代謝されたり，筋肉などの組織に運ばれ，カラダづくり，酵素，ホルモン，免疫など多くの重要な構造と機能に応じたタンパク質につくり変えられる．

(2) ミネラル

ミネラルは，カラダづくりとコンディショニングにとくに重要であり，ナトリウム，カリウム，マグネシウムをはじめとして多くの種類がある．日本人にとって摂取量が不足しがちなものとしてカルシウムがあり，また女性に重要なものとして鉄がある．カルシウムは体内に存在するうちの99%が骨や歯の形成に用いられるが，残りの1%は筋の収縮や神経の伝達を調節している．運動をすると汗からの喪失が起こるため，食事からの摂取が不足すると，骨からカルシウムが溶け出して，筋や神経の調節に必要な分を補うため，骨がもろくなってスポーツ障害の原因となる．鉄は，酸素の運搬に関わる血中のヘモグロビン，筋中のミオグロビン，そして呼吸酵素に必要な成分であり，不足すると貧血につながり，持久力の低下を招いてしまう．いずれもアスリートには重要なミネラルである．

3. コンディショニング

栄養によるコンディショニングとしては，生体内の化学反応を円滑に行ない，ストレスやスポーツ障害を予防したり回復したりすることから，ビタミンとミネラルが重要となる．

(1) ビタミン

ビタミンには，ミネラルと同様，多くの種類があるが，コンディショニングを考える上で重要なのはビタミンB群とCである．ビタミンB_1，B_2，B_6はそれぞれ糖質，脂質，タンパク質の代謝に関与するので，食事量が多くなれば，それだけ摂取量を増やさないと，エネルギー合成が円滑に進まなくなり，体内に老廃物が蓄積する恐れがあ

る．ビタミンCはコラーゲン（骨や関節を形成するタンパク質の一種）の合成，ストレスの防止，抗酸化機能などさまざまな働きを持っている．いずれも水溶性のビタミンであるので，体内に留まる時間は長くないため，3食でしっかりと摂る必要がある．また，抗酸化機能は，脂溶性ビタミンであるβ-カロテン（ビタミンAの前駆体）とビタミンEにもある．

2 食事の基本は「栄養フルコース型」

　このように見てくると，「バランスのよい食事」とは，糖質・脂質・タンパク質・ミネラル・ビタミンの5大栄養素をまんべんなく含んだものであると考えることができる．しかし，栄養がバランスよく摂れているかどうかは，栄養学を勉強した人でないとなかなかわからない．そこで，著者らは「栄養フルコース型」の食事[10]という考え方を提唱してきた（図7-2）．これは，食卓の上に，主食・主菜・副菜・果物・乳製品の5つを毎食揃えるという考え方である．主食には糖質が多く含まれるので，脳と筋肉のエネルギー源が確保できる．主菜と乳製品にはタンパク質，脂質，カルシウム，鉄が豊富に含まれるので，筋肉・骨格・血液等のカラダづくりに貢献する．そして，副菜と果物で，ビタミン，ミネラル，食物繊維を摂取し，コンディションを整えるというものである．

　ところで，2005年6月に農林水産省と厚生労働省は，健康な身体を維持するためのバランスのよい食生活をわかりやすく示すために，1日に「何を」「どれだけ」食べたらよいかをイラストで示した「食事バランスガイド」を作成した[11]．この食事バランスガイドは，主食，副菜，主菜，果物，乳製品の5つの食品構成から成るものであり，「栄養フルコース型」と非常に近いものである．つまり，健康な身体の維持を目的とした食事も，アスリートにとっての食事もその構成内容は変わらず，アスリートの場

図7-2　バランスのよい食事の考え方

合は，エネルギー消費量や運動様式・強度・持続時間に応じて，量や食品構成，そして摂取タイミングを加減していけばよい．それには，定期的に体重・体組成を測定し，自分のベストな数値がキープできているかを指標とすることも重要である．

3 スポーツのシーズンと食事内容

スポーツのシーズンを便宜的に，通常練習期，身体をつくる筋トレ期，夏場に多い強化練習期，そして調整を含む試合期の4つに大別すると[12]，通常練習期と同様，残りのシーズンも「栄養フルコース型」の食事を基本とする．

筋トレ期では，ウエイトトレーニングを重点的に行うので，栄養素としてタンパク質の摂取を心がけ，食事では主菜と乳製品を多めにする．しかし，全体の運動量が通常練習期よりも少なくなる場合には，摂取エネルギーを制限しなければならないので，食材を脂肪の少ないものにしたり，調理や調味の油を減らす．具体的には，揚げものや炒めものを減らし，乳製品を低脂肪や無脂肪のものに替えるとよい．

強化練習期は，食事量全体を増やす．成長期では夏場に合宿などの強化練習期になることが多いが，暑さのために食欲が低下することが多いので，昼食は午後の練習を考慮し，のどごしがよく消化のよいものにしたり，練習中の水分と糖分の摂取に気をつけ，疲労を軽減する工夫をする必要がある（図7-3）．

試合期は，試合前の食事では，エネルギーとコンディショニングが大事なので，主食と果物をしっかりと摂ることを心がける（図7-4）．連日試合がある場合には，主食と果物中心の食事では体力が低下してくるので，試合後の食事で主菜や乳製品を摂ることも考えなければならない．

4 ジュニアアスリートと女性アスリート

1. ジュニアアスリートの栄養

子どもは，大人に向かって心もカラダも発育・発達している段階にある．とくに身体面では，新陳代謝が活発なため，エネルギー，タンパク質，ミネラルを十分に摂取するために，栄養面でのサポートが必要となる．選手の場合，成長に練習が重なると，

朝食　　　　　　　　　昼食　　　　　　　　　夕食

図7-3　合宿の食事例

試合5時間前のブランチ　　　　　　　　　　試合3時間前の軽食

図7-4　試合前の食事例
左）試合5時間前のブランチ（2002年W杯トルコ戦15：30キックオフ）
右）試合3時間前の軽食（2002年W杯ベルギー戦18：30キックオフ）

必要なエネルギーと栄養素を十分に摂取するのが難しくなると同時に，この年代では，まだ栄養の知識と時間管理能力を備えているとは考えにくい．小学校高学年以上になれば，スポーツをしていなくても大人並みのエネルギー量と栄養素量が必要となるので，アスリートの場合は，大人以上の摂取を心がけることが重要である．そして，昨今叫ばれているように朝食を抜かないことが重要である．まずは早起きをして，生活サイクルを調えることから始めるべきであろう．

2. 女性アスリートの栄養

今や女性スポーツの人気はいっそう高まる傾向にあり，スポーツ人口に占める女性の割合は，男性を上回る勢いである．しかし，女性選手の場合は，一般女性と同様に痩身願望を持つ場合も多いので，適切な食事栄養の摂取を妨げたり，摂食障害，月経異常および骨粗鬆症などいわゆる"The Female Athletes Triad"（19章参照）の発生が危惧される[13]．そのため，より一層のきめ細かい栄養教育が必要となろう．

5　サプリメント

著者はこれまで，さまざまな競技種目・競技レベルにおける幅広い年齢層のスポーツ選手を対象に栄養サポートを実施してきた．そのなかで，サプリメントを用いることによってサポートが成功した事例も少なからずある[14-16]．しかし，最近では自分で内容をよく把握してもいないのに，他人の勧めによって安易にサプリメントを使用する選手も多く[17]，このような態度はサプリメントを薬物に置き換えると，ドーピングの問題とも直結するものであり，アンチドーピング教育の必要性があると考えられる．

1. サプリメントとは何か

サプリメントは，Longman英英辞典によれば，"Something that you add to something else to improve it or make it complete."という説明がなされており，「加える

ことでほかの何かを改善したり完璧なものとするもの」と訳される．また，アメリカのdietary supplement（ダイエタリー・サプリメント）は，食品の区分のひとつであり，不足しがちなビタミンやミネラル，アミノ酸などの栄養補給を補助することや，ハーブなどの成分による薬効の発揮が目的である食品である．

この概念を日本に導入したものがサプリメントであるが，1990年ごろから，国民の健康意識の高まりやテレビ番組での紹介によりサプリメントへの認識は広まり，また医療費の高騰への対策として国が予防医学を進める中で，サプリメントに関連する法整備や使用成分の規制緩和等が行われ，日本でも一大市場が形成されてきた．そのなかでも，スポーツシーンで，あるいはアスリートによって使われるものがスポーツサプリメントであり，栄養補助の目的とパフォーマンスを高める目的で使われている（図7-5）．

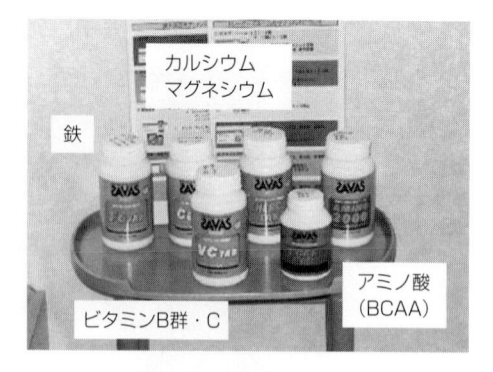

図7-5　サプリメント

2．サプリメントの種別

スポーツサプリメントは，基本的には食事で不足する栄養素を摂取するための栄養補助食品であるが，最近は欧米でエルゴジェニック[18]と呼ばれる競技パフォーマンスを向上するための栄養物質も，日本ではサプリメントとして流通している．おもなものを以下に要約する[19]．

(1) プロテイン

プロテインパウダーは，牛乳タンパクのカゼイン，ホエイと大豆タンパク等を原料とし，目的によってそれぞれ単体あるいは配合されて製品化されている．パウダー状が主流であるが，ゼリードリンクやバー食品も見られる．筋トレ期や，食事で主菜を十分に食べられない場合などに，サプリメントとして用いる．1回の摂取量は20〜25gが望ましいとされている．

(2) ミネラル類

ミネラルのサプリメントには，カルシウム，鉄のタブレット，およびマグネシウム，カリウム，亜鉛なども配合した複合型のマルチミネラルタブレットがある．乳製品の摂取量が不足している場合はカルシウムを，貧血気味の選手は鉄を摂取することにより，パフォーマンスが改善される可能性がある．

(3) ビタミン類

ビタミンのサプリメントには，ビタミンB群，Cの水溶性ビタミンのタブレットと，脂溶性ビタミン（A，D，E等）も配合したマルチビタミンタブレットとがある．ビ

タミン摂取による競技力向上を検証した研究は多く見られるが，いまだ決め手になるようなものはない．しかし，すべての選手が，エネルギー消費に見合った広範囲の食品を含む食事を摂っていると仮定するのも現実的とはいえない．よって，蓄積性がないため過剰症の心配がなく，逆にこまめに補わないと体内量が低下するため，水溶性ビタミンの摂取は第一に心がけたいものである．

(4) 分岐鎖アミノ酸

エルゴジェニック：タンパク質を構成するアミノ酸のうちバリン，ロイシン，イソロイシンの3種類が分岐鎖アミノ酸（Branched chain amino acids: BCAA）であり，特長的なのは筋でエネルギーとなることである．一般に，持久的運動であっても瞬発的運動であっても，筋グリコーゲンが枯渇してくると，筋タンパクが分解されエネルギー源として利用されることが知られている．このような場合のBCAA補給は，筋タンパクの分解とエネルギー化を抑える意味で有効であるとされる．

(5) コラーゲン

エルゴジェニック：タンパク質の一種であるが，骨，関節，腱，靭帯を構成する．豚や魚から抽出され，パウダーやタブレットに成型される．ケガからの回復や予防に用いられ，その有効量は1日に10gとされる．

(6) クレアチン

エルゴジェニック：クレアチンを摂取することにより，筋中のクレアチンリン酸濃度が上昇し，瞬発力（ATP-PCr系のパワー発揮能力）が高まる．クレアチンは食肉中に含まれる成分であり，日本では食品に分類されるので，決められた量を守って摂取すれば副作用などはない．しかし，使用にあたっては，まず日常の栄養摂取を理想状態にし，水分補給を十分に行うことが必要である．

(7) 糖質（ブドウ糖，マルトデキストリン）

エルゴジェニック：骨格筋におけるエネルギーの枯渇を防ぐために用いられる．マルトデキストリンは，トウモロコシのデンプン（コーンスターチ）をデンプン分解酵素で，ブドウ糖10個分くらいの大きさに切断したもので，水溶液にした時に浸透圧を低く抑えることができる．ブドウ糖はタブレットや粉末，マルトデキストリンは粉末，液体，ゼリー飲料として用いられる．

3．サプリメントの有効性・安全性

サプリメントは，本来が栄養補助の役割であるため，有効性よりは安全性が重視される．しかし，実際に栄養サポートの中で上手に活用され，成功事例を生み出していけば，その信頼性も高まる．また，エルゴジェニックに分類されるものは，実験研究によりその有効性が確かめられていることが望ましい．有効性は，その研究がどのようにデザインされ実施されたものであるかによって，科学的根拠の強さが異なる．基本的には，まず対象成分の安全性が動物実験により確かめられ（変異原性試験，急性

経口毒性試験等），次にトレーニングモデル動物あるいはヒトでの評価があり，必要ならば動物実験による作用機序の解明がなされるとよい．

　サプリメントは食品であるので，各種の法律によって規制を受けている．しかし，虚偽表示があったり，医薬品が混入していたりという事例も認められる．たとえば，2001年に騒動になった中国製やせ薬（中国製ダイエット食品）には，日本で未承認の抗肥満薬フェンフルラミンおよびニトロソフェンフルラミンが配合されており，服用した人に肝機能障害などの副作用が発生，日本での患者数872名，死者4名を数えた．

　このように医薬品成分の混入は，スポーツ現場でのドーピング問題とも深くかかわっている．2002年には，IOCから各国オリンピック委員会宛に，サプリメントの品質を厳しく監督するようにとの通達があり，前後して，陸上競技100mのスター選手がテストステロン配合サプリメント使用によるドーピング違反で罰せられた．だからといって輸入サプリメントを閉め出せばよいというものではなく，国産であってもその品質を保証しなければならない．そこで日本では，2002年に日本アンチドーピング機構（JADA）が発足し，ドーピングの観点から安全と認めたサプリメントにJADAの公認マークを与えている（図7-6)[20]．

　なお，発育期の子どもについては，食べ物の咀しゃく・消化・吸収も発育段階であるので，特定の栄養素を多量に摂るようなサプリメントの使用は避け，まずは普段の食事内容をよい状態にするように家族で心がけていくことが肝要であろう．

図7-6　JADAマーク

おわりに

　2012年のロンドン五輪では，日本の獲得メダル数は38個となり過去最高となった．これは，米国，中国，ロシア，英国，ドイツに次いで世界で6番目である．この目覚ましい成果の要因としては，2001年の国立スポーツ科学センターに次いで2008年に味の素ナショナルトレーニングセンターが設立され，すべての競技の選手が，スポーツ医科学的なサポートを受けることが可能になったことが挙げられる[21]．これらの施設では，栄養教育だけでなく，実際にレストランで競技種目や合宿目的に見合った内容の食事をすることもできる．このように，栄養・食事に前向きに取り組むことは，日本スポーツの競技力を向上させ，選手層を厚くすることに貢献するものであり，2020年の東京オリンピックに向けてより充実させていくことが望まれる．

　一方で，時間的，距離的，経済的な問題から，理想的な食事も栄養サポートも受けられない場合がある．遠征でファミリーレストランやコンビニエンスストアを利用しなければならない場合，偏食やアレルギーがあって特定の食品が食べられない場合，減量のために摂取エネルギーを制限しているがタンパク質・ミネラル・ビタミンは一般人以上に摂取しなければならない場合などである．このような場合に，サプリメントを使用してまず栄養バランスを整え，コンディションを整えて，試合に臨むことも必要となろう．食事をなおざりにしてサプリメントに頼るというのは本末転倒である

が，自分の目的と食事内容とをよく把握してサプリメントを選んで使用するならば，サプリメント摂取は選手にとって有効なスキルのひとつとなる可能性がある．そのために，メーカーは倫理観を持って開発・製造し，競技団体，コーチ・スタッフ，トレーナー，栄養の専門家そしてメディカルドクターは，選手に対してしっかりとアンチドーピング教育を施し，またJADAの活動をも活用して正しいサプリメントのあり方，用い方を目指していかねばならない．

[杉浦　克己]

文　献

1) 杉浦克己：サプリメント：種別・有効性・安全性．臨床スポーツ医学，26: 1277-1281, 2009.
2) Hespel P, et al.: Dietary supplements for football. J Sports Sci, 24: 749-761, 2006.
3) 白井伊三郎：オリンピックローマ大会に出場した体操およびボート選手の栄養摂取量について．体力科学，11: 61-65, 1962.
4) Okano G, et al.: A survey comparing nutritional status and exercise training programs between adolescent Japanese and Chinese athletes. Jpn J Phys Fitness Sport Med, 42: 446-454, 1993.
5) Sugiura K, et al.: Nutritional intake of elite Japanese track-and-field athletes. Int J Sport Nutr, 9: 202-212, 1999.
6) 酒井健介ほか：サッカー女子日本代表選手の栄養摂取状況．日本臨床スポーツ医学会誌，12: 521-527, 2004.
7) 杉浦克己監訳：F-MARCサッカー栄養学：健康とパフォーマンスのための飲食に関する実践ガイド（2005年9月チューリッヒのFIFA本部で開催された国際コンセンサス会議での検討に基いて）http://www.jfa.jp/football_family/pdf/medical/Nutrition_for_Football.pdf（2014年12月2日現在）
8) 杉浦克己：栄養摂取の注意．整形・災害外科，48: 647-654, 2005.
9) 杉浦克己：スポーツ選手の基本的な食事のあり方．トレーニング科学研究会編，競技力向上のスポーツ栄養学，pp.5-11，朝倉書店，2001.
10) 杉浦克己ほか：選手を食事で強くする本．中経出版，2007.
11) 農林水産省「食事バランスガイド」について http://www.maff.go.jp/j/balance_guide/（2014年12月2日現在）
12) 高戸良之，杉浦克己：時期・目的による区分と栄養・食事のポイント．日本体育協会スポーツ医・科学専門委員会編，アスリートのための栄養・食事ガイド第2版，第一出版，pp.36-54, 2006.
13) American College of Sports Medicine: The female athletes triad: disordered eating, amenorrhea, osteoporosis: call to action. Sports Medicine Bulletin, 27: 4, 1992.
14) 青山晴子ほか：オリンピック代表選手への食事による減量指導．柔道科学研究，1: 39-44, 1993.
15) 藤沢いづみ，杉浦克己：長距離・マラソン高地合宿における栄養サポート．体育の科学，42: 619-625, 1992.
16) 杉浦克己，菅　泰夫：代表チームにおける栄養サポート．臨床スポーツ医学，23: 531-537, 2006.
17) 杉浦克己：スポーツ活動と栄養．子どもと発育発達，1: 221-226, 2003.
18) Williams MH著，樋口　満監訳，杉浦克己ほか訳：スポーツ・エルゴジェニック：限界突破のための栄養・サプリメント戦略．大修館書店，2000.
19) 杉浦克己：サプリメント：種別・有効性・安全性．臨床スポーツ医学，26: 1277-1281, 2009.
20) 公益財団法人日本アンチ・ドーピング機構　http://www.playtruejapan.org/（2014年12月2日現在）
21) 亀井明子：トップアスリートの栄養摂取状況．子どもと発育発達，9: 191-195, 2011.

8章 スポーツと減量および体重調節

1 スポーツにおける減量の実態と問題点

　スポーツ指導者や選手は，競技の特性に応じて体重または体脂肪減少に取り組むことが多い．しかし，その方法は危険を伴うものであり，パフォーマンスの低下や健康を害するリスクを増加させるようなケースも散見される．以下に競技特性別の減量実態と問題点をまとめた．

1. 持久系競技および記録系競技の減量の実態と問題点

　陸上長距離・マラソン，クロスカントリー，ボート軽量級，スキージャンプ競技などの持久系競技および記録系競技では，体重や体脂肪の少ない方がパフォーマンス向上に有利であると考えられ，性別を問わず日常的にウエイトコントロールを実施することが多い．女子長距離・マラソンにおけるウエイトコントロールの調査によると，食事制限や飲水制限などによる食事コントロールを日常的に行い，指導者がそれを強要することも多いという．食事制限によるエネルギーやカルシウム摂取の不足が続くことにより，女子選手では月経異常や骨密度低下といった女性選手の三主徴（Female athlete triad: FAT）（19章参照）を起こす危険性があることも指摘されている．

2. 審美系競技の減量の実態と問題点

　体操・新体操，フィギュアスケートなどの審美系競技では，体脂肪の少ないことが芸術点に有利と考えられており，美しいプロポーションを獲得するために，日常的にウエイトコントロールが実施されている．エリートフィギュアスケーターを対象とした調査では，1日の摂取エネルギーは1,500kcalを下回っており，脂質や骨代謝関連の栄養不足が目立つことが報告されている．また，1/4の選手が食態度調査において異常を示す得点であり，食行動異常の問題を抱える可能性も考えられる．さらに，鉄欠乏性貧血のリスクは男性選手より女性選手で高くなると考えられ[1]，新体操選手を対象に減量に伴う貧血発現を調査した研究では，介入前から潜在性鉄欠乏状態の選手がたくさんおり，1,500kcalを下回る食事を1カ月間摂取させた後には鉄欠乏性貧血の選手が増加したことが報告されている．食事管理に課題が多く，栄養サポートが必要と考えられる．

表8-1 食事制限，脱水およびその併用の弊害

1. 筋力の低下
2. 作業持続時間の低下
3. 血漿量および血液量の減少
4. 最大下作業時の心機能の低下
    ・心拍数の上昇
    ・一回拍出量の低下
    ・心拍出量の低下
5. 酸素消費量の低下（とくに食事制限を行った場合）
6. 体温調節機能障害
7. 腎血流量の減少および腎臓のろ過量の減少
8. 肝グリコーゲンの枯渇
9. 電解質の排出の増加

(American College of Sports Medicine position stand: Weight loss in wrestlers. Med Sci Sports Exerc, 28: ix-xii, 1996)

3. 体重階級制競技の試合前の減量の実態

　レスリング，柔道，ボクシングなどの体重階級制競技では，60％以上の選手が試合前には極端な食事制限や絶食，飲水制限，サウナやサウナスーツの着用による脱水法，過度のトレーニングなどを用いた急速減量を実施していることが報告されている．現実には試合前の数日間で8～10％もの減量を行う選手も多い．日本レスリング選手権大会に出場したレスラーでは，男子の83％，女子の77％が減量を実施しており，減量期間は8日以内と短期間であった．そのうちのほとんどが5kg以上もの過度の減量を実施していることが報告されている．一方，計量タイミングの違いから柔道ではレスリングと比較して減量幅は2kg前後と小さいが，減量に用いる方法は同様であった．これらの種目ではジュニア選手も急速減量を実施しているが，極端な方法は表8-1に示すように心身への負担が大きく，生命を脅かす危険があることから，選手に無理のない減量方法を選択するような啓もうが必要である[2]．

4. よくある間違った減量方法と共通する問題点

　選手が体重を減少させようと取り組む際には，種目を問わず以下のような間違った方法が行われることが多く，パフォーマンスへの影響が懸念される．

1）急速減量

　できるだけ短期間（数週間）で体重を減少させようと試みる．その多くが脱水法などのパフォーマンスも低下させる方法を選択している．また，体重のみに着目して身体組成まで考慮していないことが多い．

2）シーズン中の減量

　ほとんどの場合は試合に合わせて減量を実施するが，エネルギー摂取制限を行うことによりハードトレーニングに耐えられなくなることもあるため，減量はオフシーズンに行うことが推奨されている．

3）欠食や極端な減食

　競技者の減量時には朝食に限らず昼食や夕食も含めて食事を欠食するケースがしばしばある．競技者がむやみに食事回数を減らすと，たんぱく質やビタミン・ミネラルなどの必要な栄養素が不足し，コンディションに影響を及ぼす危険があるため，欠食は薦められない．

4）糖質摂取制限

　肥満者を対象とした欧米の研究では，低炭水化物ダイエットは低脂肪食と比較して減量効果が高いことが報告されている．しかし，高強度運動時のおもなエネルギー源は糖質であるため，スポーツ選手は糖質摂取量を減らすべきではない．

これらのいずれの方法も何らかのリスクを大きくするため，用いる方法が個々の選手にとって適切な選択であるかどうかを見極めることがもっとも重要であろう．専門家による情報提供とサポートを活用すべきである．

2 減量がパフォーマンスおよびコンディションに及ぼす影響

1．減量が体力・パフォーマンスに及ぼす影響

エリートスポーツ選手の減量方法と成果がまとめられた研究[3]では，食事制限と水分制限による急速減量により3.8～6％の体重減少が行われた場合，筋力，無酸素性パワー，有酸素能力，握力，タイムトライアルのタイムなど，体力・パフォーマンスを低下させることが報告されている．急速減量であっても減量経験のある柔道選手が5％の減量を実施した場合，4時間のリカバリー期間があればパフォーマンスには影響を及ぼさないという報告もある[4]．同様に，格闘技の選手に5％の減量を5日間で実施させたとき，減量して体重が戻りまた減量するというウエイトサイクリングの常習者であってもパフォーマンスには影響しないことが報告されている[5]．これらの先行研究から，2～5％程度の減量にとどまっている場合にはパフォーマンスへの影響は小さいと考えられるが，5％以上の急速減量を行う場合には減量ペースによってはパフォーマンスが阻害され，その度合いも異なると考えられる．

一方，日常的に有酸素運動を行う成人男女を対象として，1日当たり750kcalのエネルギー制限を2週間行った場合，1.3kgの体重減少がみられたが，筋持久力や筋力，有酸素性能力などの体力やパフォーマンスは低下しなかったという報告がある[6]．スポーツ選手においても比較的ゆっくりと行う緩徐減量ではパフォーマンスへの影響は少ないことが示されている[3,7]．

エネルギー制限の度合いと組織の減少量は関連するため，1日当たり500kcal程度のエネルギー制限が望ましいとされ[7,8]，1日当たり1,000kcalのエネルギー制限はリカバリーとトレーニングへの適応を阻害するため推奨されていない[9]．また，長期間にわたってエネルギー消費量に見合うエネルギー摂取がなされていない"相対的エネルギー不足状態（Relative energy deficiency in sports: RED-S）"が継続すると，図8-1に示すようなパフォーマンスへの潜在的な影響があり，ひどい場合には競技を中断せざるを得ない状況も起こり得ることが最近になって報告された[10]．性別にかかわらず低エネルギー摂取状況の継続には十分に配慮すべきである．

2．減量がコンディションに及ぼす影響

日常的にエネルギー制限や減食・絶食，水分制限などを行うと，エネルギー代謝機能の低下，貧血，易疲労感，月経不順や骨密度低下など，コンディションを悪化させる症状を引き起こしやすくなる．

基礎代謝量（安静時代謝量）は生きるために必要な最低のエネルギー量である．図8-2に示すように，減量により体脂肪とともに除脂肪量（fat-free mass: FFM）を減少させれば基礎代謝量の低下を招くことが報告されている[11]．また，無月経となった低体重の女子選手は食事によるエネルギー摂取が不十分なため，基礎代謝量を低下さ

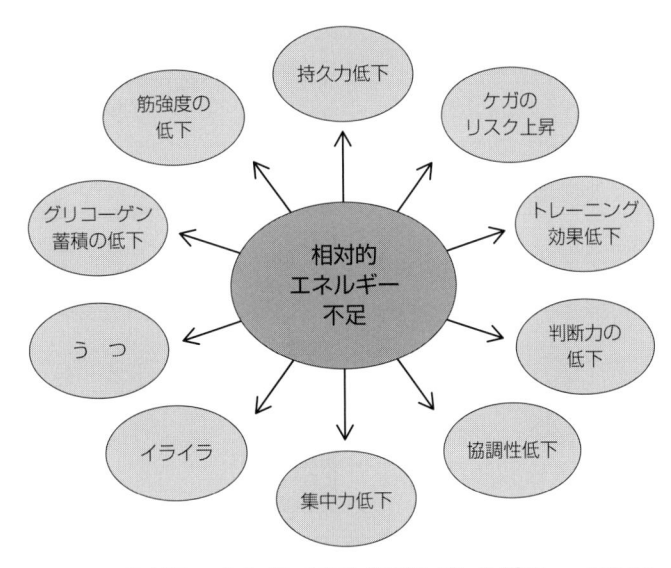

図8-1 相対的エネルギー不足（RED-S）のパフォーマンスへの潜在的影響
(Mountjoy M, et al.: The IOC consensus statement: beyond the Female Athlete Triad--Relative Energy Deficiency in Sport (RED-S). Br J Sports Med, 48: 491-497, 2014)

せて体重を維持しているとする報告もある[12]．エネルギー代謝機能の低下により，低エネルギーに調整した食事摂取をしても計算どおりに体重減少が行われにくくなり，ウエイトコントロールには不利になると考えられる．

また，トレーニングによりミネラルやビタミンの要求量が増加することは明らかであり，とくにジュニア選手の場合には成長に伴いより多くの栄養摂取が必要となる[13]．エネルギー制限により十分な栄養摂取ができない場合，鉄欠乏性貧血（潜在性鉄欠乏状態を含む），骨吸収亢進による骨への影響[1]，月経機能への影響[14]，疲労感の増加など，コンディションに大きな影響を及ぼす．健康リスクなどの身体的デメリットだけでなく，心身の乖離を誘発するといった心理面での問題も指摘されている[10]．

3. 減量が内分泌に及ぼす影響

甲状腺ホルモン（T_3，T_4）にはエネルギー代謝を亢進させ，骨格筋や臓器においてたんぱく質を合成する働きがあることが知られている．低エネルギー摂取状態が長期にわたり継続すれば，体重は大きく減少するものの，甲状腺ホルモン濃度を低下させ，エネルギー代謝の低下に関連すると考えられる．

また，摂取エネルギー量を消費エネルギー量より40％制限した場合，女子選手では黄体形成ホルモン（luteinizing hormone: LH）の分泌動態が乱れることが報告され[8]，女子選手の生殖機能への影響が明らかとなった[14]．摂取エネルギーから運動により消費されるエネルギー量を差し引いた"エネルギー有効性（Energy availability: EA）"が長期間にわたって低下すると，摂食障害を伴っていなくても，健康状態やパフォーマンスを阻害することが報告されている[15]．この状況は女性選手の三主徴として知ら

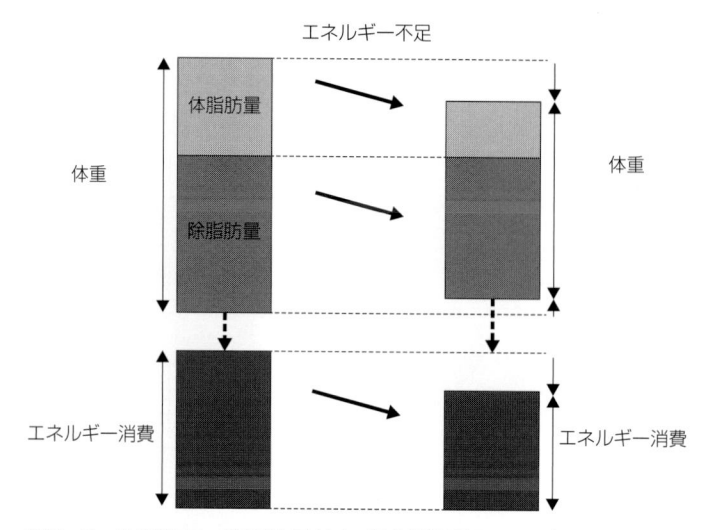

図8-2 体脂肪量，除脂肪量および基礎代謝量に及ぼすエネルギー制限の理論的効果

長期間にわたるエネルギー不足により，体重のうちおもに体脂肪量が減少し，除脂肪量も減少する．この身体組成の変化が基礎代謝量の低下と関連すると考えられる．

(Stiegler P, Cunliffe A: The role of diet and exercise for the maintenance of fat-free mass and resting metabolic rate during weight loss. Sports Med, 36: 239-262, 2006)

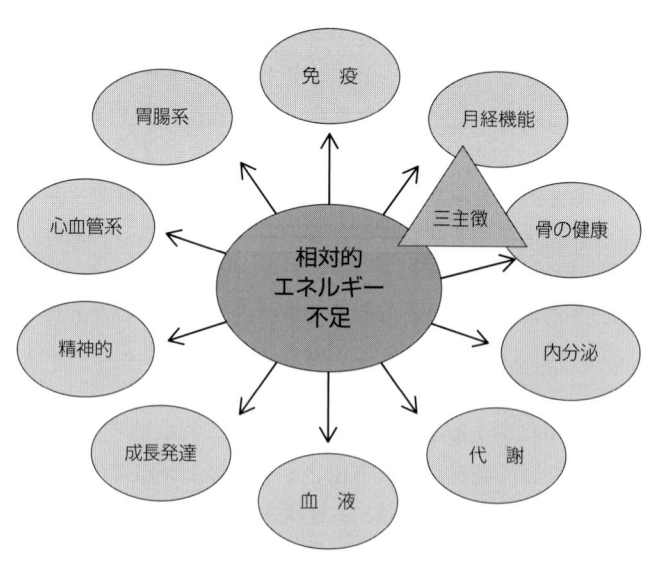

図8-3 スポーツにおける相対的エネルギー不足（RED-S）は女性選手の三主徴だけでなく男性選手の健康にも影響する

れてきたが，最近になって同様に男性にも影響することが報告されており，**図8-3**，**表8-2**に示したリスクモデルが提示された．このようなリスクを回避するために，エネルギー制限をする場合でもエネルギー有効性は除脂肪量1kgあたり30kcalを下回

表8-2 スポーツ選手における相対的エネルギー不足（RED-S）のリスクアセスメントモデル

高リスク	中リスク	低リスク
・拒食症などの摂食障害 ・低エネルギー有効性にかかわる深刻な病気 ・血行動態不安定を誘発する脱水とほかの命にかかわる症状を引き起こす極度な減量実施	・長期にわたる異常な低体脂肪率 ・1カ月で5〜10%の減量 ・思春期における成長の遅れ ・月経周期異常（6カ月以上の無月経） ・初経が16歳以上 ・ホルモンの異常（男性） ・BMDの減少 ・ホルモン・月経異常，低EAに伴う疲労骨折歴がある ・低エネルギー有効性・摂食障害による身体的・精神的疾患 ・長期間に及ぶ相対的なエネルギー不足 ・チームメイトに悪影響を及ぼすような偏食 ・医療対策による進展不足	・適切なエネルギー有効性の健康的な食生活 ・正常なホルモン・代謝機能 ・スポーツ・年齢に適した健康的なBMD ・健康的な筋骨格系

らないようにすることが推奨されている．

3 減量に伴う身体組成の変化とエネルギー・栄養摂取

競技者の減量では，骨格筋量の減少を抑制しながら体脂肪量を減少させることが目的である．したがって，常に体重とともに身体組成の変化をモニタリングし，そのデータを食事管理にフィードバックしていかなくてはならない．FFMをまったく減少させずに体脂肪量のみを減少させることは現実的には困難であるが，FFMの減少量はできる限り少なくするよう努力を要する．また，エネルギー制限を実施してもその度合いや摂取内容によっては減量が成功しない場合もある．体重減少量に占めるFFM減少量は，エネルギー摂取レベル，食事組成，性別，減量前の身体状況，身体活動状況，加齢や代謝関連ホルモン状態などいくつかの要因により影響を受けるためである．図8-4に食事制限を伴う減量を行った場合のFFM減少に影響するおもな要因と潜在的な要因についてまとめた[16]．

一般人を対象とした減量では，5％以上の体重減少を伴う場合，体脂肪量およびFFMはいずれも減少し，FFMの減少比率は減量前の体脂肪量が少ないほど高いという[17]．一般人と比較して体脂肪量が少ない競技者が一般人と同じ直線上に位置するとはいえないものの，たとえば55kgで体脂肪率が18％の女子選手の体脂肪量は10kgであり，これは体重減少量に占める除脂肪量の割合が大きな範囲に入る（図8-5）[18]．体脂肪量の少なめな選手や体格の小さい選手が減量を行う場合には，体格の大きい選手と比較すると身体組成の変化により注意が必要である．

減量時の体重および身体組成の変化は，減量前の身体組成の状況にも影響を受けると考えられる．すなわち，減量前の体脂肪量が多めの競技者では体重減少に占める体

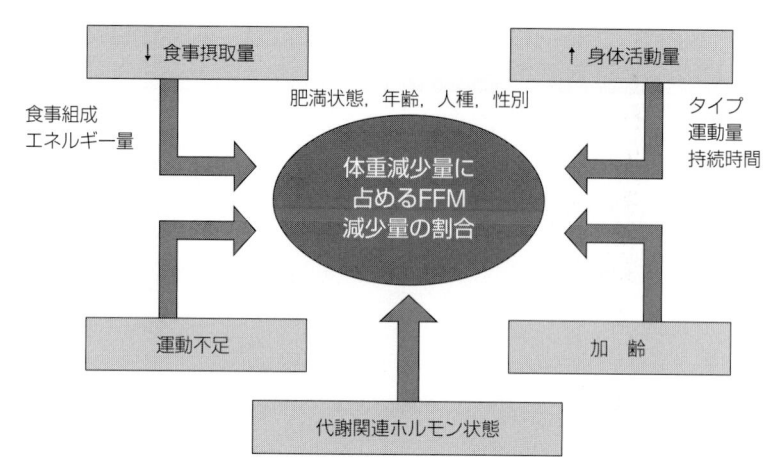

図8-4 食事制限を伴う減量の場合のFFM減少量に影響する主要因と潜在的要因
(Heymsfield SB, et al.: Weight loss composition is one-fourth fat-free mass: a critical review and critique of this widely cited rule. Obes Rev, 15: 310-321, 2014)

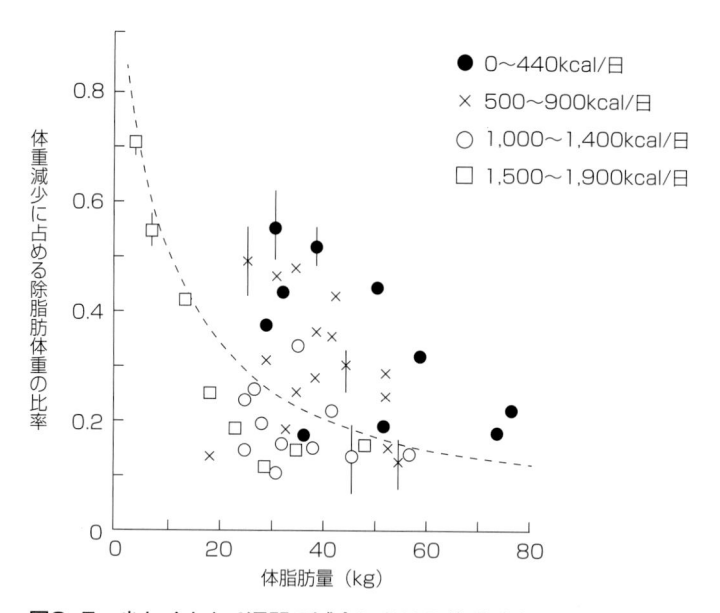

図8-5 少なくとも4週間の減食における体重減少量に占める除脂肪量の比率
(Prentice AM, et al.: Physiological responses to slimming. Proc Nutr Soc, 50: 441-458, 1991)

脂肪量の比率はより高くなる．このような競技者はもともとの食習慣に問題がある場合が多く，食習慣を変えずに競技生活を続けると故障や健康リスク誘発の原因になることが危惧される．このことから，食習慣の改善を指導しながら減量に取り組ませることにより，減量後の体重維持のために適切な食習慣を定着させることも大切である．

表8-3 減量時の目標設定のしかた

① 現在の身体組成を把握する
55kg, 体脂肪率22%の場合 体脂肪量＝55×22÷100＝12.1kg 除脂肪量＝55－12.1＝42.9kg
②目標とする身体組成を設定し, 目標体重を算出する
目標体脂肪率18% 目標体重＝除脂肪量÷（1－0.18）＝52.3kg
③減らす体重を算出し, ペース設定をする
減らす体重＝55－52.3＝2.7kg 体脂肪1kg≒7,200kcalなので, 2.7kg×7,200kcal＝19,440kcal 1カ月半（45日）間で行う場合19,440kcal÷45＝432kcal
④具体的食事計画をたてる
1食に減らすエネルギーは432kcal÷3＝144kcal ［減らし方の例］ ・朝食のデニッシュペストリーをパン（ジャムつき）に替える…－150kcal ・炭酸飲料500mLをお茶または水に替える…－255kcal ・間食のチョコレート（1/2枚）を控える…－140kcal ・夕食のから揚げを蒸し鶏にする（部位と調理法の変更）…－300kcal

4 スポーツ現場での適切な減量実践と今後の課題

1. 現実的な目標設定と減量のマネジメント

　減量を行う場合，体重のみではなく身体組成の変化を踏まえ，いつまでにどこまで落とすかという目標設定をきちんと行う必要がある．また，その目標は実現可能な現実的なレベルであることが求められる．減量開始前にはまず身体組成の状態をアセスメントするが，減量中や減量後に行う再アセスメントも同じ方法（機種やタイミング）で行うようにする．表8-3に身体組成測定値を用いた目標体重の設定のしかたを例示したが，除脂肪量の割合を変えないことを前提として計算している．体脂肪量1kgはおよそ7,200kcalであり，体脂肪量を2.7kg減少させるには19,440kcalのエネルギーを消費すればよいことになる．1カ月半（45日）で達成しようとするならば1日あたりおよそ430kcalのエネルギー制限をするという計算になる．

2. エネルギー密度を考慮した具体的エネルギー調整方法

　エネルギー摂取量とエネルギー消費量の差をエネルギーバランス（エネルギー出納）という．減量を行うためにはエネルギーバランスが負の状態，すなわち摂取量が消費量を下回る状態を作り出す必要がある．エネルギーバランスを負の状態にする方法には，運動付加のみ，食事制限のみ，運動付加と食事制限の併用という3つの方法があるが，スポーツ選手は日々のトレーニングによるエネルギー消費量が多いため，有酸素的なトレーニングの割合を増やすことは可能であろうがエネルギー消費量を大きく増やす方法は困難な場合も多い．そこで，食事によるエネルギー調整が実施しやすい．エネルギー制限量が多いほど体重減少量は多くなることが知られているが[19]，スポーツ選手において骨格筋量減少のリスクが少ない1日あたりのエネルギー制限量は

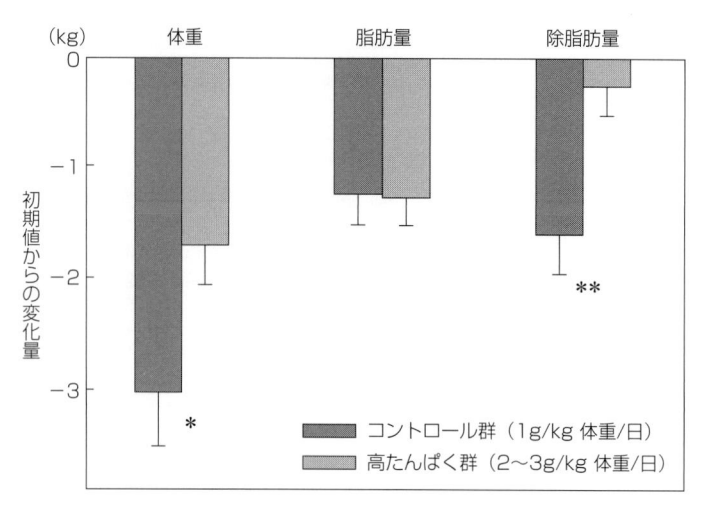

図8-6 たんぱく質摂取の異なる2週間の減量食摂取後の身体組成の変化
＊有意差ありp＜0.05，＊＊有意差ありp＜0.01
(Mettler S, et al.: Increased protein intake reduces lean body mass loss during weight loss in athletes. Med Sci Sports Exerc, 42: 326-337, 2010)

500kcalであるとされている[8]．このような方法で現実的に減らしうる体重は，2週間ごとに1kg，6週間で3kg程度であり，それ以上のペースで減量を行うことは，トレーニング実践を困難にするかトレーニングができなくなるため推奨されていない．

　制限するエネルギー量が多いほど食事に含まれるビタミンやミネラルは不足しやすくなるので，同じエネルギー量で比較した場合により多くの栄養素が含まれる食事になるように配慮する．また，エネルギー密度とは食品（食事）の重量当たりのエネルギー量（kcal/g）をさし，摂食量を規定する重要な因子と考えられている．エネルギー密度が高いものは，エネルギー量のわりにかさや重量が小さくなる．異なるエネルギー密度の食事をエネルギー量を揃えて摂取させたとき，エネルギー密度の高い食事の方が満腹感を得にくいことが明らかになっており，減量の際にはエネルギー密度の低い食品を優先的に選択することが薦められている[20]．具体的には，揚げ物や炒め物など油脂の多い料理を減らす，脂肪の少ない食材や部位を選択する，高エネルギーの調味料を避ける，野菜・海藻・きのこ類などの摂取を増やすなどである．これらを組み合わせるほど低エネルギーだが満腹感が得られ効果的である．

3．三大栄養素の摂取とエネルギー比率

　多くの糖質（グリコーゲン）を運動のおもなエネルギー源として利用するスポーツ選手では，少なくとも体重1kg当たり5～6g程度の糖質を確保することがトレーニングにより消耗した筋グリコーゲンの回復と集中力維持に役立つと考えられる．また，たんぱく質量の確保はエネルギー制限時の体たんぱく損失を抑制するために重要である．エネルギー制限食でたんぱく質が体重1kgあたり1g以下の食事と高たんぱく食（2～3g/kg）の食事を比較したところ，図8-6に示すように高たんぱく群において

FFMの損失を抑制することが可能となる[21]．エネルギー制限をしてもたんぱく質摂取が十分であれば窒素バランスが負になるのを防げることから，減量中には体重1kgあたり1.2～2.0g程度のたんぱく摂取が推奨されている[9]．しかし，プロテインなどにより多量のたんぱく質摂取をすれば体脂肪をかえって増加させたり，カルシウムの尿中排泄量を増加させ尿路結石や骨粗鬆症のリスクを高めるなどのリスクが大きいので注意を要する．また，一般的な日本人の食事では脂肪エネルギー比率（脂肪によるエネルギー量が総エネルギーに占める割合）は男女とも20～30％程度の範囲内にある．減量中に極端に脂肪の摂取量を制限するとエネルギーバランスが負に傾きすぎ，FATを引き起こす危険もあるため，脂肪エネルギー比率は15～25％程度を目安とするとよい．

4．食事の摂取パターン

スポーツ選手がむやみに食事回数を減らすとたんぱく質やビタミン・ミネラルなどの必要な栄養素が不足し，コンディションに影響を及ぼす危険があるため，欠食は薦められない．また，食事回数の減少は食事誘発性熱産生によるエネルギー消費も低下させる．

午後の練習後の帰宅に時間のかかる選手では夕食時間が遅くなることがしばしばあり，減量時の食べ方として適さないのではないかと悩む選手もいる．消耗した筋グリコーゲンや体たんぱく質のリカバリーのためには，練習後におにぎりなどの糖質が含まれる補食（主食に相当）を摂取してから帰宅し，多少遅い時間であっても主菜と副菜はきちんと補給する方が，コンディション調整と栄養摂取の観点からよいと考えられる．食事パターンは社会的環境や生活環境により規定されるため，個別の調整が必要である．

まとめ

多くのスポーツ選手が減量と体重調節に苦闘しているのが現状であるが，エビデンスが少ないだけではなく，競技特性や体格，身体活動量，性別などによる個人差が大きく，画一的な方法はないと考えられる．したがって競技者や指導者は，状況に応じて公認スポーツ栄養士やスポーツドクター，アスレチックトレーナー，ストレングスコーチ，スポーツメンタルトレーニング指導士などの専門スタッフに相談しながら取り組むべきである．食事の具体的なコントロールを実施する時に管理栄養士から指導を受けたスポーツ選手は，その後も指導効果が持続すると報告されている．競技特性や体格など個人差が大きいスポーツ選手では，個別のアセスメントとモニタリングの結果を積み重ねることにより，テーラーメイドのウエイトコントロールプログラムの構築を目指すべきである．

[田口　素子]

文献

1) Barrack MT, et al.: Physiologic and behavioral indicators of energy deficiency in female adolescent runners with elevated bone turnover. Am J Clin Nutr, 92: 652-659, 2010.
2) American College of Sports Medicine position stand: Weight loss in wrestlers. Med Sci Sports

Exerc, 28: ix-xii, 1996.
3) Sundgot-Borgen J, Garthe I: Elite athletes in aesthetic and Olympic weight-class sports and the challenge of body weight and body compositions. J Sports Sci, 29: S101-114, 2011.
4) Artioli GG, et al.: Rapid weight loss followed by recovery time does not affect judo-related performance. J Sports Sci, 28: 21-32, 2010.
5) Mendes SH, et al.: Effect of rapid weight loss on performance in combat sport male athletes: does adaptation to chronic weight cycling play a role? Br J Sports Med, 47: 1155-1160, 2013.
6) Zachwieja JJ, et al.: Short-term dietary energy restriction reduces lean body mass but not performance in physically active men and women. Int J Sports Med, 22: 310-316, 2001.
7) Garthe I, et al.: Effect of two different weight-loss rates on body composition and strength and power-related performance in elite athletes. Int J Sport Nutr Exerc Metab, 21: 97-104, 2011.
8) Rankin JW: Weight loss and gain in athletes. Curr Sports Med Rep, 1: 208-213, 2002.
9) Position of the American Dietetic Association: weight management. J Am Diet Assoc, 109: 330-346, 2009.
10) Mountjoy M, et al.: The IOC consensus statement: beyond the Female Athlete Triad--Relative Energy Deficiency in Sport (RED-S). Br J Sports Med, 48: 491-497, 2014.
11) Stiegler P, Cunliffe A: The role of diet and exercise for the maintenance of fat-free mass and resting metabolic rate during weight loss. Sports Med, 36: 239-262, 2006.
12) Myerson M, et al.: Resting metabolic rate and energy balance in amenorrheic and eumenorrheic runners. Med Sci Sports Exerc, 23: 15-22, 1991.
13) Meyer F, et al.: Nutrition for the young athlete. J Sports Sci, 25: S73-82, 2007.
14) Loucks AB: Energy availability, not body fatness, regulates reproductive function in women. Exerc Sport Sci Rev, 31: 144-148, 2003.
15) Nattiv A, et al.: American College of Sports Medicine position stand. The female athlete triad. Med Sci Sports Exerc, 39: 1867-1882, 2007.
16) Heymsfield SB, et al.: Weight loss composition is one-fourth fat-free mass: a critical review and critique of this widely cited rule. Obes Rev, 15: 310-321, 2014.
17) Forbes GB: Influence of nutrition, In: Forbes GB: Human Body Composition. Springer, pp.209-247, 1987.
18) Prentice AM, et al.: Physiological responses to slimming. Proc Nutr Soc, 50: 441-458, 1991.
19) Fogelholm GM, et al.: Resting metabolic rate and energy intake in female gymnasts, figure-skaters and soccer players. Int J Sports Med, 16: 551-556, 1995.
20) Australian institute of sports, Fact sheet: Weight Loss http://www.ausport.gov.au/ais/nutrition/factsheets/body_size_and_shape/weight_loss（平成26年12月8日現在）
21) Mettler S, et al.: Increased protein intake reduces lean body mass loss during weight loss in athletes. Med Sci Sports Exerc, 42: 326-337, 2010.

9章 スポーツ活動中の水分補給：喉の渇きに応じて

　オリンピックや世界選手権などのメジャーな競技会が暑熱下で開催されることは珍しくない．しかし，暑いさなかのスポーツ活動は体に大きな負担をかけパフォーマンスの低下を余儀なくさせ，さらに健康を損なうことにもなりかねない．競技者は，その負担を少しでも軽減させるためにさまざまな暑熱対策を講じることになる．とりわけ，外気温が皮膚温を上回るような暑熱下でスポーツ活動を行うことになれば，放熱手段はひたすら汗の蒸発による気化熱に頼るほかはない（図9-1）[1]．そうなれば，多量の発汗が必要とされ，体の水が失われてゆく．水分補給が大切になるゆえんである．暑い日のスポーツ活動では水分補給に気を配ることが，もはや今日の常識になっている．

　ただし，その常識には紆余曲折があり，さらにいえば，その科学的根拠は未だ議論のさなかにあり必ずしも確立されてはいない．そこで本章では，スポーツ活動中の水分補給に関する議論の背景を探り，最新の科学的見解を実践的な立場から総括し，適切な水分補給について考えてみることにする．

1 スポーツ活動中の水分補給をめぐって

1．水分補給は是か非か？

　1960年代以前，スポーツの現場では運動中に水を飲まない方がよいという考え方が支配的であった．それが，1970年代になると状況は一変する．スポーツ活動中の飲水を制限するそれまでの常識を疑い，科学的検証が始まったのである．南アフリカのWyndhamら[2]は，マラソンレース前後の体重と直腸温を測定し，レース後の体重減少すなわち脱水の程度とレース後の体温上昇度（直腸温）との関係を検討した結果，脱水の大きいランナーほど直腸温が高くなることを明らかにした（図9-2）．そしてこの結果から，マラソンレース中に水分補給を制限して脱水を進行させれば熱中症の発症リスクが高まる，と警鐘したのである．また，Armstrongら[3]はランナーに利尿剤を投与した脱水群と正常体液群を設定し，1,500m，5,000m，10,000mのタイムトライアルを行わせ，脱水が記録を低下させることを証明した（図9-3）．このほか多くの研究が積み重ねられ，スポーツ活動中の水分補給が脱水を防ぎ，パフォーマンス向上に貢献するとともに熱中症予防にも有効であるという新たな知見が定着していった．

　またこの時代には，こうした科学的エビデンスを背景に，さまざまなスポーツドリンクが商品化された．スポーツドリンクの飛躍的普及と相まって，スポーツ現場での水分補給に対する認識が大きく変わり積極的に水分を摂取することが新たな常識に

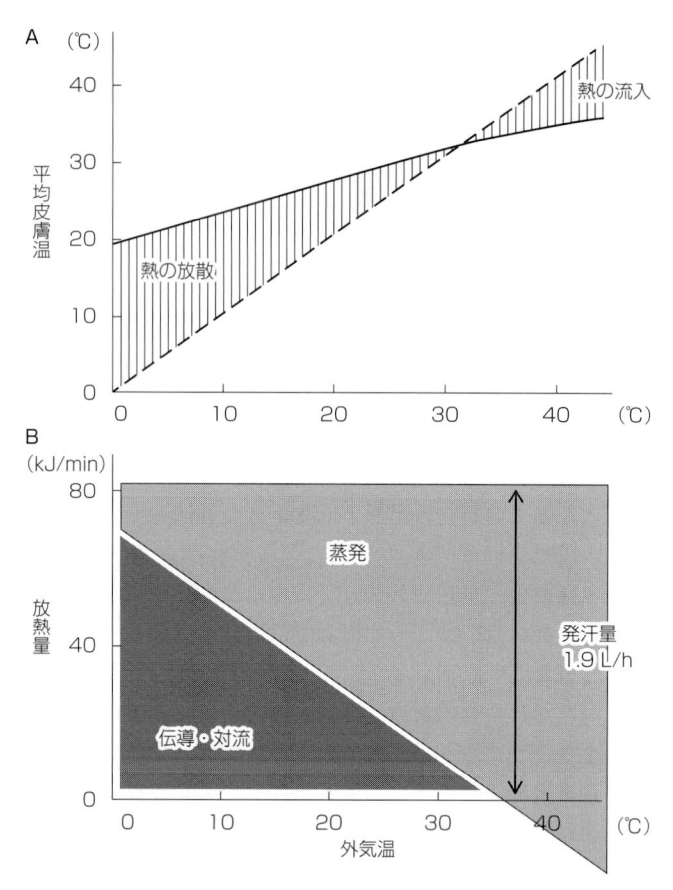

図9-1 外気温と平均皮膚温の関係からみた熱バランス（A）と外気温に対する放熱経路（B）
A: 外気温が皮膚温を上回ると外界の熱が体内へ流れ込む．
B: 外気温が皮膚温を上回ると放熱経路は蒸発に限られる．
(Nielsen B: Olympics in Atlanta: a fight against physics. Med Sci Sports Exerc, 28: 665-668, 1996)

図9-2 マラソンレース後の脱水率と直腸温の関係
2つのマラソンレース（●，×）についての測定結果．脱水率が3%をこえると，脱水率に比例して直腸温が上昇している．
脱水率＝（前体重−後体重）／前体重×100
(Wyndham CH, Strydom NB: The danger of an inadequate water intake during marathon running. S Afr Med J, 43: 893-896, 1969)

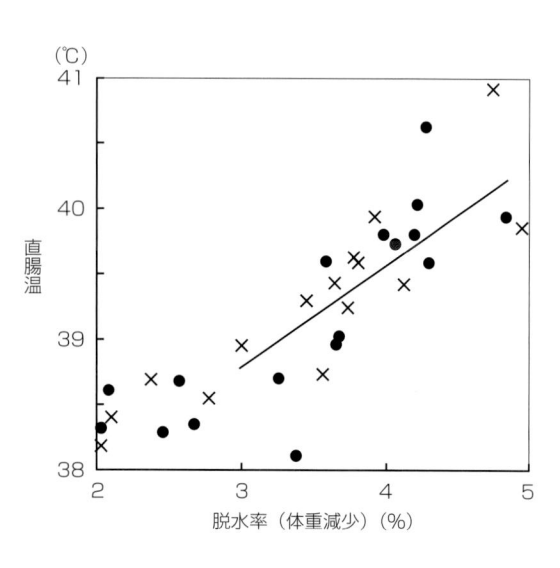

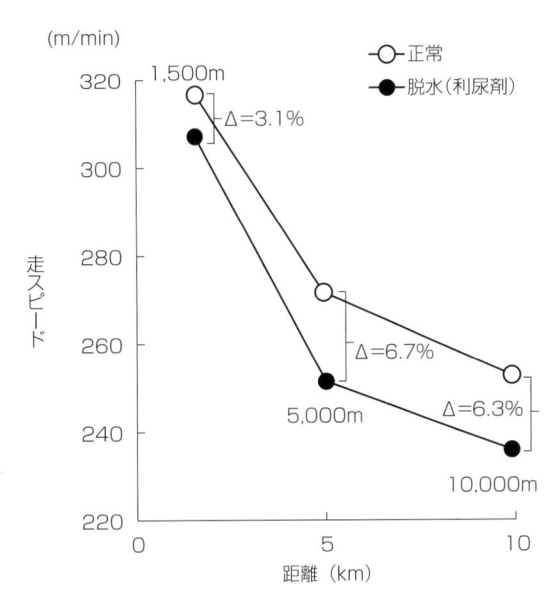

図9-3 脱水が中長距離走の記録に及ぼす影響
8人の長距離ランナーを対象に，正常体液状態と利尿剤を投与して脱水状態を設定した条件でトラック長距離走の記録を比較したところ，脱水条件でパフォーマンスは明らかに低下した．
(Armstrong LE, et al.: Influence of diuretic-induced dehydration on competitive running performance. Med Sci Sports Exerc, 17: 456-461, 1985)

なった．さらに，スポーツ科学関連の学術団体が水分補給を勧める見解を表明したことも，このパラダイムシフトの後押しになる．アメリカスポーツ医学会（ACSM）は，1975年から今日まで数回にわたってこうした勧告を出し，1996年の勧告[4]まで持久的スポーツではできるだけ意図的に水分を補給するように勧めてきた．

2．水の飲み過ぎによる弊害＝水中毒

ところがACSMが2007年に出した最新の勧告[5]では，その内容が大幅に変更されている．水の飲み過ぎによる弊害が再び指摘されるようになったからである．

マラソンなど長時間の持久的スポーツでは，極度に疲弊し足取りもおぼつかない状態になることがある．このような虚脱症状の原因として「脱水」を上げることが多い．しかし，外見の症状は同じでも脱水とは正反対に水の飲み過ぎによって血中ナトリウム濃度が低下する低ナトリウム血症（水中毒）が原因である場合も少なくない．低ナトリウム血症は細胞の水が過剰になることで起こり，その症状としては不安感，めまい，頭痛などであり，さらに重篤な場合には肺や脳に水がたまり肺水腫や脳浮腫を発症し，最悪の場合には死に至ることもある．

これまで，スポーツ活動時に起こる低ナトリウム血症は極めてまれな例とされてきたが，21世紀になって軍事訓練時やマラソンレースにおいて低ナトリウム血症の事故例が次々に報告され注目されるようになった．そのなかには，死亡事故例も含まれている．図9-4は，マラソン，ウルトラマラソン，自転車，トライアスロンなどのレースについて2,000人以上の競技者を対象に体重減少量と血清ナトリウム濃度の関係を見たものである[6]．図から明らかなように，水を飲み過ぎることによって血中ナトリウム濃度の低下する傾向が認められる．重症の低ナトリウム血症と診断された例をみれば，ほとんどが水を飲み過ぎゴール後には体重が増えている．

一方，トップレベルのマラソンランナーに，低ナトリウム血症はまずみられない．

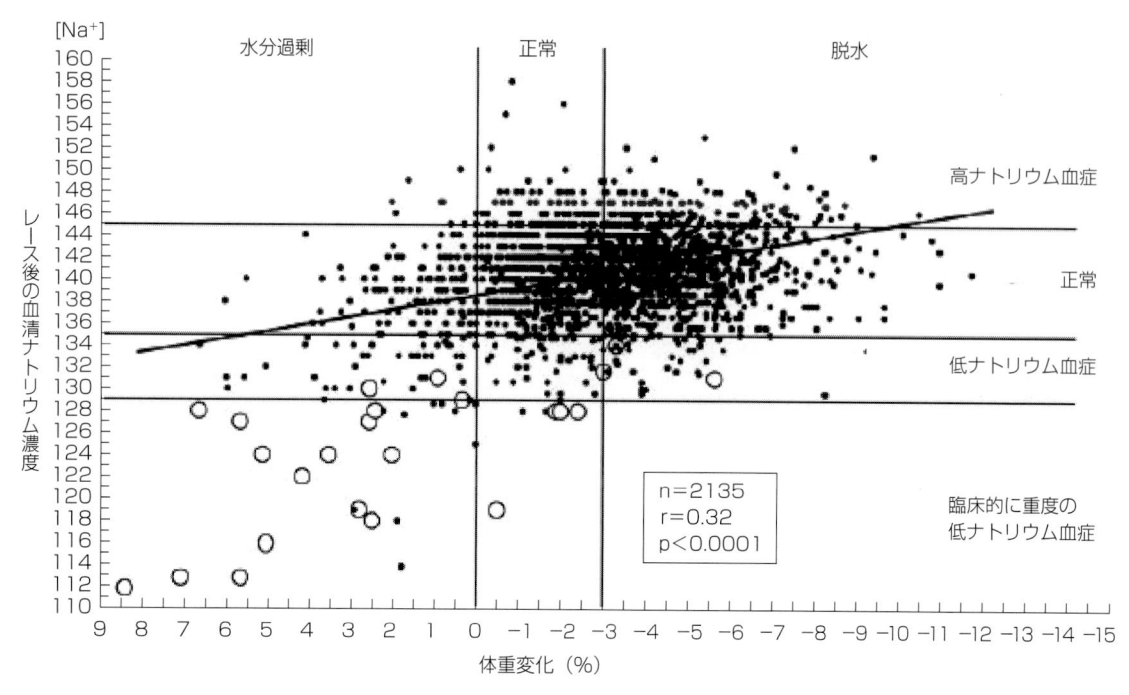

図9-4 レース後の血清ナトリウム濃度と体重変化との関係
(2,135人,○低ナトリウム血症所見あり,●所見なし)
低ナトリウム血症に該当する選手は156人で7.3%(/2,135人)に相当.重篤例(<129mmol/L)は31人(1.5%).過剰水分摂取者231人に対し67.5%,重篤例は13.4%.
(Noakes TD, et al.: Three independent biological mechanisms cause exercise-associated hyponatremia: evidence from 2,135 weighed competitive athletic performances. Proc Natl Acad Sci USA, 102: 18550-18555, 2005)

今日多くの人がマラソン・レースを楽しむようになったが,市民ランナーにこそ水を飲み過ぎてしまう危険性が高い.とくに,体重が軽くレース時間が長くなる初心者のランナーでは,トップランナーほど発汗量は多くなく,「水はできるだけ飲んだほうが良い」という勧告に従えば過剰摂取になる危険性が高い.過剰飲水が直ちに重症の低ナトリウム血症を起こすわけではなく,体液を調整する内分泌系(抗利尿ホルモン)の異常も関係すると考えられているが,予想以上に水の飲み過ぎによる弊害が顕在化したことから,スポーツ活動時の水分補給に関して再び大きなパラダイムシフトを招くことになった[6,7].

3. 水分補給ガイドラインの変遷

このようにスポーツ活動中の水の飲み過ぎによって生じる弊害に対処するため,多くの学会やスポーツ団体がこれまでの水分補給に関する勧告を刷新するようになった.水分補給量についていえば,ACSM[4]は1996年の勧告で1時間あたり600〜1,200mLという具体的数値を提示していた.発汗量は体型,競技能力,代謝特性,環境条件などによって大きく変わり,一律に数字で示すことには無理があることから,上記のような幅広い数値になってしまう.しかし,体重の軽い初心者ランナーが推奨された数値の上限にしたがってレース中4時間,5時間と水を飲み続ければ,過剰摂取になら

ざるを得ない．このことが，市民ランナーの低ナトリウム血症の一因であるという指摘もある．この反省に立って，ACSMは2007年の勧告において飲水量を体重の2%以内の脱水を許容する量に改め，水を飲み過ぎないように低ナトリウム血症の予防を喚起するという内容を追加したのである[5]．したがって補給量についても，個人差を考慮し選手個人の裁量に委ね，これまでのような具体的数値を提示していない．

以上，持久的スポーツ活動時の水分補給に関するガイドラインを総括するなら，目的のひとつは過度の脱水予防であり，いまひとつはその対極の過剰飲水による低ナトリウム血症の予防にある．そこで推奨される水分補給の目標は「体重減少が2%を越えないように」という摂取量が一般的になりつつある．

なおわが国においては，1994年に日本体育協会が「熱中症予防ガイドブック」を発行し，運動時の水分補給に関して体重減少が2%を越えない飲水を勧めてきている[8]．また2010年，ランニング学会は「マラソンレース中の適切水分補給について」において，「喉の渇き」に応じた水分補給を勧めている[9]．

2 脱水とパフォーマンス

1. 2%の脱水＝自発的脱水

スポーツ活動中，活発な発汗によって体の水が失われ脱水になりやすい．このことが，スポーツ活動中の水分補給を積極的に奨励する根拠になっている．なぜ脱水になりやすいのか．運動中，水を飲みたいという喉の渇きは，体液が失われると直ちに起こるのではなく，やや遅れて感じる傾向にある．それゆえ，運動継続時にはしばしば水の補給が遅れ2%程度の軽度な脱水になりやすいのである．この経験的に知られた現象を自発的脱水（voluntary dehydration）と呼んでいる[10]．

ところで，水分補給量を考えるとき，自発的脱水の解釈をめぐって意見が2つに分かれる．ひとつは，自発的脱水を防止するためできるだけ発汗相当量を補給すべきという意見であり，いまひとつは，ある程度の自発的脱水を許容してよいとする立場である（図9-5）．1970年代当初の水分補給を奨励する見解は，前者の考え方に基づくものであり，その経緯はすでに述べたとおりである．とくに運動強度が高く長時間に及ぶスポーツ活動時には，喉の渇きを感じる前から積極的に水を摂ることが勧められた．その積極的な飲水が過剰になれば，かえって低ナトリウム血症という危険性をはらむことも上述のとおりである．

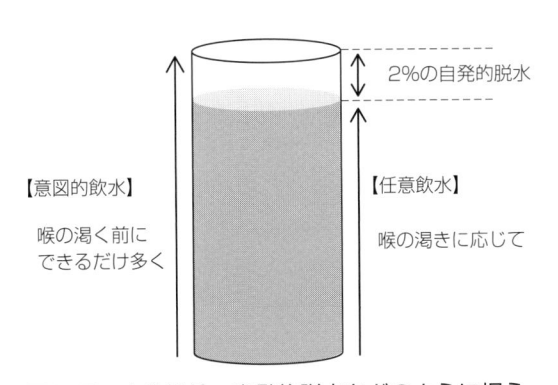

図9-5 水分補給＝自発的脱水をどのように捉えるか？

【意図的飲水】喉の渇く前にできるだけ多く
【任意飲水】喉の渇きに応じて
2%の自発的脱水

2. 自発的脱水はパフォーマンスを低下させるか？

自発的脱水程度の軽度な脱水でもパフォーマンスは低下するのであろうか？ 実は，実験設定や条件によって結果は多様で，明確な結論は得られていない．先に紹介したArmstrongら[3]の実験

では，利尿剤を用いて脱水が中長距離走のパフォーマンスを低下させることを鮮やかに証明した．この結果に対し，Noakes は「利尿剤を飲んでレースに臨む競技者はいない」と反論する[11]．競技者はすべて，最善のコンディションで競技会に臨もうと努力する．その状態での脱水の影響や飲水の効果を検証すべきである，というのが反論の主旨である．

これまで，実験室で行われるパフォーマンステストの結果は，実際のスポーツの場面で発揮される結果とほぼ等価とみなしてきた．しかし，両者は本質的に異なるのではないか，という議論が起きている．実験室では，トレッドミルや自転車を用い負荷を固定した方法でパフォーマンスをはかる．しかし，実際のレースでは道路は勝手に動いてくれない．選手は自らの足でスピードを生み出さなければならないのである．当たり前のことのように聞こえるが，そのとき体は筋肉や心臓などの末梢機能だけでなく運動継続を予測しモニタリングする中枢機能をも総動員して運動は遂行されている．こうした生体の総合機能こそがとりもなおさずパフォーマンスとなって表出されると捉えることができる[12]．したがって，実際のスポーツ現場になるべく近い条件を設定した上での実験検証が求められるゆえんである．

近年，こうした発想から種々の研究が報告され，軽度の脱水はパフォーマンスに顕著な影響を及ぼさないという結果が得られている．Wallら[13]は，あらかじめ運動によって脱水状態を起こし，次に生理食塩水の静脈注入によって脱水を回復させた条件と脱水条件とを盲検化して設定し，自転車タイムトライアル時のパフォーマンスへの影響を検討した．その結果，3％の脱水は25kmのタイムトライアルの成績に影響しないことを確認している．Gouletら[14]は，自転車タイムトライアルの研究報告5編を抽出し脱水の影響をメタ分析した．その結果，脱水がないように飲水した条件と平均2.2％の脱水条件とでタイムトライアルの成績に差が認められなかったという．

脱水は大なり小なりパフォーマンスを損なうという前提に立って，スポーツ活動中の水分補給が推奨されてきた．しかし，スポーツ現場に近い状況を設定してこれを検証してみると，軽度の脱水であればパフォーマンスへの影響はそれほど大きくないと理解できる．

3 スポーツ現場での水分補給の実態

1．エリートランナーの水分補給

通常，実際のレースにおける水分補給のしかたは選手の判断にゆだねられている．はたしてどの程度の水を飲み，それによってどの程度脱水が解消されているのだろうか．こうした観点からの調査研究も近年盛んに行われるようになった．その結果を見ると，成績上位者ほど水を摂らず脱水率が高くなるという傾向がうかがわれる．たとえば，フランスのマラソンレース（643人）の測定結果では，3時間以内でゴールしたランナーの脱水率が3.1％であったのに対し，4時間以上かかったランナーの平均は1.8％であった（図9-6）[15]．また，日本陸連がマラソンの「暑さ対策」として北海道マラソンを対象に4年間（1989〜1992年）実態調査を継続した結果によると（図9-7）[16]，対象者が上位成績者に限られているにもかかわらず，ここでもやはり脱水率の

図9-6 643人のマラソン完走者についての脱水率とゴールタイムとの関係
(p<0.01, r=0.217)
(Zouhal H, et al.: Inverse relationship between percentage body weight change and finishing time in 643 forty-two-kilometre marathon runners. Br J Sports Med, 45: 1101-1105, 2011)

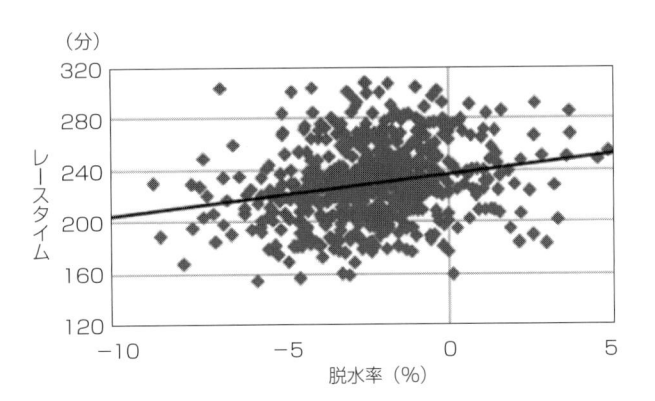

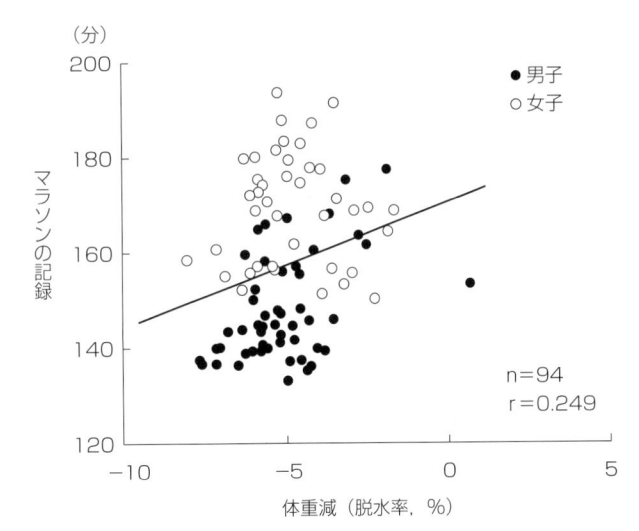

図9-7 北海道マラソンでの脱水率とマラソンの記録との関係
気温25～31℃, 湿度43～65%.
(小林寬道ほか: 北海道マラソンにおける体重と体温変化: 競技種目別競技力向上に関する研究. 日本体育協会スポーツ医・科学研究報告, 1989-1992)

高いものほど記録がよいという傾向が認められる．つまり，成績上位者ほど走速度に比例して汗をよくかくが，水はあまりとっていないことになる．また，アテネオリンピック・マラソンのテレビ中継映像から飲水行動を分析して飲水量を推定した研究によると，女子マラソンで優勝した野口みずき選手の飲水量は810mL（350mL/h）で，その時点での1996年のACSMの勧告を大きく下回っていた[17]．ほかの上位ランナーも同様の傾向であった．また，同じ方法で主要なマラソン13レースの水分補給量と脱水率を調べた結果によると[18]，こうしたエリートランナーたちの飲水量は予想以上に少なく，走速度から推定した脱水率は8%にもおよぶという．

2. 子どもの水分補給

次に，青少年のスポーツ活動時における飲水行動に目を転じてみたい．
図9-8は，スポーツ少年団の夏期練習中の水分補給に関する実態調査の結果である[8]．ここでは，自由に水分を補給できる環境を用意し，適宜飲水休憩をとらせている．種目によって発汗量には大きな差がみられるが，子どもたちは発汗量に見合った飲水をし，体重減少量は2%以内におさまっていることがわかる．また，図9-9は，高校

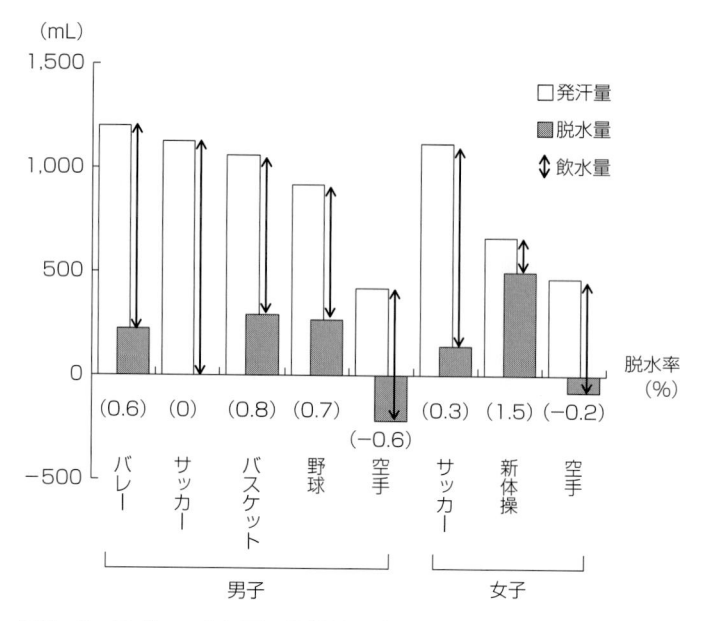

図9-8　スポーツ少年団の夏期練習中における水分摂取の実態調査
発汗率（％）＝（練習前体重－練習後体重＋飲水量）／練習前体重×100
飲水率（％）＝飲水量／練習前体重×100
脱水率（％）＝（練習前体重－練習後体重）／練習前体重×100
　　　　　＝発汗率（％）－飲水率（％）
（川原　貴ほか：スポーツ活動中の熱中症予防ガイドブック．日本体育協会，2013）

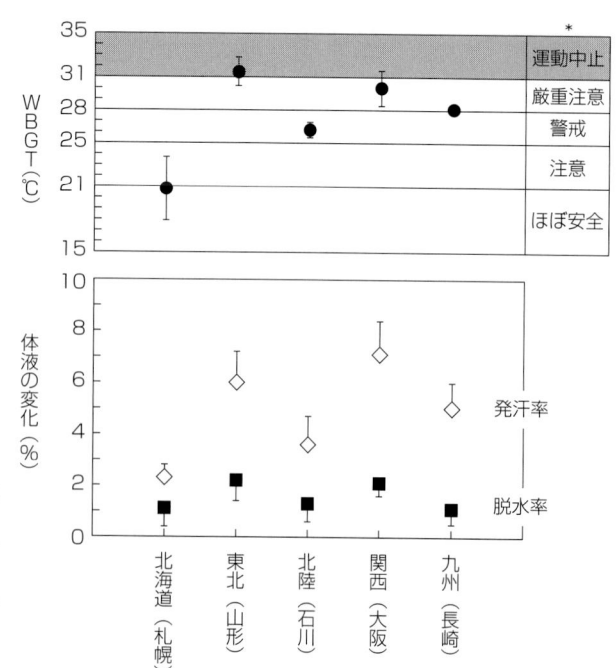

図9-9　全国の高校野球夏期練習時の環境温度と発汗率および脱水率
＊「熱中症予防ガイドブック」に示す環境温度（WBGT）に応じた運動指針．
（川原　貴ほか：スポーツ活動中の熱中症予防ガイドブック．日本体育協会，2013）

野球の夏期において各地区で行われた練習時の環境温度と発汗量の関係である[8]．ここでも，自由に給水できる環境が提供されており，環境温が高いほど発汗量は多くなるが，それに応じて適切な飲水が行われている．

子どもの口渇感や飲水行動が大人よりも劣っているという科学的証拠は今のところ見られない．青少年のスポーツ活動においても，自由に水分補給ができる環境が整えられていれば，任意に（喉のかわきに応じて）水を飲むことで適正な飲水行動が確保できるものと考えられる．以前のように飲水をやみくもに禁じたり，逆に飲水量を一律に規定して半ば強制的に飲ませたりするのではなく，子どもたちの自主的なコントロールに委ねることによって適正な飲水行動を学ぶことができるものと思われる．その日の環境やスポーツ活動に応じて，喉の渇きにもとづき適正に飲水のできることが重要であり，夏のスポーツ活動はそれを学ぶための絶好の機会といえる．

4 水分補給と中枢機能

前掲した図9-1は，Nielsen[1]が酷暑のアトランタオリンピックでのマラソンレースの過酷さを説明するために描いたもので，本番での記録の大幅な低下を予測した．しかし，そのときの男子優勝記録は2時間12分，さらに30℃近い北京オリンピック・マラソンでは，2時間6分32秒というこれまでの科学の常識をはるかに凌ぐ優勝タイムになった．ヒトの発汗能力や体液動態と運動パフォーマンスとの関係については，まだまだわれわれの理解の及ばないことが多いといわなければならない．

なかでも，中枢機能に関する研究はようやく緒についた段階である．たとえば，Chambersら[19]は糖質飲料を飲むのではなく「うがい」をするだけでパフォーマンスが向上する，という実験結果を報告している（図9-10）．水分や糖分が体内に取り込まれなくても，補給されたという知覚が脳内報酬系を刺激し，パフォーマンスを高めたと解釈されている．また，脳の血液脳関門は外部の異物の透過性を制御し脳内の恒常性を保つ仕組みであるが，暑熱環境下での運動ストレスは血液脳関門の透過性の制限を弱め，脳の機能低下を招き，疲労をはやめる．他方，体液の浸透圧も血液脳関門に影響し，水分補給によって血液脳関門の機能が保持され脳の疲労が緩和されるという[20]．脱水が脳機能に影響しているとしても，体重減少だけでは計り知れない機序

図9-10 自転車タイムトライアル（1時間）時の糖質飲料でのうがい効果
両条件とも飲料は口に含むだけ．
(Chambers ES, et al.: Carbohydrate sensing in the human mouth: effects on exercise performance and brain activity. J Physiol, 587: 1779-1794, 2009)

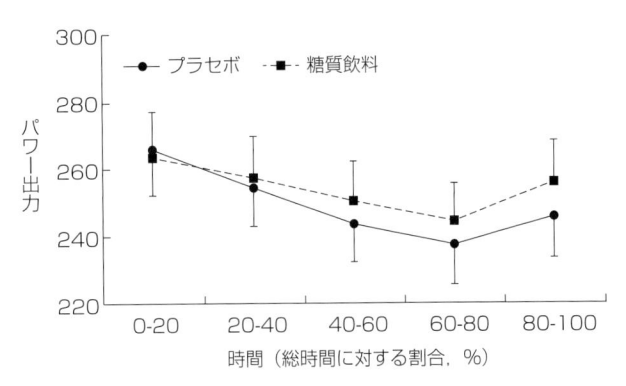

である．認知機能と体液との関係についても，近年いくつかの興味深い研究が見られる．脱水は，ある種の認知機能を低下させるが，水分過剰も同様にマイナス効果をもたらすという[21]．

こうしてみてくると，運動中の水分補給の効果は，単に水の過不足，多寡だけの問題ではないようである．暑熱下において極度の脱水を背負いながらも想像を絶するスピードで42kmを走りきってしまうエリートランナーをみるにつけ，われわれの体液機構は単純な量的バランスだけでなく，未知の制御機構が働いているのかも知れない．

おわりに

人体にとって，水はなくてはならないものである．また，人体は過不足のないちょうどよい水分バランスを欲する．不足はよくないが，過剰もまたよくないのである．スポーツ活動中の水分補給では，脱水を予防すると同時に過剰摂取にもならないよう，相反する要求を満たさなければならない．一見難しそうなこの要求も，ある程度の不足状態が許容されるのであればさして難しいことではなくなる．その許容範囲が，2%ほどの自発的脱水ということになる．望ましい水分補給の方法とは，意図的に水を飲もうと努力するのではなく，喉の渇きに応じてごくナチュラルに飲めばよいという原初的な方法にありそうである．現在の科学が紆余曲折を経てたどり着いた結論といえる．

[伊藤　静夫]

文献

1) Nielsen B: Olympics in Atlanta: a fight against physics. Med Sci Sports Exerc, 28: 665-668, 1996.
2) Wyndham CH, Strydom NB: The danger of an inadequate water intake during marathon running. S Afr Med J, 43: 893-896, 1969.
3) Armstrong LE, et al.: Influence of diuretic-induced dehydration on competitive running performance. Med Sci Sports Exerc, 17: 456-461, 1985.
4) Convertino VA, et al.: American College of Sports Medicine position stand. Exercise and fluid replacement. Med Sci Sports Exerc, 28: i-vii, 1996.
5) Armstrong LE, et al.: American College of Sports Medicine position stand. Exertional heat illness during training and competition. Med Sci Sports Exerc, 39: 556-572, 2007.
6) Noakes TD, et al.: Three independent biological mechanisms cause exercise-associated hyponatremia: evidence from 2,135 weighed competitive athletic performances. Proc Natl Acad Sci USA, 102: 18550-18555, 2005.
7) Almond CS, et al.: Hyponatremia among runners in the Boston Marathon. N Engl J Med, 352: 1550-1556, 2005.
8) 川原　貴ほか：スポーツ活動中の熱中症予防ガイドブック．日本体育協会，2013.
9) 伊藤静夫ほか：マラソンレース中の適切な水分補給について．ランニング学研究，22: 1-12, 2010.
10) Greenleaf JE: Problem: thirst, drinking behavior, and involuntary dehydration. Med Sci Sports Exerc, 24: 645-656, 1992.
11) Sawka MN, Noakes TD: Does dehydration impair exercise performance? Med Sci Sports Exerc, 39: 1209-1217, 2007.
12) Dugas JP, et al.: Rates of fluid ingestion alter pacing but not thermoregulatory responses during prolonged exercise in hot and humid conditions with appropriate convective cooling. Eur J Appl Physiol, 105: 69-80, 2009.
13) Wall BA, et al.: Current hydration guidelines are erroneous: dehydration does not impair exercise performance in the heat. Br J Sports Med, 2013, doi: 10.1136/bjsports-2013-092417.
14) Goulet ED: Effect of exercise-induced dehydration on endurance performance: evaluating the impact of exercise protocols on outcomes using

a meta-analytic procedure. Br J Sports Med, 47: 679-686, 2013.
15) Zouhal H, et al.: Inverse relationship between percentage body weight change and finishing time in 643 forty-two-kilometre marathon runners. Br J Sports Med, 45: 1101-1105, 2011.
16) 小林寛道ほか：北海道マラソンにおける体重と体温変化：競技種目別競技力向上に関する研究. 日本体育協会スポーツ医・科学研究報告, 1989-1992.
17) Van Rooyen M, et al.: Drinking during marathon running in extreme heat: a video analysis study of the top finishers in the 2004 athens olympic marathons. SAJSM, 22: 55-61, 2010.
18) Beis LY, et al.: Drinking behaviors of elite male runners during marathon competition. Clin J Sport Med, 22: 254-261, 2012.
19) Chambers ES, et al.: Carbohydrate sensing in the human mouth: effects on exercise performance and brain activity. J Physiol, 587: 1779-1794, 2009.
20) Watson P, et al.: Exercise in the heat: effect of fluid ingestion on blood-brain barrier permeability. Med Sci Sports Exerc, 38: 2118-2124, 2006.
21) Adan A: Cognitive performance and dehydration. J Am Coll Nutr, 31: 71-78, 2012.

10章 スポーツと体力トレーニング

1 パフォーマンス向上とトレーニング

　スポーツにおける競技成績（パフォーマンス）は，エネルギー出力（無気的過程，有気的過程），神経筋機能（筋力，技術），心理的要因（動機づけ，戦術）および環境的要因（自然，人工）によって決定される[1]．環境的要因を除くと，すべてわれわれの生体に関連する問題であり，そして，スポーツ選手はトレーニングを通じてこれらの能力を高め，よりよいパフォーマンスを発揮しようとしている．一方，トレーニングを生理学的に定義すると，「運動刺激（何らかの方法での運動負荷）に対する人体の適応性を利用し，人体の作業能力をできるだけ発達させる過程」であるといえる[2]．そのため，実際のトレーニングにおいては，どのような運動刺激を与えるかということと，どのように休息や栄養をとるかということが重要となる．
　トレーニングには，体力，技術，精神力および戦術などを向上させるためのものがあり，目的に応じてそれぞれ実施されている．しかしながら，技術や戦術を高めるトレーニングはスポーツ種目に特異的であり，また，精神力を高めるトレーニングについては，種々の方法で行われているものの，その効果やメカニズムに関する生理学的根拠は必ずしも明らかとはなっていない．そこで，ここでは体力を高めるためのトレーニングつまりコンディショニングについて取り上げることとする．

2 トレーニングの原理・原則

　トレーニングを実施するに当たっては，認識して置く必要のある3つの基本的法則（原理）と，効果的にトレーニングを行うための5つの決まり（原則）がある．

1．トレーニングの原理
（1）過負荷（オーバーロード）の原理
　トレーニング効果を得るためには，ある一定以上の強さでトレーニングを行わなければならない（図10-1）[3]．ある一定以上の強さとは，「日常生活レベルで発揮している以上」を意味している．もし，強さがそれ以下であればトレーニングの効果は期待できない．また，あるトレーニングを継続するとトレーニング効果が得られるが，効果の得られた状態が日常生活レベルになってしまうため，同じトレーニングを続けてもそれ以上の効果は期待できなくなる．それゆえ，一定期間を経過したらトレーニ

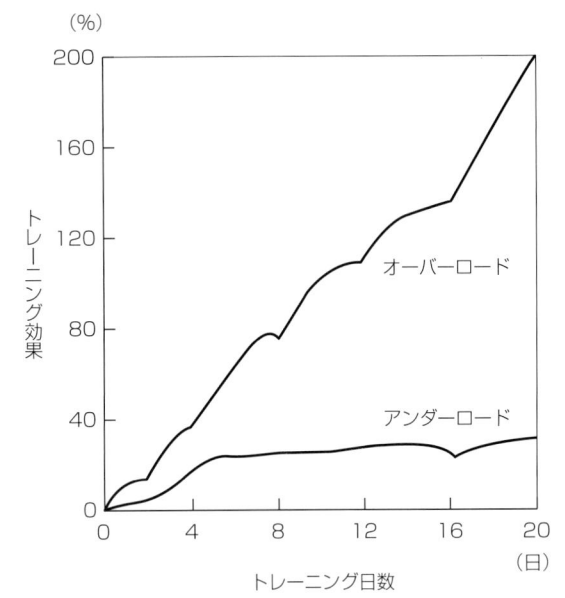

図10-1 過負荷の原理とトレーニング効果
トレーニング強度がオーバーロードの時に，トレーニング効果が見られる．
(Mathews DK, Fox EL: The physiological basis of physical education and athletics. WB Saunders, 1976)

ングの強さなどを漸進的に増大させることが必要となる．

(2) 可逆性の原理

トレーニング効果は常に可逆的であり，トレーニングによって高まった身体機能も中断すると元に戻る．それゆえ，効果を持続させるためには規則的にトレーニングを継続することが必要である．なお，元に戻るまでの期間はその効果が得られるまでに要した期間によって異なる可能性が高い．つまり，短期間で得られた効果は中止後に短期間で元に戻るのに対して，長期間かけて得られた効果は，いずれは元に戻るとしても，長期間にわたって持続されるといわれている[4]．

(3) 特異性の原理

トレーニング効果はトレーニングの種類や方法に対して特異的である．たとえば，持久的トレーニングは持久力を向上させるが，筋力増強に対してはあまり効果的ではない．逆に，レジスタンス・トレーニングは筋力増強には有効であるものの，持久力に対してはそれほどの効果は得られない．それゆえ，トレーニングの目的を明確にした上で，トレーニングの種類や方法を選択することが必要である．また，ある収縮様式や収縮速度でレジスタンス・トレーニングを行った場合などでは，用いた様式や速度に対しては効果的でも，それ以外の様式や速度に対してはそれほどの効果は得られない可能性も考えられる．

2. トレーニングの原則
(1) 全面性の原則

トレーニングは身体的および精神的なものを含めて，全面的な発達を目標にしなけ

ればならない．そのためには，専門的なトレーニングに加えて一般的な体力づくりが必要とされ，また，練習内容が体力や技術の向上だけに偏ることのないように配慮することも必要である．その結果，スポーツに必要な体力の諸要素や全身の身体諸機能が発達するようになる．つまり，この全面的な発達こそが，専門的体力や高度な技術の習得を可能とし，パフォーマンスの向上につながるといえる．

(2) 意識性の原則

トレーニングを実施する際には，「何のために何をするのか」ということをよく理解しておくことが必要である．コーチにいわれたから練習をするというのではなく，トレーニングの意義，目的および方法を理解するとともに，意欲を持って練習に臨むことが，自分に必要な体力の諸要素の向上や技術をより効果的に習得するのに役立つといえる．

(3) 漸進性の原則

トレーニングの強度や時間（量）をトレーニングの進行に合わせて増大していくことを意味している．前述したように，ある強さでトレーニングを行うとそれに適応するが，それ以降は同じトレーニングを行ってもそれ以上の効果は期待できなくなる（過負荷の原理）．このような場合には，トレーニングの強さあるいは量を漸進的に増大させることが必要である．「弱いから強い」へあるいは「易しいものから難しいもの」へと段階的に進めることを基本とする．

(4) 反復性の原則

トレーニング効果は常に可逆的である（可逆性の原理）．また，習得した技術を実際のスポーツ場面で発揮するためには，その技術の習得が確実なものになっていなければならない．つまり，トレーニングに伴う機能の改善および安定性はトレーニングを反復することによって得られるものであり，反復することこそが年間あるいは長期間のトレーニング効果を得る上で重要となる．

(5) 個別性の原則

人はそれぞれの個性や特徴および能力を有しており，形態的にも千差万別である．この個々人の特徴を考慮し，トレーニングはそれぞれにあった形で行わなければならない．そのためには，体力・運動能力テストなどを実施して，それぞれの長所や短所を把握するとともに，その結果に基づいてトレーニング内容を考えることが必要である．

3 トレーニング効果の得られやすさに影響する要因

トレーニングによる効果の得られやすさのことをトレーナビリティというが，これに関連する要因としては，外的要因としてのトレーニングの内容（トレーニング強度，時間および頻度）を挙げることができる．トレーニング効果を効率よく上げるために

は，この3つの条件を上手く組み合わせることが重要であり，ある運動強度に対して運動時間を適切に組み合わせて適切な頻度で行うということである．また，どのような運動強度と時間の組み合わせを選択したかによって，体力要素の向上に違いが見られること（特異性の原理）を理解しておくことも必要である．

トレーナビリティにかかわる内的要因としては，体力の初期レベル，体力の潜在能力，年齢および性など，トレーニングを行う側に関連する要因を挙げることができる．一般に，トレーニング前の体力レベルが低いほど得られる効果は大きい傾向にあり，十分に鍛錬した競技者ではそれ以上の効果を得ようとしてもなかなか困難な場合が多い．また，体力の潜在能力（遺伝的な資質）については，これの高い人で大きなトレーナビリティがあると考えることができ，そして，トレーニングとは結局のところ，この潜在的な上限までいかにしてその能力を向上させるかであるともいえる（図10-2）[5]．

年齢に関しては体力要素によって違いがみられる．たとえば，調整力のように神経系の発達に関連する要素については若年者で，筋持久力に関しては思春期で，筋力や全身持久力については思春期以降で，大きなトレーニング効果が得られる可能性が高い．一方，中高齢者では，体力要素によっては青年期と同等の効果が得られるとの報告もみられるが[6]，一般的には，老化による影響もあってトレーニング効果は得られ難いといわれている．

性についても体力要素による違いがみられる[7]．たとえば，女性では体脂肪量が多く男性ホルモン分泌量が少ないことなどから，筋力や筋パワーのトレーナビリティは男性に比べて小さいと考えられるが，筋持久力についてはむしろ女性で効果が得られやすい傾向にある．また，最大酸素摂取量についても，女性では体脂肪量の違いから体重あたりでみると小さな値を示すが，除脂肪体重で比較すると同等であるとの報告もあり，トレーナビリティもかなり高いと考えられる．一方，調整力や神経・筋コントロールにかかわる機能については，男女間でほとんど差はみられず，トレーナビリティにも差はないといえる．

図10-2 トレーニング度の進展に伴うオーバーロードの強度の条件
トレーニングによって体力が可能性の限界に近づくほど，オーバーロードとなる強度の割合も高くなっていく．
（浅見俊雄：スポーツトレーニング．朝倉書店，p.65，1985）

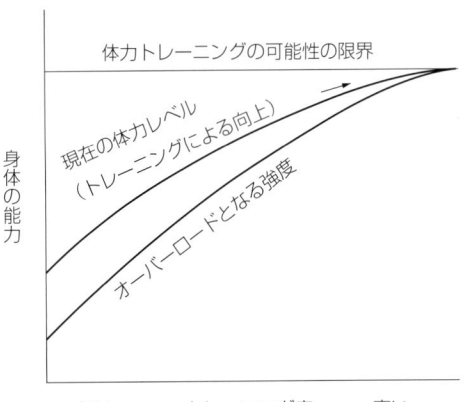

4 体力トレーニングの方法

体力を高めるトレーニングを大別すると，①骨格筋機能（筋力・筋パワー・筋持久力）の向上，②心肺機能や全身持久力の向上，および③オールラウンドな体力の向上を目的としたものに分けることができる．①のための代表的なトレーニング方法としては，レジスタンス・トレーニング，プライオメトリック・トレーニング，および完全休息を挟んで短時間の高強度運動を繰り返すレペティション・トレーニングなどがある．②のためのトレーニング方法としては，不完全休息を挟んで行われるインターバル・トレーニング，休息を置かずに一定強度での運動を長時間にわたって継続する持続トレーニング，自然の地形を利用したファルトレク・トレーニング，完全休息を挟んで比較的長時間の中等度運動を繰り返すレペティション・トレーニング，および高地や低酸素室を利用する"高地トレーニング"などがある．③の代表的なものとしてはサーキット・トレーニングが知られている．

1. 骨格筋機能（筋力・筋パワー・筋持久力）を高めるための方法
(1) レジスタンス・トレーニング

骨格筋の機能は，筋力・筋パワーおよび筋持久力に分けられる．それぞれの機能を向上させるためには，それぞれに合った適切な負荷強度を用いなければならない．筋力トレーニングにおける強度は，静的な収縮では最大筋力に対する割合（% of Maximal Voluntary Contraction: % MVC）が，動的な収縮では最大挙上重量に対する割合（% of One Repetition Maximum; % 1 RM）あるいは反復回数（RM）が用いられる．%1RMとRMとの間には表10-1のような対応関係がみられる[8]．

また，レジスタンス・トレーニングはトレーニングマシン，フリーウェイトあるいは自体重を利用するなどにより行われるが，骨格筋の収縮様式によって，アイソメトリック・トレーニング，アイソトニック・トレーニング，アイソキネティック・トレーニングに分類される．アイソメトリック・トレーニングは，等尺性収縮を利用した関節角の変化を伴わない静的なものであり，アイソトニック・トレーニングは等張性収縮を利用した関節角の変化を伴う動的なものである．一方，アイソキネティック・トレーニングは等速性収縮を引き起こすマシンを利用して行われる方法である．

レジスタンス・トレーニングによってもたらされる筋力の増大には，神経支配の改善と筋肥大がかかわっている．筋力向上および筋肥大を引き起こすためには，静的なトレーニングでは2/3MVC以上の強度で6～10回程度を繰り返し，それを3セット行うのが一般的である．一方，動的トレーニングでは，85% 1RM以上の負荷（6RM以下）および67%～85% 1RM（6～12RM）を用いて，2～6セットを繰り返すのが一般的である（表10-2）[8]．

一方，パワーとは単位時間当たりになされた仕事，すなわち力×速度のことであり，単に筋力だけではなく筋の収縮速度もかかわっている．パワーのピーク値は，最大筋力あるいは最大筋収縮速度のほぼ1/3で得られることから，その向上のためには静的トレーニングでは1/3～2/3MVC程度の負荷を用いることが多い．また，動的トレー

表10-1　最高反復回数と%1RM

最高反復回数（RM）	1	2	3	4	5	6	7	8	9	10	12	15
%1RM	100	95	93	90	87	85	83	80	77	75	67	65

（岡田純一：体力トレーニングの理論と実際．村岡　功編著，スポーツ指導者に必要な生理学と運動生理学の知識．市村出版，p.147, 2013）

表10-2　トレーニング目標に基づく条件設定

	負荷（%1RM）	目標回数	セット	休息時間
筋力	≧85	≦6	2〜6	2〜5分
パワー				
1回の最大努力	80〜90	1〜2	3〜5	2〜5分
複数の最大努力	75〜85	3〜5	3〜5	
筋肥大	67〜85	6〜12	3〜6	30〜90秒
筋持久力	≦67	≧12	2〜3	≦30秒

（岡田純一：体力トレーニングの理論と実際．村岡　功編著，スポーツ指導者に必要な生理学と運動生理学の知識．市村出版，p.148, 2013）

ニングでも筋力向上のための負荷よりも若干低い強度設定でなされることが多く（75〜85% 1RM），反復可能な回数の半分（3〜5RM）を最大スピードで行うことが勧められている[8]．しかし，成人ではトレーニングによって筋の収縮速度を大幅に向上させることはなかなか困難であることから，そのような場合には，トレーニング効果の得られやすい筋力を増大させることが，結果的に筋パワーの向上につながることも理解しておく必要がある．

　筋持久力とは，限定された局所の筋あるいは筋群における持久力を意味しており，骨格筋への酸素運搬能力（骨格筋における毛細血管網の発達と筋血流量の増大）が重要となる．トレーニング効果は12〜15歳あたりで大きいといわれているが，筋持久力を向上させるためには，静的トレーニングでは1/4〜1/3MVC程度の負荷を用いて，反復回数を多くすることが必要であるといわれている．また，動的トレーニングでも同様に，67% 1RM以下の負荷強度で反復回数（12RM以上）を多くすることが勧められている[8]．しかし，ほとんどのスポーツにおいて，筋に加わる負荷は最大筋力に対して相対的なものではなく絶対的なものであることから，最大筋力の増大が結果的に筋持久力の向上につながることも理解しておくことが必要である．

(2) レペティション・トレーニング

　このトレーニングは，全力（最大酸素摂取量を超える強度）で運動（10〜60秒）を行い，その後，完全休息をとることで体を回復させて，同様の運動を何回か繰り返す方法である（図10-3）[5]．後述するインターバル・トレーニングとの違いは休息を完全休息にすることであり，その結果，その都度全力で運動を行うことが可能となる．このことから，レペティション・トレーニングはスピード，パワーおよび技術の向上に適していると考えられている．一方，運動時間をある程度長くする（強度を下げる）ことで，全身持久力を高めるための方法として，長距離選手がこのトレーニングを利

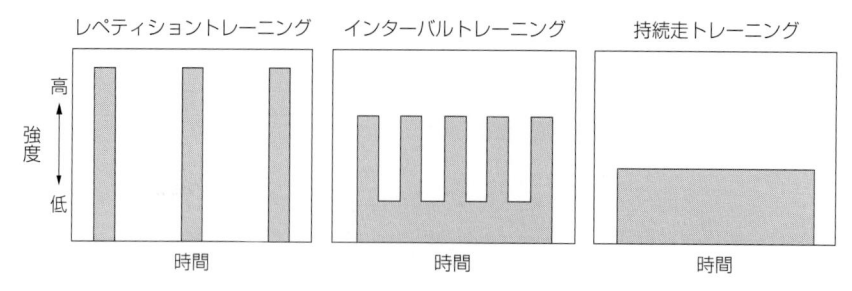

図10-3 レペティション・インターバル・持続走トレーニングの負荷強度と時間の特徴
グレーの部分は活動期を示す.
(浅見俊雄：スポーツトレーニング. 朝倉書店, p.85, 1985)

用することもある.

(3) プライオメトリック・トレーニング

このトレーニングは，骨格筋をいったん伸張させた後に短縮性収縮を行うことによって，爆発的な筋力とパワーの向上をもたらすと考えられている．通常，ある高さ（数10〜100cm程度）の台から飛び降り，着地直後にすばやく飛び上がるという方法が用いられる．この伸張・短縮サイクル（strech-shortening cycle）を利用したトレーニングの効果は，伸張によって筋腱複合体に蓄えられた弾性エネルギーを利用できることや，伸張反射によって運動単位の動員を多くすることでもたらされるといわれている[9]．このトレーニングにおける運動様式は，難易度に応じて図10-4のように分類されるが[9]，過剰な衝撃に伴う傷害の危険性を認識するとともに，十分な休養を確保することや正しいフォームで実施することが求められる．

2. 全身持久力を高めるための方法

(1) インターバル・トレーニング

このトレーニングは，人間機関車と呼ばれたザトペックによって考案されたものであり，運動と不完全休息からなる一連の運動を繰り返し行うものである（図10-3）[5]．目的に応じてさまざまなタイプ（距離の短いものから長いものまで）のインターバル・トレーニングが存在するが，全身持久力を高める一般的な方法としては，競技時の強度を100％とした時にその110〜120％強度（心拍数180拍／分）で30〜90秒間運動し，その後強度を30〜60％程度（心拍数120拍／分）まで下げ，これを10回以上繰り返す方法である．この時の不完全休息の時間は，運動時の2倍程度（短い距離では約3倍，長い距離では1倍程度）を目安とする．

(2) 定速（持続）トレーニング

これは一定のスピードで長時間にわたってトレーニングする方法である（図10-3）[5]．マラソン選手や自転車のロード選手においてよく用いられており，有酸素的な能力を高めるための有効なトレーニング方法のひとつである．この場合も目的に

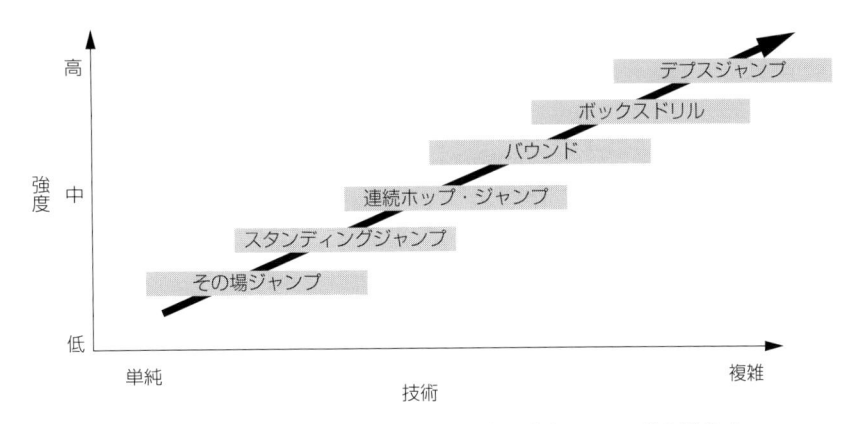

図10-4 下肢のプライオメトリックストレーニングの進め方
(鈴木省三:無酸素性機能. B. パワー. 北川 薫編, トレーニング科学. 文光堂, p.86, 2011)

応じて負荷強度は中〜高強度に設定されるが,一般的には,競技時の強度の60〜100％を用いたり,無酸素性閾値（Anaerobic Threshold: AT）強度を用いることも多い．

(3) ファルトレク・トレーニング

自然の地形を利用して,高速でのランニング（スプリント）とゆっくりとしたランニング（ジョギング）および歩行を組み合わせて行う中・長距離向けのトレーニングであり,スピード・プレイとも呼ばれる．

(4) 高地トレーニング

酸素が希薄な高地（2,000〜2,500m）に滞在しそこでトレーニングを行う（Living High, Training High法）ことで,有酸素的な能力を向上させようとするトレーニングである．1980年代以降から広く行われるようになったが,一方で,高地でのトレーニングの質的・量的低下が問題視されてきた．そのため,1990年代中盤以降には,高地（あるいは低酸素下）に滞在して低地あるいは平地でトレーニングを行う（Living High, Training Low）方法が多用されるようになっている．なお,これらの"高地トレーニング"は,滞在期間の設定を変えることにより,有酸素的な能力だけではなく無酸素的な能力の向上（30秒〜17分程度の種目）にも有効であるといわれている．低酸素室を利用する際のガイドラインを表10-3に示す[10]．

3. オールラウンドな体力向上を目的とした方法

この代表的なトレーニング方法にサーキット・トレーニングがある．これは数種類の種目（通常9〜12種目）を1セットとして,それを休まずに巡回（サーキット）して,何セットか（通常3セット）を繰り返し行う形式のトレーニングである．このトレーニングは筋力,パワーおよび持久力の向上を目的とすることから,オールラウンドな体力づくりのためのトレーニングといわれ,スポーツ選手の土台を作るものとしてオフシーズンに多用されてきた．ただし,これはあくまでも補助的なものであり,重量

表10-3 低酸素室利用のためのガイドライン

【滞在方法】
① 酸素濃度（相当高度）：一般に，高度2,000～2,500mに相当する酸素濃度（16.4～15.3％）を用いるが，場合によっては～3,000m相当高度（酸素濃度：～14.2％）を用いてもよい．ハードなトレーニング期には，この範囲の中で，低い相当高度（高い酸素濃度）を利用するか，低い相当高度から開始し徐々に相当高度を上げる（酸素濃度を下げる）ようにする．
② 1日の滞在時間：できるだけ1日に12～16時間連続して滞在する．この時間が確保できない場合でも，少なくとも連続した1日10時間の滞在は不可欠である．
③ 滞在する期間：スプリント系種目では1～2週間以内（10日間程度）とする．持久系種目では3週間（少なくとも2週間以上）～4週間程度とする．

【滞在時の留意点】
① 水分損失の亢進を防ぐために，施設の湿度管理を十分に行うか，あるいは滞在時には多少多めに水分を補給する．
② 一時的に筋力が低下する可能性も考えられるため，筋力を維持するための補助的なトレーニングを行うようにする．
③ 体調不良を早期に発見するために，自己評価スコア，POMS，体重，起床時心拍数などを用いて，規則的に体調をチェックする．
④ 適応が困難と思われる場合や体調不良が疑われる場合には，直ちに施設での滞在を中止する．

（青木純一郎ほか編著：高地トレーニングの実践ガイドライン．市村出版，p.107, 2011）

挙げ選手のためのレジスタンス・トレーニングや長距離選手のための持久的トレーニングの代用とはならないことに注意が必要である．また，トレーニング効果の特異性を考慮すれば，それぞれの体力要素を高めるためのトレーニングを個別に行った方がよいとの考え方もある．

5 トレーニングと栄養・休養

1日のトレーニングによって，生体内の栄養素は消耗する．したがって，疲労を残さずに次の日もしっかりとトレーニングを行うためには，適切な食事を摂取することによって失われた栄養素を十分に補充しておかなければならない．また，1日のトレーニングおよび連日のトレーニングによる疲労によって，生体諸機能は一時的に低下するが，休養を挟むことで超回復（super-compensation）が起こり，諸機能は以前よりもより向上することが知られている．それゆえ，適切な栄養と適切な休養はトレーニングの一環として重要であることを忘れてはならない．

[村岡　功]

文献

1) Åstrand PO, Rodahl K 著，朝比奈一男監訳：オストランド運動生理学．大修館書店，1976.
2) 松井秀治：スポーツにおけるトレーニングの意義．日本体育協会監修，松井秀治編，コーチのためのトレーニングの科学．大修館書店，pp. 2-12, 1988.
3) Mathews DK, Fox EL: The physiological basis of physical education and athletics. WB Saunders, 1976.
4) Hettinger T 著，猪飼道夫，松井秀治共訳：アイソメトリックトレーニング：筋力トレーニングの理論と実際．大修館書店，1976.
5) 浅見俊雄：スポーツトレーニング．朝倉書店，1985.

6) 岩岡研典：中高年齢者の体力の加齢変化とトレーナビリティ．森谷敏夫，根本　勇編，スポーツ生理学．朝倉書店，pp.243-254, 1994.
7) 山川　純：女性のスポーツトレーニング．C級コーチ教本「後期用」，日本体育協会，pp.70-83, 1994.
8) 岡田純一：体力トレーニングの理論と実際．村岡　功編著，スポーツ指導者に必要な生理学と運動生理学の知識．市村出版，pp.145-153, 2013.
9) 鈴木省三：無酸素性機能，B，パワー．北川　薫編，トレーニング科学．文光堂，pp.74-87, 2011.
10) Muraoka I, Gando Y: Effects of the "live high-train high" and "live high-train low" protocols on physiological adaptations and athletic performance. J Phys Fittness Sports Med, 1: 447-455, 2012.
11) 金子公宥：パワーアップの科学：人体エンジンのパワーと効率．朝倉書店，1988.

11章 スポーツとウオームアップおよびクールダウン

　身体活動やスポーツ活動にかかわらずさまざまな活動において，一般的に主となる活動の前に「準備すること」と後に「整理すること」が行われる．

　身体活動やスポーツ活動において，これにあたるのが「ウオームアップ」と「クールダウン」であり，多くの選手や指導者が日常的に実施すると同時に，その必要性や重要性については理解していると考えられる．本章では，一般的なウオームアップとクールダウンの効果や種類について概説する．

1　ウオームアップの必要性

　ウオームアップ（Warm-up; W-up）は，トレーニングや競技を実施する前の生理的・心理的な準備であり，傷害の予防にも効果的である．W-upなしではスポーツ活動時に身体の機能が効率よい状態にすぐに到達せず，一定の時間を要すると考えられる[1,2]．したがって，W-upを実施することは，トレーニングや競技を実施できる状態にすること，そして，傷害のリスクを最小限に抑えることにつながる．

1．ウオームアップの生理学的効果
　W-upの生理学的効果には以下のことが挙げられる．

（1）体温や筋温の上昇とそれに伴う生理的・代謝的機能の亢進
　W-upを実施する主たる目的は体温や筋温を高めることである[3]．図11-1は中等度強度の運動時における体温および筋温の変化を示す[1]．運動時の活動筋は相当な熱を産生し，筋温は相対的な運動強度に比例して高まる．中等度強度（乳酸性閾値の80～100％強度）での運動において，筋温は急速に上昇し，3～5分以内で直腸温を超え，およそ運動10～20分後に相対的な平衡状態に達する．通常室温（10～30℃）においては，直腸温は大気温の影響というよりは，筋温が直腸温を上回ると上昇し始める．また，皮膚温は通常室温における中等度強度での運動開始10分間は低下する．

　体温や筋温の上昇は，多くの生理的機能を亢進するために非常に重要となる[4]．加えて，筋温の上昇は筋や関節における粘性抵抗を減少させ，筋出力や関節可動域（ROM）を高め，運動パフォーマンスを改善する[5,6]．

　また，W-upによって体温が上昇し身体がより活動的になると，血液中の酸素量の増大，血管拡張等の生理学的変化が生じ，組織における酸素利用能の改善が認められる[1,7]．W-up後のパフォーマンスの改善は体温上昇によるヘモグロビンの酸素解離曲

図11-1 通常室温環境下（10〜30℃）での安静，中等度強度での運動中，回復期の直腸温，皮膚温，筋温（深部および浅背部）の変化
(Bishop D: Warm up I: potential mechanisms and the effects of passive warm up on exercise performance. Sports Med, 33: 439-454, 2003)

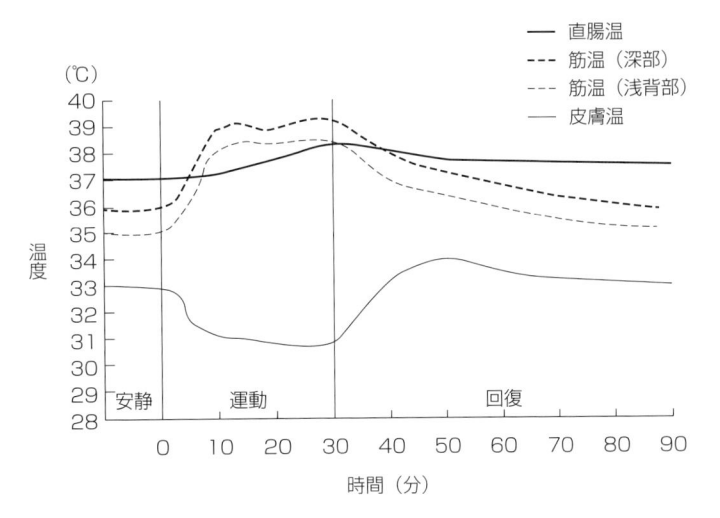

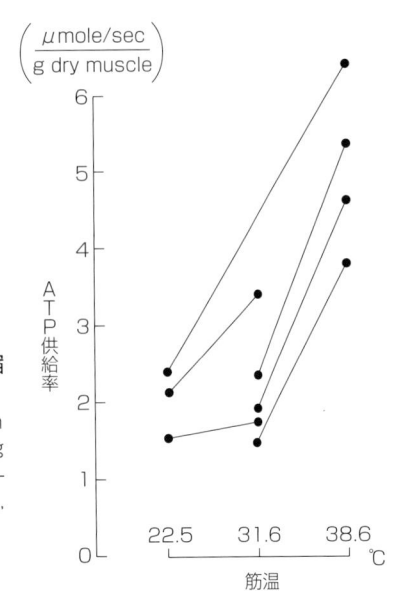

図11-2 異なる筋温での約60%MVCでの筋収縮時における無気的エネルギー源からのATP供給率
(Edwards RH, et al.: Effect of temperature on muscle energy metabolism and endurance during successive isometric contractions, sustained to fatigue, of the quadriceps muscle in man. J Physiol, 220: 335-352, 1972)

線における右方シフトと，血管拡張により骨格筋への酸素の運搬と筋への酸素の放出が高まるためと考えられる．ほかにも，W-upは細胞あるいは骨格筋内の酵素活性や無気的代謝の亢進を促進する．たとえば，最大筋力の約60％相当での等尺性収縮を疲労困憊まで持続させたところ，体温の上昇は無気的エネルギー源からのATPの供給率を高めたことが示されている（図11-2）[8]．

(2) 運動に対する呼吸循環応答の改善

W-upなくしていきなり運動を行うと，運動初期には酸素不足が多く生じる．これは，運動に対する酸素摂取応答は指数関数的に増加するため，酸素の需要に対して供給が追いつかない状況となるためである．一方，W-upを行うと運動初期の開始30秒間の

図11-3 能動的ウオームアップ，受動的ウオームアップおよびウオームアップなしの3試行における運動開始30秒間の酸素摂取量
a：ウオームアップなしの試行からの差（p<0.05）
(Gray S, Nimmo M: Effects of active, passive or no warm-up on metabolism and performance during high-intensity exercise. J Sports Sci, 19: 693-700, 2001)

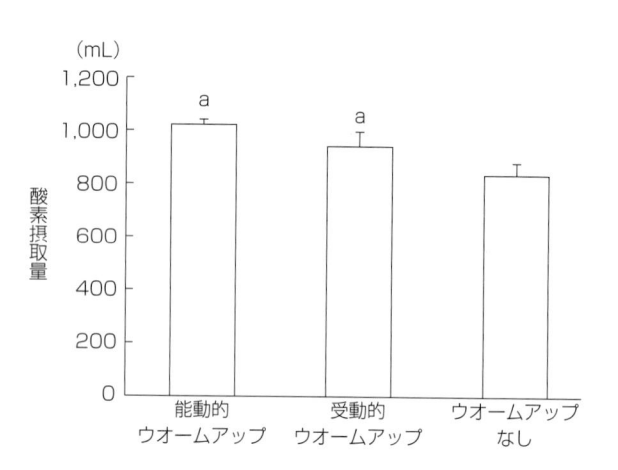

酸素摂取量（$\dot{V}O_2$）は，W-upなしの場合と比較して，高くなることが示されている．このことは，W-upは運動開始時の$\dot{V}O_2$をより速やかに立ち上げることを意味し，結果としてパフォーマンスの改善に寄与すると考えられる（図11-3）[9]．また，W-upに伴う運動時におけるエネルギー供給の改善は，結果として運動開始時の呼吸循環応答性を改善することや運動に伴う乳酸産生の抑制につながる[10]．

(3) 運動時の神経機能の亢進，神経筋協調能の改善

神経機能もまたW-upにより亢進する[11]．W-upとして，静的および動的ストレッチを行った場合，W-upなしの場合と比較して，単純反応時間および全身反応時間はともに短縮される．加えて，バランス能力や敏捷性も改善する可能性が示されている．したがって，W-upは中枢神経系の反応性の亢進にも重要であり，温められた筋がより力強い収縮と弛緩を可能とするなどの筋機能の亢進と合わせて，神経筋協調能の改善にも効果があるものと考える（表11-1）[12]．

(4) 柔軟性の向上

W-upにともなう骨格筋の粘性と弾性の変化やROMの増加は，結果として柔軟性を高めることになる．しかしながら，W-upでよく用いられるストレッチはROMを改善して柔軟性を確保する一方で，筋の出力を低下させることも示されていることから，スポーツの特性等を踏まえて実施する必要がある[13]．

(5) 傷害予防

W-upの実施には，傷害予防あるいは運動時の傷害のリスクを軽減することを期待しているが，これらの関連性を明確に示した報告は少ない．一方，ウオームアップを行うことで遅発性筋痛の程度を軽減することが示されている（図11-4）[14]．また，W-upにおける，体温や筋温の上昇に伴う筋機能の変化は傷害予防上意味のある生理学的変化であること，運動に対する冠血流量の適応を早めて心筋虚血を抑制すること，心筋の収縮特性を高め激しい運動の際の危険防止に貢献するとの指摘もあることから，W-upの着実な実行は必要不可欠であると考える[15]．

表11-1 静的ストレッチ，動的ストレッチ，およびストレッチなしの3条件における
バランス，敏捷性，単純反応時間および全身反応時間

	静的ストレッチ	動的ストレッチ	ストレッチなし
バランス（sec）	15.34 (5.54)*	17.49 (5.11)	16.97 (5.16)
敏捷性（sec）	3.11 (0.21)	3.00 (0.20)*	3.08 (0.18)
単純反応時間（ms）	0.187 (0.036)	0.186 (0.035)	0.187 (0.032)
全身反応時間（ms）	0.419 (0.055)	0.394 (0.053)†	0.404 (0.051)

* 動的ストレッチおよびストレッチなしとの差（p＜0.05）
† 静的ストレッチとの差（p＜0.05）
(Chatzopoulos D, et al.: Acute effects of static and dynamic stretching on balance, agility, reaction time and movement time. J Sports Sci Med, 13: 403-409, 2014)

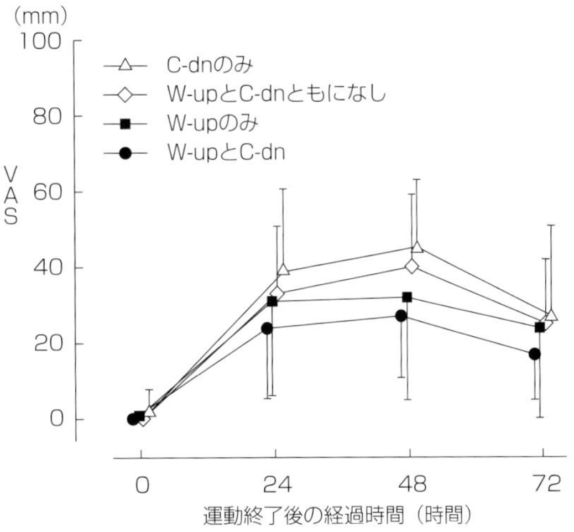

図11-4 エキセントリック運動後の筋痛（視覚的評価スケール；VASスケール）の経時的変化
(Law RY, Herbert RD: Warm-up reduces delayed onset muscle soreness but cool-down does not: a randomised controlled trial. Aust J Physiother, 53: 91-95, 2007)

そのほか，W-upにおいては身体的効果だけではなく，スポーツ活動へ向けた動機づけ，競技へ向けて集中力を高めること，あるいは，過度の緊張緩和などの心理的効果も期待される[16]．表11-2にW-upの効果についてまとめた．

2. ウオームアップの種類と効果

W-upには，一般的W-upと専門的W-upがあり，スポーツ活動の種類や内容によってこれらの構成を考える必要がある．近年，ダイナミック・ウオームアップ，ダイナミック・ストレッチ，あるいはスタティック・ストレッチなどのさまざまなW-upの種類や名称が示されているが，これらのW-upにおける目的や手法および効果は，一般的あるいは専門的W-upのいずれかに当てはまることから，ここでは一般的W-upと専門的W-upについて概説する．

表11-2 ウオームアップの効果

体温や筋温の上昇
筋や関節の粘性抵抗の減少
神経機能の亢進
神経筋協調能の改善
代謝機能の亢進
ヘモグロビンやミオグロビンの酸素解離能の増大
筋への血液量の増加
呼吸循環応答の改善
柔軟性の改善
傷害予防
競技への心理的な準備

2. クールダウンの種類と効果
(1) C-dn の強度や時間

　C-dn によって血中乳酸の除去は速やかになされるが，運動強度については最大酸素摂取量の 30〜40％程度（30〜40％ $\dot{V}O_2max$）がよいとされている．さらには，50％ $\dot{V}O_2max$ 強度での C-dn における乳酸除去率との間に差が認められなかったため，50％ $\dot{V}O_2max$ 前後の運動強度が乳酸の除去に関する至適な運動強度の上限と考えられる（図11-6）[20]．

　また，C-dn を行うことで運動後からの乳酸除去率が安静あるいは受身的なマッサージと比較して高く，乳酸の半減時間も2倍近く短い（図11-7）[21]．乳酸の除去はまた，間欠的な運動よりも連続的な運動による C-dn の方で大きいとの報告もあり[22]，少な

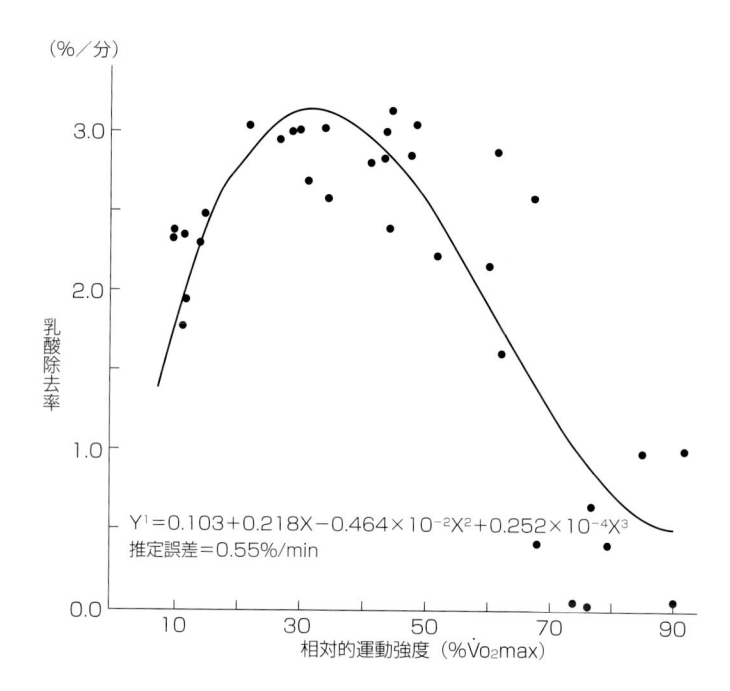

図11-6　相対的運動強度と血中の乳酸除去率との関係
(Belcastro AN, Bonen A: Lactic acid removal rates during controlled and uncontrolled recovery exercise. J Appl Physiol, 39: 932-936, 1975)

$Y^1 = 0.103 + 0.218X - 0.464 \times 10^{-2}X^2 + 0.252 \times 10^{-4}X^3$
推定誤差＝0.55％/min

図11-7　クールダウン時の運動，マッサージおよび安静状態での運動後の乳酸消却率の経時変化
＊マッサージ試行との差（p＜0.05）
＠マッサージおよび安静試行との差（p＜0.05）
(Martin NA, et al.: The comparative effects of sports massage, active recovery, and rest in promoting blood lactate clearance after supramaximal leg exercise. J Athl Train, 33: 30-35, 1998)

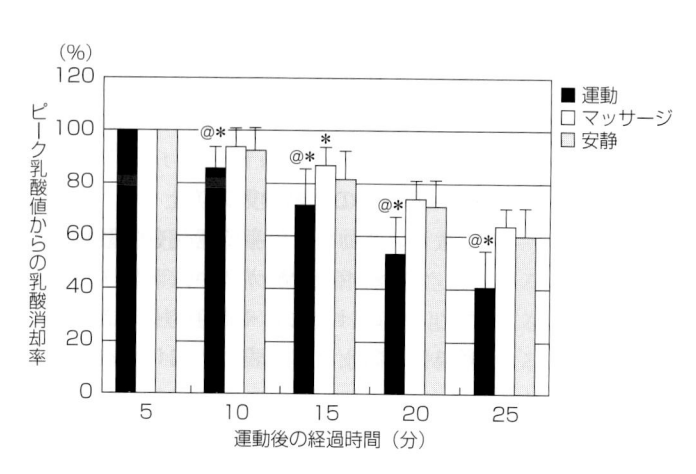

表11-1 静的ストレッチ，動的ストレッチ，およびストレッチなしの3条件における
バランス，敏捷性，単純反応時間および全身反応時間

	静的ストレッチ	動的ストレッチ	ストレッチなし
バランス（sec）	15.34 (5.54)*	17.49 (5.11)	16.97 (5.16)
敏捷性（sec）	3.11 (0.21)	3.00 (0.20)*	3.08 (0.18)
単純反応時間（ms）	0.187 (0.036)	0.186 (0.035)	0.187 (0.032)
全身反応時間（ms）	0.419 (0.055)	0.394 (0.053)†	0.404 (0.051)

* 動的ストレッチおよびストレッチなしとの差（$p<0.05$）
† 静的ストレッチとの差（$p<0.05$）
(Chatzopoulos D, et al.: Acute effects of static and dynamic stretching on balance, agility, reaction time and movement time. J Sports Sci Med, 13: 403-409, 2014)

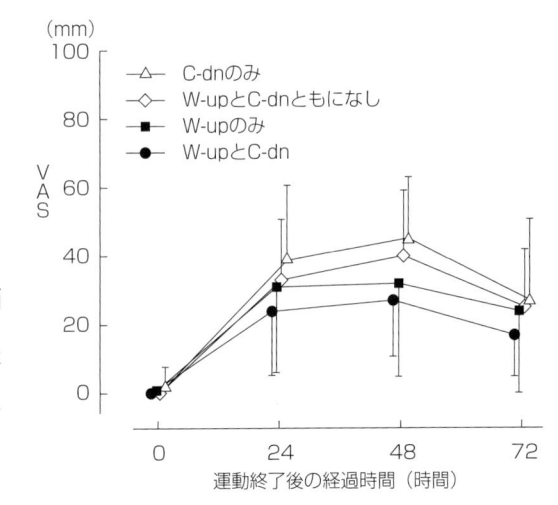

図11-4 エキセントリック運動後の筋痛（視覚的評価スケール；VASスケール）の経時的変化
(Law RY, Herbert RD: Warm-up reduces delayed onset muscle soreness but cool-down does not: a randomised controlled trial. Aust J Physiother, 53: 91-95, 2007)

そのほか，W-upにおいては身体的効果だけではなく，スポーツ活動へ向けた動機づけ，競技へ向けて集中力を高めること，あるいは，過度の緊張緩和などの心理的効果も期待される[16]．表11-2にW-upの効果についてまとめた．

2．ウオームアップの種類と効果

W-upには，一般的W-upと専門的W-upがあり，スポーツ活動の種類や内容によってこれらの構成を考える必要がある．近年，ダイナミック・ウオームアップ，ダイナミック・ストレッチ，あるいはスタティック・ストレッチなどのさまざまなW-upの種類や名称が示されているが，これらのW-upにおける目的や手法および効果は，一般的あるいは専門的W-upのいずれかに当てはまることから，ここでは一般的W-upと専門的W-upについて概説する．

表11-2 ウオームアップの効果

体温や筋温の上昇
筋や関節の粘性抵抗の減少
神経機能の亢進
神経筋協調能の改善
代謝機能の亢進
ヘモグロビンやミオグロビンの酸素解離能の増大
筋への血液量の増加
呼吸循環応答の改善
柔軟性の改善
傷害予防
競技への心理的な準備

(1) 一般的W-up

一般的W-upには主運動とは直接関係のないジョギング，ストレッチや徒手体操などが挙げられる．W-up中の身体活動によってまずは先に述べた生理学的な効果が獲得できる．一般的なW-upでは，ジョギングなどで身体を温め，その後にストレッチや徒手体操を実施するが，一度高められた体温や筋温はしばらく持続されるものの，呼吸循環系に対する効果は5～10分の休息で消失することも指摘されているので，W-upの時間や試合に挑むまでの時間の過ごし方に配慮する必要がある[15]．

(2) 専門的W-up

専門的W-upは主運動と同じ運動を用いた特異的な運動や動作を含んでおり，トレーニングや競技において，身体が正しく効果的に機能できるようにすることを目的としている．たとえば，体操選手，フィギュアスケーター，投手，または跳躍選手では，一定の技術的要素あるいはルーティン部分を行い，一方，水泳選手，ランナーおよび漕艇選手では実際の競技で用いるリズムや強度で行い，競技などの技術的な要素と一定強度の運動を繰り返すことで，質の高いパフォーマンスを十分発揮できるように準備することができる[2,17,18]．

そのほかに，W-upには単に体温や筋温の上昇だけを目的とする受動的なW-upがある．局部加熱やマッサージなどは体温や筋温を上昇させることは確認できているが，競技などに対する効果は限られている．そのため，これらの受動的なW-upは，W-up前後での体温や筋温の上昇や保温，リラックス効果などに有益であるように思われる．

2　クールダウンの必要性

クールダウン（Cool down; C-dn）の実施は，競技者にとっては一般的である．運動後に比較的軽度でやさしい運動を行い，亢進した生理的・代謝的機能を速やかに安静の状態に回復することや疲労からの回復の促進，スポーツ傷害を予防することを狙いとしている．しかしながら，実施した身体活動や競技によっても回復させるべき生理的・代謝的機能や身体部位などが違ってくるために，C-dnには定型の手法などが存在しないものの重要な意義がある．

1. クールダウンの生理学的効果

C-dnの生理的効果については不明瞭な点もあるが，これまでのC-dnに関連する基礎的および実践的な研究から，以下について挙げられる．

(1) 筋ポンプ作用による静脈帰還血液量の確保

多くのスポーツでは運動時に下肢の筋が収縮して静脈が圧迫されているが，ウオーキングやジョギングなどの筋の収縮と弛緩がリズミカルに連続して起こる比較的軽度の運動時には，筋のミルキングアクション（筋ポンプ作用）が持続される．このことは，静脈帰還血液量を確保し血液を心臓に戻すことから，C-dnは亢進した生理的・代謝的機能を安静レベルに速やかに戻すことや疲労物質の除去等を促進する一助とな

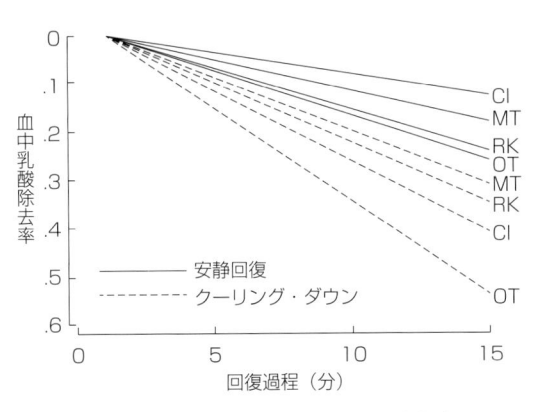

図11-5 クールダウンと乳酸除去率
(鈴木哲郎, 青木純一郎：クーリング・ダウンと乳酸. 東京体育学研究, 2: 19-23, 1975)

表11-3 クールダウンの効果

静脈帰還血液量の確保
疲労物質の除去
過剰換気の防止
遅発性筋痛の予防

る[15].

　一方，運動終了後に完全な休息を取ってしまうと，筋ポンプ作用が働かなくなり，とくに，下肢においては静脈での血液の滞留などが生じ，静脈帰還血液量が減少して血圧の低下を引き起こし，立ちくらみやめまい，失神などの原因にもなる．

(2) 疲労物質としての乳酸の除去

　高強度の運動においては，無気的エネルギーの利用により疲労物質である乳酸が産生される．筋に乳酸が蓄積するような状況では水素イオン濃度が増加し，pHが低下する．増加した水素イオンは解糖系の律速酵素であるフォスフォフルクトキナーゼ(PFK)の活性を抑制して，ATPの再合成や筋小胞体からのCa^{2+}放出を抑制し，Ca^{2+}とアクチンフィラメントにあるトロポニンとの結合を妨げることから，結果として，筋の収縮力を低下させる．また，乳酸の蓄積はエネルギー源としての脂肪酸の動員を妨げ，酸化系酵素の活性化を阻害し，回復を遅らせる要因となる．

　したがって，図11-5に示すように安静状態での回復と比べて，運動後のC-dnによって蓄積した乳酸を速やかに除去することは，疲労の回復やコンディショニングにおいても重要となる[19]．乳酸の除去については，一部はグルコースやグリコーゲンとして再合成されるが，大部分はおもに骨格筋の遅筋線維における酸化の増大によるとされている．結果として，酸素負債の消却を促進することになる．

(3) 運動後の過剰換気の防止

　激しい運動後，急激に運動を中止すると過剰な換気が引き起こされる．過剰換気によって血液中の炭酸ガスが低下し，血液がアルカリ性となる（呼吸性アルカローシス）ため，筋のけいれんや血圧の低下が引き起こされる．C-dnはこのような運動後の過剰換気を防止する．表11-3にC-dnの効果をまとめた．

2. クールダウンの種類と効果
(1) C-dnの強度や時間

　C-dnによって血中乳酸の除去は速やかになされるが，運動強度については最大酸素摂取量の30〜40％程度（30〜40％ $\dot{V}O_2max$）がよいとされている．さらには，50％ $\dot{V}O_2max$ 強度でのC-dnにおける乳酸除去率との間に差が認められなかったため，50％ $\dot{V}O_2max$ 前後の運動強度が乳酸の除去に関する至適な運動強度の上限と考えられる（図11-6）[20]．

　また，C-dnを行うことで運動後からの乳酸除去率が安静あるいは受身的なマッサージと比較して高く，乳酸の半減時間も2倍近く短い（図11-7）[21]．乳酸の除去はまた，間欠的な運動よりも連続的な運動によるC-dnの方で大きいとの報告もあり[22]，少な

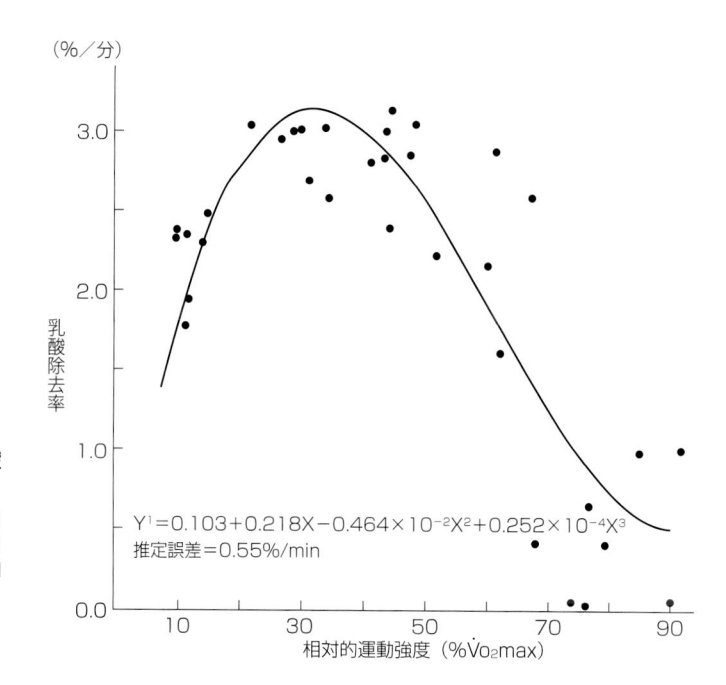

図11-6　相対的運動強度と血中の乳酸除去率との関係
(Belcastro AN, Bonen A: Lactic acid removal rates during controlled and uncontrolled recovery exercise. J Appl Physiol, 39: 932-936, 1975)

$Y^1 = 0.103 + 0.218X - 0.464 \times 10^{-2}X^2 + 0.252 \times 10^{-4}X^3$
推定誤差＝0.55%/min

図11-7　クールダウン時の運動，マッサージおよび安静状態での運動後の乳酸消却率の経時変化
＊マッサージ試行との差（p＜0.05）
＠マッサージおよび安静試行との差（p＜0.05）
(Martin NA, et al.: The comparative effects of sports massage, active recovery, and rest in promoting blood lactate clearance after supramaximal leg exercise. J Athl Train, 33: 30-35, 1998)

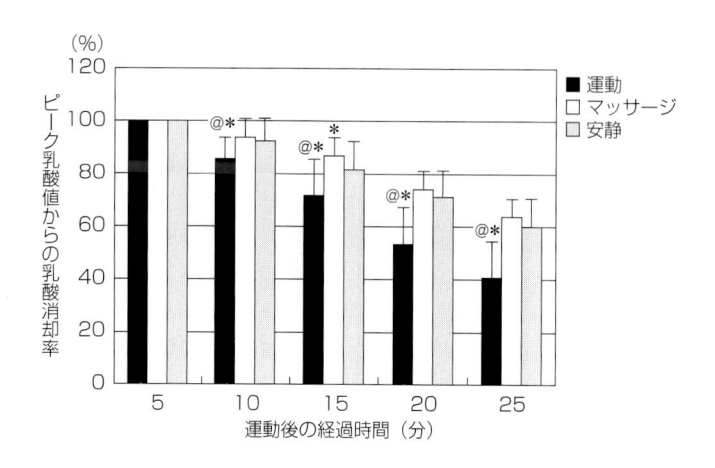

くとも運動後5～10分間くらいはC-dnを継続する必要がある．

(2) C-dnとしてのストレッチおよびマッサージ

疲労の蓄積によって筋の硬直などを主観的に感じることも多い．これは筋の短縮や関節可動域を制限し，スポーツ傷害を生じやすくする要因と考えられる．C-dnにおいても，ストレッチによって筋に感じる不快感等を軽減することは，遅発性筋痛の軽減，傷害発生予防やコンディショニングの観点からも重要な意義があると思われる．

また，運動後のマッサージも静脈血やリンパ液の環流の促進，筋中に蓄積した疲労物質や老廃物を除去することで疲労を回復させるだけではなく，疲労した筋や関節の過緊張やけいれん，張り，痛みなどを改善する効果がある．そのほか，ケガの後遺症や不安な部位へのアイシングも筋の炎症を抑えるため，傷害予防の観点からもC-dnに含めて考えることができる．アイシングはまた，激しい運動後の筋温上昇を抑え，エネルギーの消耗を防ぎ，筋痛等の筋のダメージの軽減や慢性的な傷害予防などにも効果があるとされる[23]．

本章では，スポーツ活動における一般的なW-upとC-dnの効果などについて概説した．実際のW-upとC-dnの取り組みにおいては，スポーツの特性や環境条件など多くの要因を考慮し配慮することが必要である．

[内丸　仁]

文　献

1) Bishop D: Warm up I: potential mechanisms and the effects of passive warm up on exercise performance. Sports Med, 33: 439-454, 2003.
2) Coleman G: warm-up/Cool-Down and Flexibility. In: Eugene Coleman AE, 52-week Baseball training. Human Kinetics, 2000.
3) Asmussen E, Boje O: The effect of alcohol and some drugs on the capacity for work. Acta Physiol Scand, 15: 109-113, 1948.
4) Bennett AF: Thermal dependence of muscle function. Am J Physiol, 247: R217-229, 1984.
5) Davies CT, et al.: Contractile properties of the human triceps surae with some observations on the effects of temperature and exercise. Eur J Appl Physiol Occup Physiol, 49: 255-269, 1982.
6) Stewart IB, Sleivert GG: The effect of warm-up intensity on range of motion and anaerobic performance. J Orthop Sports Phys Ther, 27: 154-161, 1998.
7) Wittekind A, et al.: Warm-up effects on muscle oxygenation, metabolism and sprint cycling performance. Eur J Appl Physiol, 112: 3129-3139, 2012.
8) Edwards RH, et al.: Effect of temperature on muscle energy metabolism and endurance during successive isometric contractions, sustained to fatigue, of the quadriceps muscle in man. J Physiol, 220: 335-352, 1972.
9) Gray S, Nimmo M: Effects of active, passive or no warm-up on metabolism and performance during high-intensity exercise. J Sports Sci, 19: 693-700, 2001.
10) Di Prampero PE, et al.: An analysis of O2 debt contracted in submaximal exercise. J Appl Physiol, 29: 547-551, 1970.
11) Pearce AJ, et al.: Neural conduction and excitability following a simple warm up. J Sci Med Sport, 15: 164-168, 2012.
12) Chatzopoulos D, et al.: Acute effects of static and dynamic stretching on balance, agility, reaction time and movement time. J Sports Sci Med, 13: 403-409, 2014.
13) Samson M, et al.: Effects of dynamic and static stretching within general and activity specific warm-up protocols. J Sports Sci Med, 11: 279-285, 2012.
14) Law RY, Herbert RD: Warm-up reduces delayed onset muscle soreness but cool-down does

not: a randomised controlled trial. Aust J Physiother, 53: 91–95, 2007.
15) 形本静夫：ウオームアップとクールダウンの生理学. 青木純一郎ほか編著, スポーツ生理学. 市村出版, 2001.
16) Lane AM, Lovejoy DJ: The effects of exercise on mood changes: the moderating effect of depressed mood. J Sports Med Phys Fitness, 41: 539–545, 2001.
17) Gamma SC, et al.: A total motion release warm-up improves dominant arm shoulder internal and external rotation in baseball players. Int J Sports Phys Ther, 9: 509–517, 2014.
18) Pasanen K, et al.: Effect of a neuromuscular warm-up programme on muscle power, balance, speed and agility: a randomised controlled study. Br J Sports Med, 43: 1073–1078, 2009.
19) 鈴木哲郎, 青木純一郎：クーリング・ダウンと乳酸. 東京体育学研究, 2: 19–23, 1975.
20) Belcastro AN, Bonen A: Lactic acid removal rates during controlled and uncontrolled recovery exercise. J Appl Physiol, 39: 932–936, 1975.
21) Martin NA, et al.: The comparative effects of sports massage, active recovery, and rest in promoting blood lactate clearance after supramaximal leg exercise. J Athl Train, 33: 30–35, 1998.
22) Bonen A, Belcastro AN: Comparison of self-selected recovery methods on lactic acid removal rates. Med Sci Sports, 8: 176–178, 1976.
23) 山本利春：トレーニングの基礎知識. 山本利春, スポーツ指導者のためのコンディショニングの基礎知識. 大修館書店, 2010.

12章 スポーツと骨格筋機能

　スポーツ活動とは，重力や浮力，摩擦抵抗，対戦相手から及ぼされる外力などに抗して，能動的な力やパワーを発揮しながら，身体がさまざまな方向に，速度を変化させながら運動を行うことであるといえる．こうした運動は，骨格筋がその原動力となり，関節を介して骨を動かすことによって行われる．すべての骨格筋は，大脳を起点とする神経とつながっており，中枢神経系の指令のもとで必要に応じて活動する．走る，投げるといったダイナミックな身体運動から，言葉を話す，視線を動かすといった繊細な動作まで，人間がその意志で行う（随意）運動はすべて，骨格筋によって行われる．

　身体を車にたとえると，骨格はフレームに，骨格筋はエンジンに，そして身体各所に蓄えられるエネルギー（糖質・脂質）は燃料に相当する．車体である身体の出力パワーは人によって異なり，また，成長や加齢，トレーニングによって変化するが，これは，使われることによって大きくなったり，動かさないことによって小さくなったりするという骨格筋エンジン独自の特徴である．本章では，骨格筋の構造と機能，骨格筋の収縮が身体運動として発現する機序，そして，トレーニングによって骨格筋の形態や機能がどのように変化するのかについてまとめる．本書の性格上，骨格筋の機能をスポーツ競技やトレーニングと関連させながら述べることを主眼としたため，骨格筋の解剖学的・生理学的特徴の詳細については割愛した部分もある．興味ある読者は他の成書（たとえば文献23）を参照されたい．

1　骨格筋の形態的・機能的特性とトレーナビリティ

　人間は500個以上の骨格筋をもち，その重さは体重の25～35％に及ぶ．がっしりタイプ，細身タイプといった体格の個人差を決める大きな要因が骨格筋の量である（図12-1）．図12-2は，さまざまな運動経験を有する男性の腹部（臍の高さ）の横断画像（MRI連続横断画像の再構築）であるが，腹部の骨格筋（腹直筋・内外腹斜筋・腹横筋・大腰筋・脊柱起立筋など）の量の個人差は歴然としている．とくに，ソフトボール選手の脊柱起立筋や体操選手の大腰筋など，競技種目に特異的に発達する筋があることがうかがえる．これは，その競技で特定の動作（体幹の伸展や捻りなど）が繰り返されることを通じて，その動作の主働筋が発達したためである．脂肪組織の量にも個人差があり，筋量の差と併せて体格の違いを生み出す．加齢によって骨格筋量は減少し，脂肪組織が増える傾向を示す（図12-2c）．大腿に存在する筋群についても同様のことがいえ，このために，男女ともに競技種目に特異的な大腿形状になる

前部

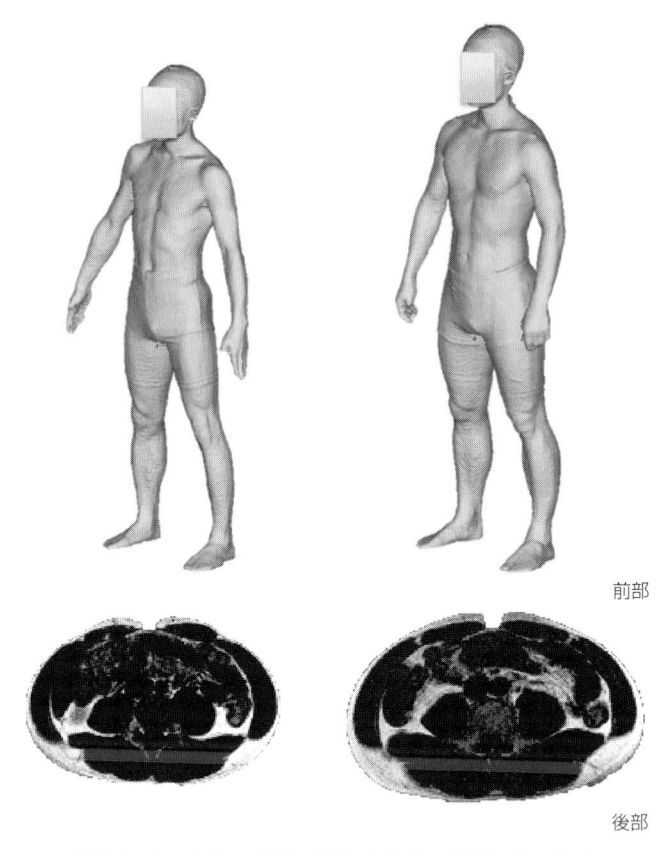

後部

図12-1 全身の体格（上）と腹部の横断画像（下）
細身タイプ（左）とがっしりタイプ（右）のスポーツ選手の例.
腹部の横断画像は濃色の部分が筋肉（骨格筋と内臓），淡色の部分が脂肪組織（皮下脂肪と内臓脂肪）を示す.

a) b)

後部

前部

c) d)

脊柱起立筋

大腰筋

内・外腹斜筋，腹横筋

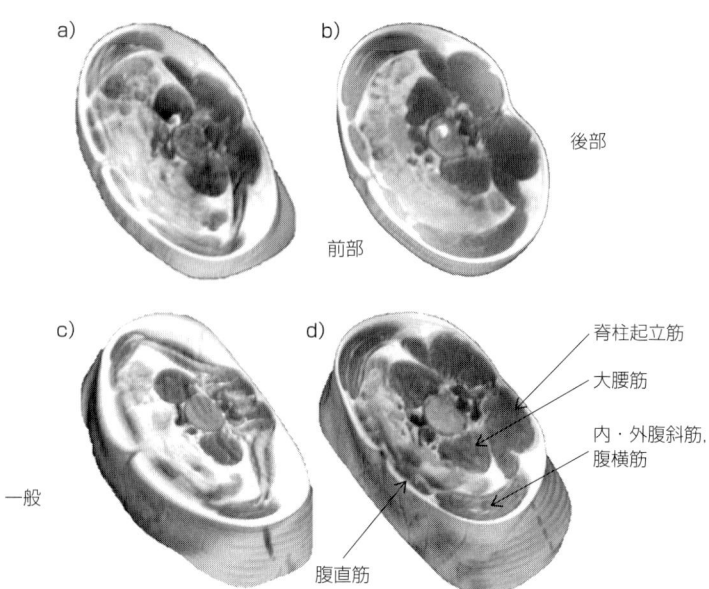

図12-2 男性の腹部の横断画像の例
a）一般大学生，b）ソフトボール選手，c）一般中年（筆者），d）体操選手

腹直筋

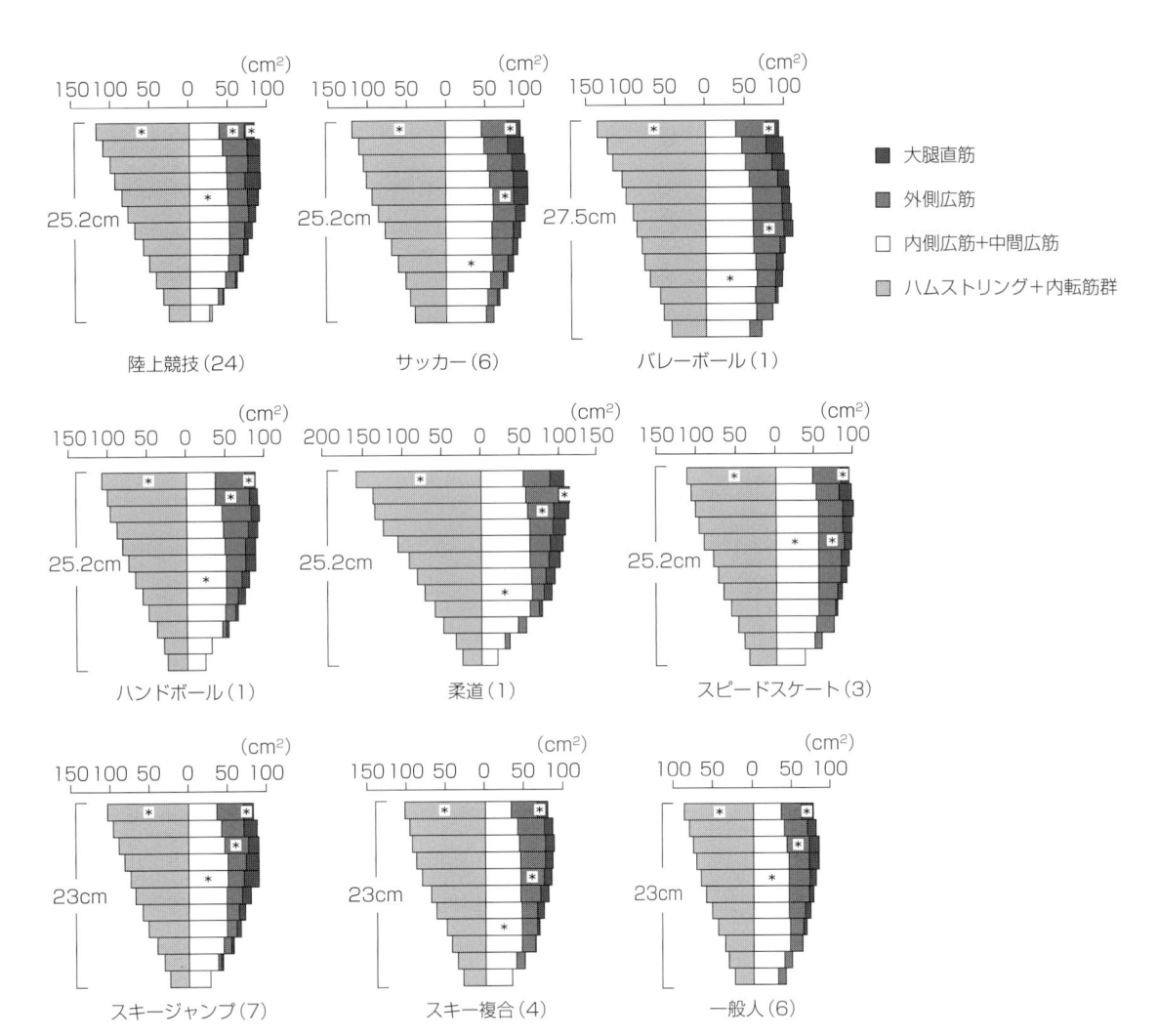

図12-3 さまざまな男性スポーツ選手の大腿部の骨格筋分布の平均値
　近位側が上，各図の右側が大腿前面，左側が大腿後面．
　競技種目の後のカッコ内に被験者数を示す．
(久野譜也：NMRによる一流選手の筋特性．Jpn J Sports Sci, 12: 78-82, 1993)

(図12-3)[1]．たとえば，陸上競技選手では大腿部近位側が太く，遠位に向かって細くなるタイプが多く，サッカー選手は大腿中央部から遠位にかけての筋量が多い傾向にある．これも，スポーツ種目でとくに使われる筋の発達度の違い（陸上競技におけるハムストリングスや内転筋，サッカーにおける大腿四頭筋など）を反映したものであると考えられる．

このように，身体内でもとくに骨格筋量が多い体幹部や大腿部の筋量分布や形状は，実施しているスポーツや生活パターンによって大きく異なる．上肢についても，骨格筋量分布に競技種目特性が存在し，たとえば上腕三頭筋は柔道，レスリング，体操競技のオリンピック選手においてよく発達している[2]．同一個人でも，成長や加齢によって筋量や体格は変化し，筋力（レジスタンス）トレーニングの実施によって肥大し，

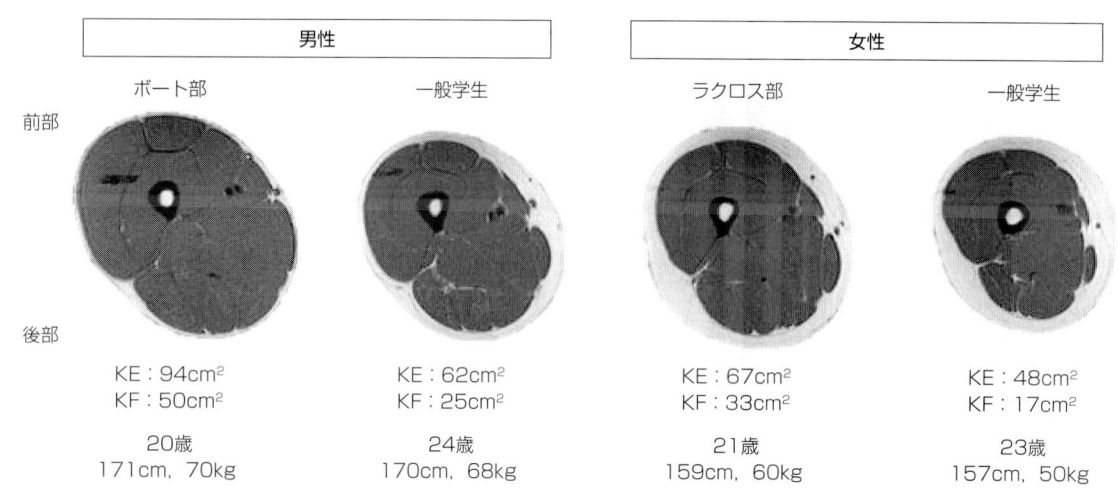

男性		女性	
ボート部	一般学生	ラクロス部	一般学生
KE：94cm²	KE：62cm²	KE：67cm²	KE：48cm²
KF：50cm²	KF：25cm²	KF：33cm²	KF：17cm²
20歳	24歳	21歳	23歳
171cm, 70kg	170cm, 68kg	159cm, 60kg	157cm, 50kg

図12-4　大腿部の横断画像の例
KE：膝関節伸筋群（大腿前部），KF：膝関節屈筋群（大腿後部），数値は横断面積を示す．
ラクロス部に所属する女性は一般男性よりもKE，KFともに大きい．
(川上泰雄：高齢者の骨格筋の形態と機能．Geriatric Medicine, 48: 227-230, 2010)

不活動によって萎縮する．これは，骨格筋が量的な適応性に極めて富んだ器官だからである．一般的に，女性では男性よりも筋量が少ないが，トレーニングを積んでいる女性は座業主体の男性よりも筋量が多い場合もある（図12-4）[3]．

骨格筋は筋束という，数百本の筋線維からなる結合組織（筋周膜）で覆われた束が，数千本集まって構成される（図12-5上）．筋線維は骨格筋細胞に相当し，細く（直径0.1mm前後），長い（数cm），超巨大細胞である．筋線維はその内部に，筋原線維と呼ばれるさらに細い線維構造（さまざまなタンパク質の複合体）をもっている．ひとつの筋線維に多数の核が含まれるのが特徴で，これは，筋線維に寄り添って存在しているサテライト（衛星）細胞が，トレーニングなどによる刺激を受けて筋線維に融合することによる．最近の研究によって，増えた核は脱トレーニングによって筋線維が萎縮する際にもその数を保ち，再トレーニング時の応答に備えることがわかってきた[4]．これは，ひとたびトレーニングをすると，その効果を筋線維があたかも記憶するような機構の存在を示唆しており，トレーニングの現場で同様の経験を表現するのに用いられる「muscle memory」の生理学的基盤であると推測される．

筋原線維はサルコメア（筋節）という構造単位が直列に数万個並んだもので，そのために筋原線維上，筋線維上にはともに縞模様が観察される．サルコメア内にも線維構造が存在し，そのうち，ミオシン（太い）フィラメントとアクチン（細い）フィラメント同士が架橋（クロスブリッジ）で結合し，力を発揮しながらお互いの間を滑り合うことで，筋線維の短縮や張力発揮が起こる（図12-5b）．このときに，生体内のエネルギー通貨といわれるアデノシン3リン酸（ATP）の分解によるエネルギーが必要であり，ATP再合成のために糖質（グリコーゲンの形で骨格筋内や肝臓内に貯蔵）や脂質（中性脂肪の形で脂肪組織に貯蔵）が用いられる．フィラメント同士の重なりの度合いが変わる（サルコメア長が変わる）と，フィラメント間のクロスブリッジの

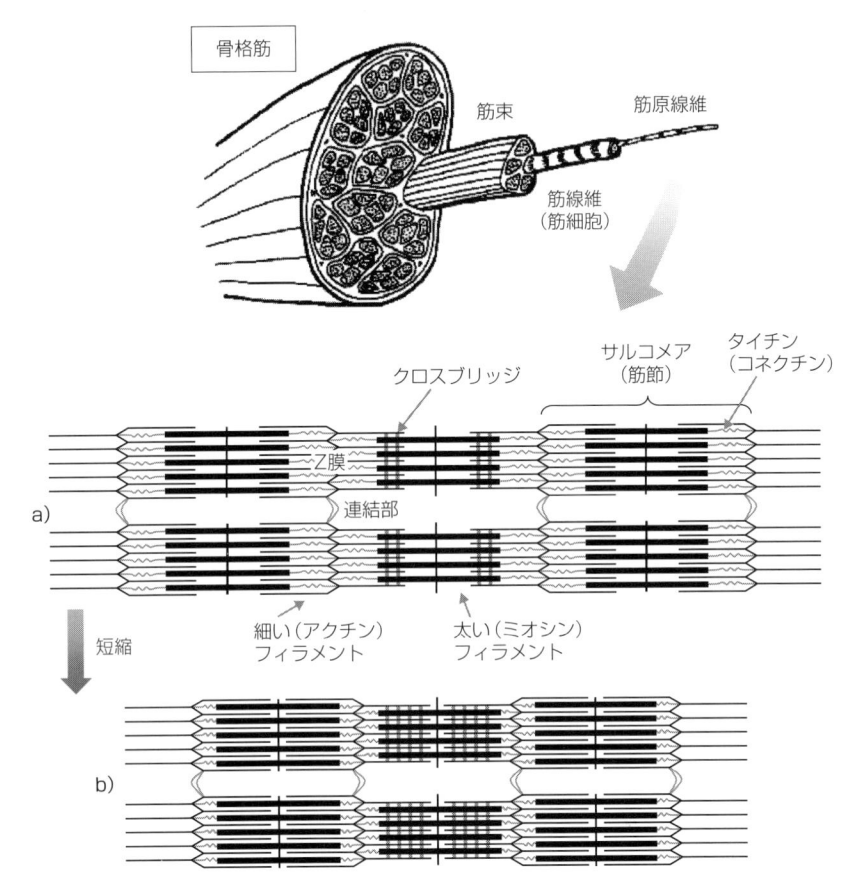

図12-5 骨格筋の構造の模式図（a）と筋原線維内の収縮タンパクの配置の模式図（b）
a) 線維が階層構造を構成する．
b) 太い（ミオシン）フィラメントと細い（アクチン）フィラメントのオーバーラップが増えることでサルコメアの短縮が生じる．

数が変わるため，発揮される力が変化する（等尺性収縮において観察される「力―長さ関係」）．また，力を発揮している筋の長さが短くなる短縮性収縮においては，フィラメント同士の間で生じる滑りの速度（サルコメアの短縮速度）が高いほど，発揮される力が小さい．一方，力を発揮している筋が外力により短縮方向とは反対に伸長される伸張性収縮のときに発揮される力は等尺性収縮時よりも大きくなる（「力―速度関係」：図12-6）[5]．発揮される力に短縮速度を乗じることで求められる筋パワーも，力や速度に依存し，最大パワーが得られる至適な力・速度レベルが存在する（「力―パワー関係」「速度―パワー関係」）．

　短縮性収縮を伴う筋力トレーニングによる力発揮能力の増加には速度特異性が存在し，トレーニングを実施した速度での増加率がもっとも高い．すなわち，低負荷・高速度で実施したトレーニングでは最大速度の増加が，高負荷・低速度で実施したトレーニングでは最大筋力の増加が，それぞれ顕著である[6,7]（図12-7）[8]．ピークパワーが発現する負荷のもとでのトレーニングでは，最大パワーがとくに向上する（図12-

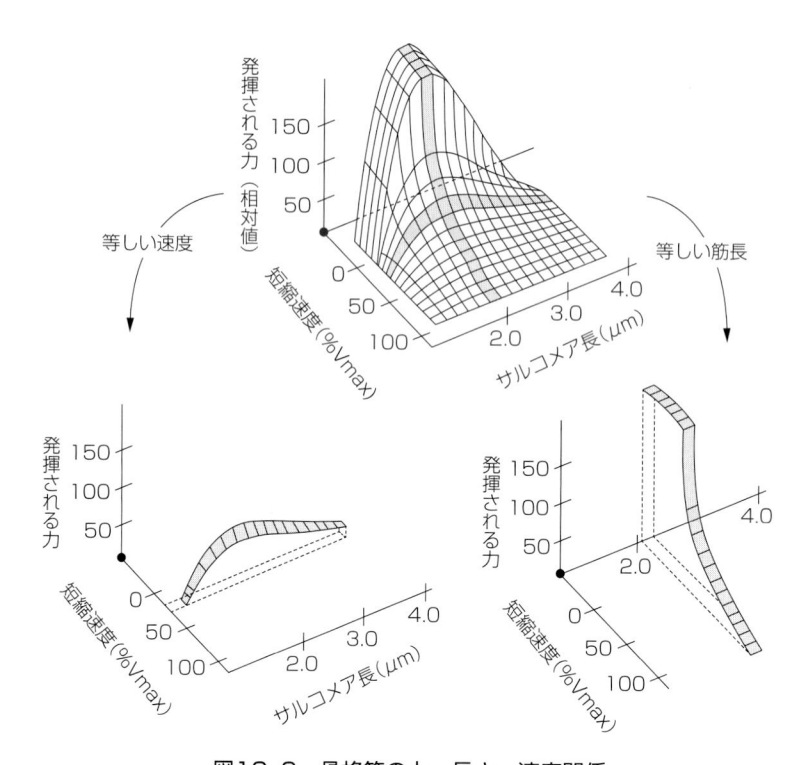

図12-6 骨格筋の力—長さ—速度関係
実際の運動では，さまざまな長さ・速度・強度で収縮が行われるので，骨格筋が発揮する力は図で示される平面を上縁とする空間内で変化する．
(Lieber RL: Skeletal Muscle Structure and Function. Williams & Wilkins, 1992)

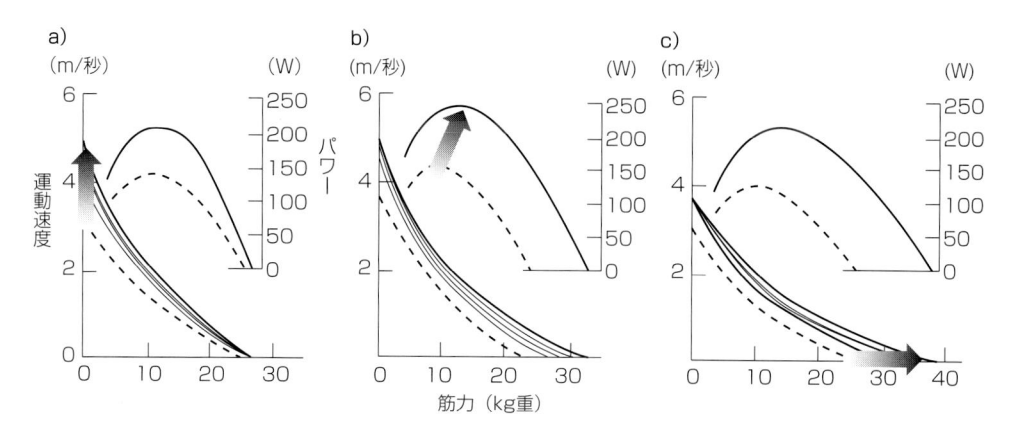

図12-7 骨格筋の力—速度関係（各図の左下）と力—パワー関係（同右上）のトレーニングによる変化
a) 無負荷でのスピードトレーニング，b) 最大負荷の30%でのパワートレーニング，c) 最大負荷での筋力トレーニング．
(Moritani T: Time course of adaptations during strength and power training. In: Komi PV ed., Strength and Power in Sport. Blackwell, pp.266-278, 1992より引用改変)

7b). 伸張性収縮を用いたトレーニングは他の収縮様式によるトレーニングよりも筋力および筋量の増加に対して有効であるという報告が多い[9]. これは, 格段に大きな力を発揮できる伸張性筋活動では大きな負荷を用いたトレーニングが可能であり, トレーニング効果が高くなることによると考えられている[10]. 伸張性筋活動は筋の微細損傷を引き起こし, 損傷の回復過程において筋が適応して筋量が増加する[11]. このことが伸張性トレーニングによる筋肥大効果の理由のひとつであろう.

2 筋線維組成と競技特性の関係

骨格筋の筋線維はその収縮特性から遅筋線維と速筋線維に大きく分けられ, さらに組織化学的特性などから, 以下の3つのタイプに分けることができる.
① タイプI線維（SO・ST）：収縮速度は遅いが, 持久能力にすぐれている
② タイプIIa線維（FOG・FTa）：SO線維とFG線維の中間的な性質をもつ
③ タイプIIb線維（FG・FTb）：速く収縮し, 発揮する張力は大きいが疲労しやすい

それぞれのタイプの筋線維は骨格筋内にモザイク状にちりばめられている（図12-8）[12-15]. それぞれの筋線維タイプは異なった運動単位に属し, 脊髄で筋線維を支配するモトニューロン（運動神経細胞）や, モトニューロンが支配している筋線維の数（神経支配比）も異なっている. 同じ筋であっても, 異なる運動単位が部分的に収縮を担当しており, 力発揮の大きさはそれに参画する運動単位の数や, 神経系による興奮伝達の頻度を変化させることによって調節される. 図12-8に示した特性を反映して, 筋線維タイプによって力―速度―パワー関係は異なり, タイプI線維が最大速度, 最大パワーともにもっとも小さく, IIb線維がいずれももっとも大きい[16].

筋内における各タイプの筋線維の割合（筋線維組成）は骨格筋によって, また, 人によって異なることがわかっており, 持久的要素の強い競技の選手では主働筋に遅筋線維の占める割合が高く, 短時間に高いパワー発揮が必要な競技種目の選手では速筋線維の占める割合が高い（図12-9）[17]. 筋線維組成には本質的な性差は存在せず, 一般人においては平均的には男性・女性ともに, 遅筋線維と速筋線維は半数ずつ存在する.

筋線維組成は主として遺伝によって決まり, トレーニングによって筋線維タイプが遅筋線維から速筋線維に変化する可能性は低いといわれているが, 速筋線維のサブタイプの間で移行が生ずる可能性は示唆されている[18]. 興味深いことに, 持久的なトレーニングであれ, 筋力トレーニングであれ, トレーニングの適応として速筋線維タイプはIIbからIIaへシフトする[19,20]. そもそも, 人間の場合, IIb線維はその遺伝子を有しているものの発現はせず, IIb線維とされているものは中間的なIIx線維であるという主張も存在し[5], 速筋線維もある程度の持久性を有すると考えてよい. 遅筋線維と速筋線維に大別する場合, その割合はほぼ遺伝的に決定されるので, その収縮特性に対応した体力特性が要求される種目に選手が適応していくことが, 筋線維組成の競技種目差につながるのであろう. 筋線維組成の遅筋線維に比べて速筋線維に肥大が認められやすい[18]といったこともあり, 先に述べた競技種目特有の体格が観察されるようになる.

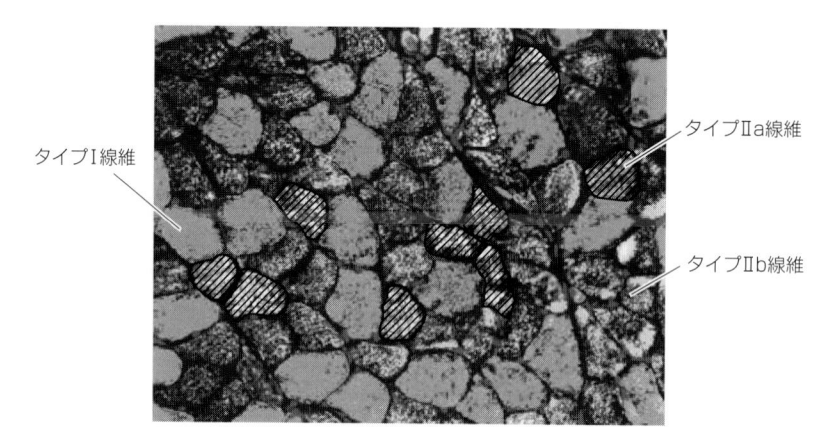

筋線維の種類	遅筋線維 タイプI ST・SO	速筋線維 タイプIIa Fta・FOG	速筋線維 タイプIIb FTb・FG
運動単位のタイプ	S	FR	FF
モトニューロンの大きさ	小さい	大きい	大きい
神経支配比	低い	高い	高い
神経伝導速度	低い	高い	高い
発火頻度	低い	高い	高い
ミオシンATPaseタイプ	遅い	速い	速い
筋小胞体の発達度合	低い	高い	高い
ミオグロビン含有量	多い	中間	少ない
グリコーゲン含有量	違いがない		
毛細血管密度	高い	中間	低い
ミトコンドリア酵素活性	高い	中間	低い
収縮速度	低い	高い	高い
運動単位の収縮力	低い	中間	高い
疲労耐性	高い	中間	低い
酸化（有酸素）能力	高い	中間	低い
解糖系（無酸素）能力	低い	高い	高い

図12-8　骨格筋の横断面の染色画像（上）と筋線維のタイプによる解剖学的・力学的・組織化学的特性の違い（下）
上：(Matsuura et al., 2007)，下：(Åstrand and Rodahl, 1987; Burke and Edgerton, 1975; Wilmore and Costill, 1999)

3　筋収縮と関節パフォーマンスとの関係

　骨格筋の収縮はそれが付着する骨を関節周りに牽引することで関節が回転し，身体運動となる．骨格筋の発揮する力と長さや短縮速度，発揮パワーの関係は，関節の角度や角速度と回転力（関節トルク），関節パワーの関係となって表れる．関節パワーが複数の関節にわたって組み合わされることで，スポーツ活動における身体のパワー発揮が行われることになる．ジャンプ力や投球速度など，スポーツパフォーマンスは身体運動のパワーと密接な関係をもっているので，トレーニングによって筋パワーを高める（骨格筋を肥大させ，出力を大きくする），後述する筋腱相互作用を巧みに行

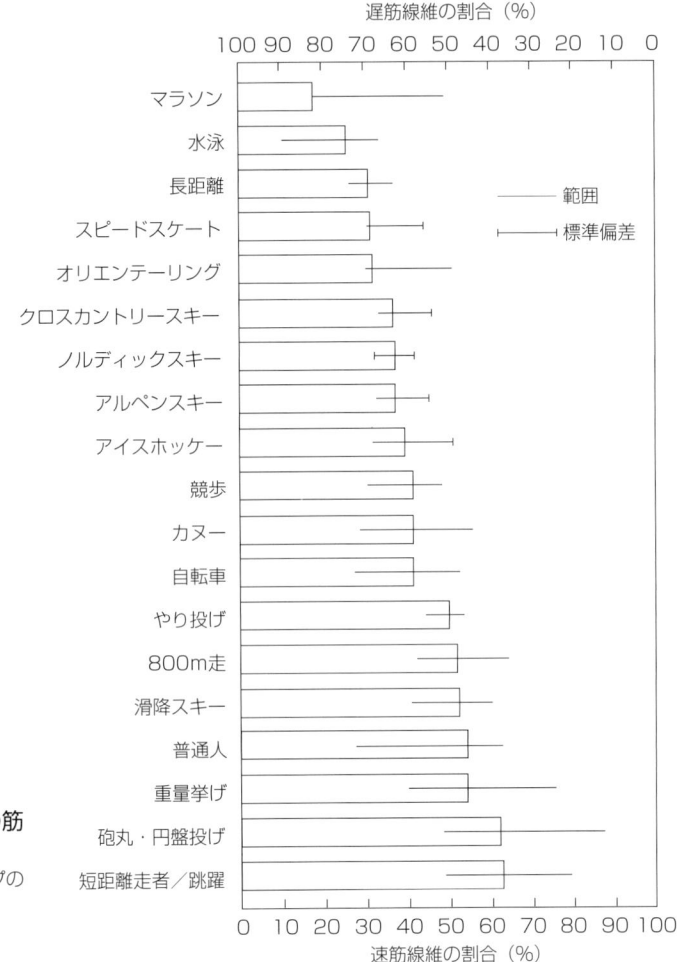

図12-9 さまざまな競技スポーツ選手の筋線維組成
(宮下充正：トレーニングの科学　パワーアップの理論と方法. 講談社, 1980)

えるようにすることが，身体運動のパフォーマンスの向上につながる．

骨格筋は短縮する方向にしか力を発揮することができない（骨を引っぱることはできても，押すことはできない）ので，関節を屈曲・伸展方向に動かすために，それぞれ，屈筋と伸筋が別個に存在する（図12-10）[21]．関節の動きの方向に対して逆に作用する骨格筋は「拮抗筋」，同じ方向の動作を担う複数の骨格筋は「協働筋」と呼ばれる．骨格筋のなかには，1個の関節だけをまたぐもの（単関節筋）と，複数の関節をまたぐもの（多関節筋；またぐ関節が2個の場合は二関節筋）が存在する（図12-10）．たとえば，大腿四頭筋の場合，外側広筋，内側広筋，中間広筋は単関節筋で，膝関節伸展の協働筋であり，大腿直筋は二関節筋で，膝関節伸展に関しては広筋群の協働筋であるが，股関節屈曲の機能も有しており，その点では腸腰筋の協働筋である．多関節筋が存在することによって，基本的に多関節運動である身体運動における協働筋と拮抗筋の関係は複雑である．二関節筋は，関節パワーを近位から遠位へと伝える機能をもつ可能性が指摘されており，大腿直筋は脚伸展運動時に股関節のパワーを膝関節に伝える役割を担う[22]と考えられているが，最近の著者らの研究によって，脚

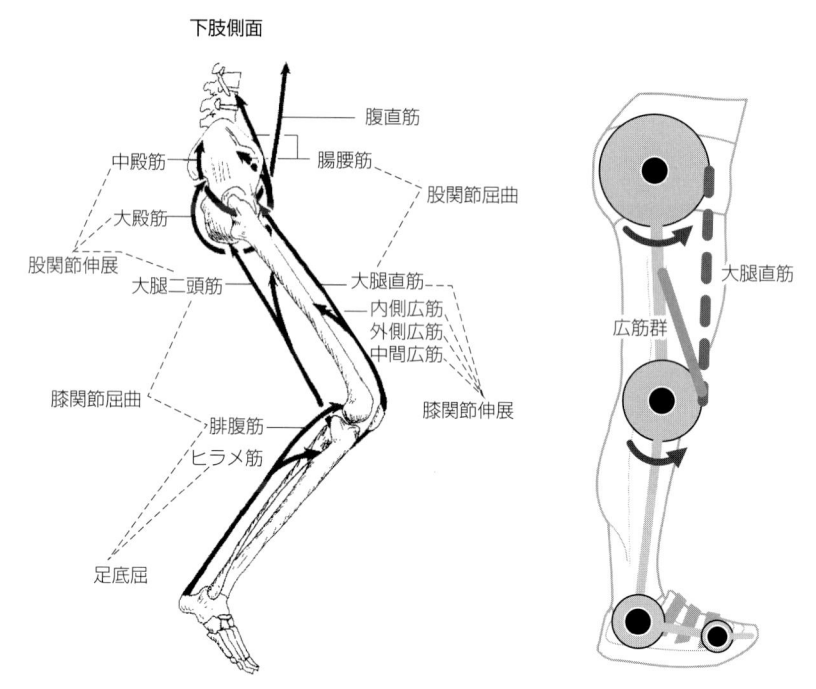

図12-10 下肢の筋群配置（左）と単関節筋と二関節筋の概念図（右）
右図では，大腿四頭筋のうち膝関節伸展にはたらく単関節筋（広筋群：実線）と，膝関節伸展と股関節屈曲にはたらく二関節筋（大腿直筋：破線）の機能を模式的に示す．
左：（深代千之ほか編著：スポーツバイオメカニクス．朝倉書店，2000）

伸展動作を日常的に行っているボート選手では，大腿四頭筋のうち広筋群がよく発達するものの，大腿直筋の発達度合は一般人並みであることが明らかとなり[23]，二関節筋の機能に関しては再考の余地が残されている．

　骨格筋は，テコの原理を利用することで，筋収縮を関節トルクや回転の大きさ，回転速度に変換する（図12-10右）．骨格筋のテコ作用は，骨格筋（力点）が発揮する力よりも身体外部（作用点）に及ぼす力の方が小さく，一方，骨格筋の収縮の大きさよりも身体の動きの方が大きいものになっている．これは，関節の回転中心と骨格筋との間の距離（たとえば，図12-10において，膝関節伸筋群の膝関節中心からの距離）が，関節の回転中心と作用点の間の距離（図12-10において，膝関節から下の下腿の長さ）よりもはるかに短いことによる．力の点で不利に，動きの点で有利にはたらく骨格筋の配置であるが，これは骨格筋が極めて大きな力を発揮する装置である（膝関節を伸展させる大腿四頭筋の筋力は1tに達する）[24]ことによって可能となっている．

4 筋腱複合体の形状と機能

　骨格筋は，基本的に腱組織を介して骨に結合する．図12-11は，膝関節と足関節をまたぐ腓腹筋を模式的に示したものである．腓腹筋は筋束が極めて短い羽状筋であ

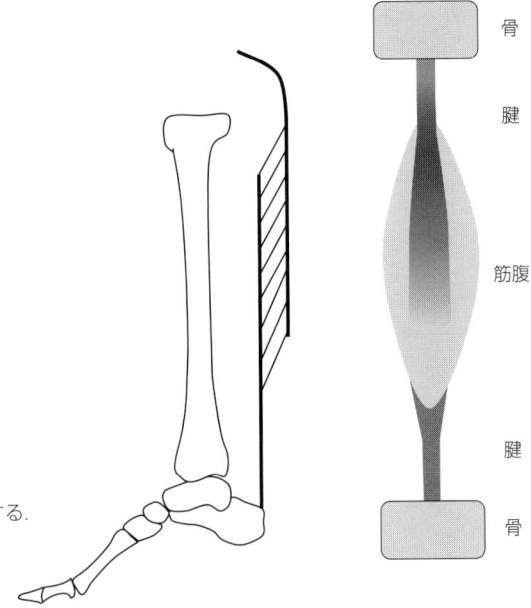

図12-11　腓腹筋筋腱複合体の模式図
骨格筋は筋腹（筋束部分）と腱組織からなり，腱の末端が骨に結合する．
腱組織は筋腹上では膜性の腱膜となって筋束に付着する．

り，長大な（膜性の腱膜を含む）腱組織が近位側・遠位側に連なっている．遠位側の腱組織はアキレス腱となって踵骨に付着する．筋束の数や長さ，腱組織の形や大きさは筋によってさまざまであるが，いずれの骨格筋も，筋束と腱組織から成るので，骨格筋は「筋腱複合体」であると考えることができる．

　腱組織は力を加えられると伸長し，張力が除かれると元の長さに戻る性質（弾性）をもっており，伸ばされたときにエネルギーを（伸ばされたゴムひものように）貯蔵することができる．腱組織に蓄えられたエネルギーは，身体運動において効果的に使われることがわかっている．たとえば，ランニングやジャンプの際，足が地面に接して筋腱複合体の発揮する力が高まっている間に，腱組織が伸長されてエネルギーを蓄積し，その後筋線維と腱組織の両方が短縮しながら地面を蹴ることで，大きなエネルギーを発揮したり，動きの効率を高めたりすることができる[25]．

　腱組織の弾性は筋力トレーニングによって高まり（硬いバネになる），不活動によって低下する（柔らかいバネになる）ことが，人間の腱組織の力学的特性の生体計測を通じて明らかになった[26,27]．さらに，最近の著者らの研究によって，筋線維と腱組織の役割分担や相互作用（筋腱相互作用）が，練習によって急性に変化することが示された[28]．これらの知見は，エンジンである骨格筋（筋腹部分）とサスペンションである腱組織は，それぞれの強さが変わり得ること，また，両者の相互作用はそれぞれの「使い方」によっても変化し得ることを示している．筋腱複合体の構成要素を適切に鍛え，効果的に使うことが身体運動のパフォーマンスを高めるための鍵であり，「動きのコツ」とも関係していると考えられる．このことは，スポーツ選手のみならず，一般人も理解しておくべき重要なポイントであるといえよう．

[川上　泰雄]

文　献

1) 久野譜也：NMRによる一流選手の筋特性．Jpn J Sports Sci, 12: 78-82, 1993.
2) Ichinose Y, et al.: Relationship between muscle fiber pennation and force generation capability in Olympic athletes. Int J Sports Med, 19: 541-546, 1998.
3) 川上泰雄：高齢者の骨格筋の形態と機能．Geriatric Medicine, 48: 227-230, 2010.
4) Bruusgaard JC, et al.: Myonuclei acquired by overload exercise precede hypertrophy and are not lost on detraining. Proc Natl Acad Sci USA, 107: 15111-15116, 2010.
5) Lieber RL: Skeletal Muscle Structure and Function. Williams & Wilkins, 1992.
6) Kanehisa H, Miyashita M: Effect of isometric and isokinetic muscle training on static strength and dynamic power. Eur J Appl Physiol, 50: 365-371, 1983.
7) Sale DG, MacDougall JD: Specificity in strength training: a review for the coach and athlete. Can J Appl Sports Sci, 6: 87-92, 1981.
8) Moritani T: Time course of adaptations during strength and power training. In: Komi PV ed., Strength and Power in Sport. Blackwell, pp.266-278, 1992.
9) Roig M, et al.: The effects of eccentric versus concentric resistance training on muscle strength and mass in healthy adults: a systematic review with meta-analysis. Br J Sports Med, 43: 556-568, 2009.
10) Dudley GA, et al.: Importance of eccentric actions in performance adaptations to resistance training. Aviat Space Environ Med, 62: 543-550, 1991.
11) Clarkson PM, Tremblay I: Exercise-induced muscle damage, repair, and adaptation in humans. J Appl Physiol, 65: 1-6, 1988.
12) Matsuura T, et al.: Skeletal muscle fiber type conversion during the repair of mouse soleus: potential implications for muscle healing after injury. J Orthop Res, 25: 1534-1540, 2007.
13) Åstrand P-O, Rodahl K: Textbook of work physiology. Physiological bases of exercise. McGraw-Hill, 1987.
14) Burke RE, Edgerton VR: Motor unit properties and selective involvement in movement. Exerc Sport Sci Rev, 3: 31-81, 1975.
15) Wilmore JH, Costill DL: Physiology of sport and exercise. Human Kinetics, 1999.
16) Bottinelli R, et al.: Force-velocity properties of human skeletal muscle fibres: myosin heavy chain isoform and temperature dependence. J Physiol, 495: 573-586, 1996.
17) 宮下充正：トレーニングの科学　パワーアップの理論と方法．講談社，1980.
18) MacDougall JD: Hypertrophy or hyperplasia. In: Komi PV ed., Strength and power in sport. Blackwell, pp.230-238, 1992.
19) Allemeier CA, et al.: Effects of sprint cycle training on human skeletal muscle. J Appl Physiol, 77: 2385-2390, 1994.
20) Campos GE, et al.: Muscular adaptations in response to three different resitance-training regimens: specificity of repetition maximum training zones. Eur J Appl Physiol, 88: 50-60, 2002.
21) 深代千之ほか編著：スポーツバイオメカニクス．朝倉書店，2000.
22) Jacobs R, et al.: Mechanical output from individual muscles during explosive leg extensions: the role of biarticular muscles. J Biomech, 29: 513-523, 1996.
23) Ema R, et al.: Inferior muscularity of the rectus femoris to vasti in varsity oarsmen. Int J Sports Med, 35: 293-297, 2014.
24) 川上泰雄：骨格筋の機能を決定する形態学的要因．福永哲夫編，筋の科学事典．朝倉書店，pp.37-64, 2002.
25) Kawakami Y, Fukunaga T: New insights into in vivo muscle function. Exerc Sport Sci Rev, 34: 16-21, 2006.
26) Kubo K, et al.: Changes in the elastic properties of tendon structures following 20 days bed-rest in humans. Eur J Appl Physiol, 83: 463-468, 2000.
27) Kubo K, et al.: Effects of isometric training on the elasticity of human tendon structures in vivo. J Appl Physiol, 91: 26-32, 2001.
28) Hirayama K, et al.: Neural modulation of muscle-tendon control strategy after a single practice session. Med Sci Sports Exerc, 44: 1512-1518, 2012.

13章 スポーツと脳機能

スポーツではすばやく，巧みに体を動かすことが求められる．興味深いことに，射撃や弓道などではできるだけ体を「動かさない」ことが大切だが，それらもスポーツとして認識されている．体の動きは骨格筋の収縮だけでは実現できない．野球の打者がボールを打つときのことを考えてみよう．それには①ピッチャーの投げたボールの動きの情報を目から得，②ボールの軌道を予測し，打つかどうかを判断する．打つ場合には，③どの筋肉をどのようなタイミングで働かせばよいかをプログラムし，④それに基づいて筋へ指令を送る．以上のプロセスはすべて神経系（脳）によって行われている．つまりスポーツに限らず人が運動をするとき，まず働くのは脳である．本章では運動に関係する脳のはたらきのうち，とくにトレーニングによる脳機能の変化について，いくつかのトピックを中心に述べる．

感覚情報によって自動的に引き起こされる運動が「反射」である．反射は決して固定化されたものではなく，課題によって適応的に変化する柔軟性を持っている．ここではもっとも基本的な反射である伸張反射がトレーニングによってどのように変化するかを述べる．次に，より複雑な運動のひとつである姿勢調節について考えてみる．姿勢の調節はさまざまな感覚情報と全身の筋を使い，発達の過程で獲得されるプログラムによって無意識，自動的に行われる．このような自動化された運動もトレーニングによってさらに変化しうる．さらに，人は後天的に身につけたさまざまな運動（随意運動）を行っている．最初は意識的に行う随意運動も，練習を重ねることで無意識化（自動化）されてゆく．スポーツではそれぞれの種目に特有な技術があり，その習得のために選手はトレーニングを積まねばならない．それに脳がどのようにはたらくかについては，1章「スポーツとスキル」に詳しく述べられている．本章では随意運動およびその学習に重要な役割を果たす運動イメージについてとくに考える．運動に関係する脳機能の基本的な事項については多くの教科書，参考書があるので参考にされたい[18-20]．

1 伸張反射

伸張反射はシナプスが1つだけのもっとも簡単な反射で，ひざ小僧（膝蓋腱）をたたくと下腿がもち上がる膝蓋腱反射がよく知られている．伸張反射は筋が引き伸ばされることで始まる．その時，筋内に分布する筋紡錘も引き伸ばされる．すると筋紡錘に活動電位が生じ，この信号は伝導速度の非常に速いIa求心線維（100m/秒）を伝わって脊髄へ送られる．Ia求心線維は伸張された筋を支配するα運動ニューロンに直接シ

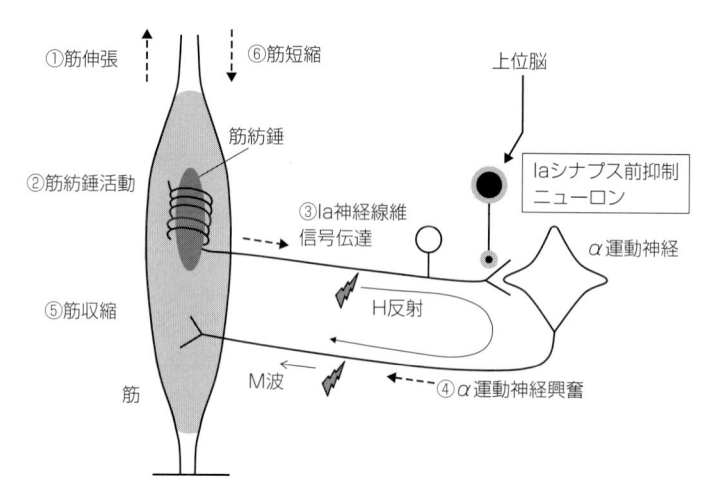

図13-1 伸張反射の神経回路
筋が伸張されると①,②…と反応が進む.伸張反射応答の変化には上位脳から指令を受けるIaシナプス前抑制ニューロンが関係する.H反射はIa求心神経を直接刺激して起こる反応で,筋紡錘は活動しない.M波はα運動神経が刺激されて起こる反応である.

ナプス接続して,そのニューロンを興奮させる.α運動ニューロンの興奮により伸張された筋そのものが収縮するので,伸ばされた筋は長さが短くなろうとする（図13-1）.つまりこの反射は筋の長さを一定に保つために働く.たとえば,ヒトが真っ直ぐに立っているとき,体が前に傾くとふくらはぎの下腿三頭筋が引き伸ばされる.すると伸張反射が働き,下腿三頭筋に張力を発生して,傾いた体はもとにもどる.

バレエダンサーでは下腿三頭筋でのH反射（Ia求心性線維の直接刺激による反射,図13-1）が抑制される（図13-2A）[1,2].これはバレエに特有のつま先立ちの姿勢（en pointe）による末梢の障害の結果と一般には考えられている.しかし,H反射は末梢ではなく求心性線維の刺激への反応で,末梢の感覚器は無関係である[2].バレエではさまざまな姿勢で随意的に脚を動かさねばならなかったり,つま先立ち時など伸筋と屈筋の「共収縮」が求められる場合が多く,不随意的に起こる反射はかえってスムースなパフォーマンスの妨げとなる.そこで,トレーニングの過程でそれが抑制されるような適応が生ずると考えられる.このような反射応答の変化は上位脳からの信号によるIaシナプス前抑制のはたらきで起こる（図13-1）.パーキンソン病や慢性の統合失調症など上位運動神経障害患者（上位脳からの信号が減少している）では伸張反射が亢進することが知られている[3].合わせて考えると,バレエダンサーでは随意的な運動をスムースに行うために,上位からの影響が強くなって伸張反射が抑制されるのではないかと考えられる.

これとは対照的に水泳選手では伸張反射が亢進する（図13-2B,C）[4].水泳選手は長時間水中（つまり浮力の中）で練習を行う.このような状態では外乱によって足の筋の長さが変化するといったことはほとんど起こりえない.そのためには伸張反射は不要である.しかし,規則的なバタ足など,強い動きを随意的というより自動的に行えることが求められる.そこで,バレエダンサーとは逆に伸張反射が亢進すると考

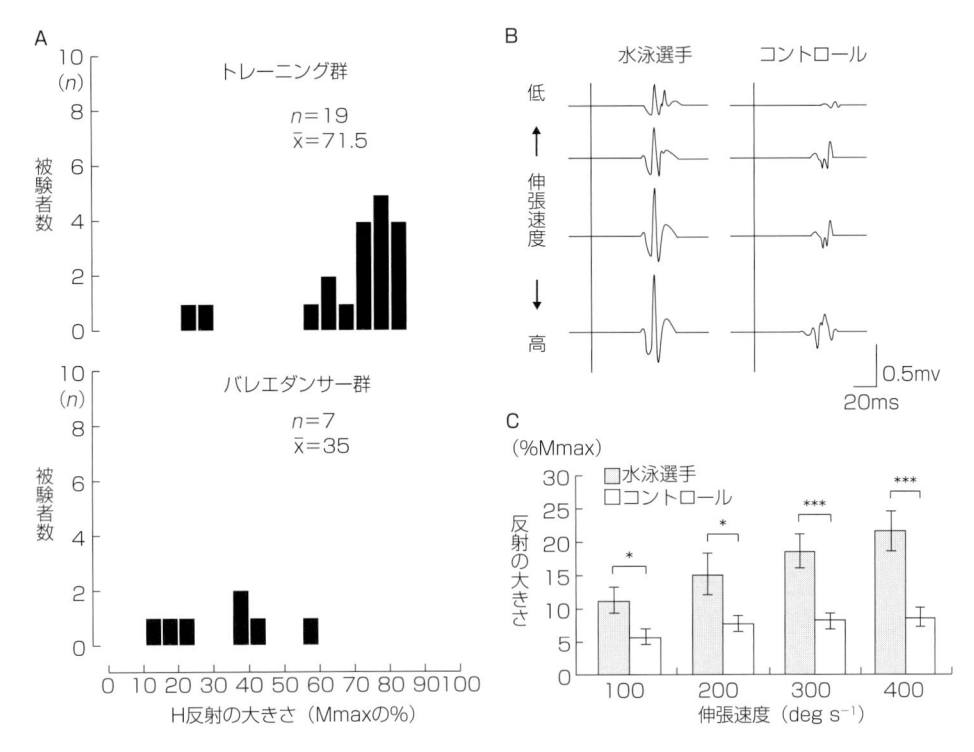

図13-2 トレーニングによる伸張反射(H反射)の変化
A：H反射の大きさ(横軸)と被験者数(縦軸). バレエ以外のトレーニングをよくしているコントロール群(上段)とバレエダンサー(下段). Mmax：最大のM波の振幅. (Nielsen et al., 1993)
B：異なる速度で足首を背屈させた時にヒラメ筋から記録した伸張反射応答. 水泳選手とコントロール. (Ogawa et al., 2009)
C：Bのようなデータから得られた異なる伸張速度における伸張反射応答の大きさ. (Ogawa et al., 2009)

えられる．

　陸上長距離選手でも下腿三頭筋の伸張反射の大きさがとくに筋が力を発揮している時に増強される[5]．これも，走行時に足が地面を蹴って前に進む際(つまり下腿三頭筋が活動する際)には筋力が瞬発的に(しかも自動的に)発揮されることが望ましいので，伸張反射の感度が大きくなるような適応の結果であろう．

　以上のようにもっとも単純な反射である伸張反射でもトレーニングによってその活動が適応的，つまり随意的な筋収縮と協調するような形に変化する．これを積極的に取り入れたのが「初動負荷トレーニング」と呼ばれるものである[6]．

2　姿勢調節

　二足で立つヒトは姿勢の保持に精密な調節が必要である．これは体性感覚情報(皮膚，筋，関節などから)，前庭感覚情報，視覚情報が脳で統合されて実現される．スポーツでは，とくに不安定な場所での姿勢調節(スキー，スケート，サーフィンなど)やできるだけ小さな揺れを要求される種目(体操，射撃など)，そもそも相手の姿勢を崩すことが目的の種目(柔道，相撲など)がある(図13-3)[7,9]．これらのスポーツ

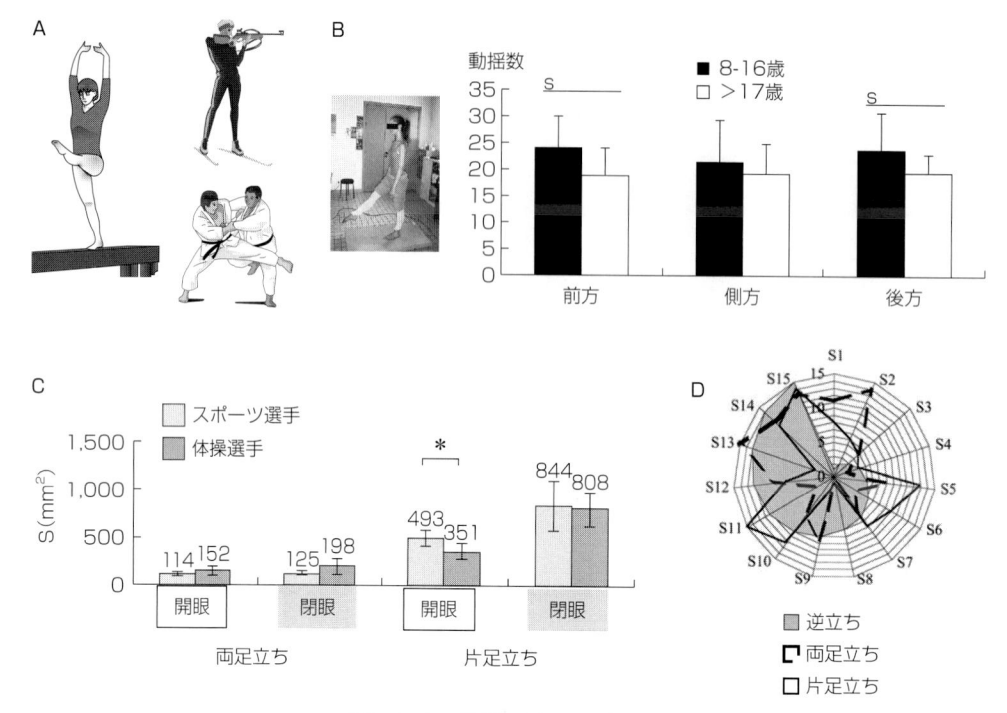

図13-3 姿勢調節とスポーツ
A：姿勢調節が重要なスポーツ．
B：バレエダンサーの姿勢調節能力（10秒間の動揺数）．被験者は左の写真にあるように片足立ちをする．地面から離す足は前方，側方，後方のいずれかに伸ばす．8～16歳と17歳以上の2つの群．S：両群間に有意差（p＜0.05）．(Bruyneel et al., 2010)
C：体操選手とほかのスポーツ選手の姿勢調節能力（重心動揺の面積）．＊：両群間に有意差（p＜0.05）．(Asseman et al., 2008)
D：体操選手の3つの姿勢調節課題の成績の順序．中心がもっともよい成績（1番）で外側は最下位（15番）．S1，S2…は被験者．(Asseman et al., 2004)

に限らずどのようなスポーツでも，いかに安定して姿勢を維持するかはトレーニングの目標のひとつとなる．

スポーツのトレーニングが姿勢調節能力にどれほど影響するかについては多くの研究がなされている[10]．たとえば，サッカー選手は片足立ちでの重心動揺の成績がバスケット選手，水泳選手，一般人に比べてよい．これはサッカー選手が片足で立つ機会（ボールを蹴ったり，コントロールに）が多いためと考えられる[11]．

子どもは4～6歳で姿勢調節能力が特に発達する．この時期にスポーツをするとどうなるかを調べた研究の結果では，5～7歳では体操をしている子がしていない子に比べて開眼時の「両足立ち」でよい成績を示す．しかし，9～11歳では差がなくなる[12]．これは両足立ちは特別に体操のようなトレーニングをしなくとも，日常生活の中でいわばトレーニングを重ねることになり，思春期前にはその能力が十分に発達するためと考えられる．しかし，より難しい課題（片足立ち）では，もっと長期のトレーニング効果がみられる．たとえばバレエダンサーの片足立ちの能力は8～16歳でも17～30歳に比べて成績が劣る（**図13-3B**）．この結果は片足立ち程度の課題であっ

ても，成長よりもトレーニングの絶対的な期間が大切であることを示唆する[7]．両足立ちでも，その能力が直接パフォーマンスに影響すると考えられる射撃選手は一般人より能力は高く，さらに上級者はレベルの低いものより高い姿勢調節能力を持つ．ただし，エリート選手になるとみな姿勢調節能力は高く，それが成績を決める要因とはならない[10]．

　姿勢調節能力へのトレーニング効果は利用する感覚入力に強く依存する．バレエダンサーの片足立ちの例では視覚遮断をすると年齢に関係なく成績が極端に悪くなる．バレエダンサーは普段鏡を使ってトレーニングするので，視覚情報への依存度が高くなるためと考えられる．同様に体操選手はほかの運動選手（football/handball）よりも片足立ちにおける姿勢調節能力が高いが，これも開眼時のみである（図13-3C）[8]．体操選手は目を閉じて演技することはなく，床運動や平均台などでは視覚情報は重要な入力である．逆にいえば体操選手の姿勢調節能力は視覚情報に強く依存している．これに対し，柔道家（予期せぬ姿勢の外乱との戦い）と水泳選手（直立姿勢の必要なし）の両足立ちの姿勢調節能力を比べた実験では，柔道家は閉眼状態では水泳選手に比べて成績がよいが，開眼状態ではとくに有意な差は見られなかった．この結果は柔道家が視覚以外の感覚入力（体性感覚など）をおもに利用して姿勢調節を行っていることを示唆する．実際，足の体性感覚を通常のようには使えない状態（柔らかいマットの上での姿勢調節）ではかえって水泳選手より成績が悪くなった[13]．

　異なる姿勢調節の動作の学習効果は転移しないようである．たとえばエリート体操選手で逆立ち，片足立ち，両足立ちの成績を比べた実験では，それらの間に有意な相関は見られなかった（図13-3D）[9]．これは姿勢を調節するという点では共通でも，行う環境，要求が異なる姿勢の調節はひとくくりにはできず，それぞれの動作が別個のプログラムで制御されていることを示唆している．たとえば，柔道ではほとんど倒されない選手でも，平均台の上で安定した姿勢が保てるとは限らないのである．

　普通の人間では体を回転させた後，「目が回って」安定した姿勢を維持することができない．ところが，バレエダンサーやフィギュアスケーターはすばやい回転運動を連続して行っている間あるいは後でも，身体の平衡失調を起こすことなく，後に続く演技をこなすことができる．このような優れた姿勢調節能力は，回転によって生じるめまい（回転性めまい）を抑制することで実現されると推測される．図13-4は被験者が回転する椅子（3秒で1回転）に座って50秒間回転した後の眼球運動の様子である．スケートやバレエの経験のない者（コントロール）では回転停止直後に大きな眼振（左右に規則的，持続的に振れ動く眼球の往復運動）が観察される．これに対しフィギュアスケーターではほとんど眼振は見られない．定量的な解析によれば，バレエダンサー群とフィギュアスケーター群では回転後眼振がコントロール群よりも小さく，また早く消失した（著者未発表データ）．このような生理的反応の結果と対応して主観的な回転性めまいの持続時間もダンサー，スケーターではコントロールに比べて短くなっていた．興味深いことに，ダンサーでは左右の回転への反応に差は見られないが，スケーターでは右方向に回転すると左回転時に比べて眼振，回転性めまいが大きくなる．ダンサーは左右どちらの回転も行うが，スケーターの多くは左回転だけである（スケート場で逆回りをすると危険なので，自ずと一方向だけの練習になる）．

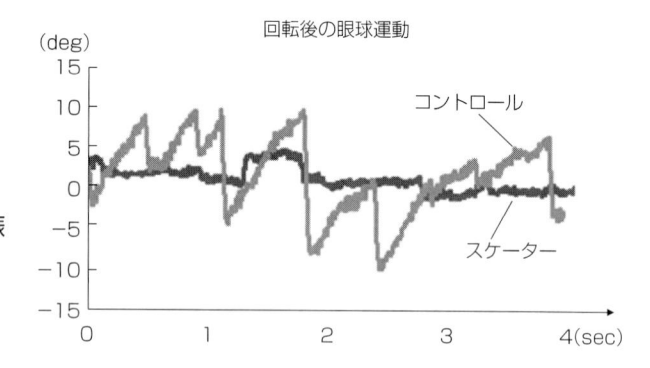

図13-4　フィギュアスケーターの回転後眼振
時刻0で50秒間の回転いすによる回転が停止.
（著者未発表データ）

つまり，練習による適応は転移せず，練習している方向のみに起こる．眼振やめまいは回転後に生まれる迷路からの信号で引き起こされる．ダンサーやスケーターでは迷路から眼球運動に至る神経回路が抑制されているものと思われる．

3　運動イメージ

　スポーツの動作ができるようになるためには，もちろん練習が必要である．子どもが逆上がりを練習するときのことを考えてみよう．まずやらねばならないのは逆上がりができる子の動きを観察することである．それによって練習者はその動作の「イメージ」を持つ．この場合そのイメージは視覚情報による模範の動きのイメージ，つまり「視覚的運動イメージ（三人称的運動イメージ）」である．そして，そのイメージを真似imitationすることから練習は始まる．しかし，むやみに形を真似しても，初めは望ましい結果（鉄棒の上に上がる）とはならない．これはもちろん動作が正しくないからである．しかし，試行錯誤を繰り返すうちに偶発的に成功する場合が出てくる．すると，成功したときの筋感覚をもとにしたイメージ（「筋感覚的運動イメージ」あるいは「一人称的運動イメージ）」）が持てるようになってくる．自分の動きは自分には見えないので，一人称的運動イメージには視覚情報はほとんど含まれない．さらに練習を積むにつれ，この筋感覚的運動イメージがしっかりしたものになってくる．つまり新たなスキルの獲得とは視覚的運動イメージ（三人称的運動イメージ）から筋感覚的運動イメージ（一人称的運動イメージ）への変換を行うことといえる．

　運動イメージは脳内で起こる現象であり，以上はあくまでも仮説にすぎない．しかし，運動イメージを客観的にとらえることは可能である．図13-5にそのひとつの方法である経頭蓋磁気刺激法（TMS）を示す．頭蓋の上にコイルを置きそこにパルス状に電流を流すと，それによって誘導される電流が脳内に流れ，脳の局所が刺激される．この刺激を大脳皮質の一次運動野に加えるのである．一次運動野は随意運動の際に大脳皮質から脊髄に送られる信号の最終出力部位で，支配する体の部位が規則的に並んでいる（体部位再現，1章参照）．そこでTMSで刺激された部分が支配している筋から反応（運動誘発電位，MEP）が観察される．MEPは一次運動野の興奮性を反映しており，興奮性が高い（一次運動野が強い出力を出す状態になっている）ときには大きな振幅となる．

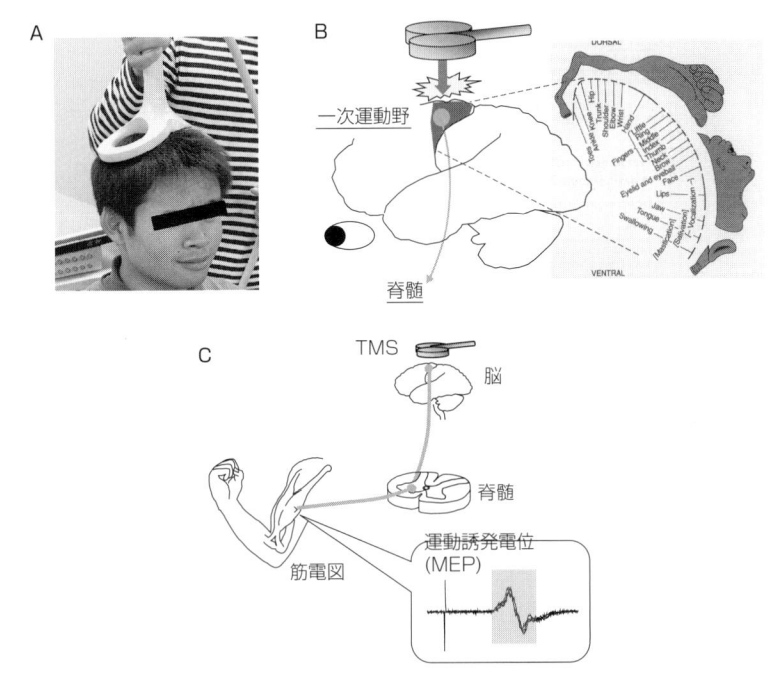

図13-5 経頭蓋的磁気刺激による一次運動野の刺激
A:磁気刺激コイルによる脳の刺激,B:刺激は注目している筋を支配する大脳皮質一次運動の領域に与える,C:刺激によって筋からは運動誘発電位(MEP)が記録される.運動誘発電位の大きさは一次運動野の興奮性を反映する

　この方法を使って運動イメージを解析した一例が図13-6[14]である.体操選手がジャンプ,あるいは後方宙返り(バック宙)をすることを一人称的にイメージしているときに一次運動野にTMSを加え,大腿直筋(バック宙を行うときに空中で働く筋)からMEPを記録した.図13-6上段に示すように動作を一人称的にイメージすると,安静時に比べて大きな振幅のMEPが得られる.これは運動をイメージすると,その運動に必要な筋を支配する一次運動野の興奮性が上がることを示す.このとき,筋電図上には安静時も運動イメージ中もMEP以外の活動は見られない.つまり,運動イメージを行うと筋収縮は起こらないが,その筋を支配する一次運動野は実際に筋が収縮するときと同様に活動しているのである.このようにして,主観的な運動イメージを客観的に解析することができる[15].

　同じ課題をバック宙のできない被験者で行った記録が図13-6中段である.この場合,ジャンプのイメージ時には体操選手と同様に安静時に比べてMEPは大きくなる.ところが,バック宙のイメージ時にはMEPの振幅の増加は観察できない.本人はバック宙をイメージしている「つもり」ではあっても,実際には正しくイメージができていない.つまり,できない動作は(一人称的)運動イメージを持つこともできない.それでは,できない動作ができるようになったときに運動イメージはどのように変化するだろうか.図13-6下段は練習を2カ月間行って,バック宙ができるようになった後の反応である.バック宙イメージ時のMEPの振幅が体操選手と同じように大きなものとなっている.これは,動作ができるようになったことで,その動作の

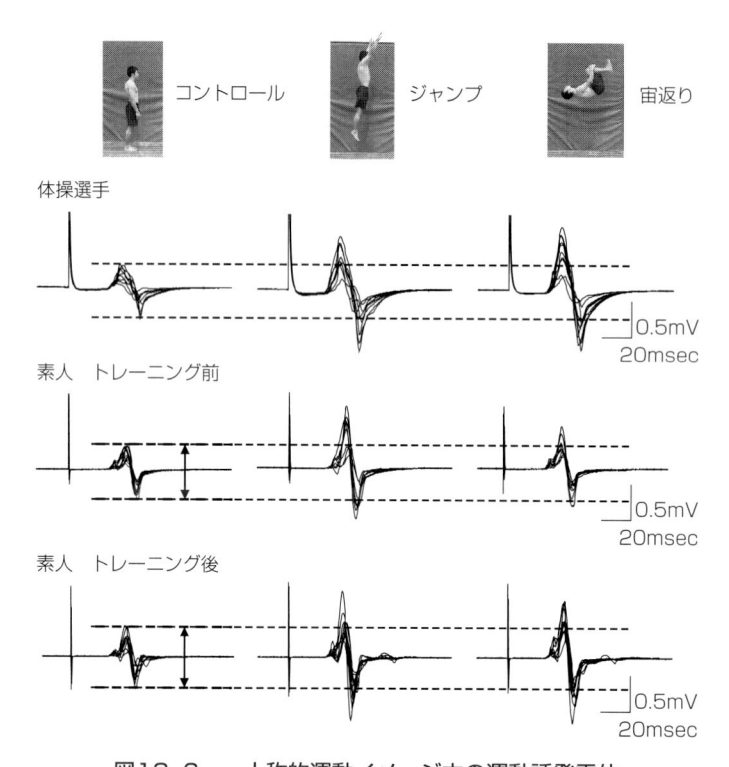

図13-6 一人称的運動イメージ中の運動誘発電位
被験者が一人称的運動イメージを行っているときに一次運動野に経頭蓋磁気刺激を加えて大腿直筋から記録した運動誘発電位．左：コントロール，中：ジャンプ，右：バック宙．上段：体操選手，中段：素人の2カ月間練習前，下段：同練習後．
（彼末一之ほか：運動イメージとスキル．体育の科学，63: 93-98, 2013）

一人称的運動イメージが新たに形成されたため，と考えることができる．

　TMSを用いた解析は手軽ではあるが，一次運動野の活動を見るにとどまる．図13-7は運動イメージ中のより広い範囲の脳活動を機能的磁気共鳴画像（fMRI）で記録した結果である．上段は体操選手がバック宙を一人称的にイメージしているときの脳活動である．運動前野，前頭前野，頭頂葉などに強い活動が見られる．これらの部位は運動イメージの形成に重要な働きをすると考えられている．図13-7の下段は同じ被験者が非常に難しい技（オリンピックで演じられたもので被験者にはできない）をイメージした（しようとした）ときのものであるが，ほとんど脳活動はみられない．TMSでの実験結果と同様に，「できない動作はイメージもできない」ことを表している．

　多くのスポーツ選手はメンタルプラクティス（イメージトレーニング）を取り入れており，パフォーマンス向上に役立つことが知られている[15]．たとえば，6週間のトランポリンのトレーニングを，実際の練習とメンタルプラクティスを組み合わせた群と，実際の練習だけの群で行い，パフォーマンスを有資格者の審査員が評価した．すると，メンタルプラクティスを組み合わせた群の方が，スキルはより大きく改善した．しかし，実際の練習を組み合わせず，メンタルプラクティスのみを行った場合は，実

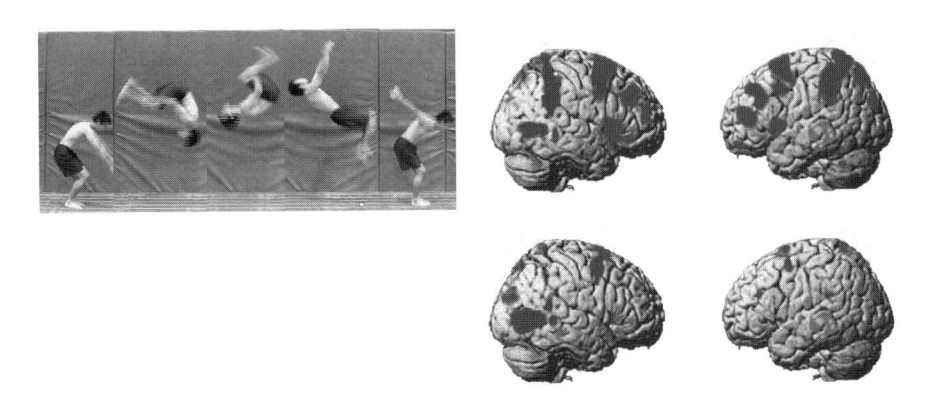

図13-7 一人称運動イメージ時の脳活動
上段：大学体操選手がバック宙を一人称イメージしたときの脳血流の分布．濃いグレーで示したのは安静時に比べて有意に血流が大きい（神経活動が盛んであることの指標）部位．下段：同じ被験者が世界選手権の床運動の技をイメージ（被験者にはできない）．
（著者未発表データ）

際の練習に比べて効果は小さかった[16]．また，まったくできない動作をメンタルプラクティスだけで獲得することはできない．これは正しい筋感覚的運動イメージを獲得するプロセスなしにうまくなろうとすることであり，虫がよすぎる．たとえば，「足の親指の外転」はできる者とできない者がいる．できる者はメンタルプラクティスによってこの運動の可動域が増えるが，できない者がメンタルプラクティスを行っても，できるようにはならない[17]．つまり，メンタルプラクティスは通常の練習の補助的な手段として使われるなら有効であるといえる．

スポーツと脳機能に関連してよく使われる言葉が「運動神経がよい／悪い」である．運動神経がよいといわれる人たちは何が優れているだろうか．思い出してほしい．その人たちは，たとえばイチロー（昔であれば王，長嶋）の真似（模倣）をするのが上手ではなかっただろうか？　上で述べたように，運動学習には観察から得られた「三人称的運動イメージ」を，自分が行うときの「一人称的運動イメージ」に脳内で変換するプロセスが必要である．自分の動作を見ることはできないので，この2つが完全に一致するという保証はない．しかし「運動神経がよい人」は，その一致度が高く目標の動作をすぐに真似することができると考えられる．逆に，「運動神経が悪い人」は自分がやろうとしている三人称的運動イメージと，一人称的運動イメージ（つまり実際にやっている動作）との乖離が大きいのであろう．

三人称的運動イメージと一人称的運動イメージの乖離は「運動神経が悪い」といわれる人間に限ったことではない．どのような人間でも，自分だけの練習では的外れのことをやってしまう可能性がいつもある．そうなると，正しいスポーツスキルは獲得できない．これは脳で正しい一人称的運動イメージが作れるという保証がないからである．このようなとき，コーチがいれば間違いを指摘してくれるので，泥沼に入らずにすむ．「スポーツが楽しい」のはある程度のレベルになってからである．多くの人は「自己流」でしかスポーツをしないために，このレベルに達することができず，その結果「スポーツの楽しさ」を知らずに終わってしまう．武道の世界では「三年稽古

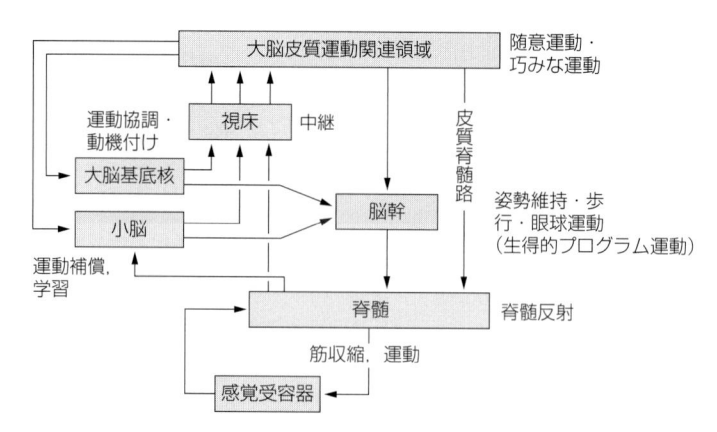

図13-8 運動発現に関係する神経機構

をするよりも，三年掛かってよい師を探せ」というそうである．スポーツを楽しくするためには正しい運動イメージの作り方，つまりコーチの大切さをもっと広く認識する必要がある[14]．

まとめ

本章ではトレーニングによって脳（神経系）に生ずる適応的変化について3つの例を挙げて考えた．図13-8は運動に関係した脳の部位およびそれらの間の連絡をまとめたものである．これまで運動学習は特に大脳皮質，大脳基底核，小脳といった高次の脳部位の役割であると考えられてきた．もちろん，それらの部位の重要性はいうまでもない（これについては1章を参照のこと）．しかし，本章で扱った伸張反射は脊髄で，また姿勢は主として脳幹で調節されている．それらにもトレーニングによって適応的変化（つまり運動学習）が起こるということは，運動学習が高次の脳に限ったものではなく，中枢神経系内で広く観察される現象であることを示している．

また運動時にはそれに適したホメオスタシス調節系（呼吸，循環，体液，体温など）のリセットが行われ，さらにそれは長期間のトレーニングによって変化する．この過程にはホルモンや遺伝子レベルでの調節とともに「自律神経系」，つまり脳が重要な役割を果たしている．これについては文献1, 21)を参考にされたい．

[彼末　一之]

文　献

1) Fu Q, Levine BD: Exercise and the autonomic nervous system. Handb Clin Neurol, 117: 147-160, 2013.
2) Nielsen J, et al.: H-reflexes are smaller in dancers from The Royal Danish Ballet than in well-trained athletes. Eur J Appl Physiol Occup Physiol, 66: 116-121, 1993.
3) Zehr EP: Training-induced adaptive plasticity in human somatosensory reflex pathways. J Appl Physiol, 101: 1783-1794, 2006.
4) Ogawa T, et al.: Enhanced stretch reflex excitability of the soleus muscle in experienced swimmers. Eur J Appl Physiol, 105: 199-205, 2009.
5) Ogawa T, et al.: Different modulation pattern of spinal stretch reflex excitability in highly trained endurance runners. Eur J Appl Physiol, 112: 3641-3648, 2012.

6) Koyama Y, et al.: Enhancing the weight training experience: a comparison of limb kinematics and EMG activity on three machines. Eur J Appl Physiol, 109: 789-801, 2010.
7) Bruyneel AV, et al.: Organization of postural equilibrium in several planes in ballet dancers. Neurosci Lett, 485: 228-232, 2010.
8) Asseman FB, et al.: Are there specific conditions for which expertise in gymnastics could have an effect on postural control and performance? Gait Posture, 27: 76-81, 2008.
9) Asseman FB, et al.: Is there a transfer of postural ability from specific to unspecific postures in elite gymnasts? Neurosci Lett, 358: 83-86, 2004.
10) Hrysomallis C: Balance ability and athletic performance. Sports Med, 41: 221-232, 2011.
11) Matsuda S, et al.: Centre of pressure sway characteristics during static one-legged stance of athletes from different sports. J Sports Sci, 26: 775-779, 2008.
12) Garcia C, et al.: Influence of gymnastics training on the development of postural control. Neurosci Lett, 492: 29-32, 2011.
13) Itamar N, et al.: Postural control: differences between youth judokas and swimmers. J Sports Med Phys Fitness, 53: 483-489, 2013.
14) 彼末一之ほか：運動イメージとスキル．体育の科学，63: 93-98, 2013.
15) Mizuguchi N, et al.: Motor imagery and sport performance. J Phys Fitness Sports Med, 1: 103-111, 2012.
16) Isaac AR: Mental practice-Does it work in the field? Sport Psychol, 6: 192-198, 1992.
17) Mulder T, et al.: The role of motor imagery in learning a totally novel movement. Exp Brain Res, 154: 211-217, 2004.
18) 小澤瀞司，福田康一郎監修：標準生理学．第8版，医学書院，2014.
19) Kandel ERほか編，金澤一郎ほか日本語版監修：カンデル神経科学．メディカル・サイエンス・インターナショナル，2014.
20) 彼末一之，能勢 博編：やさしい生理学．南江堂，2011.
21) Martins-Pinge MC: Cardiovascular and autonomic modulation by the central nervous system after aerobic exercise training. Braz J Med Biol Res, 44: 848-854, 2011.
22) Goode DJ, Van Hoven J: Loss of patellar and Achilles tendon reflexes in classical ballet dancers. Arch Neurol, 39: 323, 1982.

14章 スポーツと呼吸循環機能

本章では呼吸循環系によるO_2運搬とその調節様態を，次に運動に伴う呼吸循環系の応答を示し，トレーニングに伴う適応について述べる．

1 呼吸循環系による酸素運搬とその調節

呼吸循環系がO_2を運搬する様子を図14-1に示す．心臓が1拍動で拍出する血液量を一回拍出量と呼ぶ．一回拍出量と1分間の拍動数（心拍数）の積を心拍出量と呼ぶ．安静時の一回拍出量は70mL程度，心拍数は60〜90拍/分なので，心拍出量はおよそ5L/分となる．

心臓から駆出された血液は動脈を通って各臓器へ配分される．毛細血管手前には細動脈がある（図14-2）．細動脈には血管周囲の平滑筋が多く，収縮・拡張能に富む．収縮・拡張に伴い抵抗が変化し，その先の組織の血流量が調節される．

組織では，酸素需要に応じて血液からO_2を抜き取る．表14-1に示すとおり，安静時には内臓や腎臓に配分される血流が多い[1]．組織の毛細血管では，酸素需要（組織のO_2濃度の低下）に応じてヘモグロビンからO_2が解離し，組織内へO_2が取り込まれる．取り込まれる量は，動脈の血液に含まれるO_2濃度と静脈に含まれるO_2濃度の差（動静脈酸素較差，$(Ca-C\bar{v})O_2$）で示される．

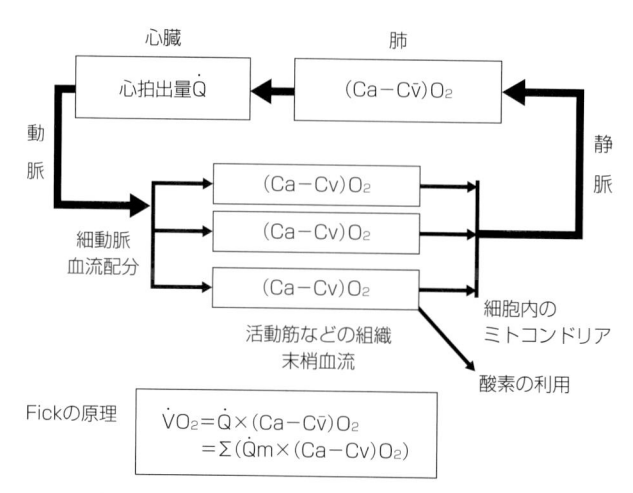

図14-1 呼吸循環系による酸素運搬の模式図
Cは濃度を，aは動脈，vは静脈，$\dot{V}O_2$は酸素摂取量を示す．

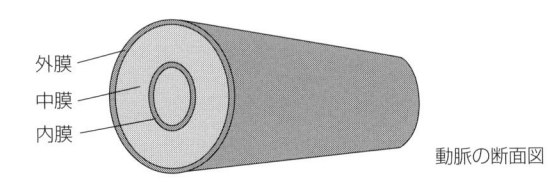

部分的名称	機能的名称	中膜の弾性線維／平滑筋の割合	直径
大動脈	弾性血管	高　　　　　低	2〜3cm
中動脈	筋性血管	弾性線維　　平滑筋	2〜5mm
細動脈	抵抗血管	低　　　　　高	〜0.5mm
毛細血管	交換血管	内膜細胞のみ（平滑筋なし）	8μm

図14-2　血管の分類
(著者と宮路茜による作図)

表14-1　心拍出量の配分と酸素消費量

器官	血流量 (mL／分)	動静脈酸素較差 (vol%)	酸素摂取量 (mL／分)
脳	750	6.3	46
冠動脈（心臓）	250	11.4	27
骨格筋	1,200	8.0	70
腎臓	1,100	1.3	16
腹部内臓	1,400	4.1	58
皮膚	500	1.0	5
その他	600	3.0	12
合計	5,800	(平均4.0)	234

体重70kgの安静時の概算値．骨格筋血流量のうち1/4は上半身，ほかは下半身．動静脈酸素較差は単純な平均ではなく，動脈と大静脈との差．
(本郷利憲ほか監修：標準生理学．第6版，医学書院，2005より引用改変)

　各器官で酸素を抜き取られた静脈血は，静脈を通して右心房・右心室を通って肺へ戻る．肺ではヘモグロビンがO_2を結合して動脈血となり，左心房・左心室を通って全身へ送られる．

1．Fickの原理

　上述のようなO_2の取り込みを数式にすると，酸素摂取量は心拍出量と動静脈酸素較差の積となる（図14-1の数式参照）．これをFickの原理と呼ぶ．式中，Cvのv上のバーは静脈の平均値ということを示す．運搬されてきたO_2を取り込む率が各器官によって異なるので，それらを平均している．器官毎の血流と動静脈酸素較差の積の総和が酸素摂取量になる．

2．呼吸の調節

　脳幹，とくに延髄や橋の神経群によって呼吸は制御され，動脈血O_2分圧，CO_2分

図14-3 Kaoの交叉実験による筋収縮時の換気応答
イヌNの下肢からの静脈血をイヌHの大静脈へ，イヌHの動脈血をNの大動脈へバイパスする．電気刺激によってイヌNの下肢の筋のみに筋収縮を起こす．イヌNでは体液性の影響がなく，イヌHでは神経性の刺激がないにもかかわらず，どちらのイヌも換気量が増加した．
(Kao FF: An experimental study of the pathways involved in exercise hyperpnea employing cross-circulation techniques. In: Cunningham DJC, Lloyd BB, eds., The regulation of human respiration. Blackwell, pp.461-502, 1963より引用改変)

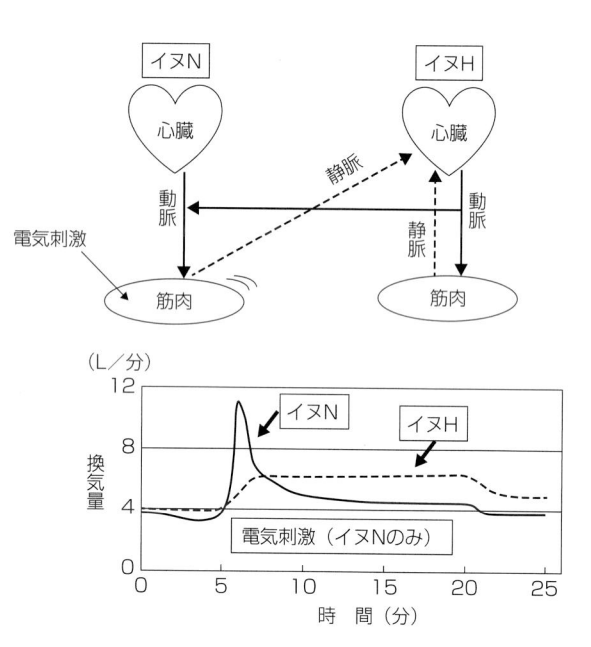

圧およびpHが一定となるよう調節される．Kaoの交叉実験（図14-3）で示されたように，換気量の調節は神経性と体液性のメカニズムによって行われる[2]．この実験では，イヌNの活動筋から流出する静脈血すべてをもう一頭のイヌHへ流し，イヌNでは静脈血を介した体液性刺激を遮断した．イヌNの筋を電気刺激で動かすと，体液性の刺激がなくともイヌNの換気量が増加した．また，動いていないイヌHでも，イヌNの体液性の刺激を感知して換気量が増加した．複数のメカニズムが提案されているものの，換気調節は非常に複雑で，解明されていない部分が多い．

3．循環系の調節

循環系は，動脈圧を一定にするよう調節される．動脈圧の設定値は運動時には高く，睡眠時には低いという変動があるものの概ね一定に保たれる．
動脈圧には，

$$動脈圧 = 心拍出量 \times 総末梢血管抵抗 \cdots\cdots（式1）$$

が成り立つ．心拍出量は心臓によって，血管抵抗は細動脈によって調節される．
動脈圧には部位差があるが，全身の動脈で並行して変化する（図14-4）[3]．水深に応じて水圧がかかるのと同様，血液も身体内の深さに応じて変化する．この影響を静水圧と呼ぶ．血圧の比重は1.05で水と同程度である．水深1mが76mmHgに相当する．したがって，立位では，心臓から1.3m下方にある足部には+100mmHg程の静水圧が生じる．心臓での動脈圧を100mmHgとすると，足底での動脈圧は静水圧との和である200mmHgになる．一方，頭部は心臓から40cm上方にあるので，静水圧は-30mmHgになり，静水圧の分だけ頭部の動脈圧は低下する．臥位であれば，静水圧の影響による血圧の部位差はわずかである．

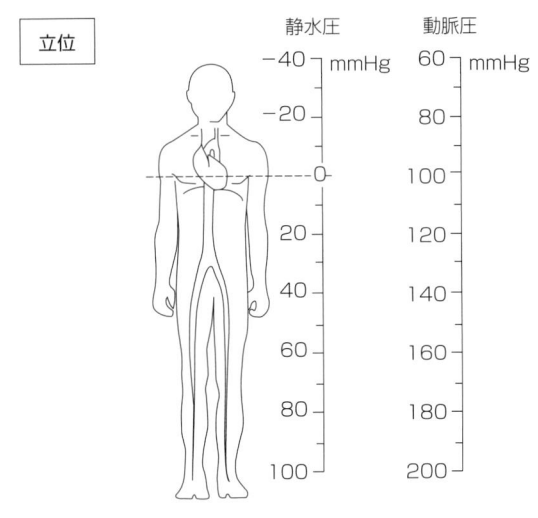

図14-4 立位と臥位における動脈圧
立位では静水圧の影響が作用し，頭部と足部では130mmHgの差がある．一方，臥位では静水圧はほとんど影響しないため部位の影響はほとんど見られない．
(Rowell LB: Human cardiovascular control. Oxford University Press, 1993より引用改変)

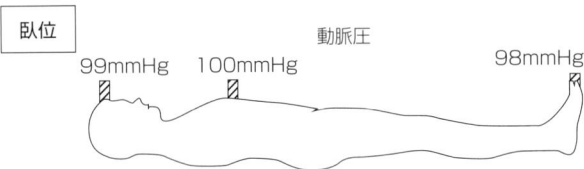

(1) 心臓の調節

心拍出量の調節には，内因性因子である心筋自体の収縮特性と，外因性因子である自律神経，ホルモン，薬物などが関与する．自律神経の影響はすばやく，強力である．交感神経が作用すると心拍数と一回拍出量は増加し，副交感神経活動が作用すると心拍数が低下する．両神経ともに心臓のペースメーカ細胞の集まりである洞結節を介して，リズムを変調する（変時作用）．交感神経は心室も支配するので，収縮力を変えて一回拍出量を変化させる（変力作用）．

(2) 血管の調節

器官への血流配分の調節は，細動脈の収縮・拡張による．血管が拡張すれば，その下流の血流量は増加する．同時に，末梢血管抵抗が低下して血圧を下げる作用が働く．血管が収縮すれば，逆の働きをする．血流配分には神経性，内因性，ホルモン性の要因が複合的に関与している．

(3) 静脈と筋ポンプ

式1には示さないが，静脈も血圧調節に関与する．静脈圧は5mmHg程度であり，動脈と比較して，静脈の血液を心臓へ還流させる圧力は非常に低い．静脈血が心臓へ還流する量（静脈還流量）が低下すると，心臓の変時作用および変力作用が働いても，十分な心拍出量を保てない．そこで，起立時や運動時には筋ポンプが作用して，静脈還流量を維持する（図14-5）[3]．

筋ポンプは，筋の収縮と弛緩によって静脈血を心臓に還流させる．時には静脈に

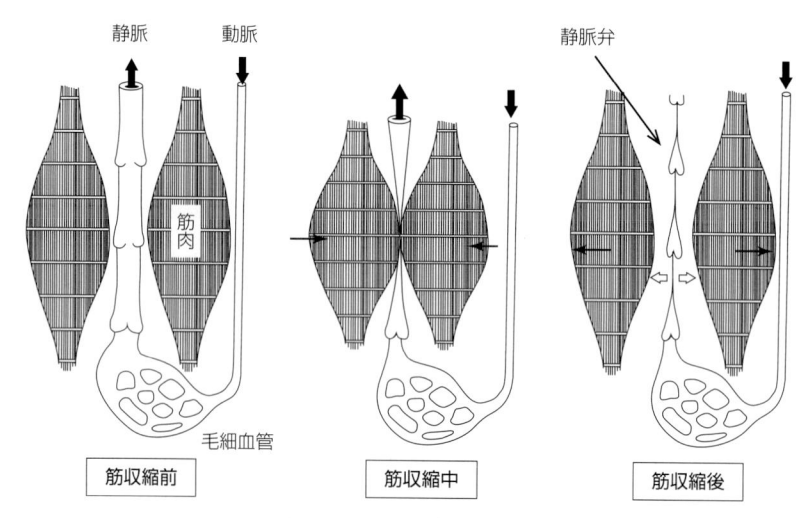

図14-5 筋ポンプ作用

筋収縮時には高まった筋内圧によって血管が押しつぶされる．静脈には弁があるために，心臓方向のみへ血液が押し出される．筋収縮後にはつぶされた血管が元に戻る力によって，スポイトのように血液が吸い込まれる．
(Rowell LB: Human cardiovascular control. Oxford University Press, 1993より引用改変)

90mmHgの圧力をかける．筋収縮に伴い静脈が押しつぶされると，静脈には弁があるので，逆流できず，血液は右心房方向へ移動する．筋が弛緩すると，つぶされていたスポイトが元に戻るように血液を吸い上げ，静脈血を右心房へ戻す力になる．歩行運動時の静脈還流量の3割が筋ポンプ作用によるという結果もある[4]．

2 動的運動時の呼吸循環系の応答

1．換気の応答

安静時の換気量は毎分7.5L程度（一回換気量500mL×呼吸数15回/分）である．運動強度の増加に伴って換気量は増大し，最大運動時には毎分100Lを超えることもある．安静時にはおもに横隔膜の収縮・弛緩に伴って肺が伸張・収縮されて換気が行われる．運動時には，吸息時に外肋間筋などが胸骨を上方へ持ち上げることによって肺を大きくし，呼息時には内肋間筋や腹筋が肺を小さくすることによって，換気を促進する．

中等度の強度の運動までは，運動強度に対して直線的に換気量は増加する（図14-6）[5]．この際，血液中のCO_2濃度やpHは一定に保たれる．代謝の増加に伴ってCO_2や乳酸などの代謝産物が産生されて，体液性の刺激が増えると，それに応じて換気が増加する．

強度が高くなると，それまでの運動強度に対する直線性から推定される換気量よりも増加する．その結果血中CO_2濃度は低下する．通常は体液性の変量（CO_2やpH）を維持するように換気は調節されるにもかかわらず，このような応答が起こる理由は明らかではない．一時期，乳酸の増加が要因と考えられていた．しかし，乳酸が産生

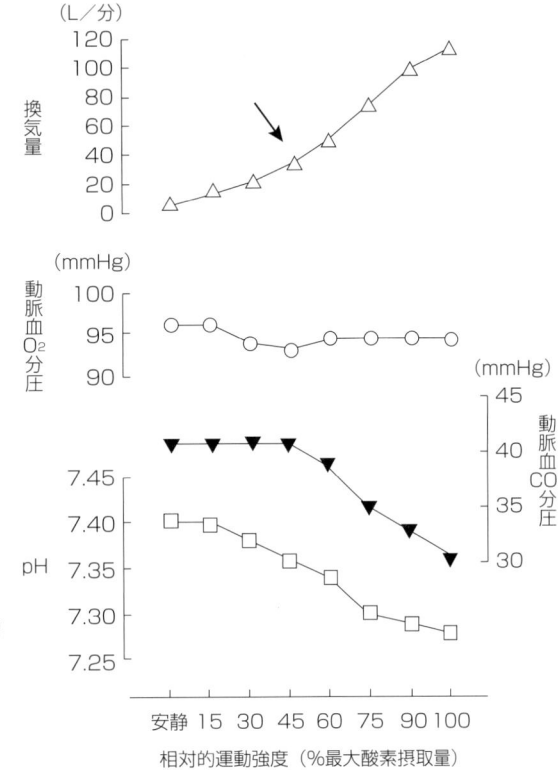

図14-6 運動強度（最大酸素摂取量に対する相対値）に伴う換気変量の変化
ある強度を超えると，矢印で示したように換気量が急激に増加する．その結果動脈血CO_2濃度およびpHが低下する．
（片山敬章：呼吸の化学調節．宮村実晴編，身体運動と呼吸・循環機能．pp.41-47, 2012より引用改変）

されないMcArdle症患者でも換気量の過大な応答があるなどの実験結果から，乳酸のみでは説明できない．いくつかの機序が提案されているものの明らかではない[6]．

2．心拍数の応答

安静時の心拍数は約60〜90拍/分である．動的運動時には，酸素摂取量の増加に伴って直線的に上昇する（図14-7）[7]．歩行，走行，自転車運動などでは，酸素摂取量の増加量は仕事率と比例する．したがって，心拍数の増加量は仕事率と比例する（図14-8）．最高心拍数は加齢に伴って低下し，おおよそ（220 − 年齢）と推定される．

これらの関係を利用して，持久力の指標である最大酸素摂取量を求めることができる．酸素摂取量（図14-8では体重当たりの値）と心拍数の近似直線を求め，その直線での最高心拍数（220 − 年齢）に相当する酸素摂取量が最大酸素摂取量の推定値である．なお，酸素摂取量を求めるには，平地での歩行時の0.1×体重（kg）×分速（m/分），あるいは走行時の0.2×体重×分速という式が利用できる[8]．

一定の仕事量に対する心拍数の増加は，持久力の高い者程少ない．ただし，相対的な運動強度に対する心拍数の増加で示すと，持久力の影響は見られなくなる．

3．一回拍出量の応答

安静時の一回拍出量は70〜90mL程度である．最大酸素摂取量の半分程度の強度までは，運動強度に伴って増加するものの，それ以上の強度になるとほとんど頭打ちと

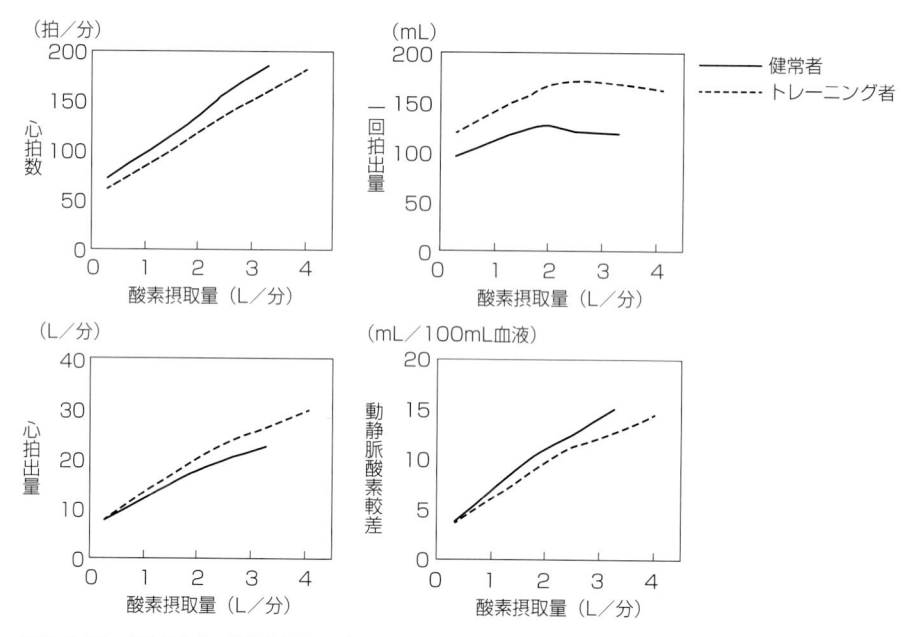

図14-7 運動強度（酸素摂取量）に対する健常者と持久的なトレーニングをしている者の循環系変量の変化
強度に伴って心拍数が直線的に上昇するのに対し，一回拍出量は頭打ちになっている．
(Ogawa T, et al.: Effects of aging, sex, and physical training on cardiovascular responses to exercise. Circulation, 86: 494-503, 1992より引用改変)

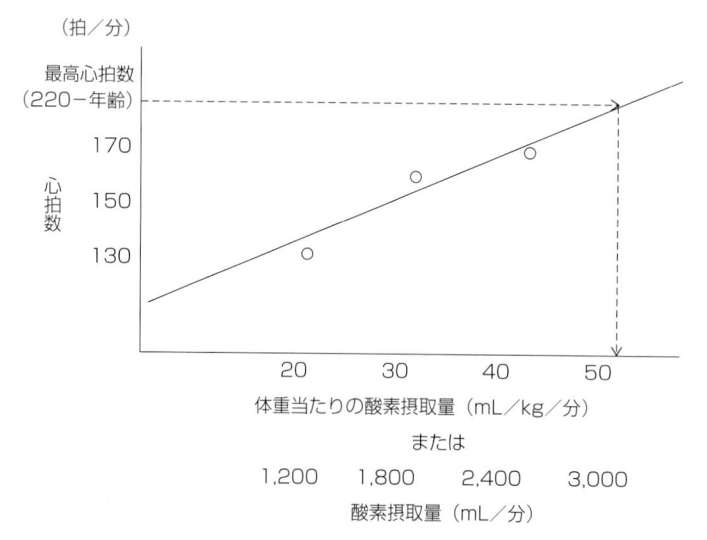

図14-8 心拍数と酸素摂取量の関係
既知の酸素摂取量での運動を複数の強度で行い，心拍数をプロットする（図中白丸）．その点に近似する直線を引く．最高心拍数の推定値（220－年齢）に当たる酸素摂取量を読み取ることで最大酸素摂取量を推定可能である（図中点線）．

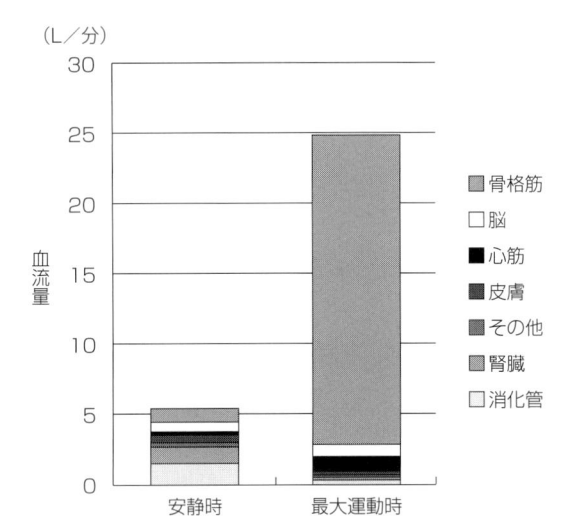

図14-9 安静時と最大運動時における血流配分
運動時には心拍出量の増加分すべてが骨格筋へ配分されている.
(Rowell LB: Human cardiovascular control. Oxford University Press, 1993のデータより作成)

図14-10 運動強度(最高酸素摂取量に対する相対値)に伴う内頚動脈と椎骨動脈の血流量変化
内頚動脈はおもに大脳皮質へ,椎骨動脈は大脳皮質後部,小脳および延髄へ血流を供給する.
(Sato K, et al.: Differential blood flow responses to CO2 in human internal and external carotid and vertebral arteries. J Physiol, 590: 3277-3290, 2012のデータより作成)

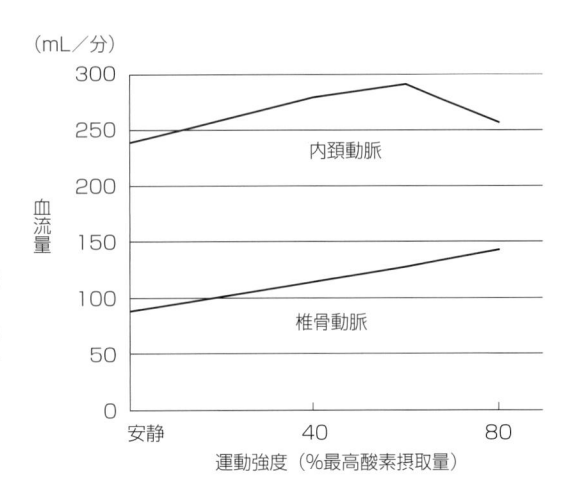

なる(図14-7)[7]. 心拍数が高くなると心臓の拡張期の時間が短縮し,拡張期終末容量が頭打ちになることに起因する.

4. 心拍出量

心拍数と一回拍出量とが増加するので,両者の積である心拍出量は増加する.健常者では20L/分程度まで,持久的競技者では30L/分程度まで増加する.最大心拍出量の違いはトレーニングに伴う一回拍出量の増加に起因し,最高心拍数の影響ではない.

5. 末梢血流量

運動時に増加した心拍出量の大半が活動筋へ配分される(図14-9)[3].活動筋の血管拡張と,活動筋以外の器官の血管収縮による結果である.活動筋以外の器官では,血圧上昇の影響を上回る程度の強力な血管収縮により血流量を低下させる.
脳血流量はある程度の強度までは運動強度に伴って増加する(図14-10)[9].網膜

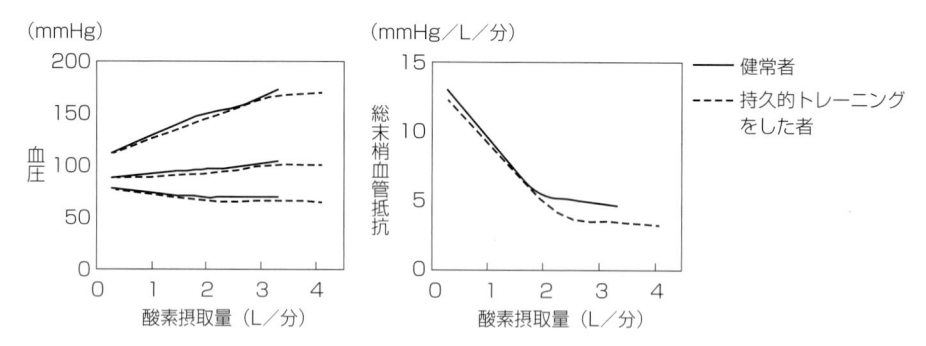

図14-11 運動強度（酸素摂取量）に対する健常者と持久的トレーニングをした者の血圧および総末梢血管抵抗
血圧は上のラインから順に収縮期血圧，平均血圧および拡張期血圧を示す．総末梢血管抵抗の単位は簡単にするためにmmHgをそのまま用いた．
(Ogawa T, et al.: Effects of aging, sex, and physical training on cardiovascular responses to exercise. Circulation, 86: 494-503, 1992より引用改変)

へ血液を供給する眼底の血流も部分的には脳血流と同様に増加する[10]．

6. 動静脈酸素較差

エネルギー代謝の高い活動筋ではO_2が多く利用され，動静脈酸素較差が増加する．同時に，筋血流量が増加した結果，O_2含有量の少ない静脈血が多くなり，大静脈のO_2量は減少する．その結果，動静脈酸素較差は増加する（図14-7）．

7. 血圧の応答

収縮期血圧は心拍出量を反映するため運動強度に伴って増加する．一方，拡張期血圧は総末梢血管抵抗を反映する．活動筋の血管拡張の結果，総末梢血管抵抗が減少するので，拡張期の血圧は低下する．

トレーニングをした者では，活動筋量が多く，また筋の毛細血管密度が高いので，総末梢血管抵抗が大きく低下する．ただし，心拍出量の増加も大きいため，同じ物理的運動強度であれば血圧の上昇は同程度である（図14-11）[7]．

3 レジスタンス運動時の循環系の応答

ウェイトトレーニングのようなレジスタンス運動時にも心拍数は増加する．ただし，最大挙上重量の95％でレッグプレスを行った際でも心拍数が140拍／分であったことから（図14-12）[11]，動的運動に比べて心拍数応答は小さい．

一方，血圧の上昇は顕著である．上述の報告によると，いきまなくても，収縮期血圧（最高血圧）は280mmHgまで，拡張期血圧（最低血圧）は180mmHgまで上昇した．心臓の拡張終末期容量は著しく減少し，その結果一回拍出量は低下した．筋収縮に伴う筋内圧の上昇により活動筋の血管はつぶされ，血管抵抗が増加する．これらの結果，心臓血管系には高い圧力負荷がかかる．

相対強度が一定の運動でも，下肢に比較して上肢の運動では血圧応答は大きい（図

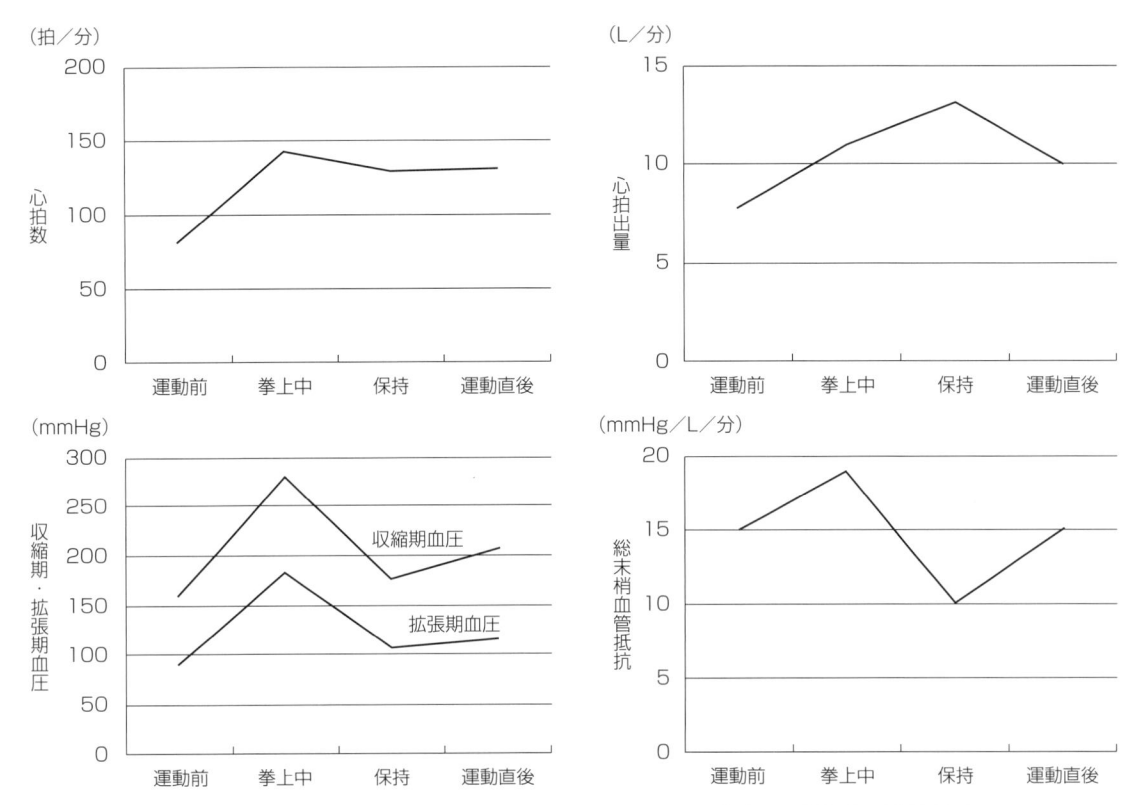

図14-12 最大拳上重量の95%強度におけるレッグプレス動作時の循環変量
心拍数変化は比較的少ないが,血圧が大きく上昇する.
(Lentini AC, et al.: Left ventricular response in healthy young men during heavy-intensity weight-lifting exercise. J Appl Physiol, 75: 2703-2710, 1993のデータより作成)

14-13)[12]. また,伸展と屈曲いずれかによっても応答の大きさは異なる.血圧応答の大きさには運動強度,活動部位,伸展・屈曲,筋量が複合的に関与する.

活動筋の部位にもよるが,最大随意筋力の20％程度の強度以上になると,筋血流が阻害される(図14-14)[13]. 筋収縮が終了すると,筋血流量は一時的に増加する.

4 運動トレーニングに伴う適応

1. 肺と換気応答の適応

肺は構造・機能ともに十二分に発達しているので,トレーニングに伴う適応はわずかである.肺胞の安静時の血流量70mL/秒に対し,肺胞の表面積は50〜100m^{2}と十分に広く,また肺胞の血管壁の厚さは0.5μm以下と十分に薄い.その結果,静脈血が肺胞に到達してから0.2秒以内にガス交換を完了できる.また,最大運動時における換気量は,安静時に最大努力で計測される最大換気量よりも少ない.すなわち,最大運動時でも換気量の最大値は肺機能の最高値に達しない.そのためもあり,トレーニングをしても,換気量には変化が見られない.たとえば,4週間のトレーニング後に有酸素能力は10%程度増加したにもかかわらず,1秒率(1秒間に呼出できる割合)

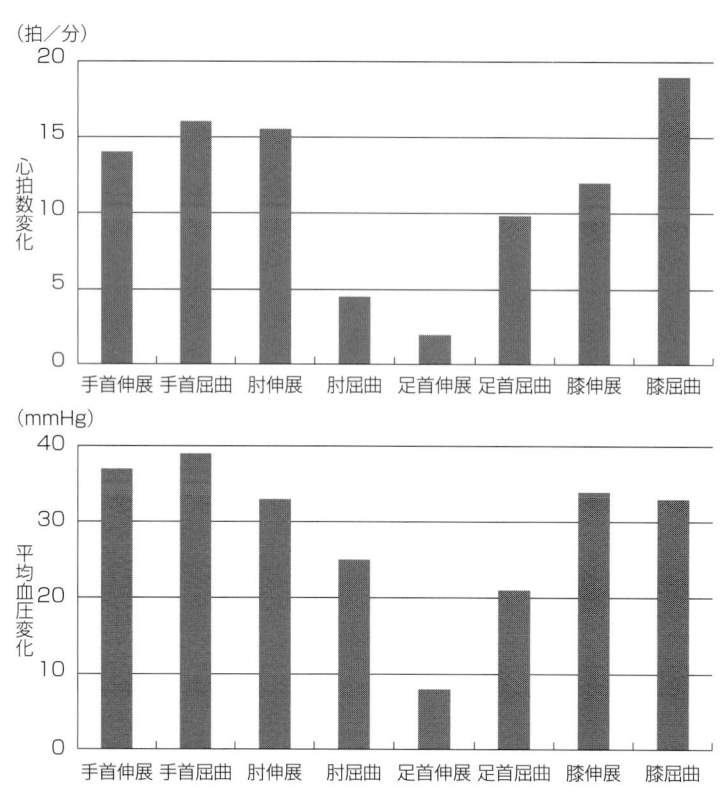

図14-13 さまざまな筋を用いて最大筋力の30%強度で静的筋収縮動作を2分間行った際の心拍数および平均血圧の安静時からの変化
(Tokizawa K, et al.: Cardiovascular responses to static extension and flexion of arms and legs. Eur J Appl Physiol, 97: 249-252, 2006より引用改変)

図14-14 強度の異なる静的掌握動作を1分間行った際の上腕動脈血流量の変化
血流量は運動中に有意に増加したが,強度間には差はなかった.運動終了後には強度が高い程大きな血流増加が見られた.
(加賀谷淳子:さまざまな運動に対する循環応答と調節.斉藤 満,加賀谷淳子編著,循環:運動時の酸素運搬システム調節.ナップ,pp.80-102, 1999より引用改変)

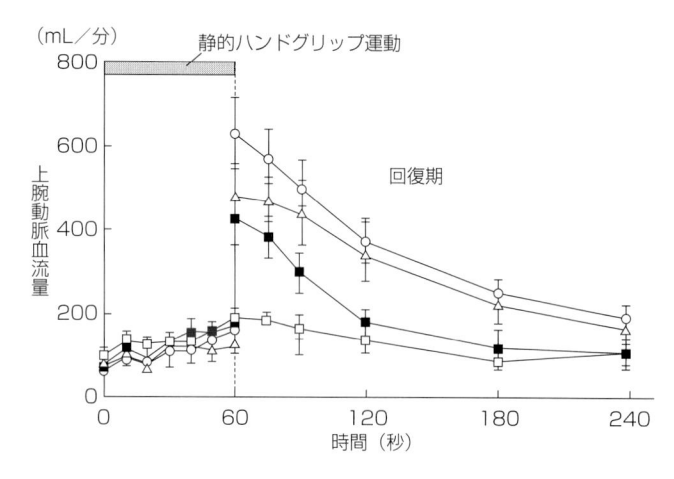

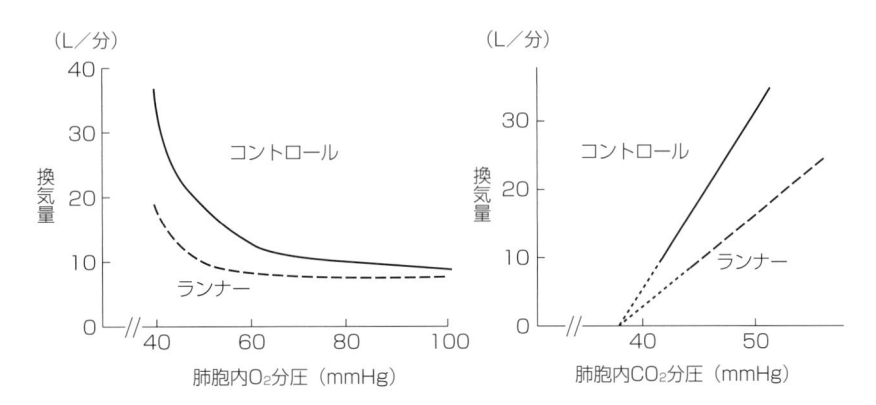

図14-15 肺胞内のO$_2$分圧（左）とCO$_2$分圧（右）の変化に伴う換気量の応答
これらの応答がランナーでは低下している．
（片山敬章：呼吸の化学調節．宮村実晴編，身体運動と呼吸・循環機能．pp.41-47，2012より引用改変）

や運動時の最大換気量は変化しなかった[14]．
　ただし，持久的トレーニングによって，最大下運動時の酸素摂取量当たりの換気量（換気当量）や換気量自体は低下する．これは，換気量増加の刺激となる乳酸やカテコールアミンの濃度がトレーニングに伴って低下することが要因であり，肺自体の適応ではない．また，低O$_2$および高CO$_2$に伴う換気応答の低下が要因として挙げられている（図14-15）[5]．
　一方，呼吸筋自体（吸息筋）のトレーニングをすると，競技パフォーマンスが増加するという報告は多い[15]．ただし，そうした報告でも，有酸素能力の指標である最大酸素摂取量は増加しない例がある[16]．これらから，呼吸筋トレーニングの結果，有酸素能力が向上したのではなく，呼吸筋への血流量が低下して血流配分が改善した可能性が指摘されている．

2. 心臓の適応

　トレーニングに伴う心臓の肥大（心肥大）は，1899年のHenschenによるスキー選手についての報告以来良く知られている[17]．体重1kg当りの平均的な心容積は10〜11mL程度であるが，持久的競技の選手では20mLに達する（図14-16）．心容積の増加に伴い，左室拡張末期容量が増加し[18]（表14-2），一回拍出量が増加する．その結果，同量の心拍出量が必要でも，心拍数が少なくて済む．ある運動強度に必要な心拍出量はトレーニング後でも変わらないので，心拍数は低下する（図14-7）．安静時でも同様の適応が観察され，安静時心拍数が毎分40拍／分以下のことも稀ではない．
　レジスタンス運動のような，短時間の高負荷のトレーニングを主体とする競技者では，心筋が肥大する（表14-2）．一方，左室拡張末期容量はほとんど変わらず，一回拍出量の変化は持久的競技者に比較して少ない．持久的トレーニングとレジスタンストレーニング両者を行う者では適応が複合する[19,20]．

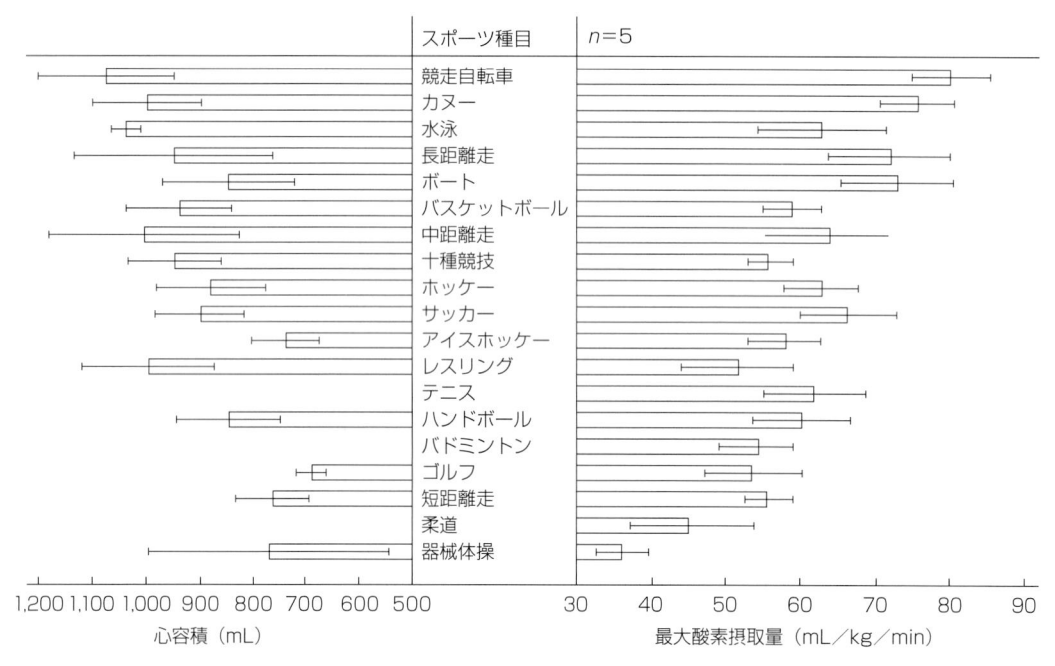

図14-16 各種スポーツ種目の競技成績が高い者の最大心容積と体重当たりの最大酸素摂取量
両測定値は高い相関関係を示した．
(Rost R著，川初清典，川原 貴共訳：スポーツ心臓学．オーム社，1991より引用改変)

表14-2 スポーツ心臓の適応

	持久性トレーニング	レジスタンストレーニング
心室壁厚	↑	↑↑
左室重量	↑↑	↑↑
左室拡張期充満血液量	↑↑	→
一回拍出量	↑↑	↑
心拍数	↓	→

(家光素行：スポーツ心臓のメカニズム．宮村実晴編，身体運動と呼吸・循環機能．真興交易医書出版部，pp.228-237，2012より引用改変)

3．血管の適応

　持久的トレーニングでは使われた筋の毛細血管密度が増加する．筋量も同時に増加し，結果として筋血流量が増加する．

　中心動脈（頸動脈や大動脈などの太い動脈）にも心臓同様にトレーニングの違いに伴った適応が起こる．持久的トレーニングによって，中心動脈のスティフネス（剛性：力に対する変形のしにくさ）が低下する．一方，レジスタンストレーニングを主体とする若年の競技者では，スティフネスが増加する．ただし，中高齢者ではレジスタンストレーニングに伴うスティフネス増加はないようである[21]．持久的トレーニングとレジスタンストレーニングとを組み合わせた場合，スティフネスの増加は見られなかった[22]．心臓の適応同様に，運動の種類が複合的に関与する．

[林　直亨]

文　献

1) 本郷利憲ほか監修：標準生理学．第6版，医学書院，2005．
2) Kao FF: An experimental study of the pathways involved in exercise hyperpnea employing cross-circulation techniques. In: Cunningham DJC, Lloyd BB, eds., The regulation of human respiration. Blackwell, pp.461-502, 1963.
3) Rowell LB: Human cardiovascular control. Oxford University Press, 1993.
4) Stegall HF: Muscle pumping in the dependent leg. Circ Res, 19: 180-190, 1966.
5) 片山敬章：呼吸の化学調節．宮村実晴編，身体運動と呼吸・循環機能．pp.41-47, 2012.
6) Forster HV, et al.: Control of breathing during exercise. Compr Physiol, 2: 743-777, 2012.
7) Ogawa T, et al.: Effects of aging, sex, and physical training on cardiovascular responses to exercise. Circulation, 86: 494-503, 1992.
8) American College of Sports Medicine著，日本体力医学会体力科学編集委員会翻訳：運動処方の指針．原書第8版，2011．
9) Sato K, et al.: Differential blood flow responses to CO2 in human internal and external carotid and vertebral arteries. J Physiol, 590: 3277-3290, 2012.
10) Hayashi N, et al.: Effects of dynamic exercise and its intensity on ocular blood flow in humans. Eur J Appl Physiol, 111: 2601-2606, 2011.
11) Lentini AC, et al.: Left ventricular response in healthy young men during heavy-intensity weight-lifting exercise. J Appl Physiol, 75: 2703-2710, 1993.
12) Tokizawa K, et al.: Cardiovascular responses to static extension and flexion of arms and legs. Eur J Appl Physiol, 97: 249-252, 2006.
13) 加賀谷淳子：さまざまな運動に対する循環応答と調節．斉藤　満，加賀谷淳子編著，循環：運動時の酸素運搬システム調節．ナップ，pp.80-102, 1999.
14) Dunham C, Harms CA: Effects of high-intensity interval training on pulmonary function. Eur J Appl Physiol, 112: 3061-3068, 2012.
15) HajGhanbari B, et al.: Effects of respiratory muscle training on performance in athletes: a systematic review with meta-analyses. J Strength Cond Res, 27: 1643-1663, 2013.
16) Edwards AM: Respiratory muscle training extends exercise tolerance without concomitant change to peak oxygen uptake: physiological, performance and perceptual responses derived from the same incremental exercise test. Respirology, 18: 1022-1027, 2013.
17) Rost R著，川初清典，川原　貴共訳：スポーツ心臓学．オーム社，1991．
18) 家光素行：スポーツ心臓のメカニズム．宮村実晴編，身体運動と呼吸・循環機能．真興交易医書出版部，pp.228-237, 2012.
19) Fagard RH: Impact of different sports and training on cardiac structure and function. Cardiol Clin, 10: 241-256, 1992.
20) Pluim BM, et al.: The athlete's heart. A meta-analysis of cardiac structure and function. Circulation, 101: 336-344, 2000.
21) Miyachi M: Effects of resistance training on arterial stiffness: a meta-analysis. Br J Sports Med, 47: 393-396, 2013.
22) Kawano H, et al.: Resistance training and arterial compliance: keeping the benefits while minimizing the stiffening. J Hypertens, 24: 1753-1759, 2006.

15章 スポーツとディトレーニング

1 ディトレーニングの定義

　競技スポーツにはシーズンがあり，試合期で十分トレーニングを積んだ選手は，その後にオフシーズンを設定してトレーニングを減らす，あるいは中断して身体的精神的な疲労の回復に努める．また，ケガや病気の罹患，受験勉強などによってそれまで継続していたトレーニングを一時的に中断することもよくある．トレーニングの原理にあるようにトレーニング効果は常に可逆的であり，トレーニングを一時的あるいは完全に中断すると，それまでに獲得した解剖学的・生理学的なトレーニング効果は徐々に損なわれ，競技パフォーマンスは低下する．このことをディトレーニング（detraining）という[1,2]．ディトレーニングは，選手のコンディションをピークに持っていくために意図的にトレーニング強度や量を減らすトレーニング手法（reduced trainingやtaper）としばしば混同されるが，その内容はまったく異なる（表15-1）．MujikaとPadilla[1]によると，獲得したトレーニング効果が損なわれていくことをディトレーニングと定義しており，単にトレーニングを中止すること（training cessation）とは区別している．しかし，スポーツの現場ではトレーニングを中止す

表15-1 ディトレーニングの定義

ディトレーニング	Detraining	トレーニングを中止または縮小した結果として，それまでのトレーニングで獲得した解剖学的・生理学的適応およびパフォーマンスの向上が，部分的か完全に消失すること．
トレーニング中止	training cessation	専門的系統的なトレーニングプログラムの一時的な停止か完全な放棄を意味する．トレーニングの中止が選手の体力やパフォーマンスに及ぼす影響については言及しない．
リデューストレーニング	reduced training (step taper)	トレーニング量を少なくしてトレーニングを継続すること．それによって，トレーニングで獲得された生理学的適応とパフォーマンスを維持するか，さらに改善する可能性がある．ステップテーパーともいわれる．
テーパー	Taper	トレーニングの移行期に，トレーニング負荷を徐々に非線形的に縮小していくこと．それまでのトレーニングで蓄積した生理的および精神的ストレスを減少させ，かつスポーツパフォーマンスの最適化を目的とする．

(Mujika I, Padilla S: Detraining: loss of training-induced physiological and performance adaptations. Part I: short term insufficient training stimulus. Sports Med, 30: 79-87, 2000を参考に作成)

ること自体に「ディトレーニング」が慣例的に使われているので，本章でもそれに則ってトレーニングを中止することにも「ディトレーニング」を用いることとする．

トレーニング効果の獲得とディトレーニングによる効果の損失は，相反する単純な現象ではないことが知られており，トレーニング期間や選手の鍛練度，あるいは骨格筋系，代謝系，呼吸循環器系によってディトレーニングの影響は異なる．スポーツ選手が何らかの理由でディトレーニングを強いられたとき，その負の影響を最小限にとどめるためには，ディトレーニングの生理学的背景を理解しておくことが必要である．本章ではトレーニングを数カ月にわたって中断することによる，身体組成，筋機能，持久力に及ぼす影響について解説する．

2 身体組成への影響

スポーツ選手はトレーニングを続けることによって，一般の人よりも体脂肪率が低い場合が多い．これは運動中に骨格筋で糖や脂肪を効率よく利用できるように適応しているためである．このようなスポーツ選手がトレーニングを中断すると，3〜8週間ですみやかに体脂肪量が増えやすいことが報告されている[3,4]．とくに皮下脂肪やウエストの周径囲が増加する．トレーニングを止めると活動量すなわちエネルギー消費量は低下するが，それに合わせて食事量（エネルギー摂取量）をすみやかに減らすのは難しいようである．

Stubbsら[5]は，健康な成人男性を対象に1日の身体活動量と食事摂取量を調査した．その結果，身体活動量が減少しても，すみやかにそれ見合った分だけ食事量（エネルギー摂取量）は少なくならず，エネルギー摂取量の余剰が生じることを報告している．スポーツ選手がトレーニングを中断しても，短期的には同様のエネルギーバランスの不均衡が生じており，この余剰なエネルギー摂取量が脂肪として蓄えられていると考えられる．事実，Chenら[4]は，女子大学生のダンサーが2カ月間にわたりダンスのトレーニングを中断したところ，その期間の食事摂取量はトレーニング期間中と同等であり，2カ月後にはウエストの周径囲が有意に太くなっていたことを報告している．このとき，糖負荷テストで糖の取込みとインスリン感受性が低下していたことから，皮下脂肪が蓄積しやすい理由として，骨格筋で糖を取り込む能力が速やかに低下するためであることを示唆している．

食事で摂取したエネルギーを取り込み蓄えるのは，おもに骨格筋と脂肪細胞である．トレーニングを継続している場合，食事で摂取したエネルギーは活動した骨格筋で取り込まれ筋グリコーゲンや筋内脂肪として蓄えられ，次に運動するときにエネルギー源として利用される．しかし，トレーニングを中止するとエネルギー源である血糖を筋肉へ取込む糖輸送タンパク質（GLUT4）とインスリンの感受性が比較的速やかに減少し，さらに，脂肪分解酵素が骨格筋では減少し，脂肪細胞で増える．つまり糖や脂肪が筋肉で取り込まれにくくなり，その分，脂肪細胞で取り込まれるようになる．このように，スポーツ選手がトレーニングを中止すると骨格筋での糖と脂肪の利用能力が速やかに低下するので，脂肪細胞に脂肪が蓄えられやすい．興味深いのは，トレーニングの中断が4〜8週間と比較的短ければ，体重は統計的に変化しないで脂肪量の

みが有意に増加することを報告した研究が多いことである.

　Hortobágyiら[6]は，長距離ランナーとパワーアスリートがそれぞれのトレーニングを2週間中止するとインスリン感受性は低下するものの，2週間では血液中の脂質プロフィールは変化しないことを認めている．一方，高度に鍛練されたボート選手（年齢25～33歳，体重86±4kg，体脂肪率13.4±2.6%，最大酸素摂取量74±5mL/kg/分）が，引退を迎えてそれまでのトレーニングを止めると，2年後に体重が88kg，体脂肪率が17.8%まで増加し，さらには中性脂肪などの血中の脂質プロフィールも悪化することも報告されている[3]．これらのことから，ディトレーニングによって糖の処理能力は数日から2週間で速やかに低下するが，血中の脂質プロフィールへ影響が及ぶまでにはより長期間が必要になるものと思われる．

　以上のように，スポーツ選手がトレーニングを中止すると，脂肪が蓄積されやすくなり，これには糖の処理能力が速やかに低下することが関連している．このような脂肪の蓄積は，トレーニングを再開するときに負担になることはまちがいない．したがって，スポーツ選手がオフシーズンなどでトレーニングを一時的に中断しているときには，体重のみならず体脂肪率も管理する必要がある．また，スポーツ選手が引退を迎えるなどのようにトレーニングの中断が長期にわたると，血液中の脂質プロフィールも悪化し，生活習慣病のリスクが高まることになるので注意しなければならない．

3 筋機能の応答

1. 筋力の変化

　骨格筋はトレーニングとディトレーニングに対してよく応答する可塑性の高い組織である．スポーツ選手は競技パフォーマンスを高めるために筋力トレーニングによって最大筋力を向上させるが，トレーニングを中断すると可逆的に最大筋力は低下していく．小笠原と安部[7]が筋力トレーニングによる最大筋力の増加率とその後のトレーニング中断による低下率をまとめている（図15-1）．これらの研究では対象者の特性（鍛練者または非鍛練者，若年者または高齢者，筋線維組成の違いなど），トレーニング方法，最大筋力の測定方法などが異なるので，一概に結論付けることはできないが，最大筋力は2～6カ月の筋力トレーニングによって20～80%増加し，トレーニング期間が長いほどその増加率も大きい傾向にある．一方，トレーニングを中断すると最大筋力は低下し始めるものの，中断期間が数カ月であればトレーニング開始前のレベルより高く維持している者が多い．また，スポーツ選手が行うウエイトトレーニングのベンチプレスやスクワットの最大拳上重量も4週間の中断で約5～10%低下することが報告されている[8]．

　最大筋力の向上には筋断面積の増加と神経系の適応という2つの要因が関与していることから，ディトレーニングにおける筋力の低下においても，筋断面積と神経筋機能のいずれかか，その両方が損失していった結果である．Häkkinenら[9]は，スクワットトレーニング（等張性筋収縮）を週3回の頻度で24週間実施した後，12週間のディトレーニングを行わせた．このとき等尺性最大筋力と筋電図で評価した神経筋機能の低下との間に有意な相関関係が観察された．一方，Kuboら[10]の研究では，3カ月に

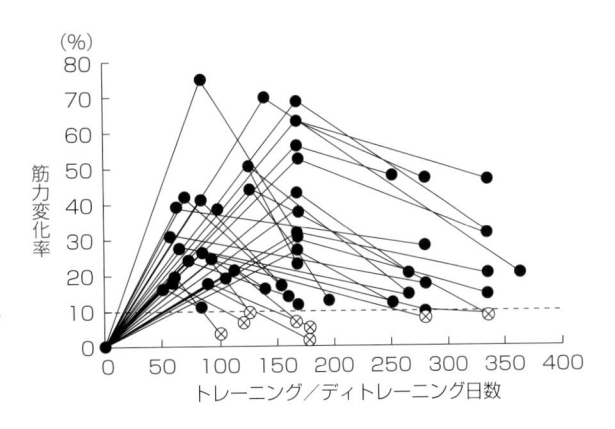

図15-1 筋力トレーニングとディトレーニングによる最大筋力の変化
トレーニング前が0%で折れ線の頂点がディトレーニングの開始を示す.
(小笠原理紀, 安部 孝:筋力トレーニングにおけるディトレーニングとリトレーニングの効果. ストレングス&コンディショニング・ジャーナル, 17 (5):2-9, 2010)

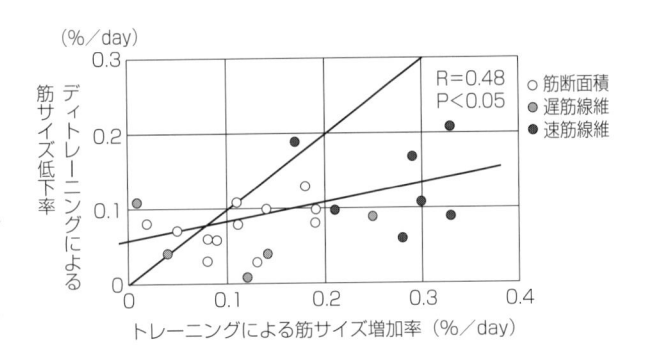

図15-2 筋力トレーニングによる筋サイズの増加率とディトレーニングによる低下率の関係
図の原点からの線はアイデンティカルライン（Y=Xライン）で, ライン上にあれば, 筋サイズの増加率と低下率が等しいことを表す. この図から筋サイズの増加率に対して低下率が低いことが示され, トレーニングと同じ日数のディトレーニングでは, 筋サイズはトレーニング前の値までには戻らない傾向にある.
(小笠原理紀, 安部 孝:筋力トレーニングにおけるディトレーニングとリトレーニングの効果. ストレングス&コンディショニング・ジャーナル, 17(5):2-9, 2010)

わたる等尺性膝伸展での筋力トレーニング後のディトレーニング期間中に, 等尺性の最大筋力は有意に低下したが, 筋電図で評価した神経筋機能は維持されていたことを報告している. また別の研究でも, トレーニング中止によって筋面積はトレーニング前の値に戻ったが, 等速性筋力発揮時の筋放電量に変化はなかった[11]ことが示されている. これらの研究ではトレーニング方法と筋力評価法が異なるので, 筋断面積と神経筋機能のどちらがより筋力低下に影響しているのかについては結論付けることはできないが, ディトレーニングによる筋力の低下には, 筋断面積の減少や神経筋機能の減衰が関与しているといえる.

2. 筋線維の応答

骨格筋は, 収縮力は低いが疲労にしにくい遅筋線維(slow twitch: STまたはType I)と, 収縮力は高いが疲労しやすい速筋線維（fast twitch: FTまたはTypeII）の2つのタイプの筋線維によって構成されている. 筋力トレーニングを行うと筋線維が肥大して筋断面積が増大するが, このとき速筋線維の方が遅筋線維より肥大しやすいことが知られている. 一方, 筋力トレーニングを中断した時に筋断面積が減少する場合も速筋線維の萎縮がより大きい. 図15-2は筋力トレーニングに対する筋サイズの増加率とトレーニング中断後の低下率の関係を調べたものである. これによると筋サイズの増加率は速筋線維が明らかに高いが, 低下率も大きい傾向にある. すなわち速筋線維の方が筋力トレーニングとその中断に敏感に応答し肥大しやすく萎縮しやすい. た

とえばJespersenら[12]は，ディトレーニングの初期10日間における速筋線維の萎縮は，90日間の筋力トレーニングで増加した筋線維サイズの約半分に相当したことを報告している．一方で，遅筋線維は肥大しにくいがトレーニング中断による萎縮の程度も少ない．

ところで，筋力トレーニングの現場では「短期間で増加させた筋量はトレーニングを止めると速やかに元に戻るが，時間をかけてつけた筋肉ほど減りにくい」と言われる[7]．この理由については明らかになっていないが，先に述べたような筋力トレーニングとディトレーニングに対する遅筋線維と速筋線維の応答が関連しているかもしれない．すなわち，短期間では遅筋線維はさほど肥大せず速筋線維が優先的に肥大して筋量が増す．それゆえトレーニング中止後も速筋線維が速やかに萎縮する．一方，長期間にわたる筋力トレーニングでは速筋線維に加えて遅筋線維も肥大していることから，ディトレーニング中であっても遅筋線維の萎縮は遅いので結果的に減りにくいという印象が残っているのかもしれない[7]．

3．筋線維タイプの移行

骨格筋は，遅筋線維と速筋線維で構成されているが，速筋線維はさらにType IIaとType IIbに分けることができ，Type IIaはより遅筋線維の特性も兼ね備えているといわれている．筋力トレーニングを実施すると速筋線維の肥大率が高いことを述べたが，このときType IIbからType IIaへの筋線維タイプの移行が起きていることが多くの研究で認められている[11,13,14]．一方，筋力トレーニングを中断すると，その逆の応答すなわちType IIaからType IIbに戻ることも確認されている[11,13,14]．図15-3には筋力トレーニングとその中断に対する各筋線維タイプの面積の割合の変化を示し

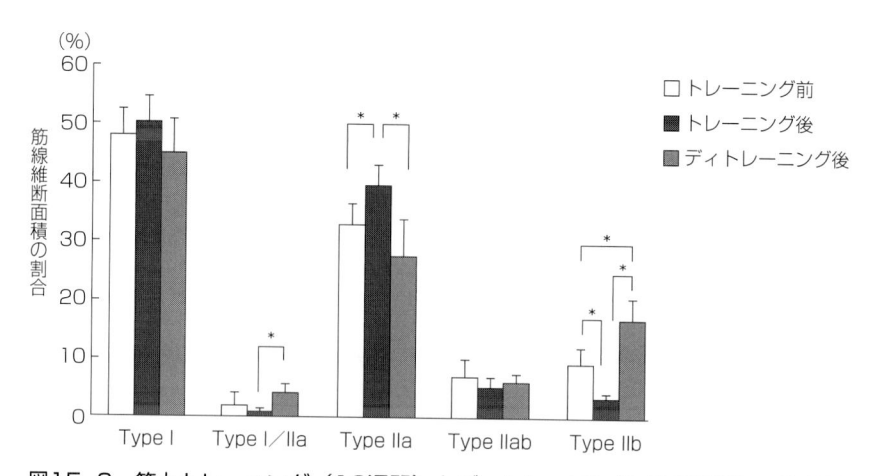

図15-3 筋力トレーニング（12週間）とディトレーニング（12週間）の筋線維断面積の変化

Type I／IIaとType IIabはサブタイプである．
*は有意に異なることを示す．トレーニングによるType IIaの増加とType IIbの減少．一方，ディトレーニングによるType IIaの減少とType IIbの大きな増加に注目．
(Andersen JL, Aagaard P: Myosin heavy chain IIX overshoot in human skeletal muscle. Muscle Nerve, 23: 1095-1104, 2000. 文献ではType IIabとType IIbはそれぞれType IIaxとType IIxと表記されている)

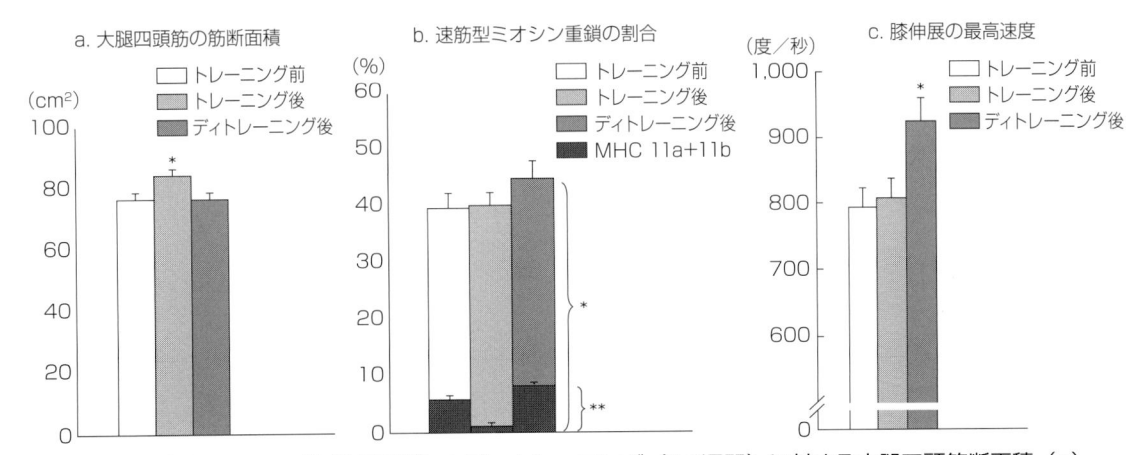

図15-4 筋力トレーニング（12週間）とディトレーニング（12週間）に対する大腿四頭筋断面積（a），速筋型ミオシン重鎖（MHC IIaとMHC IIb）（b），膝伸展速度（c）の変化
ディトレーニングによって筋断面積はトレーニング前に戻るが，膝伸展速度は大きく向上している．その理由としてミオシン重鎖の速筋型への移行（Type IIaとIIbの増大）が考えられる．
（Andersen LL, et al.: Changes in the human muscle force-velocity relationship in response to resistance training and subsequent detraining. J Appl Physiol, 99: 87-94, 2005）

た．筋力トレーニングによってType IIaが肥大し，それに対してType IIbが大きく減少している．さらに，トレーニングを中断するとType IIaが大きく萎縮し，それに対してType IIbの増大が著しい．注目すべきはType IIbはトレーニング前よりも増えることである．このことはディトレーニングの積極的効果をもたらす可能性を示唆している．

4. 筋力トレーニング後のディトレーニングの積極的効果

これまで述べたように筋力トレーニングを中断すると，筋断面積の減少と神経筋機能が損失し筋力は低下する．そのため，競技パフォーマンスも悪くなると考えられている．しかし近年の研究において，筋力トレーニング後のディトレーニングによる積極的な効果が報告されている．そのひとつが，先述した筋力トレーニング後のディトレーニングによってType IIbがトレーニング前よりも増えることと関連しており，ディトレーニングによって最大筋力や筋断面積はトレーニング前に戻っても，筋の収縮速度が改善され，無負荷での四肢の動きが速くなるというものである．この理由はディトレーニングによってミオシン重鎖（MHC）が速筋型へ移行するためであると考えられている[11]（図15-4）．

筋の収縮速度はミオシン重鎖のタイプに大きく影響される．収縮速度の遅いType I（遅筋線維）はMHC Iの構造を持ち，一方，Type II（速筋線維）は収縮速度の速いMHC IIからなる．さらに速筋線維のうちType IIaはMHC IIa，Type IIbはMHC IIbを有するが，このMHC IIbを有する筋線維はもっとも速い収縮速度を発揮することができる．図15-4cに示されているように，筋力トレーニング後のディトレーニングによって無負荷での膝の伸展速度が大きく向上している．このとき筋断面積は萎縮したものの速筋タイプのミオシン重鎖MHC IIが有意に増加している．その結果，無

図15-5 非鍛練者における筋力トレーニングとディトレーニングによる筋サイズとサテライト細胞の応答のモデル

非鍛練者が筋力トレーニングによって増加したサテライト細胞はディトレーニングによっても減少することはない。そのために再トレーニングの際に速やかな筋肥大が生じる可能性が考えられている。
(Bruusgaard JC, et al.: Myonuclei acquired by overload exercise precede hypertrophy and are not lost on detraining. Proc Natl Acad Sci USA, 107: 15111-15116, 2010)

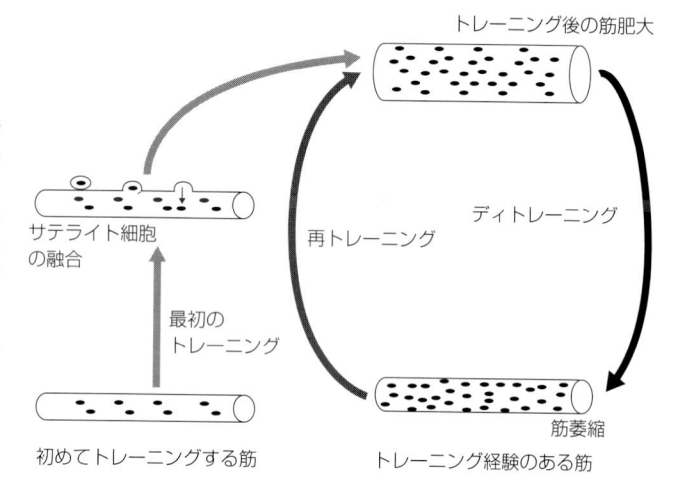

負荷での筋収縮速度が改善したと考えられている．これらの研究結果から，Andersenら[11]は，筋力トレーニング後のディトレーニングは，パンチやキックといった四肢の末端を素早く動かす動作速度を向上させる可能性を指摘している．ディトレーニングによって，垂直跳びなどの瞬発的なパフォーマンスは低下しないあるいはわずかに向上することを認めた研究もあり，これも速筋タイプのミオシン重鎖の増加が関連しているものと思われる．

筋力トレーニングを継続している鍛練者が，ディトレーニング後に再びトレーニングを始めると，筋力や筋断面積は短期間でトレーニング時の状態に戻るという経験を持っている者が多い．このことを「muscle memory」というが[14]，トレーニング開始時の初期の応答と同様に，再トレーニング時にも筋断面積と神経筋機能が速やかに回復する現象のことである．この根拠については明らかにされていないが，最近の研究で筋力トレーニングとディトレーニングに対する骨格筋のサテライト細胞の増殖が関連している可能性も示されている[15]．これらの研究によると，まず筋力トレーニングによって骨格筋のサテライト細胞は増殖する．その後トレーニングを中断すると筋細胞の断面積は減少するが，サテライト細胞は増加したまま変わらない．この増加したサテライト細胞が再トレーニングに敏感に応答することで，速やかに筋肥大が起きる可能性が示されている（図15-5）．この研究結果から著者らは，トレーニング経験の有効性を示唆している．しかしながら，筋力トレーニングによって増加したサテライト細胞は，どの程度のディトレーニング期間まで維持されるのかなどは今後の研究を待たなければならない．

4 持久能力の応答

1. 持久パフォーマンスの応答

持久的なパフォーマンスには最大酸素摂取量，乳酸性作業閾値（骨格筋のミトコンドリアでの酸化能力の指標のひとつ），ランニングエコノミーなどの仕事効率の3つ

表15-2 トレーニングの中止日数と持久的パフォーマンスの減少率

トレーニング中止日数	被験者	パフォーマンス	パフォーマンス減少率（%）	文献
3（ベッドレスト；文中参照）	持久的鍛錬者	自転車漸増運動持続時間	14.3	Smorawiński et al., 2001
	筋力的鍛錬者		10.0	
10	水泳選手	366mタイムトライアル	2.6	Claude and Sharp, 1991
14	持久的鍛錬者	ランニング漸増運動の持続時間	9.2	Houmard et al., 1992, 1993
14	持久的鍛錬者	最大下高強度運動の持続時間	25.0	Houston et al., 1979
28	持久的鍛錬者	自転車漸増運動の持続時間	7.6	Coyle et al., 1986
28	持久的鍛錬者	最大下高強度運動の持続時間	21.0	Madsen et al., 1993
30	水泳選手	100m, 200mタイムトライアル	3-13	Mujika et al., 1995
32	水泳選手	自転車漸増運動ピークパワー	18.2	Nichols et al., 2000
35	サッカー選手	運動持続時間	23.8	Fardy, 1969
60	自転車選手	自転車漸増運動ピークパワー	3.5-8.8	Giada et al., 1998

(Mujika I, Padilla S: Physiological and performance consequences of training cessation in athletes: detraining. In: Frontera WR ed., Rehabilitation of sports injuries: scientific basis. Blackwell Science, pp.117-143, 2008より引用改変）

の要因が影響する．持久的なパフォーマンスを高めるためにはこの3つの要因をそれぞれターゲットにしてトレーニングしていく必要がある．持久的な能力に対するディトレーニングにおいてもこの3つの要因がそれぞれ損失されていくと考えられる．ここでは，持久的鍛錬者がトレーニングを中止した時に，持久的パフォーマンス，最大酸素摂取量ならびに骨格筋ミトコンドリアの酸化能力がどのように減少していくのかについてみていく．

表15-2には持久的な鍛錬者におけるトレーニングの中止日数と持久的パフォーマンスの低下率が示されている．対象者の競技特性，鍛錬度，パフォーマンスの評価方法がそれぞれ異なることから，トレーニングの中止期間とパフォーマンス低下との関連性を見出すことはできないが，専門的なトレーニングによって獲得した持久的なパフォーマンスは，トレーニングの中止によって比較的速やかに低下する．たとえば，自転車選手（最大酸素摂取54.8 ± 2.1mL/kg/min）が食事・トイレ・シャワー以外はベッドで寝て過ごすと，3日間で自転車漸増運動中に到達できる最大負荷が14.3%，最大酸素摂取量が16.5%もそれぞれ低下した[16]．このディトレーニングの効果は競技選手の特性によっても異なり，ボディービルダー（最大酸素摂取量34.4 ± 3.8mL/kg/min）が同様に3日間ベッドで過ごした場合には，最大負荷と最大酸素摂取量の低下は約10%に留まっている．

2. 最大酸素摂取量の応答

ディトレーニングによる持久的なパフォーマンスの損失には，ほとんどの場合，持久能力の優れた指標である最大酸素摂取量の減少を伴っている．図15-6には持久的な鍛錬者がトレーニングを中止した日数と最大酸素摂取量の低下率との関係を示した．両者には有意な関係が認められ，最大酸素摂取量は約4週間までに速やかに15〜20%低下し，その後90日までは一定の値を維持していることが分かる．

酸素摂取量は活動筋へ酸素を送る呼吸循環器の能力（心拍出量，酸素運搬能力）と

図15-6 持久的鍛錬者のディトレーニングによる最大酸素摂取量の低下率とトレーニング中止日数の関係
最大酸素摂取量は30〜40日までに大きく低下し，その後は約90日までであれば低下率は約20％に留まる傾向にある．
(Mujika I, Padilla S: Physiological and performance consequences of training cessation in athletes: detraining. In: Frontera WR ed., Rehabilitation of sports injuries: scientific basis. Blackwell Science, pp.119, 2008)

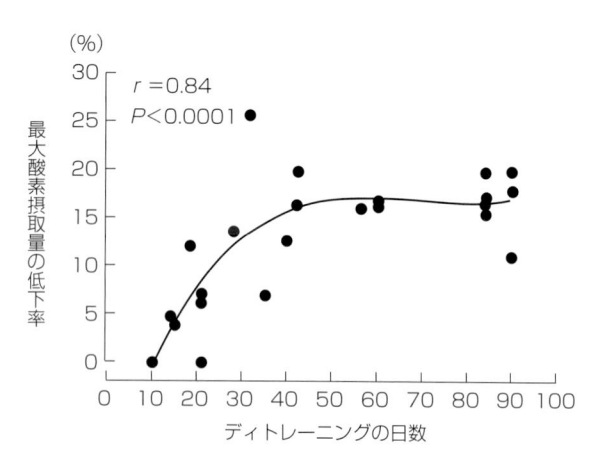

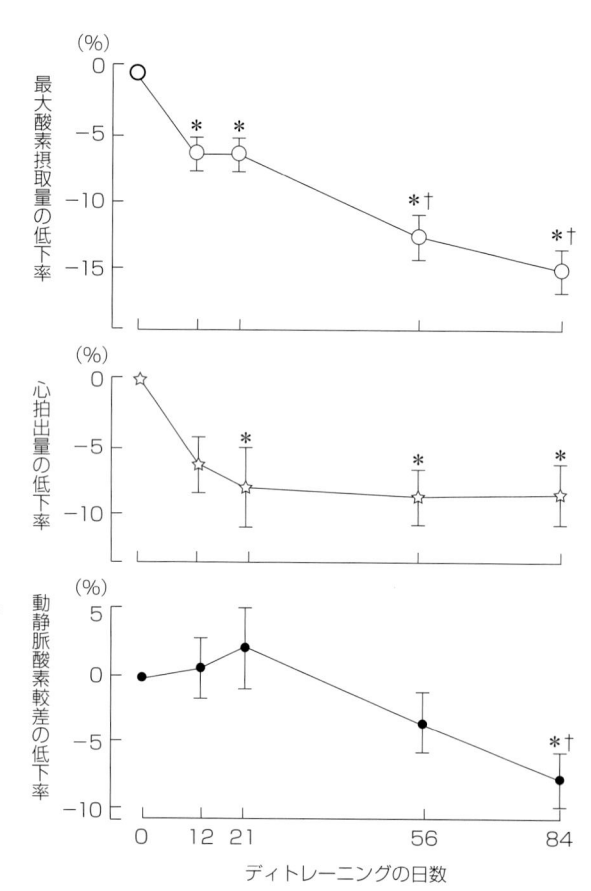

図15-7 持久的鍛錬者のディトレーニング（12週間）に対する最大酸素摂取量（a）と心拍出量（b），動静脈酸素較差（c）の応答
21日までの最大酸素摂取量の低下は心拍出量の低下を伴っており，その後は動静脈酸素較差が減少するのと合わせて最大酸素摂取量も低下している．
(Coyle EF, et al.: Time course of loss of adaptations after stopping prolonged intense endurance training. J Appl Physiol Respir Environ Exerc Physiol, 57: 1857-1864, 1984)

活動筋で酸素を利用する能力（動静脈酸素較差，酸素利用能力）の積で表される．鍛錬度の高い持久的選手（おおよそ60mL/kg/min以上）におけるディトレーニング中の最大酸素摂取量は，初期の約3週間までに大きく低下し，それには最大心拍出量の減少が関与している．それ以後は動静脈酸素較差が低下することが影響していると考えられている[17,18]（図15-7）．とくに初期の最大心拍出量の低下には血液量（血漿量）

が減少するためであり，事実，5週間のトレーニング中止で減少した持久的鍛錬者の血液量（血漿量）を，生理食塩水の注入によって人為的に増した場合，最大心拍出量と最大酸素摂取量が，トレーニング中止前の値に戻ったことが報告されている[18]．さらにこの心拍出量の低下には心臓の形態や機能が低下することも関連している[19]．

一方，3週間以降に生じる最大酸素摂取量の漸減は，動静脈酸素較差が徐々に低下することが要因であると考えられている（図15-7）．しかし，持久的鍛錬者が数カ月にわたりトレーニングを中止しても非鍛錬者のレベルまでは低下せず，Coyleら[17]の研究では，持久的鍛錬者（最大酸素摂取量62.1 ± 3.3mL/kg/min）が84日間にわたりトレーニングを中止すると，最大酸素摂取量は50.8 ± 3.3mL/kg/minまで低下したが，その値は活動的ではない一般人の値（43.3 ± 31.5mL/kg/min）よりも高く維持されていたことを報告している．その理由として，84日間のディトレーニングで最大心拍出量は一般人と同等まで低下していたが，ミトコンドリアの酵素活性値，筋線維の毛細血管数，動静脈酸素較差は一般人よりも高い値で維持されていたことを挙げている．それに対して，トレーニング経験のない人が持久的トレーニングを数カ月行ったあとに，トレーニングを中断すると最大酸素摂取量はトレーニング前の値に戻る[2]．

3．骨格筋代謝機能の応答

このように，持久的鍛錬者がトレーニングを中止すると，初期に最大心拍出量が大きく減少することが最大酸素摂取量の低くなる要因であり，その後は動静脈酸素較差が徐々に低下することがおもな要因であると考えられている．動静脈酸素較差には骨格筋での毛細血管の発達とミトコンドリアの酸化機能が大きくかかわっている．

このほかに，骨格筋で糖や脂肪を取り込み効率よく利用する酸化的エネルギー代謝能力も動静脈酸素較差に影響する．したがって，持久的トレーニングを止めるとこのような骨格筋における代謝機能にも影響が及ぶ．表15-3[20]には持久的トレーニングの中断による骨格筋における代謝機能の変化を示したが，ミトコンドリアの数とサイズ，ならびに毛細血管の密度が減少するだけでなく，糖と脂肪を取り込み利用する能力が低下していることがわかる．さらにこれらの代謝機能はトレーニングやディトレーニングに対して速やかに応答し，その変化率も大きいことが知られている（図15-8）[21]．また，先述したように骨格筋へ糖を取り込む輸送タンパクは数日のディトレーニングで減少し始める．しかしながら，図15-8に示すようにディトレーニング初期にみられるこれらの代謝機能の速やかな減少は最大酸素摂取量の変化とは関連していない．これは先述したように最大酸素摂取量の初期の減少には心拍出量の影響が大きいためである．一方，骨格筋の代謝機能の減少は最大下運動中の血中乳酸濃度や呼吸商の増加，すなわちエネルギー源として糖や脂肪を酸化的に利用する能力の低下とかかわっており，最大下での運動持続時間などのパフォーマンスに影響するようである．それゆえに表15-3のなかで最大下運動での持続時間などのパフォーマンスは，代謝機能の大きな低下の影響を受けて減少率が大きくなっていると思われる．

近年，スポーツ選手のトレーニング方法として高強度インターバルトレーニングが注目されている．これは，体重の7.5％という重い負荷での30秒間の全力運動を，4～8セット繰り返すといったように，非常に強度の高いトレーニングを集中的に行うも

表15-3 持久的トレーニングの中断による骨格筋における代謝機能の変化

最大下運動中にエネルギー源として脂肪よりも炭水化物を利用する割合が増加
ミトコンドリアの数とサイズが減少
クエン酸回路の酵素が減少
β酸化の酵素が減少
糖輸送単体（Glut4）が減少
グリコーゲン量が減少
グリコーゲン合成酵素が減少
毛細血管の密度が減少
脂肪分解酵素リパーゼの減少
筋線維タイプの移行（TypeⅠ→typeⅡa→TypeⅡb）

（Mougios V: Exercise Biochemistry. Human Kinetics, p.265, 2006より引用改変）

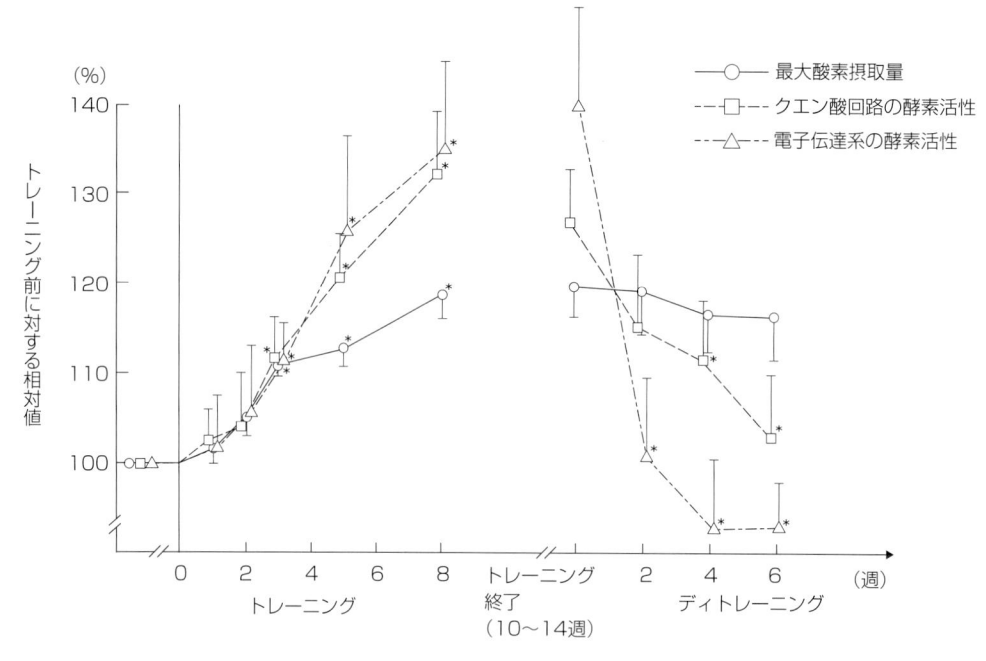

図15-8 持久的トレーニング（8週間）とディトレーニング（6週間）に対する最大酸素摂取量とミトコンドリア酵素活性の応答

ディトレーニングによる最大酸素摂取量の低下は少ないが，ミトコンドリア酵素活性は急激に減少している．
(Henriksson J, Reitman JS: Time course of changes in human skeletal muscle succinate dehydrogenase and cytochrome oxidase activities and maximal oxygen uptake with physical activity and inactivity. Acta Physiol Scand, 99: 91-97, 1977)

のである．従来の持久トレーニングと比べて短時間短期間で最大酸素摂取量や骨格筋の代謝機能を向上させることができることから，トレーニング時間が節約できるとして注目されている．このトレーニング（6週間）で向上させた運動パフォーマンス，糖と乳酸の輸送タンパク質，ミトコンドリアの代謝機能は，6週間のディトレーニング後も維持されることが報告されている[22]．先述したように，従来の持久トレーニングで向上した糖輸送タンパク質（GULT4）はトレーニングを中止すると比較的速や

かに減少し，そのことによってインスリン感受性の低下を招き脂肪が蓄積しやすくなる．これに対して，高強度インターバルトレーニング後のディトレーニングでは糖輸送タンパク質が減少しにくいという応答は興味深い．

5 ディトレーニングに影響する要因

これまでディトレーニングが身体組成，筋機能，最大酸素摂取量，骨格筋の代謝機能に及ぼす影響について述べてきたが，これらへの影響はいくつかの要因によって異なる．たとえば，非鍛錬者が2〜3カ月のトレーニングによって高めた筋力や最大酸素摂取量は，ディトレーニングによってトレーニング前に戻るが，鍛錬度が高い選手では，数カ月のディトレーニング後でも，非鍛錬者のレベルまでは戻らない[2]．また，選手の筋線維組成の特徴はトレーニング効果のみならずディトレーニングにも影響を受ける．さらにトレーニング強度やトレーニング様式もディトレーニングに関連する．筋力トレーニングでは，高い負荷でトレーニングした方が，結果的にトレーニング効果を持続できる可能性が示唆されている[7]．

図15-9には，高強度インターバルトレーニングを週3回8週間の低頻度と週8回3週間の高頻度で実施したときの（総トレーニング量は両者で同じ），トレーニングとディトレーニングに対する最大酸素摂取量の応答を示した[23]．低頻度ではトレーニング中に最大酸素摂取量は漸増し，トレーニングを中止すると減少し始めている．一方，

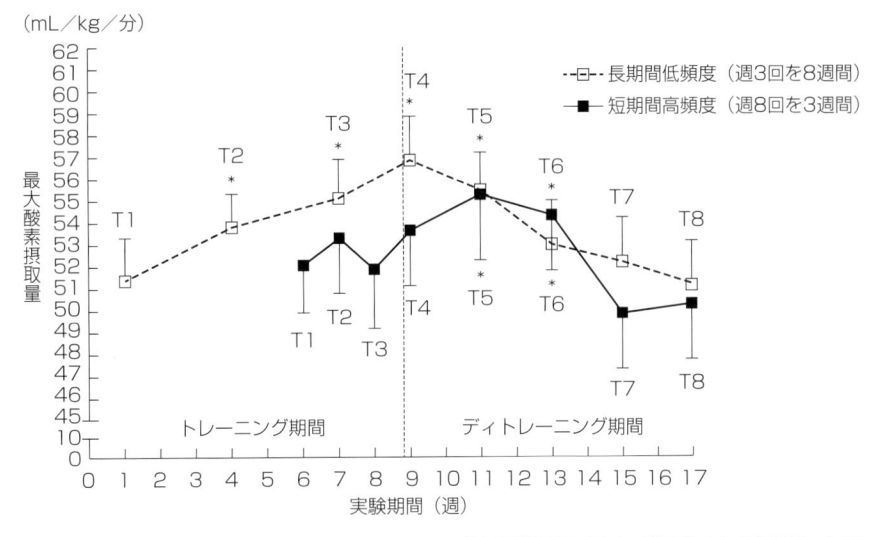

図15-9　高強度インターバルトレーニングを短期間高頻度（週8回を3週間）と長期間低頻度（週3回を8週間）で実践した後のディトレーニング（8週間）に対する最大酸素摂取量の応答
短期間高頻度でのトレーニング後ではディトレーニング中にも最大酸素摂取量が向上している．
(Hatle H, et al.: Effect of 24 sessions of high-intensity aerobic interval training carried out at either high or moderate frequency, a randomized trial. PLoS One, 9: e88375, 2014)

高頻度ではディトレーニング中にも最大酸素摂取量が向上しており興味深い．この理由についてはつぎのようなことが推察されている．高頻度のトレーニング中でも心拍出量や動静脈酸素較差は向上しているが，疲労の蓄積が最大酸素摂取量の測定に影響しているために効果は抑制されている．しかし，トレーニングが終了すると疲労は消失していき，先述したように高強度インターバルトレーニングで獲得した効果は6週間のディトレーニングであっても維持されるので，トレーニング効果が遅れて発現していると思われる．高頻度トレーニングにおける時間節約効果と，トレーニングを中止しても最大酸素摂取量が向上するという現象を考えたとき，この方法はスポーツ選手のトレーニングスケジュールに応用できる可能性がある．

[大森　一伸]

文献

1) Mujika I, Padilla S: Detraining: loss of training-induced physiological and performance adaptations. Part I: short term insufficient training stimulus. Sports Med, 30: 79-87, 2000.
2) Mujika I, Padilla S: Cardiorespiratory and metabolic characteristics of detraining in humans. Med Sci Sports Exerc, 33: 413-421, 2001.
3) Petibois C, et al.: Lipid profile disorders induced by long-term cessation of physical activity in previously highly endurance-trained subjects. J Clin Endocrinol Metab, 89: 3377-3384, 2004.
4) Chen SY, et al.: Effect of 2-month detraining on body composition and insulin sensitivity in young female dancers. Int J Obes, 30: 40-44, 2006.
5) Stubbs RJ, et al.: A decrease in physical activity affects appetite, energy, and nutrient balance in lean men feeding ad libitum. Am J Clin Nutr, 79: 62-69, 2004.
6) Hortobágyi T, et al.: Effects of exercise cessation on lipids and lipoproteins in distance runners and power athletes. Eur J Appl Physiol Occup Physiol, 67: 226-230, 1993.
7) 小笠原理紀，安部　孝：筋力トレーニングにおけるディトレーニングとリトレーニングの効果．ストレングス＆コンディショニング・ジャーナル，17（5）: 2-9, 2010.
8) Izquierdo M, et al.: Detraining and tapering effects on hormonal responses and strength performance. J Strength Cond Res, 21: 768-775, 2007.
9) Häkkinen K, et al.: Changes in isometric force- and relaxation-time, electromyographic and muscle fibre characteristics of human skeletal muscle during strength training and detraining. Acta Physiol Scand, 125: 573-585, 1985.
10) Kubo K, et al.: Time course of changes in muscle and tendon properties during strength training and detraining. J Strength Cond Res, 24: 322-331, 2010.
11) Andersen LL, et al.: Changes in the human muscle force-velocity relationship in response to resistance training and subsequent detraining. J Appl Physiol, 99: 87-94, 2005.
12) Jespersen JG, et al.: Myostatin expression during human muscle hypertrophy and subsequent atrophy: increased myostatin with detraining. Scand J Med Sci Sports, 21: 215-223, 2011.
13) Andersen JL, Aagaard P: Myosin heavy chain IIX overshoot in human skeletal muscle. Muscle Nerve, 23: 1095-1104, 2000.
14) Staron RS, et al.: Strength and skeletal muscle adaptations in heavy-resistance-trained women after detraining and retraining. J Appl Physiol, 70: 631-640, 1991.
15) Bruusgaard JC, et al.: Myonuclei acquired by overload exercise precede hypertrophy and are not lost on detraining. Proc Natl Acad Sci USA, 107: 15111-15116, 2010.
16) Smorawiński J, et al.: Effects of 3-day bed rest on physiological responses to graded exercise in athletes and sedentary men. J Appl Physiol, 91: 249-257, 2001.
17) Coyle EF, et al.: Time course of loss of adaptations after stopping prolonged intense endurance training. J Appl Physiol Respir Environ Exerc Physiol, 57: 1857-1864, 1984.
18) Coyle EF, et al.: Effects of detraining on cardio-

vascular responses to exercise: role of blood volume. J Appl Physiol, 60: 95–99, 1986.
19) Mujika I, Padilla S: Physiological and performance consequences of training cessation in athletes: detraining. In: Frontera WR ed., Rehabilitation of sports injuries: scientific basis. Blackwell Science, pp.117–143, 2008.
20) Mougios V: Exercise Biochemistry. Human Kinetics, 2006.
21) Henriksson J, Reitman JS: Time course of changes in human skeletal muscle succinate dehydrogenase and cytochrome oxidase activities and maximal oxygen uptake with physical activity and inactivity. Acta Physiol Scand, 99: 91–97, 1977.
22) Burgomaster KA, et al.: Divergent response of metabolite transport proteins in human skeletal muscle after sprint interval training and detraining. Am J Physiol Regul Integr Comp Physiol, 292: R1970–1976, 2007.
23) Hatle H, et al.: Effect of 24 sessions of high-intensity aerobic interval training carried out at either high or moderate frequency, a randomized trial. PLoS One, 9: e88375, 2014.

16章 スポーツと疲労

　高強度の運動を継続して行うと，必要とされる強度の運動を持続できなくなる疲労が生じる．これまで，動物やヒトを対象として疲労に関する多くの研究が行われてきているが，その詳細なメカニズムに関しては依然として不明な点も多い．疲労は生体の恒常性を維持するために重要な防御機能でもあることから考えると，選手が実施する激しいトレーニングは，当該種目に必要となる能力を向上させると同時に，疲労を抑制・遅延させるための能力を向上させるためのものであるともいえる．本章では，より効果的なトレーニング計画や疲労対策を考えるための基礎として，疲労の原因となる生理学的要因，そして，それが実際のスポーツにおいてどのように影響するかを概説する．

1 疲労の原因

　脳から骨格筋までの複数部位における多くの要因が疲労に関係するため，そのメカニズムを解釈することが非常に複雑となる．図16-1に示すように，筋疲労には，脳から筋までの神経伝達の機能不全によるものと，収縮器官である骨格筋内の変化による疲労があり，前者を中枢性疲労，後者を末梢性疲労と呼ぶ．一般的には，中枢性疲労よりも末梢性疲労の影響の方が大きいが，その割合は，行われる運動の種類や強度によって異なる．

1．中枢性疲労の原因
(1) 中枢から活動筋への指令の低下
　運動を実行する際には，大脳皮質運動野から皮質脊髄路を介して運動神経，そして筋へと指令（運動指令）が伝達され，最終的に筋収縮が起こる．この大脳皮質運動野から活動筋への運動指令の低下により発揮筋力が減少すると考えられており，この現象が中枢性疲労と称されている（図16-2）．

　運動指令の低下を引き起こす原因のひとつとして，体内でのアンモニア濃度の増加が考えられる．運動時，アンモニアは骨格筋内においてプリンヌクレオチド回路の代謝過程で産生され，その後，筋中から血中に拡散して脳内へ流入する．高強度運動においては，中枢神経系における急激なアンモニア濃度の増加が運動皮質の働きを抑制すると考えられている[1]．

　また，脳内のセロトニン濃度の増加も中枢性疲労の原因のひとつとして挙げられる[2]．セロトニンは，気分や感情などを調節する物質であるため，運動の制御に対し

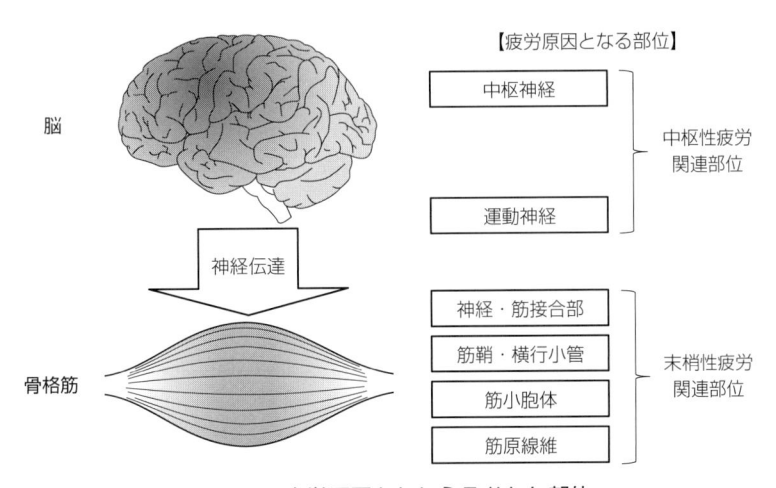

図16-1 疲労原因となりうるおもな部位
疲労には脳から骨格筋までの多くの部位の変化が関係する.

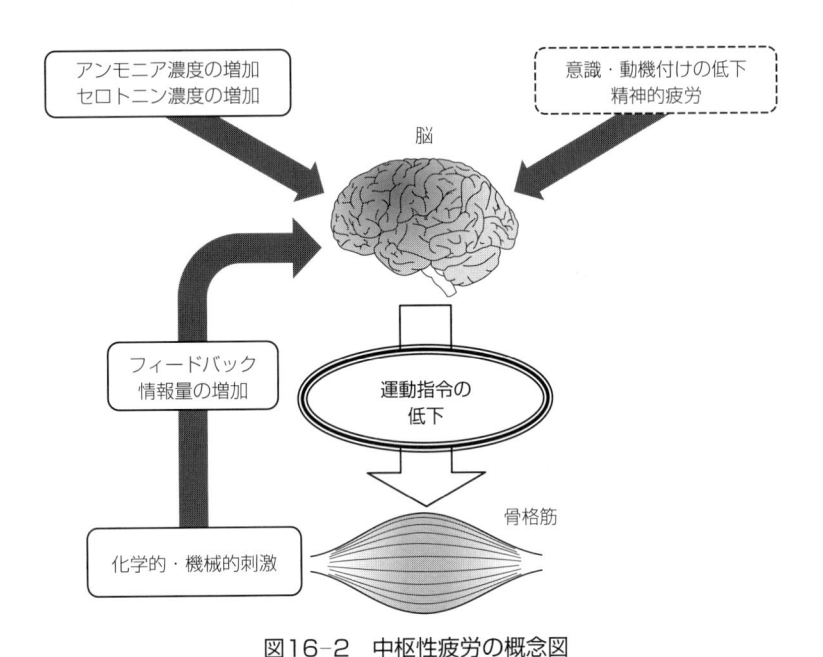

図16-2 中枢性疲労の概念図
(Noakes TD: Fatigue is a Brain-Derived Emotion that Regulates the Exercise Behavior to Ensure the Protection of Whole Body Homeostasis. Front Physiol, 3: 82, 2012より引用改変)

ても影響を及ぼすといわれている．運動時，脳内に流入してきたトリプトファンを基に合成されたセロトニン濃度の上昇が引き金となり，大脳皮質運動野からの運動指令が低下し，運動単位の動員数および発火頻度の減少が引き起こされることにより発揮筋力が低下する．

(2) 末梢からの求心性情報伝達の増加

中枢から末梢への刺激とは逆に，運動時，中枢機能は末梢からの情報によって影響を受ける．運動時，筋内の血管拡張や代謝産物の増加といった運動誘発性の機械的および化学的刺激が，筋に内在する求心性神経線維（group IIIおよびIV）の放電頻度を増加させることで中枢へのフィードバック情報量が増加する[3]．この求心性神経線維からのフィードバック情報の増加が，中枢神経からの運動指令に対して抑制性の影響をもたらす（図16-2）[4]．

さらに，同じように，求心性神経線維を介した末梢からの情報は，脊髄内にある運動神経に対してもフィードバック情報を増加させる．この求心性情報伝達の増加により，脊髄内の運動神経の興奮性が低下した結果として発揮筋力が低下する．これらのフィードバック機能としての求心性情報の増加は，生体の恒常性を崩壊させないための防御機能としての役割も有する．

(3) 意識・動機付けや精神疲労の影響

最近の研究では，ある処置を施したとしても実際には筋力発揮に対して何も効果がないにもかかわらず，効果があると信じ込むことで一時的に筋力が増大することが報告されている．このように，運動時の意識・動機付けなどによって，フィードフォワード的に筋力発揮に対して影響を及ぼす可能性がある[4]．さらに，運動を実施する前に，精神的な疲労をもたらす作業を実施することで，その後の筋力発揮が低下することも示されている[5]．したがって，詳細な機序は明らかではないが，運動に対する意識・動機付けや精神的な疲労度によっても中枢機能が影響を受け，それに伴い筋力発揮が低下する可能性がある（図16-2）．

2. 末梢性疲労の要因
(1) 興奮—収縮連関機能低下

興奮—収縮連関機能には神経・筋接合部，筋鞘，横行小管，筋小胞体，そして，実際の収縮活動を行う筋原線維の各器官が関係する（図16-3）．運動神経線維の末端は神経・筋接合部で筋に接しており，ここではアセチルコリンを介した情報伝達が行われる．高強度運動では，この情報伝達機能の低下が筋疲労の一要因となる．筋鞘がアセチルコリンを受け取ると活動電位が膜を伝わり，横行小管を通して筋線維内に活動電位が伝えられる．筋小胞体は，横行小管からの情報を受けて筋収縮に必要となるカルシウム（Ca^{2+}）の放出や取り込みを行う器官である．高強度運動では，筋鞘や横行小管を伝播する活動電位の大きさや持続時間の低減，そして，後述する代謝的変化などが引き起こされ，それが，筋小胞体におけるCa^{2+}放出速度や取り込み速度を抑制して筋疲労を引き起こす大きな原因となる．実際の収縮活動を行う筋原線維でも，高強度運動により生じる大きな代謝的変化により，Ca^{2+}感受性，最大張力および最大収縮速度が低下して筋力発揮の低下がもたらされる．

(2) 代謝的変化

骨格筋が収縮する際にはアデノシン三リン酸（adenosine triphosphate：ATP）の

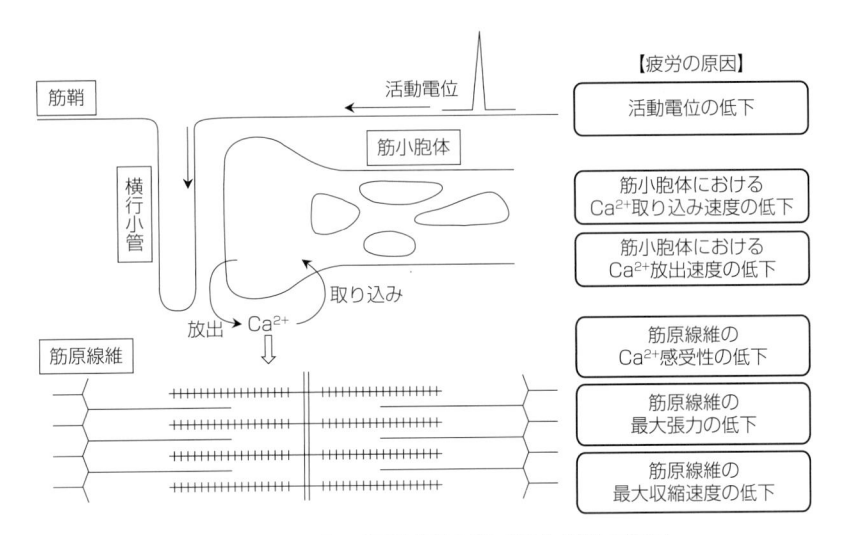

図16-3 興奮―収縮連関の模式図と疲労の原因
高強度運動による代謝的変化により興奮―収縮連関の機能低下が生じる．

加水分解によるエネルギーが利用され，そのATPを再合成するために①ATP―クレアチンリン酸（phosphocreatine：PCr）系，②解糖系，③有酸素系の3つのエネルギー供給系がある．低～中強度の運動ではATP濃度はほとんど変化せず，無機リン酸（inorganic phosphate：Pi）とクレアチン（creatine：Cr）の増加も一定量以下にとどまるが，高強度運動では，PCrの枯渇と，より大きなPi，Cr，水素イオン（H^+）濃度（pH）の増加に加えてアデノシン二リン酸（adenosine diphosphate：ADP）も著しく上昇する（図16-4）．このような代謝的変化が興奮―収縮連関機能に大きな影響を及ぼすことにより疲労がもたらされる[6,7]．

1）PCrの減少とPiの増加

ATP-PCr系によるATP再合成では，クレアチンキナーゼ（CK）反応（PCr + ADP + H^+ ⇔ Cr + ATP）を通したATP再合成が行われる．PCr濃度は安静時では35mM前後であるが，疲労困憊に至る高強度運動では1／10以下にまで減少する場合もある（図16-4）．PCrの減少は，ADPリン酸化やPCrシャトルを通したATP供給能力にマイナスの影響を及ぼす．しかしながら，PCrの減少と発揮筋力の低下との間には関係がないことから，疲労に対するPCr減少自体の貢献は小さい．一方，安静時では3mM前後であるPiは，高強度運動では30mM前後まで増加する（図16-4）．このPiの増加は，筋小胞体におけるCa^{2+}の放出速度や取り込み機能を低下させる．さらに，Piの増加は，筋原線維におけるCa^{2+}感受性の低下（同じ力を発揮するためにより多くのCa^{2+}が必要となる）をもたらすとともに，最大張力を減少させ，筋疲労の主要な原因のひとつとなる．

2）ATPの減少

高エネルギーリン酸化合物であるATPは，筋収縮のエネルギーを生み出す基質である．さらに，ナトリウム（Na^+）―カリウム（K^+）ポンプや筋小胞体におけるCa^{2+}の放出や取り込みにおいても重要な役割を担っているため，ATP濃度の減少が筋疲

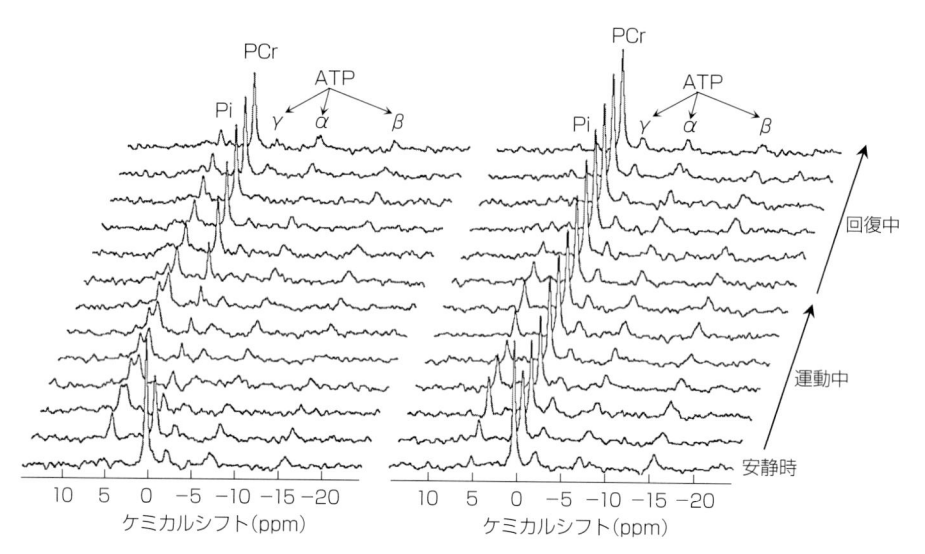

図16-4 高強度（左）および低強度（右）の膝伸展運動中に大腿部から得られた磁気共鳴分光法（MRS）データ
高強度運動では大きなクレアチンリン酸（PCr）の低下と無機リン酸（Pi）の上昇がみられるが，低強度運動ではそれらの変化が小さい．運動後は指数関数的にPCrが回復する．MRSを利用することにより，非侵襲的にこれらの変化を描出することが可能である．

労のひとつの要因となる．しかしながら，非常に激しい運動によりATPが60％程度まで減少する場合もあるが，それでも筋の正常なイオンポンプや筋小胞体機能，筋原線維の収縮機能を維持するためには十分な量である．また，実際のスポーツにおけるATP濃度の減少は限定的であり，ATP濃度の減少自体が主要な疲労原因となる可能性は低く，ATPが運動の制限因子となる前に，ほかの要因がATP利用を減少させると考えるのが妥当である．

3）ADPの増加

安静時のADP濃度はCK反応により$10\mu M$以下に維持されている．一定強度の運動までは，CK反応に加えてアデニレートキナーゼシステム（$2ADP \Leftrightarrow ATP +$アデノシン一リン酸）が機能することによりADP増加は低いレベルに維持されるが，疲労困憊に至るような運動では，ATP利用の増加とPCr枯渇によりADP濃度は$200\mu M$前後にまで増加する場合もある．この一時的なADP増加による筋小胞体のCa^{2+}取り込み速度や筋原線維の最大収縮速度の低下が筋疲労の一要因となる．

4）筋pHの低下

高強度運動により生成される乳酸は即座にラクテートとH^+に解離する．安静時のラクテート濃度は1mmol/L前後であるのに対し，最大運動では20mmol/L以上に達することもあるが，ラクテート自身が筋疲労の主要因とはならない．一方，安静時の筋pHは7.0前後であり，低～中強度の運動ではその低下は6.9程度までであるが，高強度運動の疲労困憊時には6.2前後にまで低下する場合もある．この筋pHの低下が，筋小胞体のCa^{2+}放出および取り込み機能を抑制するとともに，筋原線維のCa^{2+}感受性，最大張力や最大収縮速度の低下をもたらす一要因となる．しかしながら，運動中や運

図16-5 疲労困憊運動4時間後のクロスカントリースキー選手における筋小胞体のCa²⁺放出速度と筋グリコーゲン含有量との関係
運動後に炭水化物を摂取させた場合（●）とさせない場合（○）の外側広筋，摂取させた場合（▲）とさせない場合（△）の上腕三頭筋のデータが含まれている．
(Ørtenblad N, et al.: Role of glycogen availability in sarcoplasmic reticulum Ca2+ kinetics in human skeletal muscle. J Physiol, 589: 711-725, 2011)

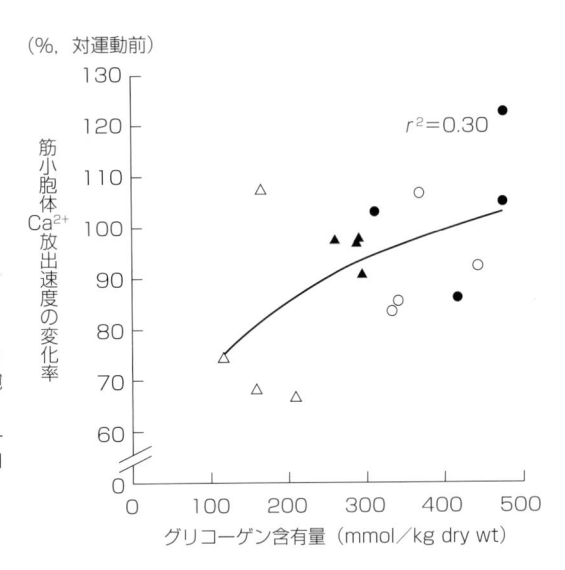

動後の回復期において筋pHと発揮筋力との間には相関がないことから，筋pH低下自体が疲労の主要な原因とはならない．

5）筋グリコーゲン枯渇

骨格筋では，グルコースは筋グリコーゲンとして貯えられ，高強度の反復性運動から持久性運動までのエネルギー産生に重要な基質となる．筋グリコーゲン枯渇が筋疲労をもたらすメカニズムは明らかではないが，筋グリコーゲン含有量と持久性運動パフォーマンスの間に相関があること[8]，定期的なトレーニングが筋グリコーゲン利用率を低下させて枯渇を遅延させるといった現象は，筋グリコーゲン枯渇が疲労の主要な原因となりうることを表している．また，筋グリコーゲンは筋鞘直下，筋原線維間，筋原線維内に分布しているが，最近の研究では，とくに筋原線維内に存在するグリコーゲンの枯渇が，筋小胞体からのCa²⁺放出速度の低下と関係する可能性が示されている（図16-5）[9]．

6）活性酸素の増加

近年，生体内で酸素から生成されるスーパーオキシド，過酸化水素，ヒドロキシラジカルといった活性酸素（種）が，疲労をもたらす要因となりうることが示されている．運動や体温上昇によって引き起こされる活性酸素の増加が，筋小胞体のCa²⁺取り込み速度や筋原線維の最大張力の低下を引き起こすこと，そして，より最近の研究では，筋原線維のCa²⁺感受性を低下させることでより大きく疲労と関係する可能性が示されている[6]．しかしながら，それらの現象のメカニズム，ヒトの生体内でどの程度の影響を及ぼすのかなどに関しては不明確な部分が多く，今後のさらなる研究が期待される．

2　短時間・高強度運動における疲労

陸上競技やスピードスケート，競泳の短距離種目といった，相対的に短時間の高強

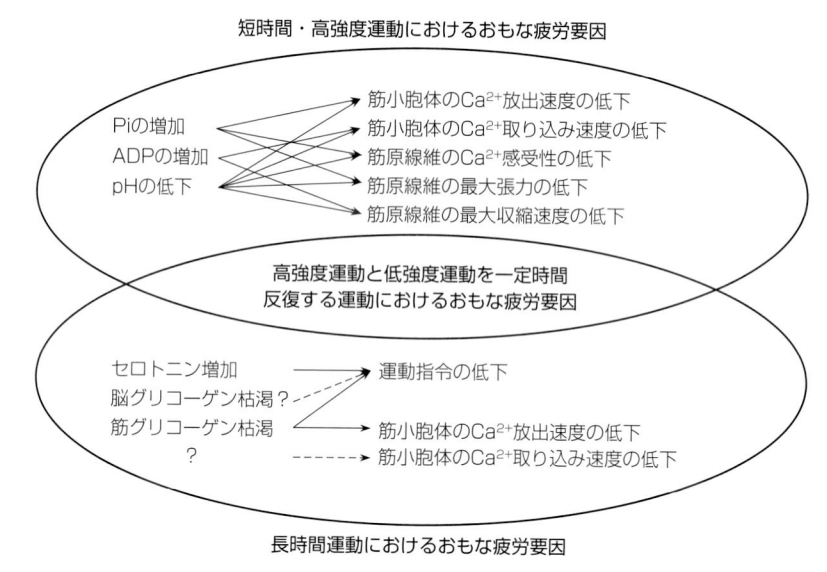

図16-6 タイプの異なる運動におけるおもな疲労要因

度運動における疲労には，中枢性要因よりも末梢性要因の影響が大きい．前述したように，運動のエネルギーを供給するためにはATP-PCr系，解糖系，有酸素系の3つの系があり，運動強度と運動継続時間に応じて，これらの系が協働して機能する．とくに数秒程度の最大運動ではATP-PCr系の貢献が大きく，継続時間や反復回数が増加するにしたがい解糖系，そして，有酸素系の割合が大きくなる．そのため，短時間・高強度運動では大きなPCrの低下とPiおよびADPの上昇が生じるとともに，解糖系の急激な活性化による大量の乳酸生成・蓄積に伴い筋pHの低下（H^+濃度の増加）が引き起こされる．これらの代謝的変化が，筋小胞体におけるCa^{2+}の放出や取り込み機能の抑制，そして，筋原線維のCa^{2+}感受性と収縮機能の低下を引き起こす主要因となり，筋力発揮や運動パフォーマンスの低下が生じる（図16-6）．また，疲労困憊に至るような高強度運動によりATP濃度が低下する場合もあるが，ATPが関与する生理的機能を阻害するまで枯渇するようなことはないため，疲労要因としてのATP濃度低下自身の影響は限定的である．

3 持久性運動における疲労

　陸上競技のフルマラソンやクロスカントリースキーのような，一定強度の運動を長時間継続する競技における中枢性疲労の原因のひとつとしてセロトニンの増加がある．持久性運動では，エネルギー産生のための基質として脂肪の利用の割合が高まる．脂肪組織から供給される脂肪酸の増加は，血中の遊離トリプトファン濃度を増加させる．さらに，持久性運動では，エネルギー基質として脂肪に加えて分岐鎖アミノ酸の利用も亢進する．トリプトファンと分岐鎖アミノ酸の脳内への輸送体は同一であるため，血中分岐鎖アミノ酸の減少により，トリプトファンの脳内への流入率が相対的に上昇する．これらによる中枢神経系へのトリプトファン流入増加により，脳内で中枢

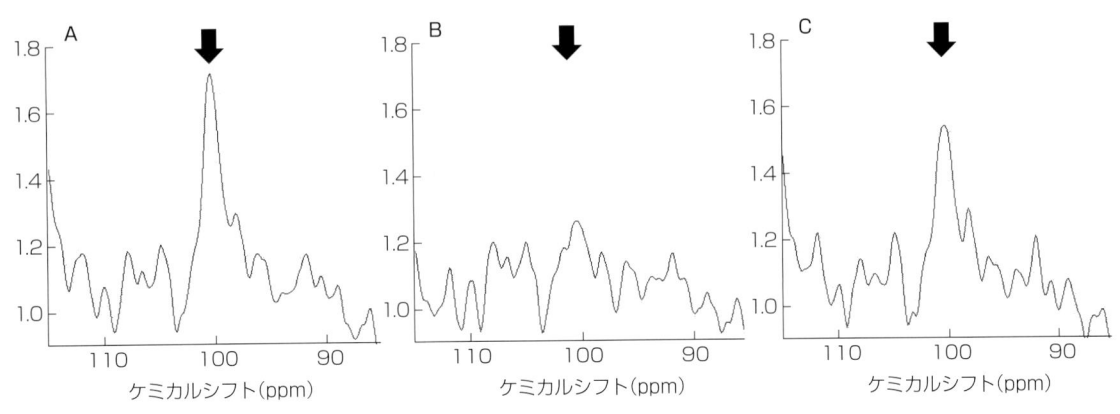

図16-7 磁気共鳴分光法(MRS)により測定されたマラソン前後の下腿三頭筋の筋グリコーゲンピーク(矢印)の変化
マラソン前(A)と比較してマラソン後(B)に筋グリコーゲンが大きく減少し,30時間後(C)でも回復しきれていない.

性疲労の要因のひとつとなるセロトニン濃度が増加すると考えられている[10](図16-6).

持久性運動では,糖や脂肪をおもな原料として,有酸素系を通したエネルギー供給の割合が相対的に大きくなる.持久性運動における末梢性疲労要因のひとつとして考えられているのが筋グリコーゲンの枯渇である(図16-6).骨格筋には筋100gあたり約1.5gのグリコーゲンが含まれているが,それが枯渇すると運動を継続することができなくなる[8].実際に,マラソンにより下腿後部の筋グリコーゲンが大きく減少することも明らかとなっている(図16-7).このような筋グリコーゲン枯渇が筋小胞体におけるCa^{2+}放出速度の低下を引き起こすとともに,その他の疲労関連事象の引き金になると考えられている.さらに,骨格筋におけるグリコーゲン枯渇が求心性情報として伝わり,中枢からの運動指令が減少する結果として中枢性疲労が引き起こされる可能性もある.最近では,動物実験ではあるが,持久性運動により筋グリコーゲンとともに脳グリコーゲンが低下する可能性も報告されている[11].これにより中枢性疲労が引き起こされる可能性もあるが,ヒトで同様の変化が生じるかを含めて,この点に関しては今後のさらなる研究が期待される.

持久性運動における疲労時には,短時間・高強度運動ほどの著しいPCrの低下,Piの増加,筋pHの低下等の変化はみられないが,筋小胞体におけるCa^{2+}取り込み機能が抑制される可能性が示されている[7].しかしながら,このような機能低下が引き起こされるメカニズムは明らかではない.また,マラソンゴール近くなどのスパートでは運動強度が増加してATP-PCr系や解糖系の貢献が大きくなるため,Piの増加や筋pHの低下といった代謝的変化も大きく影響を及ぼすことになる.

一方,短時間の高強度運動と低強度運動あるいは休息を繰り返しながら運動を長時間継続するサッカーやテニスなどの球技系種目,ボクシングなどの格闘技系種目などでは,上述した短時間・高強度運動と持久性運動の両方の疲労要因が関係することになる.

4　疲労を抑制するために

　中枢性疲労に関して，運動指令の低下と主観的な疲労感が関連すると報告されているが[12]，中枢性疲労の変化を客観的に捉え，その耐性を意識的に向上させることは困難であるといわざるをえない．しかしながら，高強度のトレーニングにより中枢機能の疲労耐性を高めること，そして，意識・動機付けを高く維持することにより，中枢神経からの運動指令を増強させて筋力発揮の低下を抑制することは十分期待できるであろう（図16-8）.

　高強度運動ではPCrの低下とPiおよびADPの上昇，そして，筋pHの低下などの代謝的変化が興奮—収縮連関機能低下の主要因となるが，最大努力を必要とする実際のスポーツ場面では，これらの変化を意識的に抑制することは難しい．そのようななかでも，とくに反復的あるいは間欠的な高強度運動においては，筋における有酸素的能力の向上が一定の効果をもたらす可能性が期待できる．有酸素的能力を高め，相対的な有酸素的エネルギー供給能の貢献を大きくしてATP-PCr系や解糖系の相対的関与を減少させることにより，疲労要因となる代謝化合物の変化や筋pH低下を抑制，遅延させることができる．さらに，運動後のPCr回復には有酸素系を通して生成されるATPが利用され，有酸素的能力とPCr回復速度の間には有意な関係がある[13]．したがって，有酸素的能力の向上によりPCrの回復速度が向上し，次に続く運動までにより速くPCrを回復させることが可能となる．

　生体には，乳酸から生じるH^+の上昇を抑制してpHの恒常性を維持する能力，いわゆる緩衝能が備わっている．緩衝能が高ければ，同じ量の乳酸生成に対してH^+の上昇をより抑制することができる．これまで，筋細胞内緩衝作用を有するカルノシン・アンセリンの摂取，または，短時間の全力運動を繰り返すスプリントトレーニングやインターバルトレーニングによりこの緩衝能が向上し，筋pHや高強度運動パフォーマンスの低下を抑制できる可能性が示されている[14]．

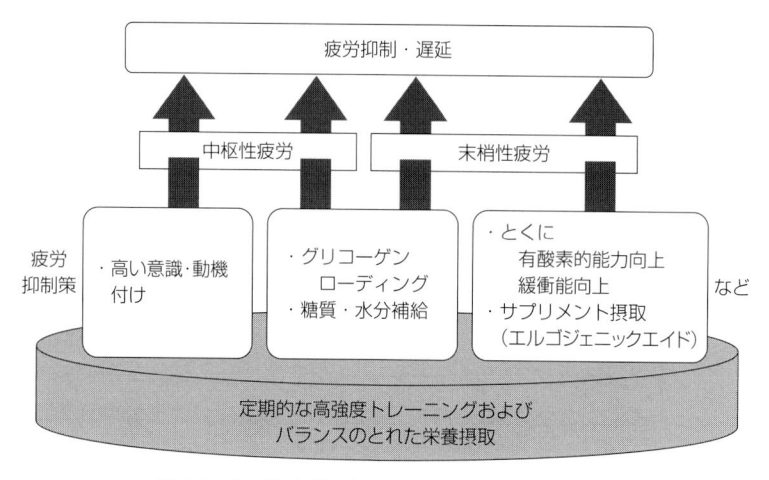

図16-8　筋疲労を抑制する可能性のある方策

持久性運動における疲労の一要因となる筋グリコーゲンの枯渇に対しては，トレーニング内容と糖質摂取量を調節するグリコーゲンローディングにより，あらかじめ筋グリコーゲン含有量を増やしておくことが有用になる[15]．ローディング方法としては，古典的な，低糖質食摂取と筋グリコーゲン枯渇運動，および，その後の高糖質摂取を組み合わせる5～7日間の方法に加えて，より実際の選手に応用しやすいように，糖質摂取制限を少なくして身体的負荷を減らす方法，そして，より短期間で実施できる方法など，多くの改良法が提案されてきている[15,16]．また，グリコーゲンローディングを実施する際には，生体内でグリコーゲンが水分と結合する結果として生じる可能性のある体重増加には留意する必要がある．さらに，筋グリコーゲンの枯渇を遅延させる効果は限定的ではあるが，長時間運動の途中に適切な糖質補給を行うことにより運動パフォーマンスが向上することも示されている[17]．

以上，スポーツと疲労，とくに筋疲労との関係に関して概説した．他章で述べられる暑熱や脱水なども疲労に関係するとともに，サプリメント摂取も疲労を抑制する上で効果を有する場合もある．疲労の程度は年齢や体力レベル，筋線維組成，栄養摂取状態，運動の種類などによっても異なる．したがって，よりよいスポーツパフォーマンスを発揮するためには，実施するスポーツ種目における疲労要因を認識し，個人の特性に合わせた，疲労を遅延・抑制するために最適なトレーニング・栄養摂取戦略，そして，レース戦略を構築する必要がある．

[髙橋　英幸・山中　亮]

文　献

1) Banister EW, Cameron BJ: Exercise-induced hyperammonemia: peripheral and central effects. Int J Sports Med, 11: S129-142, 1990.

2) Newsholme EA, et al.: Amino acids, brain neurotransmitters and a function link between muscle and brain that is important in sustained exercise. In: Benzi G, ed., Advances in myochemistry. John Libbey Eurotext, pp.127-133, 1987.

3) Amann M: Significance of Group III and IV muscle afferents for the endurance exercising human. Clin Exp Pharmacol Physiol, 39: 831-835, 2012.

4) Noakes TD: Fatigue is a Brain-Derived Emotion that Regulates the Exercise Behavior to Ensure the Protection of Whole Body Homeostasis. Front Physiol, 3: 82, 2012.

5) Marcora SM, et al.: Mental fatigue impairs physical performance in humans. J Appl Physiol, 106: 857-864, 2009.

6) Allen DG, et al.: Skeletal muscle fatigue: cellular mechanisms. Physiol Rev, 88: 287-332, 2008.

7) Fitts RH: Cellular mechanisms of muscle fatigue. Physiol Rev, 74: 49-94, 1994.

8) Bergström J, et al.: Diet, muscle glycogen and physical performance. Acta Physiol Scand, 71: 140-150, 1967.

9) Ørtenblad N, et al.: Role of glycogen availability in sarcoplasmic reticulum Ca2+ kinetics in human skeletal muscle. J Physiol, 589: 711-725, 2011.

10) Meeusen R, et al.: Central fatigue: the serotonin hypothesis and beyond. Sports Med, 36: 881-909, 2006.

11) Matsui T, et al.: Brain glycogen decreases during prolonged exercise. J Physiol, 589: 3383-3393, 2011.

12) Brasil-Neto JP, et al.: Postexercise depression of motor evoked potentials: a measure of central nervous system fatigue. Exp Brain Res, 93: 181-184, 1993.

13) Takahashi H, et al.: Control of the rate of phosphocreatine resynthesis after exercise in trained and untrained human quadriceps muscles. Eur J Appl Physiol Occup Physiol, 71: 396-404, 1995.

14) 鈴木康弘，高松　薫：短時間高強度運動時の疲労と酸—塩基平衡．体育の科学，52: 475-481,

15) Hawley JA, et al.: Carbohydrate-loading and exercise performance. An update. Sports Med, 24: 73-81, 1997.
16) Bussau VA, et al.: Carbohydrate loading in human muscle: an improved 1 day protocol. Eur J Appl Physiol, 87: 290-295, 2002.
17) Coggan AR, Coyle EF: Carbohydrate ingestion during prolonged exercise: effects on metabolism and performance. Exerc Sport Sci Rev, 19: 1-40, 1991.

17章 スポーツと酸化ストレス

　酸素を体内に取り込みエネルギーを作り出すことで生命を維持するわれわれ人間は，常に酸化ストレスにさらされている．酸化ストレスから生体を防御し健康な体を維持するため，人間は優れた抗酸化機能を長い進化の過程で習得した．定期的な運動や継続的なスポーツは，骨格筋機能，呼吸循環機能や代謝機能を改善することのみならず，気分転換やストレスの軽減などの観点からも健康の維持増進に効果があることは，近年の大規模な介入研究や疫学研究から明らかである．一方，運動は，安静時よりも数倍から十数倍の酸素を摂取することや，継続的な骨格筋の収縮や血流の増加による物理的刺激により酸化ストレスにさらされた状態を誘導する．酸化ストレスは，加齢，肥満，糖尿病，動脈硬化症，心臓疾患，慢性閉塞性肺疾患や癌などの発症や進行と密接にかかわることから，抗酸化機能が向上しない状態で運動やスポーツを継続すると，酸化ストレスにより健康状態を悪化する可能性がある．しかしながら人間は，運動による酸化ストレスから生体を防御するため，これまでの進化の過程とは比較にならない驚くべき早さで適応し，すぐれた抗酸化機能を習得することで健康を獲得している．本章では，運動やスポーツによる酸化ストレスの変動と抗酸化機能の適応について紹介する．

1 酸化ストレスの種類

　酸化ストレスとは，活性酸素種（reactive oxygen species：ROS）と抗酸化作用のバランスとして定義されており，酸化ストレスが増加した状態とはこのバランスが不均衡になり酸化反応が亢進した状態と定義されている．したがって，酸化ストレスが増加した状態は，活性酸素種の産生が増加するか抗酸化作用を持つ因子が低下することにより生じる．活性酸素種には，スーパーオキサイド（$O_2^{·-}$），ヒドロキシルラジカル（$HO^·$），過酸化水素（H_2O_2），一重項酸素（$^1O_2$）などの異なるいくつかの種類があり，スーパーオキサイドは，ミトコンドリア電子伝達系，ミクロソーム電子伝達系，小胞体電子伝達系，キサンチンオキシターゼ系や白血球NADPHオキシターゼ系などで生成されている．酸化ストレスに関する文献では，しばしばフリーラジカルという言葉が記載されているが，これはラジカルのついていない活性酸素種の総称である．つまり，スーパーオキサイドやヒドロキシルラジカルは活性酸素種でありフリーラジカルでもあるが，過酸化水素や一重項酸素は活性酸素種であるもののフリーラジカルではない（図17-1）[1]．おもな活性酸素種の半減期は秒単位と非常に短いが，強い作用を持っているため生体に存在するさまざまな物質と反応してDNAのほか，細

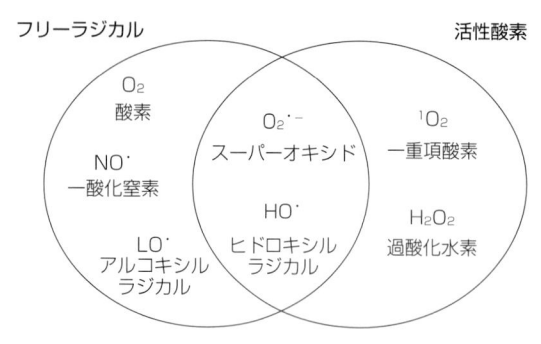

図17-1 フリーラジカルと活性酸素の関係
(吉川敏一：フリーラジカルの医学．京府医大誌，120：381-391，2011)

胞膜やタンパク質を損傷および変性する．活性酸素種の中でもヒドロキシルラジカルなどのフリーラジカルは，半減期が1秒以下であるがその作用は非常に強く，反対に過酸化水素などのフリーラジカルではない活性酸素種は，半減期が長いものの作用は比較的弱い．しかしながら，培養細胞の実験では，過酸化水素を添加し細胞培養する方法を酸化ストレスモデルとして頻繁に用いられており，骨格筋細胞に過酸化水素を添加し培養すると4-ヒドロキシ-2-ノネナール（4-hydroxy-2-nonenal：4-HNE）などの酸化ストレスマーカーの増加や筋管細胞の線維径が細くなる骨格筋萎縮と類似した現象が観察される（図17-2）[2,3]．このことは，活性酸素種としての作用が比較的小さい過酸化水素でも生体に対し大きく影響を及ぼすことを示唆している．活性酸素種は種類により機能や作用に違いがあるものの，これらを軽減できない状態が継続されると生体のさまざまな臓器や細胞の機能低下を引き起こすことから，これらを効率的に除去することは生体の恒常性を保つために重要である．

2　酸化ストレスの除去

　酸化ストレスを効率的に排除することは，生体の恒常性維持に重要である．体内で産生されたスーパーオキシドは抗酸化酵素（スーパーオキサイドディスミュターゼ，superoxide dismutase：SOD）により過酸化水素に分解される．分解された過酸化水素は，カタラーゼ（catalase）により水（H_2O）と酸素（O_2）の分子に分解され体内から除去される．過酸化水素の分解には，抗酸化物質であるグルタチオン（glutathione：GSH）やチオレドキシン（thioredoxin：Trx）も重要な役割を果たしている（図17-3）[4]．抗酸化酵素は発現する場所の違いから，細胞質に発現するcytosolic copper zinc SOD（CuZnSOD，SOD1），ミトコンドリアに発現するmitochondria manganese SOD（MnSOD，SOD2），細胞から細胞外に分泌されるextracellular SOD（EcSOD，SOD3）の3種類に分類される（表17-1）．発現場所が異なるため体内での役割に違いはあるが，スーパーオキサイドを過酸化水素に分解する生化学的な役割は同じと考えられている．スーパーオキサイドを産生する主要な器官であるミトコンドリアやミトコンドリアが存在する細胞質に抗酸化酵素が豊富に発現することは生体の恒常性維持の観点から理にかなう．一方，EcSODは細胞から細胞の外に分泌され，細胞外からの酸化ストレスの防御に重要な役割を果たしていると考えられている．半減期が極めて短い活性酸素種の細胞外からの攻撃の有無については議論があるが，多くの臓器は細胞同士が密接に接し形成されていることを考えると，組織レベルでは隣接する細胞から頻繁に酸化ストレスを受けると考えるのが妥当であろう．また，EcSODは細胞質内や細胞核内にも存在していることから，細胞外のみならず細胞質内での酸化ストレスの除去や転写因子を調節し新たなタンパクの産生を制御している可能性があ

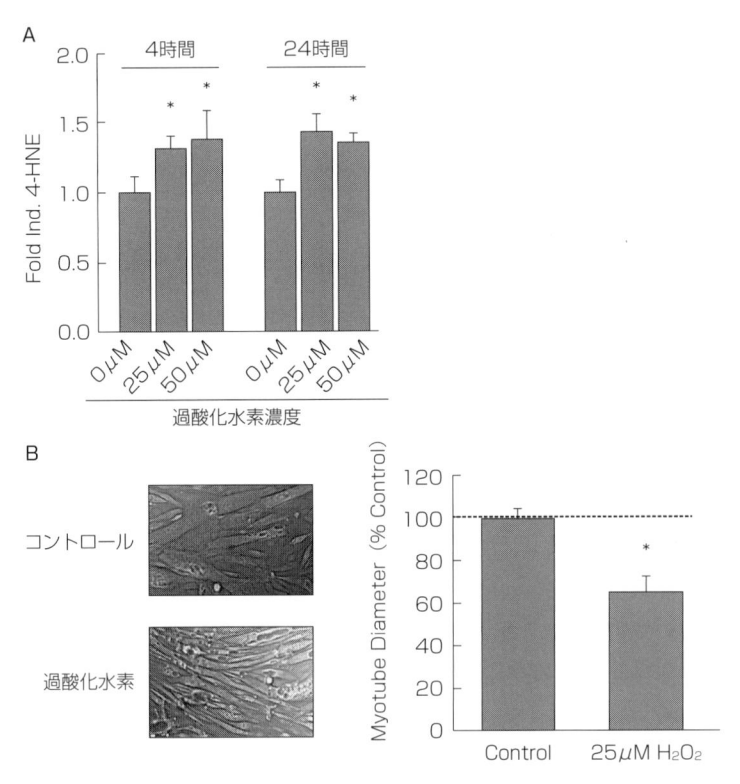

図17-2 過酸化水素による骨格筋培養細胞の萎縮
骨格筋培養細胞に過酸化水素を添加すると，酸化ストレスのマーカーである4-HNEが増大し（A），筋管細胞が萎縮する（B）．*$p<0.05$
A（McClung JM, et al.: p38 MAPK links oxidative stress to autophagy-related gene expression in cachectic muscle wasting. Am J Physiol Cell Physiol, 298: C542-549, 2010）
B（McClung JM, et al.: Calpain-1 is required for hydrogen peroxide-induced myotube atrophy. Am J Physiol Cell Physiol, 296: C363-371, 2009）

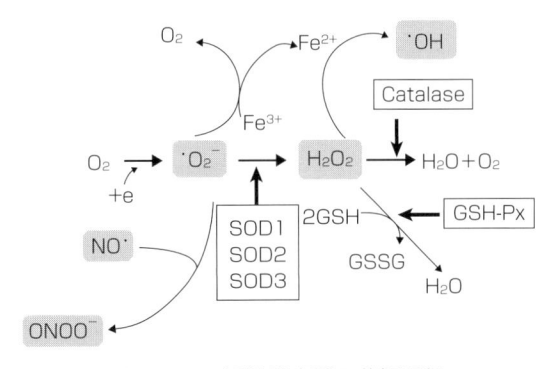

図17-3 活性酸素種の分解過程
（Griendling KK, FitzGerald GA: Oxidative stress and cardiovascular injury: Part I: basic mechanisms and in vivo monitoring of ROS. Circulation, 108: 1912-1916, 2003より引用改変）

表17-1 スーパーオキシドディスムターゼの種類と発現場所

名　称	発現場所
SOD1 (cytosolic copper zinc SOD, CuZnSOD)	細胞質
SOD2 (mitochondrial manganese SOD, MnSOD)	ミトコンドリア
SOD3 (extracellular, EcSOD)	細胞外

る．スーパーオキサイドから分解され生成された過酸化水素はカタラーゼにより分解されるが，カタラーゼにはSODのような発現の局在はこれまで報告されておらず，生体の各器官でスーパーオキサイドの分解に貢献していると考えられている．このように生体から産生された活性酸素種は，異なる種類の抗酸化酵素やカタラーゼが協調しそれぞれが役割を果たすことで除去されている．

3 抗酸化酵素の生理学的な重要性

　酸化ストレスの除去に抗酸化酵素が必要なことは，これまでの生化学的な報告より明らかである．しかしながら，生体の恒常性の維持に対する抗酸化酵素の必要性を理解するには生化学実験だけでは不十分であり，抗酸化酵素の発現消失や過剰発現させた遺伝子改変動物を用いた生理学的な検討が必要である．これまでに作成されたSODの欠損マウスの解析から，CuZnSODを欠損すると加齢にともなう骨格筋萎縮が見られること，MnSODを欠損すると生後早い段階で死亡すること，EcSODを欠損すると通常のマウスと同様に成長するが，高酸素環境で飼育すると通常のマウスに比べ早期に死亡することなどが明らかにされている．これらのことは，生体の恒常性維持に抗酸化酵素は重要であるが，生理学的な役割は抗酸化酵素の種類により異なることを示唆している．一方，SODを遺伝的に過剰発現したマウスでは，ZnCuSODやMnSODを過剰発現するとSODの活性が高い傾向を示すものの，寿命の延伸や骨格筋萎縮の抑制には関与せず，骨格筋特異的にEcSODを過剰発現しても他のマウス同様に顕著な違いは観察されない．ところが骨格筋特異的にEcSODの発現を過剰発現させたマウスにデキサメサゾン投与による骨格筋萎縮の誘導を試みたところ，酸化ストレスを軽減し骨格筋萎縮を抑制することや[5]，骨格筋特異的にEcSODの発現を増強した心臓疾患モデルマウスは，心臓疾患による酸化ストレスの増加と骨格筋萎縮を予防し，心臓疾患により低下する持久的運動能力や最大筋力を改善することが報告されている（図17-4)[5]．これらの結果は，抗酸化酵素の増加は安静時のような酸化ストレスの少ない状態ではなく，加齢や疾患などの酸化ストレスが増大した状態においてより重要な働きをすることや，抗酸化酵素の単なる増減ではなく，いつどこで増減するかが生理学的に重要であることを示唆している．スポーツ選手のような激しいトレーニングを行う人は繰り返し酸化ストレスに暴露されることから，トレーニングによる抗酸化酵素の適切なタイミングと場所での増加は酸化ストレスから防御する上で必要不可欠な適応である．

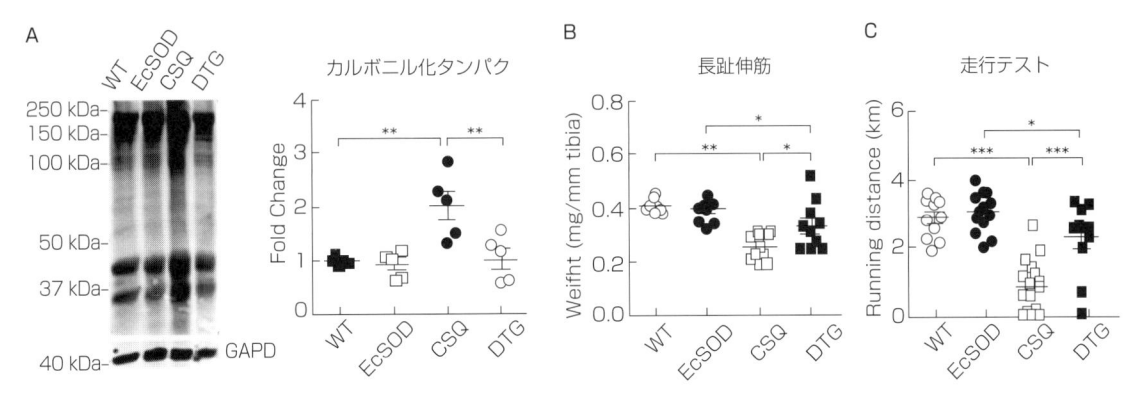

図17-4　骨格筋のEcSODを過剰発現マウスの解析

骨格筋のEcSODの発現を増強すると，心臓疾患による酸化ストレスの増加を軽減し（A），骨格筋萎縮（B）や骨格筋持久力（C）の低下を抑制する．
WT：野生型マウス，EcSOD：骨格筋特異的EcSODトランスジェニックマウス，CSQ：心臓病モデルマウス，DTG：心臓病の骨格筋特異的EcSODトランスジェニックマウス．*p<0.05，**p<0.01，***p<0.001
(Okutsu M, et al.: Extracellular superoxide dismutase ameliorates skeletal muscle abnormalities, cachexia, and exercise intolerance in mice with congestive heart failure. Circ Heart Fail, 7: 519-530, 2014より引用改変)

4 運動と酸化ストレス

　運動をすると生体は，安静時以上のエネルギーを産生するため多くの酸素を体内に取り入れる．また心臓や骨格筋の活動の増加は物理的な刺激や生化学的な刺激因子を増加する．酸素摂取や物理学的および生化学的な刺激の増加は酸化ストレスを増大するが，運動は酸化ストレスに関連する肥満，糖尿病，動脈硬化症，心臓疾患や癌などの発症を抑制することから，運動は活性酸素種を増加するが，同時に活性酸素種の産生の抑制や活性酸素種を効率よく除去する能力を獲得すると考えられている．これまでに4週間の自発的な走行運動を行ったマウス骨格筋のCuZnSODやMnSODは，運動していないマウスに比べ抗酸化酵素が高いことや[6]，慢性疾患の患者における6カ月間の定期的運動は疾患によるSODの低下を抑制することが報告されており（図17-5)[7]．これらの結果は定期的運動が抗酸化酵素の発現を増加し酸化ストレスから生体を防御する可能性を示唆している．実際に，持久的運動能力の高い人は持久的運動能力の低い人に比べ安静時の血液中の過酸化水素や脂質酸化マーカーである2-チオバルビツール酸反応性物質（2-thiobarbituric acid reactive substances：TBARS)が低いこと，定期的な運動を行っている人は運動習慣のない人に比べ安静時の血液中のTBARSやDNA酸化損傷マーカーである8-ヒドロキシ-デオキシグアノシン(8-hydroxy-2'-deoxyguanosine：8-OHdG)量が低いこと，ラットの大動脈組織のミトコンドリアから産生されるROSは定期的な運動により低下することなどが報告されている．これらをまとめると，定期的運動による抗酸化酵素の増加は単なる生化学的変化ではなく生理学的にも重要な適応であることを示唆している．

　加齢は，動脈硬化症や骨格筋萎縮などの酸化ストレスに関連する疾患を発症することから，酸化ストレスを軽減しこれらを予防することは高齢社会を迎えるわが国にお

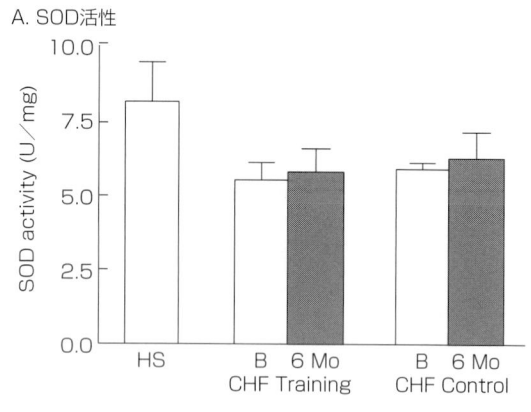

図17-5 運動による抗酸化酵素活性の抑制
慢性心疾患は，SOD（A）やカタラーゼ（B）の抗酸化酵素活性を低下するが，運動トレーニングはこれらの活性の低下を抑制する．
HS：健常者，B：運動トレーニング前，6 MO：運動トレーニング後，CHF：慢性心不全．*p<0.05（対HS），†p<0.05（対CHF-B），‡p<0.05（対CHF-6 MO）
(Linke A, et al.: Antioxidative effects of exercise training in patients with chronic heart failure: increase in radical scavenger enzyme activity in skeletal muscle. Circulation, 111: 1763-1770, 2005)

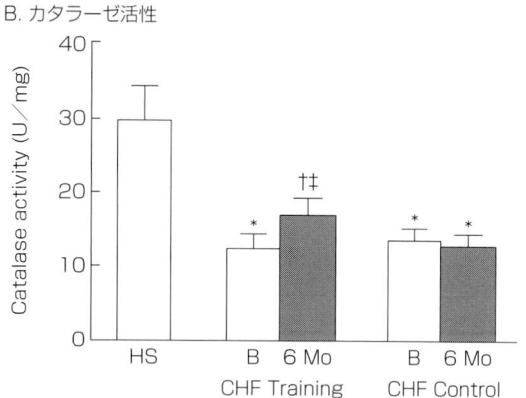

いて重要な課題である．身体能力の高い高齢者は身体能力の低い高齢者に比べて安静時の尿中や血液中の酸化ストレスが低いことや[8]，高齢者の定期的運動が抗酸化機能を持つTrxやグルタチオンペルオキシターゼ活性を増加することが報告されている[9]．高齢者では，激しい運動や長時間運動を行うことが困難な場合もあるが，1週間あたり100分未満のウォーキング運動のような比較的短時間の軽い運動でも継続的に行うことで，抗酸化能力を高め生体の酸化状態を安定化する効果があることや[9]，激しい動きをともなわない太極拳やヨガでも長期間継続すると安静時の酸化ストレスは低下する．これらの結果は，高齢者が日常生活において手軽に取り組めるような運動でも酸化ストレスの軽減に効果があることを示唆している．興味深いことに，加齢による酸化ストレスの増加は男性より女性の方で高く，高齢者の運動による抗酸化機能の改善も男性より女性の方で高い傾向にある[10]．ライフステージや性別に応じた運動プログラムを作成することで，より効果的な抗酸化機能の改善が期待される．

5 スポーツと酸化ストレス

競技スポーツは，人間が発揮できる可能性の極限の追求と自らの能力と技術の限界に挑む活動であることから，そのトレーニング内容は一般の人が日常的に行う健康の維持増進を目的としたプログラムとは明らかに異なる．過度な酸化ストレスは骨格筋

や呼吸循環器系の働きを低下させ競技パフォーマンスを低下する可能性があることから，スポーツの種類や強度の違いによる酸化ストレスの変動を理解することは重要である．これまで，陸上競技，ハンドボール，水球，サッカー，アメリカンフットボール，トライアスロンやヨットなどの異なる種目による酸化ストレスの変動が報告されており，いずれの競技でも酸化ストレスは増加する[11-17]．ところが競技スポーツ選手は，日々のトレーニングにより，激しいトレーニングや試合に耐えうる抗酸化機能を習得しており，一過性運動による酸化ストレスの変動を検討したところ，同じ運動強度の運動を行っても酸化ストレスの増加は鍛錬者の方が非鍛錬者より低いことが報告されている．これらの結果は，競技スポーツは酸化ストレスを増加するが，日々のトレーニングにより効率的に酸化ストレスを消去する能力を獲得しているため，激しいトレーニングや競技を行っても酸化ストレスを効率よく軽減できることを示唆している．興味深いことに，運動による水分不足は酸化ストレスの増加を促進し，運動中に適切な水分補給を行うと酸化ストレスの増加を抑制する[18]．このことは，酸化ストレスの軽減には抗酸化酵素の増加などの生理・生化学的な運動適応以外の要因も存在する可能性を示唆している．今後，継続的なスポーツによる抗酸化システムの改善の分子メカニズムとより効果的な酸化ストレスからの生体防御方法の確立が期待される．

6 運動による抗酸化機能改善の分子メカニズム

運動による抗酸化機能改善の分子メカニズムを理解することは，健康の維持増進を目的とした効果的な運動プログラムや高い競技パフォーマンスを発揮するためのトレーニング方法の開発に重要である．運動が抗酸化酵素を増加する分子メカニズムとしてPeroxisome proliferator activated receptor-1α（PGC-1α）の増加があげられる．PGC-1αは褐色脂肪細胞のミトコンドリア新生において重要な役割を果たす転写補助因子として1998年に同定され，その後の解析から，PGC-1αは骨格筋のミトコンドリア新生，毛細血管新生や骨格筋線維の遅筋化にも重要な役割を果たすことが明らかになった．抗酸化酵素は速筋に比べ遅筋で多く発現することが知られており，PGC-1αを過剰発現すると遅筋が増加し抗酸化酵素も増加する（図17-6）[19]．PGC-1αは一過性の運動や定期的な運動により増加することが報告されており，PGC-1αの発現を遺伝的に欠損したマウスでは，定期的な運動を行っても抗酸化酵素は通常のマウスのような増加はせず生体内のROSも高い．これらのことは，運動による骨格筋の抗酸化システムの改善にPGC-1αが深く関与していることを示唆している．近年，PGC-1αにはPGC-1α1, α2, α3, α4の異なる4つのアイソフォームが存在することが明らかになった[20]．各アイソフォームは機能に違いがあり，持久的運動による骨格筋の適応はPGC-1α1，レジスタンス運動による適応はPGC-1α4を介して制御している．このことは，PGC-1αのアイソフォームに着目することで，健康の維持増進を目的とした効果的な運動プログラムや高い競技パフォーマンスを発揮するためのトレーニング方法を開発できる可能性を示唆している．また，運動は骨格筋のような収縮作用を持たない脂肪組織などのPGC-1αの発現も増加させるが（図17-7）[21]，これはカテコールアミンや一酸化窒素などの物理学的な刺激以外の因子が中心的役割を担っていると考え

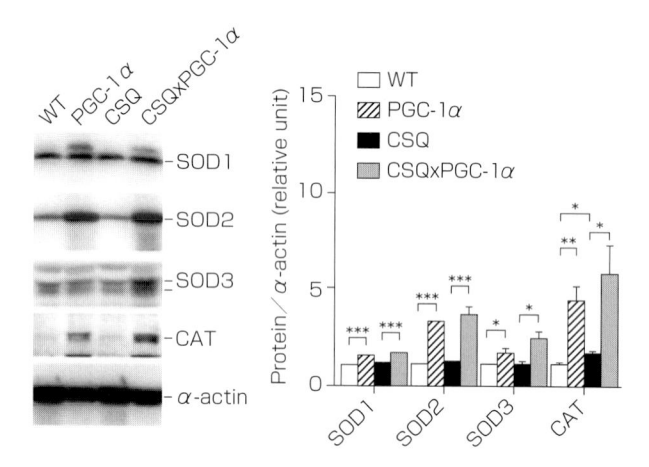

図17-6 PGC-1αの発現増強による抗酸化酵素の変化
骨格筋特異的なPGC-1αトランスジェニックマウスは野生型マウスと比べて抗酸化酵素の発現が高い.
WT：野生型マウス，PGC-1α：骨格筋特異的PGC-1αトランスジェニックマウス，CSQ：心臓病モデルマウス，CSQxPGC-1α：心臓病の骨格筋特異的PGC-1αトランスジェニックマウス. $*p<0.05$, $**p<0.01$, $***p<0.001$
(Geng T, et al.: PGC-1α promotes nitric oxide antioxidant defenses and inhibits FOXO signaling against cardiac cachexia in mice. Am J Pathol, 178: 1738-1748, 2011)

られている．実際にカテコールアミンの受容体拮抗薬であるβブロッカーを投与したマウスに運動を行わせると，骨格筋のような収縮活動しない脂肪組織のPGC-1αの発現増強は抑制される[21]．生体のさまざまな組織のPGC-1αや抗酸化酵素の発現と酸化状態を検討することで，骨格筋以外の組織における抗酸化機能改善としてのPGC-1αの意義を明らかにできれば，生体の酸化ストレス防御システムをより詳細に理解できるだろう．

まとめ

酸化ストレスの増大は，疾患の発症や運動パフォーマンスの低下と関連があることから酸化ストレスを軽減することは重要な課題である．定期的な運動や競技スポーツのための継続的なトレーニングは，抗酸化システムを改善し安静時や運動時の酸化ストレスを軽減することから健康を促進すると考えられている．近年,栄養補助食品(サプリメント)の効果が科学的に証明されつつあり，抗酸化機能を持つ栄養補助食品の摂取が安静時や運動時の酸化ストレスを軽減する可能性が報告されている．実際に骨格筋特異的にMnSODを欠損したマウスでは，ミトコンドリアの機能低下により走行テストの距離は低下するが，抗酸化剤を腹腔内に投与することによりこの低下は抑制される[22]．トレーニングを開始して間もない時期のような抗酸化システムが劣る状況下では運動とサプリメントの併用で生体を酸化ストレスから防御できる可能性がある．

一方で，抗酸化酵素はどの程度増加すれば生理学的な効果を得られるか，どのタイ

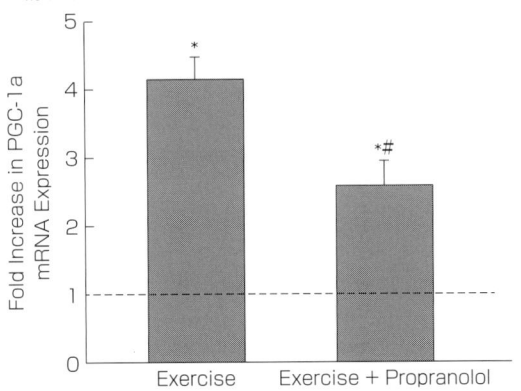

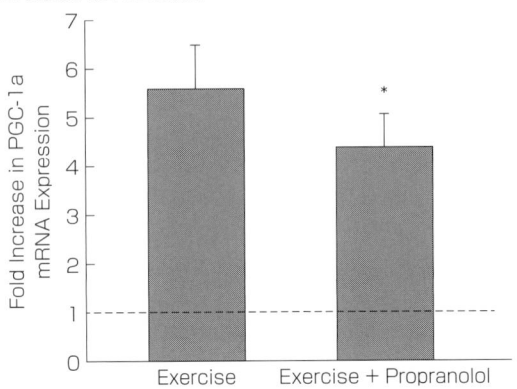

図17-7 運動トレーニングによる白色脂肪のPGC-1αの発現変化
運動トレーニングは，精巣周囲（A）や後腹膜周囲（B）の白色脂肪のPGC-1αの発現を増強するが，この発現増強はβ受容体のブロッカー（Propranolol）の共投与により抑制される．*p<0.05（対安静群），#p<0.05（対運動群＋Propranolol）
(Sutherland LN, et al.: Exercise and adrenaline increase PGC-1{alpha} mRNA expression in rat adipose tissue. J Physiol, 587: 1607-1617, 2009)

ミングで増加する必要があるのか，生体のどこで増える必要があるかについては不明な点が多い．筋萎縮性側索硬化症（amyotrophic lateral sclerosis：ALS）の悪化は酸化ストレスの増加が一因であるが，ALSモデルマウスの骨格筋におけるEcSODを増加させても生存率は改善されず筋力低下も改善されなかった[5]．このことは細胞外の抗酸化酵素はALSの悪化の軽減に効果が無いが，CuZnSODやMnSODなどの骨格筋細胞内の抗酸化酵素を増加させるとALSを軽減できる可能性が残されていること示している．抗酸化酵素をいつ，どこで，どの程度増加する必要があるかを理解し，異なる実験アプローチを行うことで，疾患を抑制や軽減する新たな方法を確立できるかもしれない．さらに，運動鍛錬者と非鍛錬者の安静時の酸化状態を評価した検討では，統計的な違いはあるが劇的な変化ではなく，この差が疾病予防などにどの程度影響するか明らかではないことや，人を対象とした研究の多くが血液を用いた評価であり，この結果が臓器の酸化ストレス状態をそのまま反映しているかは不明である．今後，これらをより詳細に検討することで酸化ストレス軽減のための運動の役割が明確にされることが期待される．

[奥津　光晴]

文　献

1) 吉川敏一：フリーラジカルの医学. 京府医大誌, 120: 381-391, 2011.
2) McClung JM, er al.: p38 MAPK links oxidative stress to autophagy-related gene expression in cachectic muscle wasting. Am J Physiol Cell Physiol, 298: C542-549, 2010.
3) McClung JM, er al.: Calpain-1 is required for hydrogen peroxide-induced myotube atrophy. Am J Physiol Cell Physiol, 296: C363-371, 2009.
4) Griendling KK, FitzGerald GA: Oxidative stress and cardiovascular injury: Part I: basic mechanisms and in vivo monitoring of ROS. Circulation, 108: 1912-1916, 2003.
5) Okutsu M, er al.: Extracellular superoxide dismutase ameliorates skeletal muscle abnormalities, cachexia, and exercise intolerance in mice with congestive heart failure. Circ Heart Fail, 7: 519-530, 2014.
6) Geng T, er al.: PGC-1alpha plays a functional role in exercise-induced mitochondrial biogenesis and angiogenesis but not fiber-type transformation in mouse skeletal muscle. Am J Physiol Cell Physiol, 298: C572-579, 2010.
7) Linke A, er al.: Antioxidative effects of exercise training in patients with chronic heart failure: increase in radical scavenger enzyme activity in skeletal muscle. Circulation, 111: 1763-1770, 2005.
8) Traustadóttir T, er al.: Oxidative stress in older adults: effects of physical fitness. Age, 34: 969-982, 2012.
9) Takahashi M, Miyashita M, Kawanishi N, Park JH, Hayashida H, Kim HS, Nakamura Y, Sakamoto S, Suzuki K: Low-volume exercise training attenuates oxidative stress and neutrophils activation in older adults. Eur J Appl Physiol, 113: 1117-1126, 2013.
10) Takahashi M, er al.: The association between physical activity and sex-specific oxidative stress in older adults. J Sports Sci Med, 12: 571-578, 2013.
11) Vezzoli A, er al.: Time-course changes of oxidative stress response to high-intensity discontinuous training versus moderate-intensity continuous training in masters runners. PLoS One, 9: e87506, 2014.
12) Marzatico F, er al.: Blood free radical antioxidant enzymes and lipid peroxides following long-distance and lactacidemic performances in highly trained aerobic and sprint athletes. J Sports Med Phys Fitness, 37: 235-239, 1997.
13) Djordjevic D, er al.: The influence of training status on oxidative stress in young male handball players. Mol Cell Biochem, 351: 251-259, 2011.
14) Barrios C, er al.: Metabolic muscle damage and oxidative stress markers in an America's Cup yachting crew. Eur J Appl Physiol, 111: 1341-1350, 2011.
15) Rudarli Nalçakan G, er al.: Acute oxidative stress and antioxidant status responses following an American football match. J Sports Med Phys Fitness, 51: 533-539, 2011.
16) Petridis L, er al.: The effects of a water polo game on the blood redox status of male water polo players. J Sports Med Phys Fitness, 53: 551-558, 2013.
17) Fatouros IG, er al.: Time-course of changes in oxidative stress and antioxidant status responses following a soccer game. J Strength Cond Res, 24: 3278-3286, 2010.
18) Paik IY, er al.: Fluid replacement following dehydration reduces oxidative stress during recovery. Biochem Biophys Res Commun, 383: 103-107, 2009.
19) Geng T, er al.: PGC-1α promotes nitric oxide antioxidant defenses and inhibits FOXO signaling against cardiac cachexia in mice. Am J Pathol, 178: 1738-1748, 2011.
20) Ruas JL, er al.: A PGC-1α isoform induced by resistance training regulates skeletal muscle hypertrophy. Cell, 151: 1319-1331, 2012.
21) Sutherland LN, er al.: Exercise and adrenaline increase PGC-1|alpha| mRNA expression in rat adipose tissue. J Physiol, 587: 1607-1617, 2009.
22) Kawakami S, er al.: Antioxidant, EUK-8, prevents murine dilated cardiomyopathy. Circ J, 73: 2125-2134, 2009.

18章 スポーツとオーバートレーニング

1 オーバートレーニング症候群の概念と症状

　もっともよいパフォーマンスを発揮するためにスポーツ選手は至適なトレーニングをしなければならない．技術・記録とも日進月歩の現代のスポーツ界において，すべての選手がオーバートレーニング症候群（over training syndrome：OTS）の危険と背中合わせでトレーニングを行っているといっても過言ではない．少ない（低頻度・低強度）トレーニングではパフォーマンスは向上せず，ある程度の過負荷となるトレーニングに適応することでパフォーマンスは向上すると昔から信じられている．過負荷のトレーニングに対して，発揮されるパフォーマンスの一時的な低下が生じることもあるが，それはオーバートレーニングではない．1996年アトランタオリンピックに先立って開催されたInternational Conference on Overtraining in Sportsにおいて示された定義[1]では，次のようにオーバートレーニングとオーバーリーチングの2種類に大別している．

・オーバートレーニング：トレーニングあるいはその他のストレスの蓄積により長期間のパフォーマンス低下を生じたもの．関連する生理学的，心理学的症状・徴候を伴っても伴わなくてもよく，パフォーマンスの回復には数週間から数カ月を要する．

・オーバーリーチング：同様な原因により短期間のパフォーマンスの低下を生じたもので，回復には数日から数週間を要する．

　その後2012年にOTSの予防，診断，治療に関するヨーロッパスポーツ科学会（ECSS）とアメリカスポーツ医学会（ACSM）との合同合意宣言が発表され[2]，表18-1のように時間経過も含めて整理された．

　OTSの臨床症状を2つのタイプに分ける考え方がある．ひとつは持久性競技の選手

表18-1　オーバートレーニングとオーバーリーチング

過　程	トレーニング（過負荷）	量・強度を高めたトレーニング →		
結　果	急性疲労	機能的OR（短期的OR）	非機能的OR（重度OR）	OTS（OTS）
回復まで	数　日	数日〜数週	数週〜数カ月	数カ月以上
パフォーマンス	向　上	一過性の低下（例：合宿練習）	停滞か低下	低　下

OR：オーバーリーチング，OTS：オーバートレーニング症候群

表18-2 OTSの症状

交感神経緊張型	副交感神経緊張型
パフォーマンス低下	パフォーマンス低下
最大パワーの低下	運動中の血中乳酸値，最大乳酸値の低下
運動中の血中最大乳酸値の低下	運動中の低血糖
運動後の回復遅延	運動後心拍数回復の速まり
運動後安静時血圧の回復遅延	
トレーニング・競技意欲の低下	
損傷発生の増加	
安静時心拍数の増加	安静時心拍数の減少
安静時血圧の上昇	
起立性低血圧	
食欲低下	
体重減少	
神経過敏，精神的不安定	粘液質的な行動
睡眠障害	
感染症発生の増加	

(Fry RW, et al.: Overtraining in athletes. An update. Sports Med, 12: 32-65, 1991)

にみられるタイプであり，疲労困憊や感情鈍麻・無気力のような副交感性タイプと呼ばれる．もうひとつは瞬発系競技の選手にみられるとされるタイプであり，不穏・易興奮性を示し交感性タイプと呼ばれる．表18-2に両タイプの症状を対比して示す．両者は必ずしも競技の性質によって明確に分かれるわけではなく，実際には副交感性タイプが多くみられる．

2 オーバートレーニング症候群の発生メカニズム

OTSは激しいトレーニングに対する適応が起こらないために発生すると考えることができる．トレーニングとパフォーマンスとの関係について，図18-1に示すように適切なトレーニングを行って適応する場合にはパフォーマンスは向上していくが，過度なトレーニングや高頻度・高強度すぎるトレーニングでは適応が起こらずパフォーマンスが低下していくことが経験的に認識されている．パフォーマンスの低下のみならず疲労からの回復力，免疫機能など身体諸機能の低下を伴う場合OTSと考える．

このように身体諸機能に多彩な異常が発生するメカニズムについてこれまで知られている仮説を紹介する．

1. Fosterのmonotony仮説

競走馬において1日あたりのトレーニング強度と疲労・オーバートレーニングとの関係についてBruinら[3]は，一定強度で単調に続けられると危険度が高く，高い日と低い日が交互になると適応できることを報告した．Fosterら[4]はこれをスポーツ選手

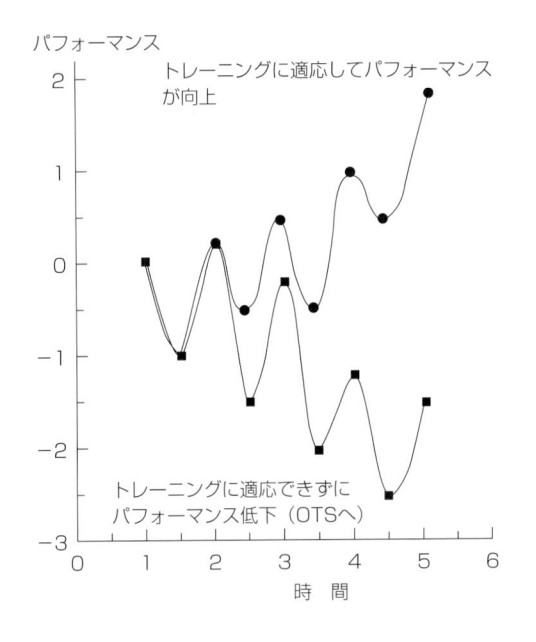

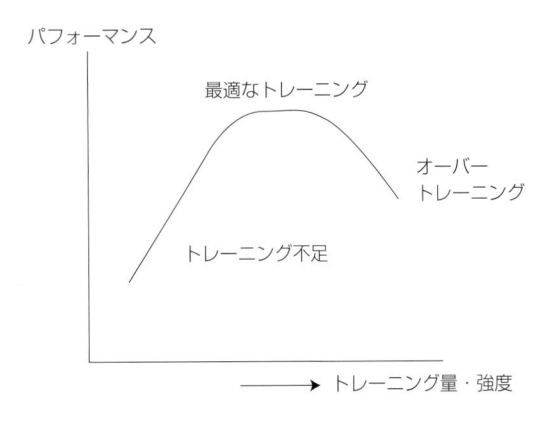

図18-1 トレーニングとパフォーマンスの関係

表18-3 Monotony

[自覚的なトレーニング負荷の平均値]÷[自覚的なトレーニング負荷の標準偏差]
自覚的なトレーニングの負荷＝1日のトレーニング時間×RPR（Borgの10点式）

(Foster C, Lehmann M: Overtraining syndrome. In: Guten GN, Running injuries. W.B. Saunders, pp.173-188, 1997)

においても確認し，1週間において自覚的なトレーニング負荷強度の平均値をその標準偏差で除した値によりトレーニングの単調さ（monotony）を数値化した（表18-3）．しかし単調であるとなぜOTSに陥りやすいかを説明するメカニズムについては述べられていない．

2. 自律神経不均衡

不穏・易興奮性を示し交感性のOTSとされた選手において夜間の尿中カテコールアミン排泄量が異常に亢進しており，対照的に典型的な副交感性のOTS症状を示すスポーツ選手において同排泄量が異常に減少していることがLehmannら[5]により報告された（図18-2）．これらはいずれも2つのタイプのOTSの症状を説明するのに好都合であった．カテコールアミン排泄量と愁訴との負の相関関係についてもLehmannらは報告している[6]が，排泄量減少はOTSの早期から観察されるわけではなくOTSの早期発見のマーカーにはなりにくいことも述べている．

3. Central fatigue hypothesis（図18-3）

オーバートレーニングによるアミノ酸のアンバランスが，筋の代謝や脳の神経伝達物質代謝に異常を生じさせるという仮説がcentral fatigue hypothesisである．長時間のトレーニングやフルマラソンのレース後，血中の分岐鎖アミノ酸であるロイシン，

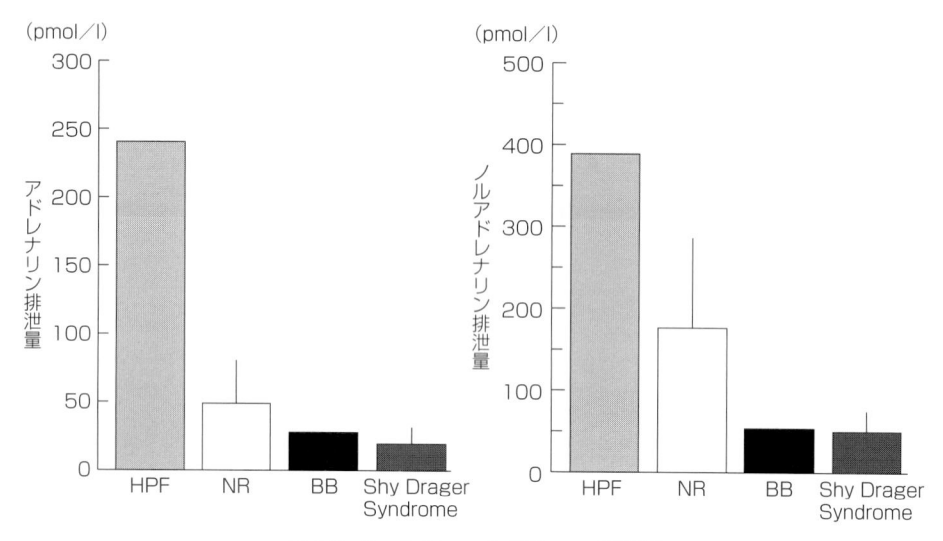

図18-2 カテコールアミンの排泄量
交感神経系OTSの中距離ランナー（HPF），副交感神経型OTSの長距離ランナー，バーンアウト症候群のテニス選手（BB），Shy-Drager症候群患者の夜間安静時尿中カテコールアミン排泄量
(Lehmann M, et al.: Sympathetic autonomic dysfunction. Programmed subcutaneous noradrenaline administration via microdosing pump. Klin Wochenschr, 69: 872-879, 1991)

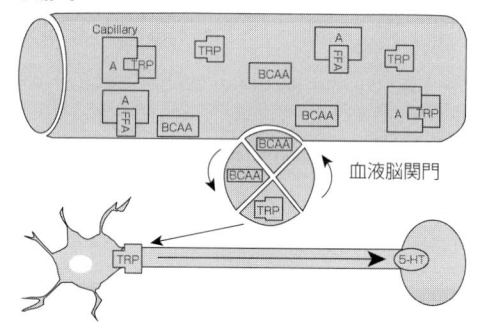

図18-3 central fatigue hypothesis
血液中，血液脳関門，神経細胞での分岐鎖アミノ酸（BCAA），遊離脂肪酸（FFA），トリプトファン（TRP）．
疲労時は血液中のFFAが増えアルブミンと結合し，余剰の高濃度TRPが血液脳関門でBCAAを駆逐して神経細胞内に入り，5-HTが多量に産生される．
(Blomstrand E, et al.: Changes in plasma concentrations of aromatic and branched-chain amino acids during sustained exercise in man and their possible role in fatigue. Acta Physiol Scand, 133: 115-121, 1988)

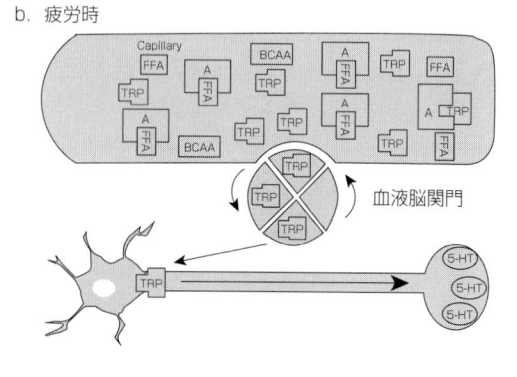

イソロイシン，バリンとグルタミンが低下し遊離トリプトファンは増加することがBlomstrandら[7]により報告された．このようなアンバランスは血液脳関門を通過するトリプトファンの量を増加させ，脳での神経伝達物質5-hydroxytryptamine（5-HT）

やセロトニンの産生を促進する．その結果OTSにおいて発生する多彩な心身の症状が発生するという考えである．

4. サイトカイン仮説（図18-4）

　オーバートレーニングは，根本的にトレーニングが過大であることに端を発する．過大なトレーニングによって生じた筋の微細損傷部位に動員されたマクロファージはサイトカイン（IL-1β，TNF-α）を産生する．これらは循環血中の単球を活性化し，さらにサイトカイン（IL-1β，IL-6，TNF-α）を産生させる．その結果，脳では交感神経系の活性化(血中カテコールアミンの上昇)，視床下部—下垂体—副腎軸の刺激(副腎からのコルチゾール分泌)，あるいは視床下部—下垂体—性腺軸の抑制（性ホルモンの分泌抑制）などを引き起こす．また免疫系に対しても過敏反応を生じさせたり免疫抑制をひきおこしたりする．こうした体内の種々の器官系の間の情報伝達としてサイトカインが重大な役割を果たすことによって，OTSの症状を説明するものである．

　OTSと類似した疾患として慢性疲労症候群（筋痛性脳脊髄炎）が知られるが，Nakatomiら[8]はこの疾患により社会生活に支障のある患者で脳のいくつかの部位に炎症がみられることを報告し，認知障害や抑うつ症状と関連する部位であることから

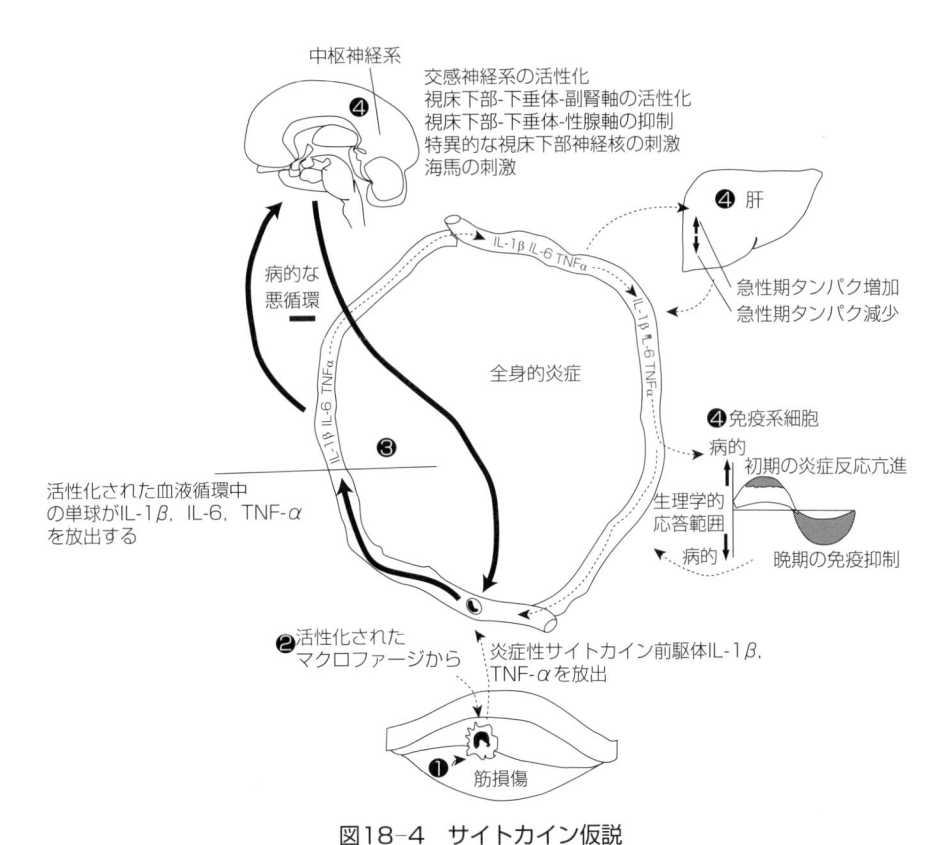

図18-4　サイトカイン仮説

(Smith LL: Cytokine hypothesis of overtraining: a physiological adaptation to excessive stress? Med Sci Sports Exerc, 32: 317-331, 2000)

本症候群の病態に脳が深くかかわるという見解を述べた．OTSでも視床下部からの内分泌軸の異常が生じていることがしばしばであり，類似した病態である可能性は十分に考えられる．

3 オーバートレーニングと循環器

心臓や循環器系にオーバートレーニングの特異的な徴候はあるのか，OTSの際に特徴的な循環器症状があるか，については明らかでない．しかしcardiac fatigueという用語が存在するように，何らかの心臓や循環器系の疲労現象と考えられる生理的変化が存在している．

もっとも初期には長時間の運動後の心肥大に対して用いられたようであるが，その後心機能として左室の収縮期の能力の低下や最大心拍出量・心拍出量・最大酸素摂取量・作業時間などの生理学的数値の低下が長時間運動後に観察されると報告された[9]．さらに，長時間運動後に心臓のβアドレナリン作動性反応の低下が見られることが実験レベル[10]やトライアスロンのレース後の選手でも確認された[11]．さらに最近では，ウルトラマラソンのように長い時間あるいは長い距離の走行後にNT-proBNPやtroponin Tなどの上昇が報告され[12-14]，cardiac biomarkerとして研究されている．しかしこれらは急性や亜急性の変化であり，OTSの慢性経過とは異なる現象である可能性もある．OTSの診断を受けた選手の心機能についての報告は少ない．Uusitaloら[15]は6〜9週間の漸増的にトレーニング負荷を加えた女子持久性競技選手でOTS様の状態になった選手と適応できた選手，対照群との間で体位変化に伴う心拍応答についてR-R間隔を計測し，OTS状態の選手ではR-R間隔の変動が小さいこと，R-R間隔の変動と最大酸素消費量の変化との間に相関が見られることを示した．これはOTSにおける最大パフォーマンスの低下を心拍応答の低下という面で説明できると解釈されている．

4 オーバートレーニングと運動器

OTSの際には筋肉痛を中心とした運動器の症状が強く見られたり，長く続いたりすることが多い．運動器の慢性障害としてオーバーユース（使いすぎ）症候群という用語が用いられている．疲労骨折，アキレス腱炎や膝蓋腱炎，野球肩・肘やテニス肘などがこれに相当するが，それ以外にもスポーツによって繰り返し負荷がかかる部位にはさまざまな障害が発生する（表18-4）．各組織の機械的負荷に対する耐用限界を超えると組織の微細損傷が発生し，その修復反応において炎症が生じ疼痛や腫脹，熱感などの症状が生じる．この段階で選手本人も障害を自覚するが，症状が発生するまでに長期間が経過していることがまれでない．オーバーユースによる障害は運動器の局所的なオーバートレーニングと解釈することもできる．スポーツの競技やトレーニングにおいて同一の動作が反復して行われるため必然的であるとも考えられるが，選手自身の持つ身体的な素因（身体要因）が影響していることが少なくない．また天候，サーフェスなど環境要因も運動器への機械的な負荷を増大させる原因となるが，

表18-4 オーバーユース症候群の組織別分類

部位	障害・炎症
骨	疲労骨折，骨壊死，ある種の骨折（投球骨折など），腰椎分離症
軟骨	軟骨軟化症，変形性関節症，骨端症，椎間板障害
筋	筋痛，筋硬結
腱	腱鞘炎，腱炎，腱（部分）断裂
靱帯	靱帯炎，靱帯損傷（？）
血管	血行障害
神経	絞扼性神経障害
皮膚	胼胝

表18-5 オーバーユース症候群の発生要因

身体要因	：体格，アライメント，筋力，柔軟性，関節弛緩性など
トレーニング要因	：トレーニングの量，強度，頻度，トレーニング内容，休養
環境要因	：天候，気圧，酸素濃度，サーフェス，シューズ，ウェアーなど

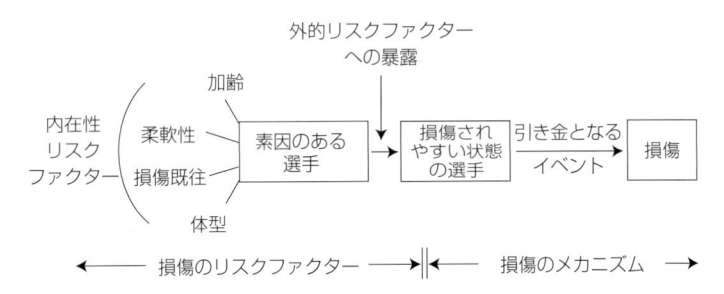

図18-5 Meeuwisseのモデル
(Meeuwisse WH: Assessing causation in sport injury: a multifactorial model. Clin J Sport Med, 4: 166-170, 1994)

表18-6 オーバーユース症候群になりやすい要因

身体要因	：マルアライメント，筋力不足，柔軟性不足，体調不良，疲労，オーバートレーニングなど
トレーニング要因	：激しいトレーニング（量，強度，頻度），技術・動作の不良
環境要因	：サーフェス，シューズの問題など

　最終的にはトレーニング要因としてトレーニングの量・強度・頻度などが過大であることが引き金になる（表18-5）．しかし選手の運動器の状態が平常時に比べて何らかの低下を示している場合にはより小さい負荷や反復回数でオーバーユースの症状が発生する．こうした考えをMeeuwisse[16]は図18-5に示すようなモデルで説明している．表18-6にオーバーユース症候群を発生する要因となる問題点を列挙する．
　OTSと運動器のオーバーユース症候群は合併しやすく，またOTSの前兆としてオーバーユース症候群の治癒が遷延することが多い．オーバーユース症候群の場合，障害

部位の機能（筋力，可動性，柔軟性など）が低下するが，初期には機能低下を代償して適応した動作が行われ，その結果さらに微細損傷が増大し機能低下が進む．このような経過をnegative feedbackと呼ぶ（図18-6）．機能の不均衡がさらに大きくなると代償が不可能になる．この間の経過はOTSの発生と類似している．

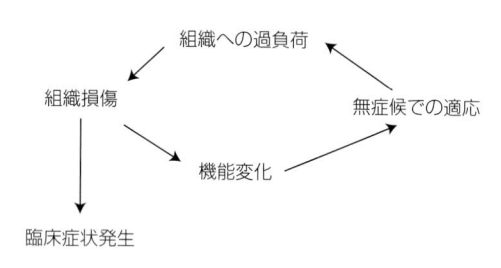

図18-6　negative feedback

　OTSの典型例ではほとんどトレーニングらしい運動をしなくても筋痛が消失しなかったり，筋の圧痛が持続したりする．筋においても疲労からの回復・修復が伴わない適応障害が存在している．サイトカイン仮説[7]では，筋の損傷部位から産生されるインターロイキン1（IL-1）が好中球・単球・NK細胞を損傷部位に誘導する作用を持ち，これが後述する免疫機能の異常にもつながるとしている．そもそもOTSが発生する引き金として運動器損傷によるIL-1の産生過剰がより中枢の内分泌機構に異常なフィードバックを発生させる可能性がある．

1. オーバートレーニングと内分泌

　女子長距離ランナーにおいてトレーニング量が多いと無月経が高率に発生することが以前より知られている．無月経の選手では女性ホルモンのエストロゲンのみならず下垂体ホルモンのLH（黄体化ホルモン）やFSH（卵胞刺激ホルモン）の低下が見られることもまれではない[17]．一方，トレーニング量の多い男子長距離ランナーにおいても，女子ランナーに見られるような異常低値ではないが，男性ホルモンのテストステロンが低下していることも報告されている[18]．さらに男女とも性ホルモンの異常のみでなくより上位（中枢）のホルモンの異常が検索され，トレーニングによる身体的ストレスが上位のホルモンの異常を引き起こした結果として下位の性腺のホルモン分泌が抑制された可能性が示された．こうした知見からOTSの際に各種ホルモン系が異常をきたすことは十分に予想される．

　OTSにおける内分泌系の異常に関する最初の報告として，Barronら[19]は6名のOTSと診断されたマラソンランナーでインスリン誘発の低血糖に対する成長ホルモン・ACTH・コルチゾールの反応の低下を見出し，TRH（甲状腺刺激ホルモン放出ホルモン）やLHRH（黄体化ホルモン放出ホルモン）に対する反応は正常であることから視床下部の異常と推論した．Adlercreutzら[20]はパフォーマンス低下と遊離テストステロン／コルチゾール（fT／C）比低下が相関することを発見し，運動後のタンパク同化作用を阻害しトレーニング後の回復を遅らすとの仮説を示した．しかしその後，fT／C比については研究者により異なる結果が報告され，トレーニングによるストレスに対する内分泌系の抵抗性の差であると考えられている．

　現在ではOTSは視床下部や高位中枢より発生する疾患であり，神経伝達物質の量やその受容体の感受性がトレーニングに対する適応・不適応に重要な役割を果たしていると考えられている．

図18-7 POMS

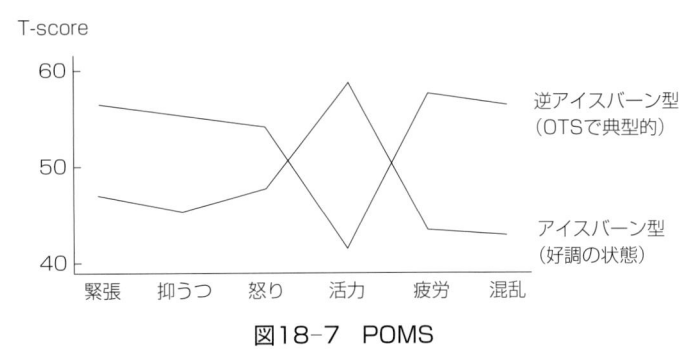

2. オーバートレーニングと免疫

　疲労時に免疫機能が低下する可能性は以前から指摘されていた．Petersら[21]の報告した長距離走のレース後にウイルスによる上気道感染症が高頻度に発生する事実はレースに参加した疲労による免疫能の低下を意味していると考えられた．またOTSに伴う多彩な症状の中に感冒やウイルス・細菌感染が含まれている．実際にOTSに陥った選手は感冒症状を呈しやすく，感冒の病因であるウイルスに対する免疫能の低下が疑われた．しかし現在なお上気道感染と唾液中のIgAとの関係は明らかになっていない．現在までに報告されたデータより確認されているOTSと免疫能との関係について整理してみる．

　持久性の長時間レース後の選手では上気道感染の発生頻度が高くなっている．また単球の貪食能がレース後3日目まで有意な低下が見られ，7日目には回復している[22]．これらは長時間の持久性運動による一過性の免疫能の低下を示唆する．長期間激しいトレーニングを行っている選手における免疫能の低下を示唆する知見として，安静時の白血球，リンパ球，NK細胞の減少，グロブリン値の低下が示されている．これらは白血球のturnoverの亢進，寿命の減少などが原因と思われ，ちょうど激しいトレーニング時の貧血の原因となる赤血球にみられる状況と同様であると考えられる[23]．

　OTSの選手では唾液中のIgAやグルタミンの低下が見られている[24]．

3. オーバートレーニングと心理

　従来より交感性のOTSでは不穏や易興奮性，攻撃性などが，副交感性のOTSでは感情鈍麻や抑うつが見られるとされている．これらの精神症状は前述のサイトカイン仮説やcentral fatigue hypothesisによって説明可能である．スポーツ現場において選手の心理的コンディションの把握のため心理テストのひとつであるPOMSが用いられてきた[25]が，OTSの場合には活力が大きく低下し疲労が高くなった逆アイスバーン型（図18-7）を呈する．定期的にテストを実施することによって推移をみることでOTSの早期発見につながると考えられている．またフルマラソン大会の記録とPOMSの成績との間にも関連性が高く[26]，競技成績をある程度予測することも可能である．

5 オーバートレーニングの治療と予防

　これまでOTSの治療は対症療法的に行われ，回復の目安となる指標がないため手探り状態であった．主として選手の自覚的な疲労感を参考にし，トレーニング調整や休止と精神症状に対しては精神科医によるカウンセリングや薬物療法が行われた．回復までには軽症例でも数カ月，重症例では数年を要することもあり，さらに回復期に焦ると悪化や再発も発生しやすく選手生命が脅かされる疾患である．今後，サイトカインなどOTSの重症度や回復の目安となるマーカーが確立されれば管理にきわめて有用である．前述のメカニズムを考えれば，予防にはトレーニングとコンディションに対する配慮が重要であることは当然である．疲労に対する回復，すなわち適応がみられているかどうかによってトレーニング計画を柔軟に修正する考え方が求められる．

［鳥居　俊］

文　献

1) Kreider RB, et al.: Preface. Overtraining in Sport: Terms, definitions, and prevalence. In: Kreider RB, et al. eds, Overtraining in Sport. Human Kinetics, pp.IIX–XI, 1998.
2) Meeusen R, et al.: Prevention, diagnosis, and treatment of the overtraining syndrome: joint consensus statement of the European College of Sport Science and the American College of Sports Medicine. Med Sci Sports Exerc, 45: 186–205, 2013.
3) Bruin G, et al.: Adaptation and overtraining in horses subjected to increasing training loads. J Appl Physiol, 76: 1908–1913, 1994.
4) Foster C, Lehmann M: Overtraining syndrome. In: Guten GN, Running injuries. W.B. Saunders, pp.173–188, 1997.
5) Lehmann M, et al.: Sympathetic autonomic dysfunction. Programmed subcutaneous noradrenaline administration via microdosing pump. Klin Wochenschr, 69: 872–879, 1991.
6) Lehmann M, et al.: Training-overtraining: influence of a defined increase in training volume vs training intensity on performance, catecholamines and some metabolic parameters in experienced middle- and long-distance runners. Eur J Appl Physiol Occup Physiol, 64: 169–177, 1992.
7) Blomstrand E, et al.: Changes in plasma concentrations of aromatic and branched-chain amino acids during sustained exercise in man and their possible role in fatigue. Acta Physiol Scand, 133: 115–121, 1988.
8) Nakatomi Y, et al.: Neuroinflammation in Patients with Chronic Fatigue Syndrome/Myalgic Encephalomyelitis: An 11C-(R)-PK11195 PET Study. J Nucl Med, 55: 945–950, 2014.
9) Upton MT, et al.: Effect of brief and prolonged exercise on left ventricular function. Am J Cardiol, 45: 1154–1160, 1980.
10) Eysmann SB, et al.: Prolonged exercise alters beta-adrenergic responsiveness in healthy sedentary humans. J Appl Physiol, 80: 616–622, 1996.
11) Douglas PS, et al.: Cardiovascular and hematologic alterations. In: Kreider RB, et al. eds, Overtraining in Sport. Human Kinetics, pp.131–137, 1998.
12) Aagaard P, et al.: Performance trends and cardiac biomarkers in a 30-km cross-country race, 1993–2007. Med Sci Sports Exerc, 44: 894–899, 2012.
13) Kłapcińska B, et al.: Metabolic responses to a 48-h ultra-marathon run in middle-aged male amateur runners. Eur J Appl Physiol, 113: 2781–2793, 2013.
14) Kim YJ, et al.: The effects of running a 308 km ultra-marathon on cardiac markers. Eur J Sport Sci, 14: S92–97, 2014.
15) Uusitalo AL, et al.: Heart rate and blood pressure variability during heavy training and overtraining in the female athlete. Int J Sports Med,

21: 45-53, 2000.
16) Meeuwisse WH: Assessing causation in sport injury: a multifactorial model. Clin J Sport Med, 4: 166-170, 1994.
17) 鳥居　俊：運動性無月経と骨代謝. 臨床スポーツ医学, 17: 1199-1206, 2000.
18) Keizer H, et al.: Changes in basal plasma testosterone, cortisol, and dehydroepiandrosterone sulfate in previously untrained males and females preparing for a marathon. Int J Sports Med, 10: S139-145, 1989.
19) Barron JL, et al.: Hypothalamic dysfunction in overtrained athletes. J Clin Endocrinol Metab, 60: 803-806, 1985.
20) Adlercreutz H, et al.: Effect of training on plasma anabolic and catabolic steroid hormones and their response during physical exercise. Int J Sports Med, 7: 27-28, 1986.
21) Peters EM, Bateman ED: Ultramarathon running and upper respiratory tract infections. An epidemiological survey. S Afr Med J, 64: 582-584, 1983.
22) Muns G: Effect of long-distance running on polymorphonuclear neutrophil phagocytic function of the upper airways. Int J Sports Med, 15: 96-99, 1994.
23) Mackinnon LT: Effects of overreaching and overtraining on immune function. In: Kreider RB, et al. eds, Overtraining in Sport. Human Kinetics, pp.219-241, 1998.
24) Mackinnon LT, Hooper SL: Plasma glutamine and upper respiratory tract infection during intensified training in swimmers. Med Sci Sports Exerc, 28: 285-290, 1996.
25) 鳥居　俊：陸上競技日本選手団に対する医学的サポートについて. 臨床スポーツ科学, 10: 1327-1341, 1993.
26) 星川淳人, 鳥居　俊：女子マラソン選手における心理的コンディションと競技成績. 臨床スポーツ医学, 11: 681-685, 1994.

19章 女性アスリートにおけるスポーツ医学的諸問題

　勝利や記録向上を目標とする競技スポーツの場においては，スポーツ障害を引き起こす寸前を狙った激しいトレーニングが日常的に実施されている．女子選手に男子並みかときにそれ以上の強い負荷のトレーニングを課すことで，実際に効果を上げることもある．しかし現実には過度な負荷の結果，多くの女性アスリートにスポーツ障害が発生してしまっている．女性の場合には整形外科的な，または内科的なスポーツ障害ばかりでなく，女性特有の機能である排卵・月経現象に及ぼす影響も重要である．さらに月経周期に関連したコンディショニングにも配慮が望ましい．

1 女性アスリートと月経

1．月経とは

　性成熟期の女性は通常28～30日程度の周期で子宮出血を繰り返す．これが月経である．

　脳下垂体からFSH（卵胞刺激ホルモン）が分泌されると，両側に2個ある卵巣のうち，通常片側の卵巣内の1個の卵胞が発育し，それに伴って卵胞からエストロゲンが分泌されるようになる．このエストロゲンが子宮内膜を増殖させる．卵胞は約2週間かけて成熟し直径約20mmに達する．この時期の子宮内膜は厚さ約10mmとなる．

　卵胞が十分に発育すると，次に排卵がおこる．排卵までの2週間を卵胞期という．基礎体温の低温期に相当する．LH（黄体化ホルモン）が下垂体から急激に分泌され（LHサージという），その作用を受けて卵子が卵胞そして卵巣から飛び出す現象が排卵である．卵子が卵管に拾われたところに，タイミングよくそこに精子が到達していれば受精が起こり，妊娠が成立することになる．

　排卵後の卵胞には黄体という組織が形成され，黄体から分泌される黄体ホルモンの作用により子宮内膜は厚く維持される．受精卵の着床，すなわち妊娠の成立に備えた変化ともいえる．この時期が黄体期であり，基礎体温の高温期に相当する．

　妊娠が成立しなかった場合，12～14日で黄体の退縮，黄体ホルモンの分泌低下とともに，厚くなった子宮内膜は子宮内にとどまりきれず，子宮内腔から剥脱して血液とともに流出する．すなわち，排卵があれば必ずその後には妊娠または月経があることになる．月経が規則正しく発来するためには，脳中枢において精妙かつ周期的にホルモンが分泌される必要がある（図19-1）．

　なお，月経のことを生理と呼ぶことがあるが，この呼び方は俗語であり，医学・生理学の用語としては月経を用いるようにしたい．

2. 月経周期とコンディション

「月経〜卵胞期〜排卵〜黄体期〜次の月経」というサイクルに伴い，アスリートの体調にも周期的な変化がもたらされる．具体的には，体重，浮腫の程度，乳房の緊満感，倦怠感，気分，便通，腹痛・腰痛の程度などの変動である．これらはエストラジオール（卵胞ホルモン）やプロゲステロン（黄体ホルモン）値の変動や月経随伴症状により生じている．

主観的なコンディションの良し悪しを問うと，85％のアスリートが月経周期に伴うコンディションの変化を自覚している（図19-2）．コンディションのよい時期は「月経終了直後から月経後数日」とする者が大部分であり，「黄体期から月経中」がコンディション不良とする者が多い[1]．黄体期にコンディション不良となる原因は，まず体温上昇作用，水分貯留作用などを有するプロゲステロンの作用と推測される．いわゆる月経前症候群（PMS）（倦怠感，浮腫，体重増加，乳房緊満感，いらいら，気分変調）の一種と考えてもよい．

月経痛を自覚するアスリートや月経血への対処に関して競技への集中力がそがれると感じるアスリートは月経中の競技を避けたがる一方，黄体期に比べればはるかにましである，あるいはまったく問題ないとするアスリートもいる．

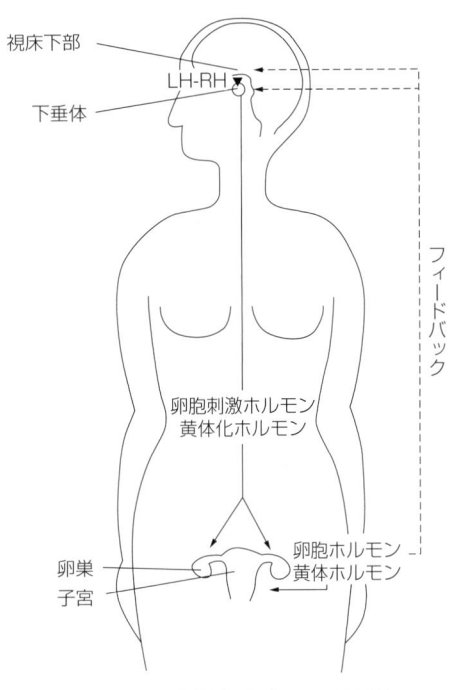

図19-1　月経とホルモンの関係

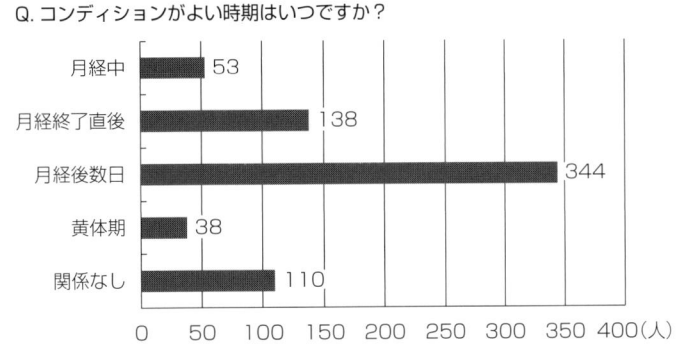

図19-2　月経周期とコンディションの自覚

Q. コンディションがよい時期はいつですか？

月経中	53
月経終了直後	138
月経後数日	344
黄体期	38
関係なし	110

3. 月経移動によるコンディショニング

　重要な試合がコンディション不良な時期に重なるのを避けるためには，月経の移動を考慮することになる．ところが日本のトップアスリートにおいても，実に66％がコンディション調整目的の月経移動について「考えたこともなかった」と回答しており（図19-3），まだ広く受け入れられた方法とはいいがたい[1]．月経時期を移動させる場合，単に月経が試合に当たるのを避けるだけではなく，ベストなタイミングで試合を迎えたいというアスリートの要求にもこたえなければならない．

　月経移動の目的で用いられる薬剤は低用量ピル（経口避妊薬，OC）であるが，とくに初めてOCを内服するアスリートの中に，悪心・体重増加などを自覚するアスリートが少なからず存在することから，内服期間中に試合を迎えるよりも，試合前に内服を終了して消退出血をすませておく方が無難である．すなわち「月経を遅らせる」のではなく「月経を早める」方法である．たとえば，前月の月経3日目以内にOC内服を開始し，試合の7～8日前に内服を終了すれば，ほぼ消退出血の終了とともに試合を迎えることができる（図19-4）[2]．

　日頃から月経困難症や月経前症候群に悩まされているアスリートに対しては，月経移動でのOC使用を機に，OCの定期内服へ移行することを勧めるべきであろう．日常的にOCを内服するアスリートの場合は，試合を消退出血直後にあわせる必要はない．OCの内服は外国のアスリートにとっては常識的なことともいわれるが，日本のトップアスリートではわずか2％が内服しているにすぎない．ただし最近はテニスや

Q. 月経移動についてどう思いますか？

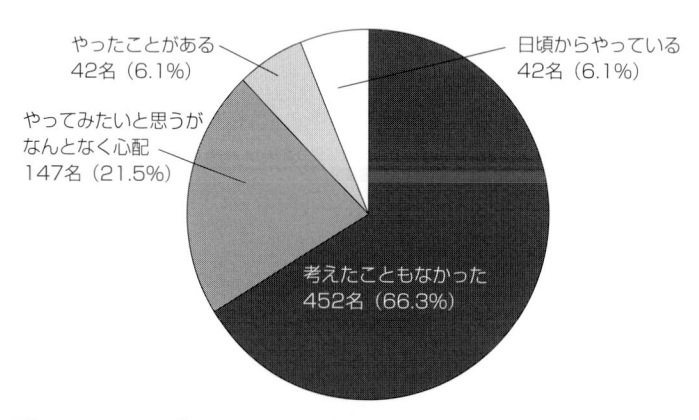

- 日頃からやっている 42名（6.1%）
- やったことがある 42名（6.1%）
- やってみたいと思うがなんとなく心配 147名（21.5%）
- 考えたこともなかった 452名（66.3%）

図19-3　コンディション調整目的での月経移動に関するアンケート

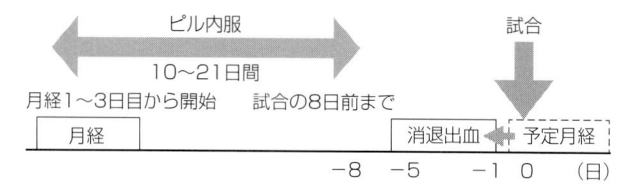

図19-4　低用量ピルを用いた月経移動（早めたい場合）

自転車競技など海外で活躍するアスリートをはじめとしてOCの内服者が徐々に増えてきている印象がある.

4. 月経困難症への対応
(1) 概要
　月経困難症とは，月経に随伴して起こる病的症状により，月経期間中に日常生活を営むことが困難となる状態をいう．下腹痛，腰痛，腹部膨満感，嘔気，頭痛の順に頻度が高い．いわゆる「生理痛（月経痛）」の重症型をさすと考えてもよい．服薬が必要なほどの強い月経痛を訴える者は，25歳未満の女性に限れば実に40％が該当する.

(2) 症状と診断
　月経困難症は，早い場合には初経後2～3年より始まる．月経1～2日目に症状が強く，痛みの周期はけいれん性，周期性である．背景に子宮頸管狭小や子宮筋の過収縮があるとされる．成長とともに徐々に軽快していくことが多い．これに対して，子宮内膜症や子宮腺筋症などの器質的疾患を背景とする月経困難症もある．子宮内膜組織が卵巣や直腸表面，腹膜，子宮筋層内などに異所性に発育し，月経時に出血とともに疼痛をおこす疾患である．年齢とともに頻度は増加し，症状も増強する[3].

(3) 治療方法
　月経困難症に対しては，対症療法としての鎮痛薬の処方が長く行われてきた．一方，OCにも月経困難症に対する効果が認められている．OCは排卵を抑制して子宮内膜を薄く維持することから月経の出血量を確実に減少させるほか，血中エストラジオール濃度を下げることにより子宮内膜症などの器質的疾患の進行を抑制する作用がある．2008年以降，月経困難症に対して2種類のOCが保険収載となり，鎮痛薬とOCがともに推奨される治療法となっている[3].

　アスリートにとって，月経困難症は直接パフォーマンスの低下につながるため，可能な限り症状出現を予防したいところである．毎回の月経のたびに症状を繰り返す重症者に対しては，OCの内服が奨められる．28日ごとに消退出血を起こす通常の内服方法でも，約80％が症状の改善を認める．ただしこの投与法でも消退出血時にある程度の月経痛が認められることから，応用的な内服方法として，OCの連続内服が試みられてもよい．2～6カ月程度であれば，破綻出血なしに連続内服できる場合が多い．これにより消退出血の頻度を減らせるうえ，子宮内膜症に対する抑制効果もより発揮されると考えられている．アスリートの場合は，試合やトレーニングのサイクルに合わせて計画的に消退出血を起こすことを考慮してもよい.

2　女性アスリートの無月経

1. 女性アスリートの成長段階と月経
　女性の生殖・生理機能は，年齢により大きく機能・状態が異なっており，生殖・生理機能以外の身体機能の変化や，学校・仕事・結婚など社会的条件の変化にも応じて，

スポーツとのかかわり方が大きく異なってくる．

(1) 少女期〜思春期（9〜18歳ころ）

　徐々に性機能が発達し，平均12歳で初経が発来する．しかしその性機能はいまだ不安定であり，容易に月経不順・続発性無月経・無排卵周期症に陥ることがある．視床下部―下垂体の性中枢機能の発達にも個人差がある．

　小・中学校，高校においては，多くの女性が学校の部活動や体育を通じて，競技スポーツにコミットすることになる．一方，地域のクラブチームに所属してより専門的な指導を受けるケースもある．ほとんどの競技でユースあるいはジュニアのカテゴリーでの全国大会が開催され，年代別の日本代表選手も選考されている．そうした競技レベルのピラミッドに知らず知らずのうちに組み込まれることにより，本人の主体性というよりも親や指導者の期待により，トレーニングや指導が過熱することがある．その結果，若年女性アスリートの場合は初経発来遅延・原発性無月経などの医学的問題が生ずることがある．

(2) 性成熟期（18〜45歳ころ）

　性機能が成熟し安定し，妊娠・分娩が可能となる．女性アスリートとして身体面でもっとも能力を発揮できる時期である一方，スポーツ活動が排卵・月経に影響を及ぼしたり，月経困難症や月経前症候群などの月経随伴症状に悩まされたりする可能性のある時期でもある．とくにオーバートレーニングや低体重追求に伴う無月経は，脳が「この余裕のない状態で排卵して妊娠してしまうと，個体の存続が危ない」と判断して危険信号を出していると考えた方がよい．

　一方，社会的にはスポーツ競技継続と，結婚・出産とのライフスタイルの両立に悩むことがある．アスリートとして短命に終わるか，成熟した女性アスリートとして息の長い活躍ができるか，さまざまな条件が関与してくる．

　アスリートの医学的ケアにおいて，もっとも女性に特有の症状はやはり月経に関するものである．スポーツ指導者やアスリートの中には，月経を「必要悪」のように捉える向きもある．実際，月経に関しては以下のように面倒な点が存在する．

・月経が試合に重ならないか気にしなくてはならない
・月経周期による好不調を否応なく意識させられる
・月経周期によりトレーニング内容や評価を加減しなくてはならない
・月経出血により貧血が進行するのではないかと心配である

　実際，月経が来るようでは練習がまだ足りない，と公言する駅伝指導者や，月経がきちんと発来するような「女の体」になってしまっては競技力が低下する，と豪語する新体操の指導者まで存在する．

　しかしながら，思春期から性成熟期の女性アスリートにとっては，排卵があり月経があることは「身体が妊娠可能な余力を残している」という指標でもある．したがって，月経に伴うコンディショニングや貧血の問題，懸念に対して適切に対応しないと，「無月経の方がまし」という誤った観念を助長することに繋がってしまう．

2. 女性アスリートの月経状況

わが国の平均初経年齢は12歳であるが，女性トップアスリートにおいては，初経発来が遅延する傾向にある[4]．これは一部の競技で，非常に早期，すなわち少女期から開始される専門的かつ長時間のトレーニング，厳しいウェイトコントロールの影響によると思われる．少女期から開始することが競技力の向上につながると考えられる競技，たとえば卓球，テニス，フィギュアスケート，体操などにおいては，早期育成を否定するものではないが，これに体重制限が加わると容易に初経発来遅延に結びつく．体操，新体操でとくに多い．

さらに女性アスリートには無月経や月経不順の者が比較的多く，とくに種目特性として低体重が求められる長距離走や新体操，体操などの若年選手やトップアスリートに多い．ほとんどは，身体的・精神的ストレスの慢性化，体脂肪減少，（消費エネルギーに対する）摂取エネルギー不足（low energy availability）を要因とした視床下部性の排卵障害による．

長距離走・マラソンのトップ選手は，必ずしも中学時代に全国大会に出場していたり，朝練習を行っていたりしたわけではなく，無月経となる率も低かったことが明らかになっている[5]．長距離走では，ジュニアの日本代表選手の大半が無月経であったのに対して，シニアの日本代表では無月経はむしろ少数派であった．

3. 女性アスリートの三主徴

無月経が長期化すると，低エストロゲン状態が持続し，その結果としての低骨密度が問題となる．無月経・骨粗鬆症・エネルギー不足（正確にはenergy availabilityの低下）の3つが「女性アスリートの三主徴」（Female Athlete Triad）と呼ばれ，スポーツ医学における重要課題と位置づけられている．

もともと1992年のアメリカスポーツ医学会（ACSM）の提言では，無月経，骨粗鬆症とともに摂食障害が，女性アスリートの三主徴として取り上げられていた[6]．これが2007年には，視床下部性無月経，骨粗鬆症，low energy availabilityと変更された（図19-5）．すなわち，食行動異常を伴う場合に限定されやすい「摂食障害」が取り下げられたうえに，low energy availabilityには「摂食障害の有無にかかわらず」とのただし書きがつけられた[7]．三主徴の予防策としてエネルギー収支改善に重点が置かれるようになったことの反映といえる．

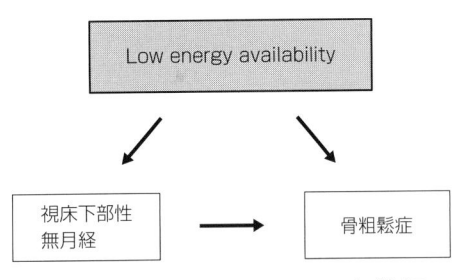

図19-5 女性アスリートの三主徴（Female Athlete Triad）（2007）

4. 無月経の診断と骨密度

初経発来が遅延している場合，中学生の間（15歳まで）は待機していてもよいが，高校入学までに初経発来を認めなければ，婦人科を受診させるべきである．まず性器の先天的異常や染色体異常を含む性分化障害を除外する必要がある．これは後述する

性別問題への対処のうえでも重要である．

続発性無月経の場合には，まず血中エストラジオール値が20pg/mL未満かどうかをもとに低エストロゲン性か否かに分類することが重要である．低エストロゲン状態の場合には，骨粗鬆症のハイリスク群と見なすべきであり，骨密度測定が必須である．腰椎，骨盤の骨密度が参考になることが多く，なるべくDXA法による測定が望ましい．

低エストロゲン性の無月経の場合には，子宮体部長は3.5cm程度と小さく内膜の厚みもほとんど認められない．さらに下垂体ホルモン（LH・FSH・プロラクチン，甲状腺刺激ホルモン）などの測定を行い，スポーツ活動以外に無月経の要因がないかどうかの検索をすすめる．アスリートの無月経は，ほとんどが血中エストラジオール（E_2），LH・FSH低値を呈する視床下部性の排卵障害である．

5．低エストロゲン状態に対する治療
（1）ホルモン補充療法

低エストロゲン状態かつ低骨密度のアスリートに対しては，ただちにホルモン補充療法を開始するのが望ましい．低エストロゲンではあるが，骨密度が十分にありとくに疲労骨折の既往もないアスリートの場合には，無月経期間・年齢・競技レベル・今後の試合予定・長期計画などに応じて，ホルモン補充療法導入の適否をよく本人や指導者と相談する必要がある．

ホルモン補充療法を行う際には，1～2カ月に1回，10日程度黄体ホルモンを服用させて消退出血を起こさせることが必要である．消退出血を起こさせる時期は，試合や合宿の日程を考慮して自分で判断させてもかまわない．さらに数カ月おきにエストラジオールの血中濃度を測定し，適切な範囲に保たれているかを確認しておくとよい．たびたび不正出血があったり，血中エストラジオール値が50pg/mL以上に上昇したりしている場合には，エストロゲン分泌が回復してきている可能性があるので，治療を中止して経過をみる．その場合には，基礎体温をつけさせて排卵の有無を確認する必要がある．ホルモン補充療法は，鍛錬期・試合期・シーズンオフを問わず継続されるべきものである．

（2）低用量ピル（OC）を用いる場合

実際には無月経アスリートに対してホルモン補充療法を数年単位で継続しても，低エストロゲン状態は改善されるにしても，骨密度の目立った回復をみることは少ない[8]．これは骨吸収増加が骨粗鬆症の主因である閉経後女性とは異なり，若年者では骨形成低下が主因であるためと考えられている．極端な低骨密度，たとえば若年者平均の75％（20～44歳までの骨密度の平均値）を下回り骨粗鬆症に陥り，疲労骨折をたびたび起こしているようなアスリートに対しては，よりエストロゲン効果の強いOCの方が骨密度増加効果をあげる可能性が期待されている．

6．無月経の要因と予防
（1）精神的ストレス，トレーニング強度，体脂肪率

一般女性においても，転居，進学などの環境変化により続発性無月経をきたすこと

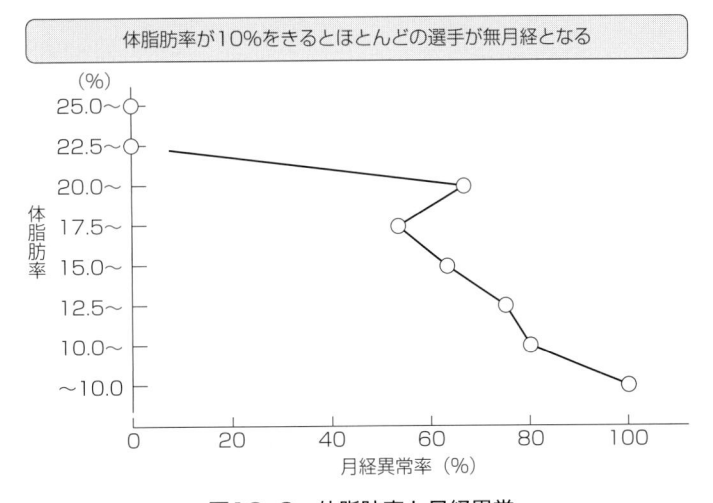

図19-6 体脂肪率と月経異常
(目崎 登：女性スポーツの医学. 文光堂, 1997)

が知られている．アスリートでも選手選考の重圧，チーム内人間関係などが精神的ストレス要因となることは十分に理解される．所属チームをやめた途端，月経が回復したなどの話は数多い．

　日常のトレーニングにおける身体的消耗度の激しいアスリートで明らかに月経異常は高率である．長距離ランナーでは1週間の走行距離や練習時間が長いほど，無月経の頻度が高い．また体脂肪が少ないほど月経異常は高率となり，体脂肪率が15％を下回ると半数，10％を下回るとほぼ全員が無月経となる（図19-6）．実業団長距離ランナーはおおむね12〜17％の体脂肪率であり，実際半数が無月経または稀発月経である．

(2) Low energy availability

　アスリートの無月経の最大要因と見なされるようになったlow energy availabilityとは，エネルギー出納の余裕度が低下している状態をいう．アスリートにおいては，運動によって消費されるエネルギーに対してそれに見合ったエネルギーが摂取されていない状態である．具体的には，1日1kgの除脂肪体重あたり30kcalが基準となる．これを5日間でも下回ると，LHの周期的分泌が損なわれるとされる．裏返せば，オーバートレーニングを回避するかまたは摂取エネルギーを増やすかにより，このエネルギーの「余裕度」を増加させることによって，無月経を予防できる可能性がある．

(3) 思春期のアスリートへの対策

　本来，女性の骨密度がもっとも増加するのは12〜15歳である．これは身長の成長ピークから1cm／1年に鈍化するまでの期間に該当する（図19-7）[9]．この時期に初経を迎え適切な血中エストロゲン濃度が得られることが，骨密度獲得に必須と考えられている．この時期に，低エストロゲン状態が持続し，適切な体重増加が得られない場合には，骨密度が一生低レベルとなってしまう可能性がある．

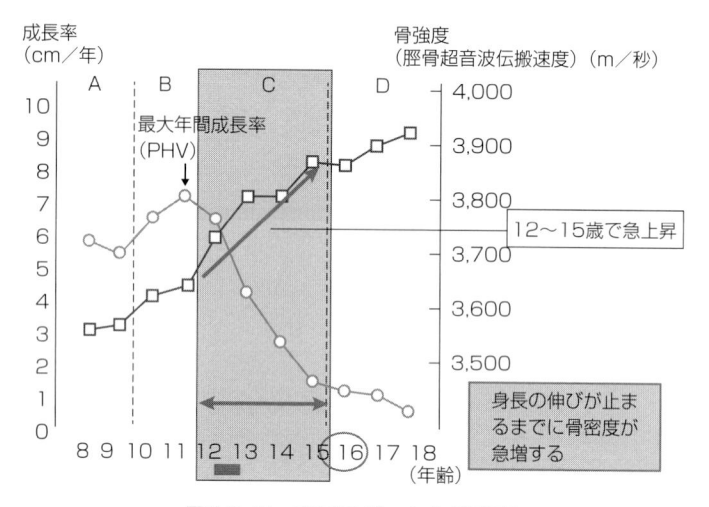

図19-7 成長スパートと骨強度
(高橋香代：子供の骨発達と健康. Osteoporosis Japan, 10: 395-399, 2002)

　日本における女性アスリートの疲労骨折がもっとも多く発生している年齢は16歳である[10]．これは，十分な骨密度獲得がなされていないにもかかわらず，高校入学とともにトレーニングの質量が急激に増加することが要因と考えられる．こうした事態を予防するためには，今後は中学生年代のアスリート，保護者，指導者への啓もう活動が必要である．過度なトレーニングや体重制限を行わず，energy availabilityを十分確保することがアスリートの骨粗鬆症，疲労骨折を予防し，長いスポーツキャリアに通じることを理解してもらわねばならない．

7. 無月経アスリートのその後の妊娠

　1964年の東京オリンピック日本代表選手の引退後の性機能，妊娠に関する調査によると，結婚後の不妊症率，妊娠や流産の回数は一般女性と同等であった．また，引退後の実業団女子長距離選手の調査によれば，約70％が半年程度で約6kgの体重増加とともに月経が再開しており，最終的に排卵障害が持続したのは，体重増加がみられない1名のみであった（図19-8）．陸上長距離のみでなく元新体操選手においても，

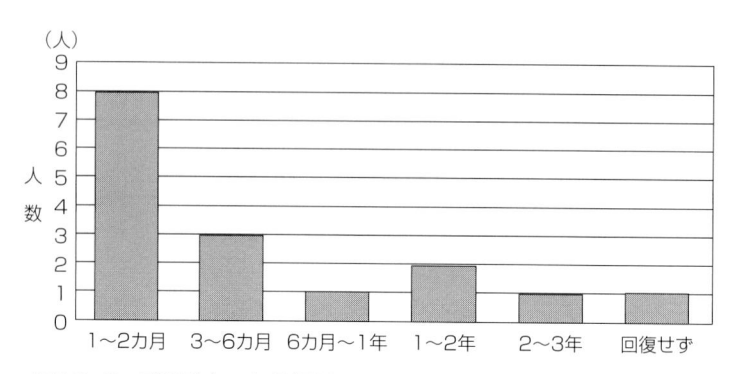

図19-8 引退時点で無月経だった選手が月経再開までに要する期間

のちに排卵障害に対する治療や不妊治療を要する割合は，現役時代の月経の有無とは相関がない．

したがって現役時代に続発性無月経となるアスリートであっても，引退後はおおむね問題なく妊娠できると考えられている．しかし，長距離走や体操，新体操でまれに20歳を越えても初経のないような原発性無月経の選手をみることがあるが，彼女たちの将来の妊娠に関して楽観視してよいかはまだわからない．

③ 女性アスリートと性別問題

1. 性別検査の歴史

一般に，体格的・筋力的に男性は女性にまさっているため，女性の間で行われる競技に男性が出場することはフェアではないと考えられ，それを防止する必要があると見なされてきた．古くは1930年代に，陸上競技の有名女子選手が引退後に父親となったというニュースがスキャンダラスに報じられたことがあった．そこで1948年，英国女性アマチュア選手協会が医師による女性証明を必須としたのを端緒として，1966年以降は英連邦大会や陸上欧州選手権など各種国際競技大会において，医師の性器視診による女性証明検査が実施されてきた．しかしこの方法には女性のプライバシーや人権の問題があり，代わる手段として国際オリンピック委員会が導入したX染色体検査（X染色体数を調べる）も，1本のX染色体しか有さないターナー女性やXY女性などが排除される結果となり，完璧な方法とはなりえなかった．

1992年のアルベールビル冬季五輪以降には，口腔粘膜擦過によるSRY遺伝子（男性決定因子とされた）のPCR検査が導入され，これが問題を解決するかに思われた．しかし，1996年のアトランタ五輪では全3,387人の女子選手中8人がSRY陽性となったが，うち7人がアンドロゲン（男性ホルモン）不応症，1人が5αデヒドロゲナーゼ（ステロイドの代謝にかかわる酵素）欠損症と判明し，最終的に全員が競技参加を許可された[11]．

こうした経緯から，大会に参加する全女子選手を対象とした性別検査は廃止される方向となり，2000年のシドニー五輪以降の五輪では，全選手を対象とした画一的性別検査としては実施されていない．ただしドーピング検査時の女性係員による外性器視診，あるいは大会役員からの疑義により，疑わしい選手は個別に検査される余地が残っている．実際，2006年のドーハアジア大会では，女子800m走2着のインド選手が性別詐称と判定され，メダル剥奪処分を受けるなど，個別の事例は引き続き生じている．

2. 「高アンドロゲン女性競技者」の概念の登場

散発的に生じていたスポーツにおける性別問題が一気にクローズアップされるきっかけとなったのが，2009年のベルリン世界陸上800mで圧勝したキャスター・セメンヤ選手の事例である．海外メディアの報道からは，セメンヤ選手は不完全型のアンドロゲン不応症であった可能性が推測されている．最終的には大会前に本人への告知なしに性別検査を実施していた南アフリカ陸連が処分されることで問題は収束し，セメ

表19-1　高アンドロゲン女性競技者の競技参加資格に関する規則の要約（IAAF）（2011年5月1日より実施）

- 男女の競技能力の差はおもにアンドロゲンの違いに由来するので，陸上競技は今後とも男子競技と女子競技に分けて行われる．
- 法によって女性として認められている高アンドロゲン女性は，血清アンドロゲン濃度が男性のレベルよりも低いか，もしくは血清アンドロゲン濃度が男性のレベルと同等であっても，アンドロゲン抵抗性で高アンドロゲンによる競技能力の優位性がなければ，女性競技に参加できる．
- IAAFはすでにExpert Medical Panelを任命しており，疑義のあった競技者について検討し，参加資格についての意見をもらうこととしている．
- 3段階の検査プロセスを設定し，すべてのデータがExpert Medical Panelに届けられる．IAAFが認定した6つの専門機関での検査も含まれる．
- すべてのプロセスは秘密裏に行われ，Expert Medical Panelに対しても競技者は匿名とする．
- 規則に適合しない，もしくは資格認定プロセスを拒否する女性競技者は女性競技に参加できない．

ンヤ選手への処分は行われなかった．セメンヤ選手は約1年を経て競技に復帰している．

　この事例ではセメンヤ選手のプライバシーをまったく無視したかたちで，国際陸連からの声明や報道がなされたことが問題視された．こうした性分化異常症のアスリートは，アンドロゲンによる部分的な作用を受ける結果，一般人口中の頻度よりもはるかに高頻度で国際レベルの競技会に現れることが考えられ，先のアトランタ五輪での結果もそれを裏付けている．なお，アンドロゲン不応症と診断された場合，悪性化の恐れのある精巣を除去する手術を速やかに受けることが勧告され，それが完了してから国際競技会への復帰が認められる．

　このセメンヤ問題に対する反省をきっかけとして，2011年に国際陸連（IAAF）は「高アンドロゲン女性競技者」の概念を取り入れて女子選手の新しい資格規定を導入した（表19-1）[12]．高アンドロゲンとなる背景としては，性分化異常症の他，多嚢胞性卵巣症候群，単なる性別詐称，ドーピングなどがある．2012年のロンドン五輪では，国際オリンピック委員会もこの規定に追随する立場を示している[13]．

3. 日本国内で今後留意すべきこと

　性分化異常症を背景とした高アンドロゲン女性競技者は，すぐれた競技成績を示すがゆえに，ジュニア期から地域代表，国代表へと選ばれやすい．有名選手となればなるほどプライバシーを保ちながら，精査や治療を勧めることは困難である．したがって，こうしたアスリートをできるだけ早期に発見することが望ましい．また，各地域，各競技のスポーツ指導者に対して，高アンドロゲン女性競技者という概念の存在を啓もうしていくことも，早期発見のために必要である．とくにパワー系の競技（球技や，短・中距離走，格闘技など）ではこうした問題が生じやすいと思われる．

[難波　聡]

文献

1) 能瀬さやかほか：女性トップアスリートの低用量ピル使用率とこれからの課題．日本臨床スポーツ医学会誌，22: 122-127, 2014.
2) 難波　聡：月経周期調整によるコンディショニ

ングの実際. 臨床スポーツ医学, 24: 995-1000, 2007.
3) 日本産科婦人科学会, 日本産婦人科医会編: 産婦人科診療ガイドライン 婦人科外来編2014. CQ301 機能性月経困難症の治療は？ pp. 113-114, 2014.
4) 目崎 登: 女性スポーツの医学. 文光堂, 1997.
5) 高橋昌彦ほか: 女子マラソン選手の中学校時代における競技活動の特徴: 日本代表経験の有無に着目して. ランニング学研究, 24: 21-28, 2013.
6) Nattiv A, et al.: The female athlete triad. The inter-relatedness of disordered eating, amenorrhea, and osteoporosis. Clin Sports Med, 13: 405-418, 1994.
7) Nattiv A, et al.: American College of Sports Medicine position stand. The female athlete triad. Med Sci Sports Exerc, 39: 1867-1882, 2007.
8) 難波 聡: 婦人科的サポート. 日本臨床スポーツ医学会誌, 20: 256, 2012.
9) 高橋香代: 子供の骨発達と健康. Osteoporosis Japan, 10: 395-399, 2002.
10) 内山英司: 疲労骨折の疫学. 臨床スポーツ医学, 20: 92-98, 2003.
11) Genel M, Ljungqvist A: Essay: Gender verification of female athletes. Lancet, 366: S41, 2005.
12) IAAF Regulations Governing Eligibility of Females with Hyperandrogenism to Compete in Women's Competition-In force as from 1st May 2011. http://www.iaaf.org/about-iaaf/documents/medical
13) IOC Regulations on Female Hyperandrogenism Games of the XXX Olympiad in London, 2012. http://www.olympic.org/Documents/Commissions_PDFfiles/Medical_commission/2012-06-22-IOC-Regulations-on-Female-Hyperandrogenism-eng.pdf

20章 スポーツとドーピング

　第22回冬季オリンピック・ソチ大会が2014年2月23日に閉幕した．新しく12競技種目が追加されたことにより，参加選手数は前々回および前回のトリノ大会およびバンクーバー大会よりも約400人多くなった．このこともあり，ソチ大会におけるドーピング検査総数は2,600件を超えて，冬季オリンピック史上最多になった．その内訳は血液検査が477件，尿検査が2,190件であり，また，競技前検査は1,421件であったという[1]．このように，ソチ大会における検査の特徴は総数が増えたことと，血液検査数が多いことや競技前検査が急増したことである．ソチ大会におけるドーピング陽性の確定にはまだ数年を要するが，大会終了時点ですでに数件の陽性例が報告されている．

　ドーピング違反はこれまでのオリンピックでも数多く報告されているが（表20-1）[2]，なかでもそれが有名な選手によってなされた場合などでは，世界に大きな衝撃を与えている．たとえば，1988年に開催されたソウル大会では，陸上男子100m決勝において，ベン・ジョンソンが驚異的な当時の世界新記録（9秒79）で他を圧倒して優勝した．しかし，その後のドーピング検査で筋肉増強剤（スタノゾロール）を使用していたことが発覚し失格となった．また，2000年のシドニー大会に16歳で出場し

表20-1　オリンピック大会中に行われたドーピング検査

夏季大会				冬季大会			
年	開催地	検査数	陽性数	年	開催地	検査数	陽性数
1968	メキシコシティ	667	1	1968	グルノーブル	86	0
1972	ミュンヘン	2,079	7	1972	札幌	211	1*
1976	モントリオール	2,054	11	1976	インスブルック	390	2**
1980	モスクワ	645	0	1980	レークプラシッド	440	0
1984	ロサンゼルス	1,507	12	1984	サラエボ	424	1***
1988	ソウル	1,598	10	1988	カルガリー	492	1****
1992	バルセロナ	1,848	5	1992	アルベールビル	522	0
1996	アトランタ	1,923	2	1994	リレハンメル	529	0
2000	シドニー	2,359	11	1998	長野	621	0
2004	アテネ	3,667	26+	2002	ソルトレークシティ	700	7
2008	北京	4,770	14+, 6++	2006	トリノ	1,200	1

+はラボで報告された陽性例とアンチドーピング・ルール違反．++の6は馬の陽性．
*：アイスホッケー（エフェドリン），**：クロスカントリースキー（エフェドリン，コデイン），***：クロスカントリースキー（メタンジェノン），****：アイスホッケー（テストステロン）
(International Olympic Committee: Factsheet. The fight against doping and promotion of athletes' health, 2010)

たアンドレーア・ラドゥカンが、体操競技の女子個人総合で優勝したものの、ドーピング検査において「塩酸プソイドエフェドリン」の陽性反応を示したため、資格の剥奪がなされた。その後の調査で、この薬物使用は帯同医師が風邪薬を処方したことによるものであることが判明し、彼女は医師の不注意による被害者であるとの同情が寄せられた。さらに、2004年のアトランタ大会では、男子ハンマー投げで優勝したアドリアン・アヌシュが、検査の際に尿をすり替えたことと再検査を拒否したことにより失格したために、日本の室伏選手が金メダルを獲得したことも記憶に新しい。

これらの事例はあくまでも氷山の一角であり、オリンピック以外でも、メジャー・リーグ・ベースボールやツール・ド・フランスにおけるドーピング問題など、驚きの実態が次々に明らかにされている。これらに対して、国際オリンピック委員会（IOC）や世界アンチ・ドーピング機構（WADA）は、それぞれの国際競技連盟と協力しながら、その防止に全力を挙げているものの、必ずしも十分には対応できていないのが実状である。今後さらに複雑な様相を呈すると予想されるドーピング問題に、果たしてわれわれはどのように対処すべきであろうか。

1 ドーピングとアンチ・ドーピング運動の歴史

スポーツ競技において、勝つことを目的に薬物が使用されるようになったのは、なにも最近のことではない。古くは古代ギリシャ・ローマ時代に遡ることができるという[3]。ただしこの時代には、薬物はおもに動物（競走馬・犬）に使用されていたようである。それが近代スポーツの発展に伴って、19世紀の後半に入るとスポーツ選手にも使われるようになった。そして、1886年に開催されたボルドーとパリ間の600km自転車レースでは、初めての死亡例（トリメチルの過量摂取）が報告されている[4]。その後、薬物使用はサッカーやボクシングのプロ選手や陸上競技選手にも広がりをみせるようになり、とくに20世紀前半には各種の医薬品が次々に開発されたこともあって、さまざまな種類の薬剤がさまざまなスポーツ選手において使用されるようになった。

また、第二次世界大戦時に注目されたアンドロゲンによる蛋白同化効果や覚醒アミン類による覚醒・興奮効果は、その後のスポーツ選手によるこれらの使用のきっかけになったともいわれている。そして、アンフェタミンによる死亡例が自転車選手やサッカー選手において報告されるようになり、オリンピックにおいても、1960年のローマ大会では、自転車選手においてアンフェタミンとロニコール使用による死亡が報告され、オリンピック史上初のドーピングによる死亡例となった[4]。

一方で、これらの薬物使用を禁止しようとする動き（アンチ・ドーピング）は、1930年代の前半ごろから見られるようになった。そして、1952年のヘルシンキ大会において、マラソン選手の飲料に対してドーピング検査がなされたとの記述も見られる[4]。さらに、1962年のモスクワでのIOC総会においてドーピング反対の決議がなされ、1963年にはヨーロッパ・スポーツ評議会がドーピングの定義を打ち出している。また、1964年の東京大会時に開催された国際スポーツ科学会議では、ドーピングの定義を行うとともに、アンチ・ドーピングに関する声明文が発表された。これらの一

表20-2 ドーピングコントロールの推移

1968年	ドーピングコントロールの開始．禁止薬物は自律神経アミン類，中枢神経刺激剤・強壮剤，麻薬鎮痛剤
1972年	精神運動刺激剤，自律神経刺激剤，その他の中枢神経刺激剤，麻薬鎮痛剤
1976年	アナボリック・ステロイド剤の追加
1980年	禁止薬物は同様，多くの品目が追加
1984年	カフェイン，テストステロンなどの追加
1986年	抜き打ち検査の開始
1988年	β遮断剤，利尿剤，血液ドーピング，薬理学的・化学的・物理的操作の追加
1992年	ペプチドホルモン（成長ホルモン，エリスロポエチンなど）の追加
1993年	ステロイド以外の蛋白同化薬物（$β_2$刺激剤など）の追加
1999年	世界アンチ・ドーピング機構の設立
2000年	血液検査の正式導入
2001年	日本アンチ・ドーピング機構の設立
2003年	世界アンチ・ドーピング規定の制定
2004年	遺伝子ドーピングの禁止，競技会外検査の実施

連の動きにより，本格的なアンチ・ドーピング活動が開始され，1968年の冬季グルノーブル大会および夏季メキシコ大会から，オリンピックにおいて正式にドーピング検査が実施されるようになった．

この時の禁止薬物は自律神経アミン，中枢神経刺激剤・強壮剤および麻薬鎮痛剤であった．その後，その他のドーピング薬や方法等の追加がなされるとともに，新たな分析技術の導入や分析精度の向上，血液採取および競技会外検査の導入等により（表20-2），より厳しい検査態勢のもと現在に至っている．また，IOC中心に行われてきたドーピング検査は，検査の透明性や中立性の問題から，1999年以降はWADAがその役割を担うようになり，日本では2001年に日本アンチ・ドーピング機構（JADA）が設立された．

2 ドーピングの定義

ドーピングという言葉の由来は，南アフリカ原住民のカフィール族が，戦いや祭礼の際に景気づけに「ドップ」と呼ばれる強い発酵酒を飲んだことによると一般にはいわれている．ドーピングの定義については，1963年にヨーロッパ・スポーツ評議会が，ドーピングとは「人体にとって異常であるすべてのもの，または生理的なものであっても，それが異常に大量に，かつ異常な方法で，健康者によってもっぱら競技能力を高めることを意図して人為的にまたは不正に用いられた場合を指す．心理的方法による場合も同様である」と定義している[3]．この定義によると，ドーピングは健康者が競技能力を高めるために使用した場合ということになり，競技能力向上のためではなく治療目的で使用した場合には該当しないことになる．そこで，1963年11月に開催されたマドリッドの会議では，「治療のために物質を与えた場合でも，その物質の性質，量などが競技能力を高めると考えられる場合はドーピングと認める」と変更された．また，当初は催眠術などの心理的方法も加えられていたが，そのことを証明するのは

表20-3 ドーピングの定義

ドーピングとは，以下のドーピング防止規則違反行為の1つ以上が発生すること
① 競技者の検体に，禁止物質またはその代謝物若しくはマーカーが存在すること．
② 競技者が禁止物質若しくは禁止方法を使用することまたは使用を企てること．
③ 適用されるドーピング防止規則において認められた通告を受けた後に，やむを得ない理由のよることなく検体の採取を拒否し若しくは検体の採取を行わず，またはその他の手段で検体の採取を回避すること．
④ 検査に関する国際基準に準拠し規則に基づき宣告された，居場所情報未提出および検査未了を含む，競技者が競技会外の検査への競技者の参加に関する要請に違反すること．検査未了の回数または居場所情報未提出の回数が，競技者を所轄するドーピング防止機関により決定された18カ月以内の期間に単独でまたはあわせて3度に及んだ場合には，ドーピング防止規則違反を構成する．
⑤ ドーピング・コントロールの一部に不当な改変を施し，または不当な改変を企てること．
⑥ 禁止物質または禁止方法を保有すること．
⑦ 禁止物質若しくは禁止方法の不法取引を実行し，または不当取引を企てること．
⑧ 競技会において，競技者に対して禁止物質若しくは禁止方法を投与すること，若しくは投与を企てること．競技会外において，競技者に対して競技会外で禁止されている禁止物質若しくは禁止方法を投与すること，若しくは投与を企てること，またはドーピング防止規則違反を伴う形で支援し，助長し，援助し，教唆し，隠蔽し，若しくはその他の形で違反を共同すること，若しくはこれらを企てること．

(日本アンチ・ドーピング機構：世界ドーピング防止規程2009年版，2009)

困難であることから，その後ただちにこの部分は削除されたという．さらに，1964年の東京での国際スポーツ科学会議では，「生体に生理的に存在しない物質はいかなる方法で投与されても，また生理的物質は異常な量あるいは異常な方法で投与または使用された場合，競技能力を高めることが目的であればドーピングと認める」とされた[3]．

しかし，このように文章でドーピングを定義しようとしても，そこには自ずと限界がある．そこで，定義をより厳密にするために，IOCは禁止リストに違反した場合をドーピングと定義するようになった．つまり，「ドーピングはスポーツと医・科学の両者の倫理に反する．よってIOC医事委員会は次の事項を禁止する」として，①ドーピング指定薬物分類に属する薬理学的物質の投与，②種々のドーピング方法の行使を挙げた．その後もさまざまな修正が加えられ，2004年からは世界アンチ・ドーピング規定に基づいてより厳しいものとなっている．ここでは，検体に禁止薬物が存在することだけではなく，使用や不当な改変を企てること，保有することや不法取引の実行・企画，居場所情報の未提出，違反の共同なども，ドーピング防止規則に対する違反行為であると定義されている（**表20-3**）[5]．

3 ドーピングを禁止する理由

ドーピングを禁止する理由として3つが挙げられている．第一に，選手の健康を害するという理由である．通常，薬剤には薬理学的な主作用に加えて，さまざまな副作用を伴うことも多い．しかも，ドーピングとして使用される薬剤の量は，通常の治療目的で使用される量よりも大量で，かつ長期間にわたることもしばしばである．さらに，治療目的であれば医師の管理下で，その治療効果や副作用の発現にも注意しながら使用されるが，ドーピングとして使用される場合にはこのようなことが期待できな

いことも多い．このようなことから，薬物依存の問題や薬物使用による精神心理的なダメージを含めて，ドーピングには危険が多いといえる．第二に，ドーピングはフェアなスポーツ精神に反するということが挙げられる．本来，スポーツは全員が同じ条件のもとフェアな状態で競い合うものである．ドーピングを行っている選手とそうでない選手が競い合うことを考えると，それは不平等といえる．第三には，ドーピングは社会に害を及ぼすことが挙げられる．これは，禁止薬物のなかには麻薬類も含まれており，確かにその使用によっては社会に害を及ぼす．また，憧れの選手がドーピングをしていたとわかれば，とくに選手を夢みている青少年に悪影響を及ぼす可能性も少なくない．

　一方，これらの禁止理由に対して，世界で戦う競技選手は何も心身の健康づくりのために厳しい練習を行っているのではなく，多少健康を犠牲にしてでも，勝つことあるいは競技力を高めようとしているとの考え方もある．また，個人の資金力，トレーニング環境や食事などの問題を含めて，果たしてスポーツにおいて完全な平等があり得るのかという疑問もわき上がる．さらには，麻薬類の使用や青少年に及ぼす悪影響についても，違法薬物の使用は社会的な規範にかかわる問題であることや，その他の犯罪的行為も同様に社会に害を及ぼすことから，これらの問題は何もドーピングに限定される訳ではないと考えることもできる．

　以上のように，ドーピングを禁止する理由の一つひとつを取り挙げてみると，必ずしも十分に納得させられるものではない．一方，ドーピング禁止はルールであり，スポーツはルールから成り立っていることを考えれば，それに従うべきであるという考えもある．しかし，これに対しても，ルールを前提としたルール違反を問うのではなく，ルールそれ自体がフェアであるかどうかを問うべきであるとの考えもみられる．フェアを保証するためには，原則として全員が等しく選択できる規定か，もしくは誰もが等しく選択できない規定のいずれかでなければならない．現行の薬物検査ではフェアな状況が設定され得ない以上，薬物ドーピングの選択は選手自身に委ねる方がよりフェアであるとの考え方である[6]．

4　薬物を使用する背景

　どのようなタイプの選手が薬物を使用しやすいのかについては必ずしも明らとはなっていないが，表20-4に，薬物使用に傾く危険性のある選手[7]あるいはドーピングに頼る傾向の強い選手の特徴を示した[8]．

　競技スポーツにはその基本に「勝つ」ことがあり，その根底に限界への挑戦や自己鍛錬などがあるにしても，実際の場で少しでもよい成績を上げたいあるいは相手に勝ちたいと思っても不思議ではない．また，あと一歩で世界記録に手が届きそうだというような場合には，何としてでもそれをクリアしたいと考えるのも当然である．このことに対して，あまりに結果にこだわり過ぎるという批判や，勝利至上主義だという反論も可能である．しかし，世界一を目指したいという気持ちは，スポーツ以外の分野で世界のトップを目指す場合と同様に，むしろ人間としての本能的なものであるといえる．もちろん，このこととドーピングをしてでも勝ちたいとは同じではないが，

表20-4 薬物使用に傾く危険性のある選手およびドーピングに頼る傾向の強い選手の特徴

薬物使用に傾く危険性のある選手*
① チームワークを乱す危険があり,「首切り」の対象となっている選手
② プレーヤーとして限界に近づいているが,「しがみついている」選手
③ 体重が余りにも重すぎるか軽すぎるかで,体重の問題を抱えている選手
④ 外傷にこだわらずプレーしようとする選手
⑤ パフォーマンス向上薬を使用することがさまざまなところから「外圧」によって強要されて,それに応えようとしている選手

ドーピングに頼る傾向の強い選手の特徴**
① トップレベルにいるが,パフォーマンスが停滞している選手
② もう一歩で世界レベルになれる選手
③ 年齢的に多くの進歩が望めない選手
④ 形態的にみて貧弱で,可能性を試してみたい選手

* (Wadler Gl, Hainline B: Drugs and the athelete. F a Davis Co, pp.36-51, 1989)
** (根本 勇:指導者と指導者にとってのアンチ・ドーピング.全国体育系大学学長・学部長会編著,スポーツとアンチ・ドーピング.ブックハウス・エイチディ,pp.157-169, 1997)

このようなことも薬物に手を出してしまうことと関連しているものと思われる.

あるいは,常に勝つことを期待されている選手では,世間の注目とその中でのプレッシャーとの戦い,あるいは失敗するかも知れないといった不安もまた,薬物に依存することにつながる可能性も出てくる.さらに,競技成績が伸びずに低迷を続けているような状況においては,それを打開しようとして薬物に手をだしてしまうことも考えられる.今ここで結果をださなければ,契約を打ち切られようとしている選手の場合には,ついつい薬物に依存してしまう可能性も高くなると思われる.一方,世界の桧舞台において勝つことは,多くの種目において名声と富をもたらすことも忘れてはならない.そして,選手を取り巻くスタッフが意図的に薬物を使用させることも考えられるが,それは選手の勝利が指導者あるいはサポートする人達の名声や富にもかかわってくるからである.とくにこのことが,国家という問題とかかわった場合には,その可能性はさらに大きくなる.

5 ドーピング禁止物質と禁止方法

WADAによるドーピング禁止物質と禁止方法は**表20-5**[9]に示されている.ここに掲載されるのは,原則として①競技力を向上させる,②競技者の健康に危険を及ぼす,③スポーツ精神に反する,のうち2つ以上に該当する場合が多く,薬物すべてが禁止されている訳ではない.禁止物質・方法は3つのカテゴリーに分類されており,ひとつは「常に禁止される物質と方法」であり,競技会検査と競技会外検査の両方に適用される.2つ目は「競技会に禁止される物質と方法」であり,競技会外では分析対象とはならないものである.3つ目は「特定競技において禁止される物質」であり,一部の競技において禁止されている物質である.

おもな禁止薬物は,①無承認物質,②蛋白同化男性化ステロイド薬とその他の蛋白同化薬からなる蛋白同化薬,③エリスロポエチン,ゴナドトロピン類,インスリン,

表20-5　2014年のドーピング禁止物質と禁止方法

1. 常に禁止される物質と方法（競技会時および競技会外）
    - 【禁止物質】①無承認物質,②蛋白同化薬,③ペプチドホルモン・成長因子および関連物質,④ベータ2作用薬,⑤ホルモン調節薬および代謝調節薬,⑥利尿薬および他の隠蔽薬
    - 【禁止方法】①血液および血液成分の操作,②化学的および物理的操作,③遺伝子ドーピング
2. 競技会時に禁止される物質と方法
    上記の禁止物質および方法に加えて,
    ①興奮薬,②麻薬,③カンナビノイド,④糖質コルチコイド
3. 特定競技において禁止される物質
    - 【禁止物質】①アルコール,②ベータ遮断薬

（日本アンチ・ドーピング機構：世界ドーピング防止規程2014年禁止表国際基準）

成長ホルモンなどのペプチドホルモン，成長因子および関連物質，④気管支喘息治療薬であるベータ2作用薬，⑤ホルモンおよび代謝の調節薬，⑥減量目的や禁止薬物使用の検出を妨害する利尿薬と他の隠蔽薬である．また，禁止される方法として，①血液ドーピングや人工血液などによる酸素運搬能の強化，②尿のすり替えや点滴などによる血液クレンジングなどの化学的・物理的操作，③遺伝子ドーピングが挙げられている．競技会において禁止される興奮薬としては，覚醒剤などの非特定物質の興奮薬とそれ以外の特定物質としての興奮薬がある．とくに，薬局等で手軽に購入可能な風邪薬にも興奮薬が含まれていることが多いので注意が必要である．そのほか，強い抗炎症作用を持つステロイド薬である糖質コルチコイド，麻薬とカンナビノイドが禁止されている．

一方，これらの禁止薬物の多くには，その必要性がある場合には，競技者によってその使用許可を取る制度（治療目的使用にかかわる除外措置，TUE）もある[10]．このTUEを受けようとする場合には，原則として使用する前に申請して承認を得ることが必要である．もちろんこの申請を行ったからといって，すべてが無条件に許可される訳ではない．

6　ドーピング検査の手順

ドーピング検査には，前述したように競技会検査と競技会外検査とがある．競技会検査では，通常，成績上位者とランダムに選出された者が対象となる．対象者は，試合終了直後に係員から対象となったことの通告を受ける．それを確認して書類に署名した後，監視下に置かれた状態で通常1時間以内に検査室へ出頭する．その際に1名の同伴者を帯同することができることを忘れてはならない．検査室では尿およびあるいは血液検体を提出する．尿の提出に際しては，尿意を催すまで用意されている飲み物を飲むなどして検査室で待機する．尿意を催したら採尿カップを自分で選び，そして，トイレに移動して同姓の医師等（コントロール・オフィサー）の監視のもとでカップに採尿する．その後，尿を保存する容器（A瓶およびB瓶）を自分で選び，それらに尿を入れる．B瓶はA瓶に何か問題があったときの再分析用である．瓶の蓋をしっかり閉めた後で，A瓶およびB瓶それぞれに，はがされた時はそれが分かるシールを

貼り封入する．最後に，使用した薬やサプリメントがあればそれを申告するとともに，検査が正常に行われたことを承認する意味で署名を行う．なお，使用した薬を申告したからといって，TUEに申請したものを除いて，薬物の使用が認められたことにならないのは当然である．

　競技会外検査では，居場所情報を提出している選手が中心となり（提出していない選手も対象となることがある），係員が予告なしに競技者の練習会場や合宿地などに出向いて，検査を通告する．検査は競技会検査と同様の手順で行われ，また，競技会検査と同様にこの通告を拒否することは許されない．拒否した場合にはドーピング防止規則違反として制裁を受けることになる．

7 アンチ・ドーピングに向けて

　WADAの設立，ドーピング・コントロール規定の制定，およびそれに基づいた血液検査や競技会外検査の導入などにより，ドーピング陽性率は減ってきたようにも思われる（図20-1）[11]．一方で，陽性率としては減ってきていても，ドーピングリストに載っていない薬物を使用しているのではないかとの懸念も相変わらず根強い．たとえば，IOCは成長ホルモンを1992年に禁止リストに掲載し2010年までには分析法を確立すると宣言していたが，2013年になってようやくその分析法が確立された．さらには，遺伝子ドーピングも禁止されるようになったが，その分析法についてはまだ確立していないというのが実状であろう．その意味では，取り締まる側と取り締まられる側との「いたちごっこ」が繰り返され，そして，これからもその状況が続いていく可能性は高い．一方で，2012年のロンドン大会や2014年のソチ大会でも，事前検査の結果，オリンピックに出場できない多くの選手が出た．居場所情報の申告や競技会外検査の導入は，ドーピングを防止する大きな抑止力になっていると思われるが，これらのことは選手にとってはかなりの負担になるともいえる．さらには，今後また新たな検査が義務づけられるようになるのだろうかとの懸念も出てくる．

　もちろん，このような問題や懸念を含んでいたり，また，前述したようにドーピングを禁止する理由が必ずしも十分に納得させられるものではなかったとしても，やはりドーピングは許されるべきではない．なぜなら，もしそのような状況が許されたならば，多分，スポーツは近い将来その崩壊を招くことに，自ら手を貸すことにつながると思えるからである．古代オリンピックが滅んでいった時の状況を考えると，近代オリンピックにもそのことが招来する可能性も無い訳ではない．それゆえ，このような状況に陥らないためにも，スポーツに携わる者にはスポーツの本質やスポーツの倫理を再認識した上で，真の理性的判断すなわち自律が求められているといえる．

　ところで，ソチ大会では競技が現地時間の夜12時近くまで行われた．一方で，本来午後に行われていた決勝が午前中に行われたオリンピック大会もある．これらは，いずれも巨大スポンサーである欧米のメディアの都合に合わせた結果であり，選手の立場に配慮していないのではないかと思えるような事態も見受けられるようになっている．また，2020年の夏季オリンピック大会が東京に決定したが，その開催時期は7月下旬から8月上旬にかけてである．この時期の東京がどれほど過酷な環境になるか

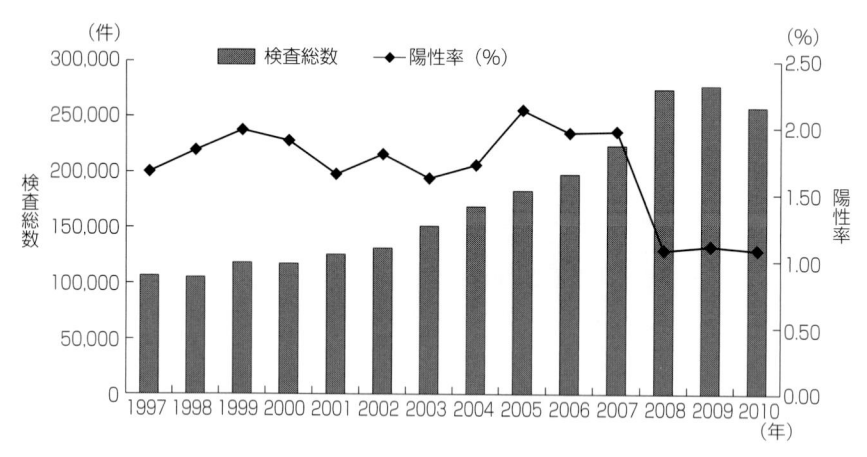

図20-1 ドーピング検査数と陽性率推移
オリンピック競技とそれ以外のトータルでの検査数と陽性率を表している．
ここでの陽性とは，便宜上陽性と表記しているが，禁止物質等が検出され，陽性が疑われる分析結果として扱われた事例を意味する．
2008年以前は，規定違反の調査を必要とする禁止物質の検出例を含む．
（世界アンチ・ドーピング機構調べ）

は周知の事実であるが，このIOCによる決定もやはり他の世界規模での大会を睨んだ対策の一環であるという．果たして，オリンピックは誰のためのものなのかを痛感させられる事態でもある．さらには，2014年のソチ大会から新しく採用された"過激系"種目について，その危険性を指摘する声[12]も挙がっている一方で，選手村への入村を果たさない選手の存在も依然放置されたままである．これからのオリンピックの健全な存続を考えた時に，ドーピングの根絶は極めて重要な課題ではあるが，もしそうであるならばなおのこと，IOCはドーピング以外の問題にも真摯に向き合い，自らの襟を正すことも必要なのではないかと思えてならない．

[村岡　功]

文　献

1) ソチ五輪のドーピング検査過去最多2600件を超える．日本経済新聞：2014年2月27日号．
2) International Olympic Committee: Factsheet. The fight against doping and promotion of athletes' health, 2010.
3) 黒田善雄：ドーピング，その過去，現在，未来．臨床スポーツ医学，5: 1093-1103, 1988.
4) 黒田善雄：ドーピングとは何か？その歴史と現状？　臨床スポーツ医学，11（臨時増刊号）：2-14, 1994.
5) 日本アンチ・ドーピング機構：世界ドーピング防止規程2009年版．2009.
6) 近藤良享，友添秀則：オリンピックと薬物ドーピング．体育の科学，46: 641-645, 1996.
7) Wadler GI, Hainline B: Drugs and the athlete. F a Davis Co, pp.36-51, 1989.
8) 根本　勇：指導者と指導者にとってのアンチ・ドーピング．全国体育系大学学長・学部長会編著，スポーツとアンチ・ドーピング．ブックハウス・エイチディ，pp.157-169, 1997.
9) 日本アンチ・ドーピング機構：世界ドーピング防止規程2014年禁止表国際基準．
10) 赤間高雄：スポーツとドーピング．村岡　功編著，スポーツ指導者に必要な生理学と運動生理学の知識．市村出版，pp.171-179, 2013.
11) 株式会社LSIメディエンスHP http://www.medience.co.jp/（2015年1月13日現在）
12) 「過激系」五輪新種目．悩ましいスリル感と安全の両立．朝日新聞：2014年2月25日号．

索　引

［あ 行］

アイシング　123
アイソキネティック・トレーニング　110
アイソトニック・トレーニング　110
アイソメトリック・トレーニング　110
亜鉛　80
アクチンフィラメント　128
味の素ナショナルトレーニングセンター　82
アセチルコリン　178
アデニレートキナーゼ　180
アデノシン三リン酸　62, 117, 128, 178, 179
アデノシン二リン酸　179
アミノ酸　76, 199
アメリカ胸部疾患学会　20
アメリカスポーツ医学会　23, 97
αアクチニン　31
α運動ニューロン　137
アンジオテンシン変換酵素　34
アンチドーピング　221
　——教育　79
アンドロゲン不応症　217
アンモニア　176
意識性の原則　108
位相シフト　56, 58
イソロイシン　81
一次運動野　142
一重項酸素　187
一人称的運動イメージ　142
一回拍出量　148, 153
遺伝子　25
　——多型　27
　——ドーピング　227
遺伝率　28
居場所情報　223, 227
イメージトレーニング　144
飲水制限　85
インスリン感受性　163

インターバル・トレーニング　110, 112, 171
ウエイトコントロール　84
ウオームアップ　116
運動イメージ　142
運動学習　4
運動器　202
運動指令　1
運動神経　145
運動制御　1
運動能力　14
運動誘発電位　142
栄養サポート　81
栄養フルコース型　77
栄養補助食品　74, 194
エストロゲン　208, 214, 215
エネルギー　74
　——バランス　91
　——密度　92
　——有効性　87
エルゴジェニック　80
塩基配列　26
横行小管　178
オーバートレーニング症候群　197
オーバーユース（使い過ぎ）症候群　202, 203
オーバーリーチング　197

［か 行］

回転性めまい　141
可逆性の原理　107
過酸化水素　187
過剰飲水　98, 99
カゼイン　80
活性酸素　181
　——種　187
活動電位　179
カテコールアミン　199
過負荷（オーバーロード）の原理　106
カラダづくり　74
カリウム　76
カルシウム　65, 76, 178

カルノシン・アンセリン　184
換気量　152
肝グリコーゲン　75
緩衝能　184
関節可動域　116
関節パワー　132
汗腺　41
気化熱　95
基礎代謝量　86
拮抗筋　133
機能的再組織化　8, 10
球技　63
求心性神経線維　178
急性経口毒性試験　81
急速減量　85
強化練習期　78
競技会外検査　226
競技会検査　226
競技スポーツ　192
競技能力　14
協働筋　133
筋pH　180, 182
筋萎縮性側索硬化症　195
筋温　116
筋感覚的運動イメージ　142
筋グリコーゲン　181
筋持久力　18
筋鞘　178
筋小胞体　178
筋線維　128
筋線維組成　164
筋束　128
筋断面積　164
筋トレ期　78
筋パワー　15, 17
筋紡錘　137
筋ポンプ　151
　——作用　120
筋量　128
筋力　15
筋力トレーニング　127, 129, 135
クーパーの式　19
クールダウン　116

グリコーゲン　67, 75
　──ローディング　71, 185
グルコース　67
クレアチン　81, 179
　──キナーゼ反応　179
　──リン酸　62, 81
経頭蓋磁気刺激法　142
血圧　156
血管　149
　──拡張　41
月経異常　79
月経移動　210
月経困難症　210, 211, 212
月経前症候群　210, 212
ゲノム　25
健康関連体力　23
腱組織　134
減量　76, 84, 91
高アンドロゲン女性競技者　218
交感神経系　201
交感性タイプ　198
抗酸化　77
　──酵素　188, 190
酵素　76
高体温　42
高地環境　39
巧緻性　22
高地トレーニング　110, 113
行動体力　3, 12, 14
公認スポーツ栄養士　93
抗肥満薬　82
興奮─収縮連関　178
高齢者　192
呼吸性アルカローシス　39
国立スポーツ科学センター　82
5大栄養素　75
骨格筋量　127
骨粗鬆症　79
子どもの水分補給　101
コドン　26
個別性の原則　108
コラーゲン　77, 81
コンディション（コンディショニング）　74, 86, 123

[さ　行]

サーカディアンリズム　53
サーキット・トレーニング　110, 113
最大酸素摂取量　39, 153, 168
最大収縮速度　179
最大張力　179
サイトカイン仮説　201, 204, 205
サッカー　71
サプリメント　57, 74, 194
サルコメア　128
酸化ストレス　187
酸素解離曲線　116
酸素摂取量　118, 149, 153
酸素負債　121
酸素飽和度　50
酸素利用能　116
三大栄養素　92
三人称的運動イメージ　142
試合期　78
ジェットラグ症候群　52, 55
視覚的運動イメージ　142
磁気共鳴分光法　183
時差ぼけ　52
脂質　75
視床下部─下垂体─性腺軸　201
視床下部─下垂体─副腎軸　201
姿勢調節　139
事前検査　227
四足動物　43
持続トレーニング　110
膝蓋腱反射　137
自発的脱水　99
脂肪　66
　──エネルギー比率　93
市民ランナー　98
柔軟性　22, 118
主働筋　125
循環器　202
瞬発力　16
傷害発生予防　123
状況把握能力　3
静水圧　150
上達のメカニズム　8
蒸発　95

静脈環流量　151
静脈帰還血液量　120
食事制限　85, 89
食事の摂取パターン　93
食事バランスガイド　77
食物繊維　77
初経　212
除脂肪量　86
女性選手（アスリート）の三主徴　79, 84, 213
暑熱対策　95
神経筋協調能　118
神経・筋接合部　178
神経系の適応　164
身体組成　89
伸張反射　137
新陳代謝　78
心拍出量　148, 155, 169
心拍数　153
心肥大　159
心理　205
水圧　47
随意運動　1
随意的運動制御能力　1
水素イオン　121
水分補給　95, 99, 100
　──ガイドライン　98
スーパーオキシド　187
スキル　2
スティフネス　160
ステロイドホルモン　76
ストレッチ　22
スポーツ障害　76
精神力　13
精神疲労　178
生体リズム　56, 58
生体リズムコンディショニング　52
世界アンチドーピング機構　58, 221
絶食　85
摂食障害　79
セロトニン　176, 182, 183
戦術　4
全身持久力　18
漸進性の原則　108

全面性の原則　107
相対的エネルギー不足状態　86
速筋線維　131, 165

[た　行]

体温　55, 116
　──上昇度　95
体脂肪率　163
代謝性アシドーシス　39
体重調節　84
大豆タンパク　80
体組成　78
大腰筋　125
体力　3
　──テスト　18
　──の構成　13
　──の初期レベル　109
　──の潜在能力　109
巧みさ　1
脱水　95, 97, 99, 100, 103
　──状態　42
短距離走　64
タンパク質　75
知覚判断能力　3
遅筋線維　131, 165
中枢機能　103
中枢性疲労　176, 177
中性脂肪　75
超回復　114
長期増強　8
長期抑圧　8
直腸温　116
治療目的使用にかかわる除外措置　226
通常練習期　78
強さ　1
低エストロゲン　214
低酸素　39
　──室利用のためのガイドライン　114
定速（持続）トレーニング　112
低ナトリウム血症　97, 99
低用量ピル　210, 214
テコ　134
テストステロン　82
鉄　76

転移　141
糖　65
動機付け　178, 184
糖質　75
　──補給　185
動静脈酸素較差　148, 156, 170
等速性筋力　165
等張性筋収縮　164
動的運動　152
動脈圧　150
動脈血酸素飽和度　39
糖輸送タンパク質　163
ドーピング　79, 220
　──禁止物質　225
　──禁止方法　225
　──検査　226
　──の定義　222
　──防止規則　223
　──を禁止する理由　223
特異性の原理　107
トリプトファン　182
トレーナビリティ　108
トレーニング　106, 139
　──の原則　107
　──の原理　106

[な　行]

内分泌　87, 204
ナトリウム　76
ナトリウム─カリウム─ポンプ　179
日本アンチドーピング機構　82, 222
乳酸　121, 180, 182
　──性作業閾値　69, 116, 168
ニューロン　4
熱中症　95
脳　4, 8, 10
　──グリコーゲン　183
ノモグラム法　19

[は　行]

％1RM　110
％MVC　110
ハーブ　80
肺　157

ハイ・パワー　16
肺胞　157
パフォーマンス　86, 106, 116
　──・ピラミッド　22
バランス能力　118
バリン　81
バレエダンサー　141
反射　137
反復性の原則　108
光　56, 59
ビタミン　76
　──B群　76
　──C　77
　──E　77
ヒドロキシラジカル　187
皮膚温　41, 116
皮膚血管コンダクタンス　44
非ふるえ熱産生　47
表現型　28
疲労　103
貧血　76
敏捷性　20, 118
ファルトレク・トレーニング　110, 113
フィギュアスケーター　141
フォスフォフルクトキナーゼ　121
副交感性タイプ　198
不随意運動　2
ブドウ糖　81
プライオメトリック・トレーニング　110, 112
ブラックアウト　48
フリーラジカル　187
ふるえ　45
プルキンエ細胞　8
プロテイン　80
分岐鎖アミノ酸　81, 182
平衡性　20
β-カロテン　77
ペプチド　76
ヘモグロビン　76, 116
変異原性試験　81
変時作用　151
変力作用　151
防衛体力　3, 12
放熱　95

ホエイタンパク 80	薬物を使用する背景 224	female athlete triad 79, 84, 213
ホルモン 76	有酸素運動 75	Fickの原理 149
──補充療法 214	有酸素的能力 184	FT 165
	有酸素パワー 18	GLUT4 163
[ま 行]	予測 3	H^+ 180
	400m走 65	H反射 138
マクアードル症候群 70		Ia求心線維 137
マグネシウム 76	[ら 行]	Iaシナプス前抑制 138
マッサージ 123		imitation 142
末梢血流量 155	ラクテート 180	JADA 82, 222
末梢性疲労 176, 177	ランニングエコノミー 168	living high training low 40, 113
真似imitation 142	利尿剤 100	low energy availability 213, 215
マラソン 70	リン酸 65	LT 69
マルチビタミン 80	レジスタンス・トレーニング（運動）	LTD 8
マルチミネラル 80	110, 156	LTP 8
マルトデキストリン 81	レペティション・トレーニング	MEP 142
慢性疲労症候群 201	110, 111	monotony仮説 198
ミオグロビン 76	ロイシン 81	motor ability 14
ミオシン重鎖 167		motor command 1
ミオシンフィラメント 128	[欧文索引]	motor control 1
水中毒 97		motor learning 4
ミトコンドリア 62, 171	ACE 34	negative feedback 204
──DNA 30, 35	ACSM 23, 97	PCr 179
ミドル・パワー 17	ACTN2 31	PGC-1α 193
ミネラル 76	ACTN3 31	pH 121, 179
ミルキングアクション 120	ADP 179, 180	POMS 205
無機リン酸 179	ALS 195	R-R間隔 202
無月経 204	ATP 62, 117, 128, 178, 179	slow twitch 165
無酸素運動 62	Ca^{2+}感受性 178, 179	SOD 188
メラトニン 57, 59	──取り込み 179	ST 165
免疫 12, 76, 205	──放出 179	super-compensation 114
メンタルプラクティス 144	cardiac biomarker 202	TMS 142
毛細血管密度 160	cardiac fatigue 202	Type I 165
目標設定 91	central fatigue hypothesis 199, 205	Type II 165
モトニューロン 131	dietary supplement 80	voluntary movement 1
	DNA 25	WADA 58, 221
[や 行]	energy availability 87	
	fast twitch 165	
薬物使用 221		

体育・スポーツ・健康科学テキストブックシリーズ

新・スポーツ生理学
定価（本体3,000円＋税）

2015年　6月　6日　初版1刷
2022年　3月　18日　　　　2刷

編著者
村岡　功

発行者
市村　近

発行所
有限会社　市村出版
〒114-0003　東京都北区豊島2-13-10
TEL03-5902-4151
FAX03-3919-4197
http://www.ichimura-pub.com
info@ichimura-pub.com

印刷・製本
株式会社　杏林舎

ISBN978-4-902109-38-2 C3047
Printed in Japan

乱丁・落丁本はお取り替えいたします．

CHI

9784902109382
1923047030009

ISBN978-4-902109-38-2
C3047 ¥3000E

定価(本体3,000円+税)